Lutz Büthe · Auf den Spuren George Orwells

Lutz Büthe

Auf den Spuren George Orwells

Eine soziale Biographie

JUNIUS

Junius Verlag GmbH, Hamburg
Von-Hutten-Straße 18, 2000 Hamburg 50

Einbandgestaltung: Sabine Müller, Hamburg
Druck: SOAK GmbH, Hannover
Printed in Germany 1984
ISBN 3-88506-124-4
Erste Auflage Mai 1984

CIP-Kurztitelaufnahme der Deutschen Bibliothek

Büthe, Lutz:
Auf den Spuren George Orwells: e. soziale
Biographie / Lutz Büthe. Mit e. Photo-Essay
von Martin Storz. — 1. Aufl., 1.-2. Tsd. —
Hamburg: Junius, 1984
ISBN 3-88506-124-4

Inhalt

Einleitung
Eine Reise zu George Orwell

> Wenn man weiß, von wo die Gesellschaft aus dem Gleichgewicht gebracht worden ist, muß man tun, was man kann, um die Gewichte auf der leichteren Waagschale zu verstärken … Aber man muß das Gleichgewicht gekannt haben, und immer bereit sein, die Seiten zu wechseln, wie Justizia, diese „Flüchtige aus dem Lager der Sieger".
>
> Simone Weil: Cahiers, Vol. III, S. 84

Längst schon liegt die Reiseroute fest: von Hoek van Holland mit der Autofähre nach Harwich, von dort nach London, weiter über Eton, Henley-on-Thames, Shiplake nach Wallington und Sutton-Courteney. Dann ein gewaltiger Sprung von der ländlichen Idylle der Themse-Landschaften nach Wigan, ins Zentrum des nordenglischen Industriegebietes. Ein weiterer Sprung an die britische Ostküste in das kleine Seebad Southwold. Eine Reise auf den Spuren George Orwells. Eine Reise, deren Ziel es ist, Eindrücke zu sammeln, die in der Lektüre von Orwells Texten und der Sekundärliteratur gewonnenen Kenntnisse zu versinnlichen. Ich will mich vertraut machen mit den Orten George Orwells, soweit dies heute, dreiunddreißig Jahre nach seinem frühen Tod, noch möglich ist.

Auf dem Schiff bleibt bei Sturm und hartem Seegang viel Zeit zum Nachdenken. Warum ein Buch über George Orwell? Wie soll es aussehen? Was soll es leisten? Sicher ist, daß es nicht nur ein Buch über die Person, sondern auch über die Zeit, in der er lebte und die ihn prägte, sein soll. Um einen Schriftsteller, der so typisch englisch ist wie Orwell, richtig verstehen zu können, ist es darüber hinaus notwendig, dem deutschen Leser eine Reihe von landeskundlichen Informationen zu liefern.

Am 18. Januar 1950, drei Tage vor seinem Tod, verfaßte George Orwell im University College Hospital London, wo er seit dem September des Vorjahres Patient war, seinen letzten Willen. Einer seiner Wünsche war, daß keine Biographie über ihn geschrieben werden solle. Was mögen

Orwells Gründe für diesen Wunsch gewesen sein? Einmal sicherlich seine des öfteren geäußerte Abneigung gegen die sensationslüsternen Biographien, von denen er selbst so viele rezensieren mußte, um seinen Lebensunterhalt zu verdienen. Für Orwell gab es nichts Vulgäreres als den Klatschspaltenschreiber, der jedes Leben nur aus dem Blickwinkel einer zu vermarktenden Ware sieht und beurteilt.

In einem Brief an John Atkins, seinen Vorgänger als Literaturredakteur der linken Wochenzeitung *Tribune*, schrieb George Orwell einmal, er halte es für unmöglich, eine wahrheitsgetreue Biographie zu schreiben, „weil jedes Leben von seiner Innenseite her betrachtet nichts als eine Kette von Niederlagen und Demütigungen ist, die es zu schmerzhaft machen, es genau zu beschreiben".

Orwell hätte vielleicht seinen Einwand gegen eine Biographie zurückgezogen, hätte er gewußt, daß im Laufe der Zeit einige seiner Bücher so mißverstanden würden, wie das heute der Fall ist. Die Ursachen dafür liegen zum großen Teil in der Unkenntnis von Leben und Charakter des Menschen George Orwell. Ein Schriftsteller existiert nicht nur in seiner öffentlichen Rolle als Autor. Um den Autor in seinem Schreiben verstehen zu können, dürfen seine privaten Eigenheiten nicht ignoriert werden, um ein idealisiertes, geglättetes Bild entstehen zu lassen.

Bei George Orwell, der sowohl als Romancier wie auch als Essayist und Journalist einen starken Hang zu autobiographischem Schreiben zeigte und der öffentliche Angelegenheiten stets an der Elle seiner persönlichen Moral maß, ist der Versuch, sein Privatleben zu erforschen, unerläßlich. Wohlgemerkt, nicht um Anekdoten zu sammeln, sondern um ihn und sein Schreiben zu verstehen. Das dann erkennbar werdende Maß an Schmerz und Schwierigkeiten, die Orwell erlitt, bevor er zu sich selbst fand, kann nur die Hochachtung vor diesem Mann bestärken.

Politik und Schreiben, Leben und Schreiben sind bei Orwell nicht zu trennen. Daraus ergeben sich bestimmte Anforderungen an ein Buch über ihn. Viele Arbeiten über Schriftsteller sind isolierte Untersuchungen individueller Karrieren und Entwicklungen, ohne Berücksichtigung des prägenden historisch-gesellschaftlichen Hintergrundes. Es werden lediglich jene Fragen in Betracht gezogen und beantwortet, die von der Arbeit des Autors direkt gestellt werden. Manche Arbeiten zwingen aber geradezu, diesen enggesteckten Rahmen zu sprengen.

Zu den Schriftstellern, deren immanente Betrachtung eine Vergewaltigung ihrer Werke darstellt, gehört George Orwell. In allen seinen Büchern und Essays stellt er Fragen, die weit über den unmittelbaren Rahmen des Geschriebenen hinausreichen. Es sind dies direkte soziale und politische Fragen, seine Romane, Essays und journalistischen Arbeiten sind sehr eng verbunden mit den historisch-gesellschaftlichen Prozessen und politischen Fragen seiner Zeit:

Der Roman *Tage in Burma* reflektiert den Niedergang des britischen Empire. In den während der Depression in den dreißiger Jahren erschienenen Sozialreportagen *Erledigt in Paris und London* und *Der Weg nach Wigan Pier* sind Armut und Arbeitslosigkeit die Hauptthemen. *Mein Katalonien*, Orwells sehr persönlicher Bericht über den spanischen Bürgerkrieg, schildert den Kampf gegen Francos Truppen aus einer Perspektive, die für einen Großteil der Linken sehr unbequem war. Der Roman *Auftauchen um Luft zu holen* erschien 1939 drei Monate vor Kriegsausbruch, der in dem Buch prophezeit wird. In den während des Zweiten Weltkrieges veröffentlichten Essaybänden *Im Innern des Wals* und *The Lion and the Unicorn* setzt er sich kritisch mit der englischen Gesellschaft sowie dem europäischen und nordamerikanischen politischen Denken und Handeln auseinander. Seine wohl bekanntesten Bücher *Farm der Tiere* und *Neunzehnhundertvierundachtzig* führen uns in die kontroverse Geschichte der russischen Revolution und ihrer Konsequenzen sowie zur Politik des Kalten Krieges.

Obwohl Orwell von 1933 bis 1941 regelmäßig ein Buch pro Jahr veröffentlichte, wurden seine Arbeiten meist nur in kleinen Auflagen von 1.500 bis 3.000 Exemplaren auf den Markt gebracht. Der Erfolg kam erst mit *Farm der Tiere* und *Neunzehnhundertvierundachtzig*, die in mehr als dreißig Sprachen übersetzt wurden und bis heute eine Auflage von circa fünfundzwanzig Millionen Exemplaren erreichten.

Orwells Bücher waren selbst immer schon politische Ereignisse, und die Kontroversen, die sie umgaben, spiegeln einen Teil unserer politischen Geschichte wider. Weil seine Bücher kritisch gegenüber Gesellschaft und Regierung waren, rücksichtslos jede Heuchelei und Schönfärberei sowohl von rechts als auch von links anprangerten, waren sie schwierig zu publizieren. Die englische Ausgabe von *Tage in Burma* wurde von den Verlagen Cape und Heinemann abgelehnt, dann wurde die Veröffentlichung um ein weiteres Jahr verzögert, weil das „India Office“ der britischen Regierung wegen des in dem Buch vertretenen Anti-Imperialismus Bedenken äußerte. *Mein Katalonien* wurde von dem Verleger Victor Gollancz aus politischen Gründen abgelehnt. *Farm der Tiere* wurde von Gollancz ebenso wie von Cape, Faber und über zwanzig amerikanischen Verlegern zurückgewiesen wegen seiner Kritik am stalinistischen Rußland, die in der unmittelbaren Nachkriegszeit politisch nicht opportun schien.

Auch heute noch fasziniert die unkonventionelle, oft zu überraschenden Ergebnissen führende Denk- und Schreibweise Orwells. Seine Bücher sind lebendige Geschichte und ermöglichen als solche einen unmittelbaren Zugang zu den Erfahrungen der dreißiger und vierziger Jahre.

Für die überwiegende Mehrzahl der heutigen Leser ist der Name George Orwell eng verbunden mit der Jahreszahl '1984'. Sein Name und diese Jahreszahl fanden Eingang in die Alltagssprache. Der politische Terrorismus eines jeden Polizei- und Überwachungsstaates wird zum 'Orwellschen Alptraum', zweifelhafte Fortschritte im Bereich der Elektronik werden von Journalisten gern als ein weiterer Schritt in Richtung auf '1984' gedeutet. Diese vier Ziffern besitzen eine solche Aussagekraft, daß durch ihr einfaches Nennen unsere latenten Zukunftsängste ins Bewußtsein drängen. Die immer weiter sich ausbreitenden Überwachungstendenzen der Staatsbürokratien erinnern uns ständig daran, daß 'Big Brother' uns beobachtet. Orwells Begriffe sind Teil unseres Bewußtseins geworden, die wir benutzen, um die negativen Aspekte der modernen Gesellschaft zu charakterisieren. Orwell gehört damit zu der kleinen Gruppe von Schriftstellern des 20. Jahrhunderts, deren fiktionale Arbeiten über die literarische Rezeption hinaus das Denken der Menschen beeinflußt haben.

Ähnlich wie in den USA hat sich Orwells Aufnahme in der Bundesrepublik sehr stark mit der historischen und politischen Situation der Rekonstruktion des Kapitalismus und des Kalten Krieges mit den realsozialistischen Staaten verknüpft. Die Folge war eine äußerst selektive Rezeption. Es wurden fast ausschließlich solche Werke übersetzt und in den Handel gebracht, die ohne große Mühen für die politische und ideologische Auseinandersetzung mit dem Ostblock nutzbar zu machen waren, nämlich *Farm der Tiere* und *Neunzehnhundertvierundachtzig*. Dies ist jedoch eine Betrachtungsweise, die Orwells Schreiben unzulässig verengt und ihn in eine politische Ecke stellt, in der er sich bestimmt nicht heimisch fühlte. *Neunzehnhundertvierundachtzig* ist nicht nur eine Parabel auf die russische Revolution, es ist ein Buch gegen jede Form absoluter staatlicher Kontrolle über das Individuum.

Mein persönliches Interesse an George Orwell wurde zum ersten Mal in der Schule geweckt, als dort im Englisch-Unterricht *Farm der Tiere* und *Neunzehnhundertvierundachtzig* gelesen wurden. Es war die übliche Behandlung dieser Texte: Polemik gegen den Ostblock, kein Bezug auf unsere Gesellschaftsform. Mein Interesse an Orwell vertiefte sich, als ich bei einem Urlaub in Großbritannien *Der Weg nach Wigan Pier* in die Hand bekam, ein Buch, das mich sofort faszinierte. Es entzieht sich allen Versuchen, es auf Anhieb politisch einzuordnen, und bietet ungewohnte Betrachtungsweisen von Politik und Gesellschaft. Orwell geht das Thema des Buches: die Situation in den Industriegebieten des Nordens zur Zeit der Massenarbeitslosigkeit in den dreißiger Jahren, auf sehr unkonventionelle Art und Weise an. Ich besorgte mir dann weitere Bücher von Orwell, die meisten zogen mich ebenso an, forderten aber auch zum Widerspruch heraus. Dies ist ein großer Reiz Orwells, er ist nicht einfach zu konsumieren, der Leser muß sich mit ihm auseinandersetzen.

Das Großbritannien der achtziger Jahre nähert sich dem Großbritannien Orwells auf dramatische Weise. Arbeitslosigkeit und Armut, die er am eigenen Leibe erfuhr und in *Erledigt in Paris und London* und *Der Weg nach Wigan Pier* so eindrucksvoll darstellte, sind wieder britischer Alltag. Krieg gilt im Großbritannien Margaret Thatchers wieder als Mittel der Politik. „Der doppelte Alptraum, der nahezu jeden modernen Menschen bedrückt, der Alptraum Arbeitslosigkeit und der Alptraum des übermächtigen Staates" (CEJL 4/287), ist allgegenwärtig.

In London angekommen, führte mich mein erster Weg in das Orwell-Archiv des University College of London, das gegenüber dem Krankenhaus liegt, in dem Orwell starb. Das College ist ein riesiges, verwinkeltes Gebäude, mit zahlreichen Innenhöfen und langen Gängen. Nach einiger Mühe gelang es mir schließlich, jemanden zu finden, der mir sagen konnte, in welchem Teil des Gebäudes sich das Archiv befindet. Endlich hatte ich es geschafft. Das George-Orwell-Archiv ist nur ein mittelgroßer, hoher Raum, dessen Wände mit Bücherregalen verstellt sind. Hier befinden sich die Arbeiten George Orwells in verschiedenen Ausgaben und Übersetzungen, sowie ein Großteil dessen, was an Sekundär- und Zeitschriftenliteratur über ihn verfaßt wurde. Das für mich Interessanteste war jedoch ein Photoalbum, anhand dessen sich sein ereignisreiches und widersprüchliches Leben anschaulich verfolgen läßt.

Der Reifungsprozeß, den Eric Arthur Blair durchmachte, um George Orwell — dieser Name ist ein Pseudonym — zu werden, wird von diesen Photos beeindruckend illustriert, dieser Reifungsprozeß, der auch ein Ablegen des Lebens des Eric Arthur Blair bedeutete und von dem Orwell später sagte: „Menschen wachsen immer so auf, wie sie heißen. Ich brauchte fast dreißig Jahre, um die Einflüsse des Namens Eric abzuarbeiten" (CEJL 2/37).

Geboren am 25. Juni 1903 in Motihari, in der indischen Provinz Bengalen, als Sohn eines britischen Kolonialbeamten, kam das Baby Eric 1904, als die Mutter mit ihm und seiner Schwester Indien verließ, nach Großbritannien. Aus dieser Zeit existiert ein Photo des kleinen Eric auf dem Arm einer indischen Frau.

Seine Erziehung und sein Leben bis zum 24. Lebensjahr verlaufen als Training für die Mitgliedschaft in der administrativen Mittelklasse des imperialistischen Großbritannien. Photos des Eton-Schülers Blair: ein großer, pausbäckiger Junge. Die Pausbacken sind auch noch auf dem Bild zu sehen, das ihn inmitten seiner Kameraden als Polizeianwärter in Burma zeigt. Später werden sie strengen Furchen weichen, die sich über seine Wangen bis über die Mundwinkel hinaus ziehen. Blair beim ausgelassenen Flußbad in der Themse, dann in Uniform beim Eton Field Day, einem vormilitärischen Training für die Internatsschüler. Später dann als Freiwilliger auf der Seite der linkssozialistischen POUM im Spanischen Bürgerkrieg, endlich der Schriftsteller George Orwell.

Dazwischen liegt ein Bruch. Er hat seine sichere Karriere als Kolonialpolizist aufgegeben und will zur Zeit der großen wirtschaftlichen Depression den unsicheren Beruf des Schriftstellers ergreifen. Die Anfangsschwierigkeiten sind übergroß.

Die tiefen Furchen, die jetzt sein Gesicht prägen, geben ihm, zusammen mit dem französisch wirkenden kurz rasierten Oberlippenbart, der seine schmalen Lippen noch betont, ein strenges, abweisendes Aussehen, das aber täuscht, denn sein ehemaliger Schulkamerad Cyril Connolly erzählte: „Seine Augen konnten richtig strahlen vor Vergnügen." Und George Woodcock, ein Freund Orwells, sagte: „Sein Mund war streng, fast grausam, solange er nicht lächelte."

Orwells Kleidung auf fast allen diesen Photos besteht aus einem abgetragenen Tweed-Jacket und Kordhosen, im Mundwinkel oft eine selbstgedrehte Zigarette. Nicht umsonst vergleicht ihn George Woodcock mit Don Quichote. Groß, etwas steif und linkisch wirkend.

Aber Don Quichote und Sancho Pansa sind, wie Orwell selbst in seinem Essay *The Art of Donald McGill* ausführte, untrennbare Kameraden. Orwell stellte seinen Lesern die Frage: „Wenn Sie in sich hineinschauen, wer sind Sie, Don Quichote oder Sancho Pansa?" Er wartete nicht auf die Antwort, sondern fuhr selbst fort: „Mit großer Sicherheit sind Sie beides. Ein Teil von Ihnen — das ist ein kleiner dicker Mann, der sehr genau die Vorteile des Davonkommens mit heiler Haut sieht. Er ist Ihr inoffizielles Selbst, die Stimme des Bauches, die gegen den Kopf protestiert. Seinem Geschmack entsprechen Sicherheit, weiche Betten, keine Arbeit, Krüge voll Bier und Frauen mit üppigen Figuren. Er ist es, der Ihre guten Vorsätze und Ideale durchlöchert und der Sie drängt, Ihrer Frau untreu zu sein, Ihre Zeche zu prellen und so weiter und so fort. Ob Sie es sich erlauben, sich von ihm beeinflussen zu lassen, steht auf einem anderen Blatt." (CEJL 2/192)

Orwell jedenfalls ließ sich wenig von diesem kleinen dicken, etwas zu bequemen Mann beeinflussen. Er besaß einen anregenden, gesunden Menschenverstand, gepaart mit einer wachsamen Weigerung, sich von Meinungen und durch Schlagworte vereinnahmen zu lassen. Er war ein Individualist, ein Mensch, der keine Angst vor dem Alleinsein hat und der es in seiner Einsamkeit gelernt hatte, sich selbst aus einigem Abstand zu betrachten. Das wäre zunächst nichts weiter als ein etwas ungewöhnlicher Bürger in der Tradition des englischen Individualismus. Das Besondere an Orwell ist, daß zu diesen Eigenschaften die Fähigkeit hinzukam, lebendige und klare Prosa zu schreiben, wobei Schreiben ein Teil von Orwells Natur war.

Aber diese positiven Eigenschaften haben auch ihre negativen Seiten. So verführte ihn sein gesunder Menschenverstand gelegentlich dazu, sich seiner Gegner nicht durch Argumentation, sondern mit bissigen Seitenhieben zu entledigen, ohne auf subtilere Gedankengänge einzugehen. In Orwell treffen der Geist eines Intellektuellen und die Gefühle eines einfachen Mannes aufeinander. Orwell erkannte diesen Konflikt und sah ihn auch außerhalb seiner selbst: Unsere Zivilisation ist auf dem Intellekt aufgebaut, aber ein Intellekt, der nicht durch Gefühl und Anstand („decency") geläutert wird, bedroht die Kultur, die auf ihm gründet, und bedroht auch sich selbst.

„Decency" ist ein Schlüsselwort für das Verständnis des Denkens von George Orwell, seine Angst, daß der Mensch das verlieren könnte, was man ein wenig altmodisch als seine Seele bezeichnet. Anhand einer alltäglichen kleinen Grausamkeit macht Orwell deutlich, was er meint: „Als ich Mr. Malcolm Muggeridges brillantes und deprimierendes Buch 'The Thirties' (Die dreißiger Jahre) las, erinnerte ich mich an einen grausamen Scherz, den ich einst mit einer Wespe getrieben hatte. Sie leckte Marmelade von meinem Teller, und ich schnitt sie entzwei. Sie achtete gar nicht darauf, sondern fuhr einfach fort mit ihrem Mahl, während ein spärlicher Strom Marmelade aus ihrer abgetrennten Speiseröhre rann. Erst als sie dann zu fliegen versuchte, merkte sie, was mit ihr Schreckliches geschehen war. Genauso ergeht es dem modernen Menschen. Was weggeschnitten worden ist, das ist seine Seele, und es gab eine Zeitspanne von ungefähr zwanzig Jahren, da hat er es gar nicht gemerkt." (CEJL 2/30)

Daß Orwell Sozialist war, steht außer Frage. Er schrieb mit leidenschaftlicher Betroffenheit über das Elend der armen Leute während der Depression. Er sah den Kampf gegen den Faschismus primär als einen Kampf der Armen und Unterdrückten gegen die brutalen Büttel der Reichen an. Er verlor fast sein Leben im Kampf gegen den Faschismus in Spanien. Ja, ein Linker war er zweifellos, aber was für einer?

Es ist nicht erstaunlich, daß des öfteren selbst befreundete Sozialisten an ihm zweifelten. So zum Beispiel Isaac Deutscher in seiner Polemik gegen *Neunzehnhundertvierundachtzig.* Die lautesten Proteste und Angriffe gegen ihn kamen jedoch von den parteiorientierten Kommunisten und Sozialisten, kein Wunder, denn Orwell mokierte sich laufend über die 'ideologischen Notwendigkeiten' der Partei. In seinem Buch „Gesellschaftstheorie als Begriffsgeschichte" gibt Raymond Williams ein Beispiel aus dem *Marxist Quarterly* für die grobe und arrogante Denunziation Orwells: Er wird dort als einer jener Schriftsteller bezeichnet, „die ... mit ein paar Horror-Comics schreiend in die Arme der kapitalistischen Verleger laufen, die ihnen dann Berühmtheit und Vermögen einbringen."

Orwell war kein Revolutionär. Er haßte die Vergangenheit nicht und hatte auf der anderen Seite kein Vertrauen in die goldene Zukunft, die durch den politischen Umsturz kommen sollte. Daß er letztlich ohne historische Perspektive war, ist eine Schwäche, aber auch eine Stärke Orwells. Er sah die Welt, in der er lebte, mit großer Intensität, konnte aber die Zukunft nur als eine Fortsetzung und Verstärkung dessen, was er wußte, sehen. Das Resultat dieses Denkansatzes ist *Neunzehnhundertvierundachtzig*. Er erwartete, daß die Zukunft noch elender, häßlicher und herzloser sein würde als die Gegenwart, eine negative, eine schwarze Utopie.

In einem Artikel mit dem Titel „Authentic Socialism", der im *New English Weekly* (16. Juni 1938) erschien, gelangte Orwell, indem er auf den fortwährenden Betrug der Arbeiterklasse durch ihre Führer hinwies, zu der These, daß alle großen linken Bewegungen das Ideal der Gleichheit aufgegeben hätten, zumindest jedenfalls ihre Führer, und es als bloßes Lippenbekenntnis für andere Zwecke benutzten. Orwell dagegen fuhr unbeirrt fort zu glauben, daß Gleichheit, das Ideal menschlicher Brüderlichkeit, der Kern des Sozialismus sei. „Anständige Beziehungen sind nur zwischen denen möglich, die fühlen, daß sie sich als Gleiche gegenüberstehen. Das einzige, was niemals kommen wird, ist Gleichheit. Die Masse der Leute wird niemals die Chance bekommen, mit ihrer inneren Anständigkeit die Dinge zu lenken; so daß man fast zu dem zynischen Gedanken getrieben wird, daß Menschen nur dann anständig sind, wenn sie keine Macht haben." (CEJL 1/372)

Hier liegt auch der Schlüssel zum Verständnis von Orwells Patriotismus, mit dem er allein stand unter den linken Intellektuellen seiner Zeit. „In der Welt der Politik sehen wir keine Rettung, wir lassen uns nicht übers Ohr hauen, aber wir ziehen das weniger Schlechte dem ganz Schlechten vor und werden so Patrioten, während wir Hirn und Herz intakt halten." (CEJL 2/85)

Orwell stand Theorien und Programmen stets mißtrauisch gegenüber. Sein Sozialismus besaß ein Element, das von mehr als ökonomischen und politischen Theorien motiviert war. Orwell ging es um die Suche nach einer menschlichen Existenz, die fest im alltäglichen Leben verankert ist und von den meisten Menschen geteilt wird. Er selbst liebte das Gewöhnliche und Alltägliche. In einem Brief an Henry Miller schrieb er: „Ich habe eine erdverbundene Haltung und fühle mich unwohl, wenn ich aus der gewöhnlichen Welt, in der das Gras grün und die Steine hart sind, heraustrete." (CEJL 1/257)

In einer autobiographischen Notiz vom 17. April 1940 nennt Orwell die Dinge, die er mag und die er nicht leiden kann. „Neben meiner eigentlichen Arbeit schätze ich am meisten die Gartenarbeit, und davon besonders den Gemüseanbau. Ich mag die englische Küche und englisches Bier, französischen Rotwein, spanischen Weißwein, indischen Tee, starken Tabak, Kohlenfeuer im Kamin, Kerzenlicht und bequeme Sessel. Dagegen mag ich nicht große Städte, Lärm, Autos, das Radio, Konservenessen, Zentralheizung und 'moderne Möbel'." (Aut 8f)

Orwells Sozialismus war antimodern. Während der Durchschnittssozialist die Vergangenheit auf den 'Misthaufen der Geschichte' werfen will, liebte Orwell sie. Er mißtraute der stromlinienförmigen Stahl- und Beton-Zukunft. Hier liegen auch die Wurzeln seines Patriotismus, der nicht konservativ war, sondern eine Reaktion auf die Machtanbetung der modernen Welt. Orwell wollte die positiven Aspekte der Vergangenheit, speziell der britischen Vergangenheit: die Demokratie, das Recht auf Individualität, den gesunden Menschenverstand herüberretten in eine bessere Zukunft. Isaac Deutscher sagte einmal über Orwell, daß er wie die meisten britischen Sozialisten kein Marxist gewesen sei, sondern eher ein standhafter Rationalist, der der Wirklichkeit nachjagte und sich schließlich, seiner Annahmen über das Leben beraubt, in einer schwarzen Utopie wiederfand.

Wie sind die meisten Menschen beschaffen? Was wollen die meisten Menschen? Können säkulare Werte religiöse ersetzen? Das sind einige der Fragen, die Orwell versuchte, im Zusammenhang mit dem Sozialismus zu beantworten.

In seinem Essay *Lear, Tolstoi und der Narr* schrieb Orwell: „Man muß zwischen dieser Welt und der nächsten wählen. Und die überwältigende Mehrheit der Menschen würde, wenn sie von diesen Dingen etwas verstände, diese Welt wählen." Orwell glaubte, daß eine Verbindung bestünde zwischen dem Verlust religiöser Überzeugungen und dem politischen Denken. „Man muß zwischen Gott und dem Menschen wählen, und alle 'Radikalen' und 'Fortschrittlichen' — vom gemäßigten Liberalen bis zum extremsten Anarchisten — haben in der Konsequenz den Menschen gewählt." (CEJL 4/343)

Orwell war keineswegs religiös eingestellt, im Gegenteil, er verdächtigte alles, was nur einen Anschein von Heiligkeit ausstrahlte. Dennoch kam er zu der Überzeugung, daß es unmöglich ist, ein lohnendes Bild von der Zukunft zu entwerfen, solange man nicht einsieht, wieviel wir durch den

Verfall des Christentums verloren haben. „Es bestehen kaum Zweifel, daß der moderne Kult der Machtanbetung eng mit dem Gefühl des modernen Menschen verknüpft ist, daß das Leben hier und jetzt das einzige Leben ist, das es gibt. Wenn der Tod allem ein Ende setzt, wird es viel schwieriger zu glauben, daß man auch dann im Recht sein kann, wenn man besiegt worden ist." (GOL 198) Hier sah George Orwell eine der Hauptaufgaben des Sozialismus: ein System von Gut und Böse zu entwickeln, das von Himmel und Hölle unabhängig ist. Nach Orwells Überzeugung liefert der Marxismus ein solches System, die Sozialisten versäumen jedoch, es zu popularisieren, „in der Annahme, daß alle Probleme verschwinden, wenn man einen vollen Bauch hat" (GOL 198).

Es ist nicht schwer, in Orwells Denken die konservativen Strömungen auszumachen, einen Konservatismus, der bei seinen sozialistischen Freunden auf Unverständnis stieß. Das Gewöhnliche, das Nützliche und das Akzeptable als das Los der normalen Menschen war ein Teil seines Sozialismus. Er mißtraute einem unsteten, elitären Radikalismus, und es ist zweifelhaft, ob es jemals einen anderen Sozialisten gab, der seine sozialistischen 'Freunde' so angriff, wie er das tat.

Für Orwell war letzthin immer die Wahrheit wertvoller als die Unverletztheit oder Sicherheit eines Denksystems. Lügen, egal wie dienlich sie der Sache kurzfristig auch sein mochten, konnten seiner Meinung am Ende nichts anderes erbringen als ein totalitäres System. Deshalb waren die Sozialisten vor seinen beißenden Angriffen nicht sicherer als die Konservativen oder die Faschisten. In seinem Essay *Politics versus Literature* schrieb Orwell über Swift: „Politisch war er einer jener Menschen, die durch die Torheiten der progressiven Partei ihrer Zeit in einen perversen Konservatismus getrieben wurden." (CEJL 4/251) Und Orwell selbst erging es, getrieben durch feindliche Kritik, oft nicht anders. Er kritisierte ebenfalls die „Torheiten der Fortschrittspartei seiner Zeit", und er tat es in Swiftscher Manier. Orwells Attacken verdanken ihre Schärfe der Tatsache, daß er ein ehrlicherer Progressiver war als seine kommunistischen Kritiker und ein besserer Konservativer als seine reaktionären Widersacher.

Orwell setzte sich ein gegen jede Form der Unterdrückung, wer immer auch unterdrückt wurde und von wem auch immer. Er war ein gerechter Mann im Sinn von Simone Weils Verständnis des Wortes Gerechtigkeit. In jeder gesellschaftlichen Ordnung ist notwendigerweise Macht enthalten, und Macht neigt immer dazu, in Unterdrückung auszuarten. Ein wirkliches Gegengewicht und damit Gerechtigkeit kann es nur geben, wenn jeder bereit ist, sich dafür einzusetzen, sein Leben in die Waagschale zu werfen.

Orwell beurteilte politische Handlungen nicht danach, ob sie die Produktion erhöhten, sondern ob sie das Leben für die betroffenen Menschen erleichterten. Sein Ausblick auf die Welt war kooperativ, nicht wettbewerbsorientiert. So blieb er seinen sozialistischen Überzeugungen treu, während die Mehrheit der Leute, die sich selbst Sozialisten nannten, Politik unter dem Gesichtspunkt des Wettbewerbs betrachteten, eine Regierung gegen die andere ausspielend, sogar ein sozialistisches System gegen ein anderes.

„Schon sehr früh, als ich vielleicht fünf oder sechs war, wollte ich Schriftsteller werden, wenn ich einmal groß sein würde. Zwischen siebzehn und vierundzwanzig versuchte ich den Gedanken aufzugeben, tat dies aber im Bewußtsein, daß ich damit gegen meine innerste Natur verstoßen und früher oder später mich doch hinsetzen und Bücher schreiben würde." So der Schriftsteller George Orwell in dem Essay *Warum ich schreibe* im Jahre 1946.

1927, nach fünfjährigem Dienst bei der Indian Imperial Police, ein Dienst, der seinem Wesen nicht entsprach und ihn den Imperialismus verabscheuen lehrte, begann Eric Blair zu schreiben. Doch erst vom Jahre 1934 an war er in der Lage, von dem zu leben, was er mit dem Schreiben verdiente.

Während dieser Zeit arbeitete er als Buchhändler, Bauer, Besitzer eines kleinen Kolonialwarenladens, Filmkritiker, Rundfunksprecher, Redakteur, Kolumnist und Kriegskorrespondent, um sein mageres Einkommen als Schriftsteller aufzubessern. Bevor er im Alter von dreißig Jahren sein erstes Buch veröffentlichte, reichten Orwells Erfahrungen von der Eliteschule Eton bis zum Dienst in der Kolonialpolizei, von kurzen Phasen als Tramp, Tellerwäscher und Hopfenpflücker bis hin zum Nachhilfelehrer.

Orwell verarbeitete all diese Erfahrungen in seinen Büchern. Was er schrieb, ist mit den Ereignissen seines Lebens eng verbunden, oft autobiographisch. Die persönliche Betroffenheit ist stets spürbar. „Mein Ausgangspunkt ist ein Gefühl von Parteilichkeit, ein Gespür für Gerechtigkeit." (WIS 14) Die stilistische Problematik, die sich daraus ergab, erkannte Orwell später sehr klar. „Es handelt sich darum, meine ureigensten persönlichen Neigungen und Abneigungen mit einer im wesentlichen öffentlichen, auf allgemeine, nicht individuelle Fragen gerichteten Arbeit zu verschmelzen, wie sie unsere Epoche jedem von uns aufzwingt." (WIS 16)

In Orwells frühen Romanen und Sozialreportagen behindert sein Drang, alle Gedanken und Äußerungen durch persönliche Erfahrungen und objektive Beobachtung zu verifizieren, den Aufbau der fiktionalen Romanwelt. Die frühen Arbeiten sind direkte Projektionen seiner persönlichen Erfahrungen in fiktionale Welten, wobei es ihm nicht gelingt, überzeugende Charaktere außer sich selbst zu schaffen. Er scheitert letztlich an dem Versuch, Gesellschaftsanalyse und politische Absicht in die Form des traditionellen Romans zu bringen. Sein scharfer Blick für das Detail und sein leidenschaftlicher Wunsch, andere über die politische und gesellschaftliche Realität, wie er sie sah, zu informieren, prädestinierte Orwell zum Reporter, Essayisten und Satiriker mehr als zum Romancier.

Im Essay, in der kurzen Form, entdeckte Orwell schließlich die ihm angemessene Ausdrucksweise. „In friedlichen Zeiten hätte ich vielleicht reich ausgeschmückte oder auch rein beschreibende Bücher verfaßt, ohne mir überhaupt eines politischen Standpunktes bewußt zu werden. So wie die Dinge lagen, sah ich mich fast gezwungen, eine Art von Pamphletist zu werden." (WIS 12) In dieser Form fand Orwell zu einem unverkennbaren Stil, der durch eine klare, einfache Sprache gekennzeichnet ist. „Gute Prosa ist wie eine Fensterscheibe."

Orwell sah sich selbst als politischen Schriftsteller. Das hieß für ihn nicht, Tendenzliteratur zu schreiben, sondern aus persönlicher Betroffenheit, unabhängig von Parteilinien, Stellung zu nehmen, und zwar in „guter Prosa". 1946 schrieb Orwell dazu: „Ich halte es in einer Epoche wie der unsrigen für sinnlos, sich einzubilden, daß man als Schriftsteller politische Probleme umgehen kann. Jeder behandelt sie in der einen oder anderen Form. ... Und je klarer man sich der eigenen politischen Voreingenommenheit bewußt ist, desto größer ist die Chance, politisch zu wirken, ohne seine ästhetische und geistige Integrität zu opfern." (CEJL 4/86)

George Orwells Schriftstellerleben dauerte weniger als zwanzig Jahre. 1931 erschien sein erster Essay, 1933 sein erstes Buch, sein letztes schrieb er 1948. Er hinterließ sechs Romane und drei Reportagen, dazu sechs Essaybände und zahlreiche Buchbesprechungen und journalistische Arbeiten, die auf englisch gesammelt in vier Bänden vorliegen. In deutscher Sprache sind leider nur die Romane, Reportagen und einige Essays und Beispiele für seine journalistischen Arbeiten greifbar. Das ist bedauerlich, denn gerade in der kurzen Form entwickelte Orwell seinen Stil zur Meisterschaft, und hier zeigt sich die ungewöhnliche Breite und Vielfalt seiner Interessen. Ich habe deshalb eine Reihe der bisher nicht übersetzten Texte auszugsweise in diese Biographie eingearbeitet, um einige Beispiele für die Spannweite der Inhalte und den journalistischen Stil Orwells zu geben.

Nach Orwells Tod wurde versucht, sein Leben und Werk auf eine griffige Formel zu bringen. Er wurde als das Gewissen seiner Zeit, als Heiliger in einer Epoche ohne Glauben bezeichnet, wobei schon George Woodcock darauf hinwies, wie problematisch solche Verkürzungen sind, denn um Symbol zu sein war Orwell zu einsam, und für einen Heiligen war er zu zornig.

Was uns an Orwell heute noch interessieren kann, ist seine Verbindung von gesundem Menschenverstand, Erfahrung, humanem Denken und Streben nach Gerechtigkeit. Seine Verweigerung gegenüber allen Versuchen, ihn politisch und ideologisch zu vereinnahmen. Dies ist es, was ihn in einer Zeit, in der Politik und Leben immer mehr in Mythen und Zerstörung abzugleiten drohen, wieder so aktuell, wichtig und lesenswert macht. In einem Nachruf schloß der Philosoph Bertrand Russell: „Die Männer unserer Tage, die in Leidenschaftlichkeit und Geistesgröße Goethe, Shelley oder Wells gleichen, haben meist entweder persönlich oder durch mitleidende Sympathie Erfahrungen durchgemacht, die mehr oder weniger der Gefangenschaft in Buchenwald vergleichbar sind. Orwell war einer dieser Männer."

Auf dem Friedhof des Dorfes Sutton-Courteney steht auf Orwells Grab ein schlichter grau-brauner Stein mit der Inschrift:

Here lies
Eric Arthur Blair
Born June 25th 1903
Died January 21st 1950

Kapitel 1
Eric Arthur Blair

Old John with white hair,
Does laugh away care,
Sitting under the oak
Among the old folk.
They laugh at our play,
And soon they all say:
'Such, such were the joys
When we all, girls and boys,
In our youth-time were seen
On the Echoing Green.'

Über Eric Arthur Blairs — George Orwells — Leben wissen wir einiges aus seinem Werk, soviel zumindest, daß Licht auf die Herkunft seiner sozialen, politischen und literarischen Ideen fällt. Viele seiner Bücher sind direkt autobiographisch, und die meisten seiner Romane verarbeiten persönliche Erfahrungen. Es wäre jedoch problematisch, diesen Erinnerungen rückhaltlos zu trauen, denn wir alle errichten und interpretieren unsere Vergangenheit nach unseren gegenwärtigen Haltungen und Perspektiven. Orwell ist da keine Ausnahme. Es gilt also vorsichtig und kritisch mit den autobiographischen Teilen seiner Schriften umzugehen und sie mit Dokumenten und anderen Quellen zu vergleichen und auf ihren Realitätsgehalt zu überprüfen.

Das Kind ist in gewissem Sinne Vater des Mannes, insofern ist es für das Verständnis des Erwachsenen Orwell unerläßlich, seine Kindheit aufzuarbeiten. Dann werden die Bruchpunkte sichtbar werden, die aus dem Jungen Eric Arthur Blair die gelegentlich widersprüchliche Persönlichkeit des Schriftstellers George Orwell formten. Deutlich werden wird auch das Verhältnis zwischen dem tatsächlichen Geschehen und dem, was und wieviel Orwell davon wiedergibt und mit welcher Absicht und Wertung er das tut. Erkennbar wird dann die Selektivität autobiographischen Schreibens.

Der Junge Eric (1903-1910)

Eric Arthur Blair wurde am 25. Juni 1903 in Motihari/Bengalen geboren. Sein Vater, Richard Walmesley Blair, war ein kleiner Beamter schottischer Abstammung in der Opium-Abteilung der Indischen Kolonialregierung. Der Opiumhandel mit China war als Regierungsmonopol im Jahre 1880 legalisiert worden. Das Britische Empire umfaßte zu dieser Zeit, im Zenit seiner Macht und Ausdehnung, ein Viertel der Landmasse der Erde, bewohnt von einem Viertel der Menschheit. Richard W. Blair arbeitete von seinem achtzehnten Lebensjahr (1875) bis zu seiner Pensionierung im Jahre 1912 auf diesem Posten. Im Alter von neununddreißig Jahren heiratete er die achtzehn Jahre jüngere Ida Mabel Limouzin, Tochter eines französischen Vaters und einer englischen Mutter. Das erste Kind dieser Ehe war eine Tochter, Marjorie, geboren 1898 in Tehta/Bihar, dann kam Eric Arthur und schließlich im Jahre 1908 noch eine Tochter, Avril.

Ida Mabel Limouzin hatte bis zu ihrer Hochzeit den größten Teil ihres Lebens in Moulmein/Burma verbracht, wo ihr Vater weitverzweigte Geschäftsinteressen wahrnahm. Ihre Mutter lebte noch, als ihr Enkel Eric Blair im Jahre 1922 als Kolonialpolizist nach Burma ging.

Die Heirat erscheint ungewöhnlich, da sie die Verbindung zweier völlig gegensätzlicher Charaktere und Lebenshaltungen darstellte. Die Eheschließung mag ihre Ursache auch in der geringen Auswahl potentieller Ehepartner in den kleinen Stationen Indiens und Burmas gehabt haben, ein Problem, das später in Orwells Roman *Tage in Burma* auftaucht, vielleicht die Ehe der Eltern vor Augen.

Ida Blair war eine junge, lebendige, unkonventionelle, belesene und in jeder Hinsicht interessante Frau. Richard W. Blair dagegen verkörperte viele Eigenschaften, die typisch britisch und typisch für seine Klasse und seine Zeit waren: Sturheit, Beharrlichkeit, Phantasielosigkeit, Loyalität und die britische middle-class-Vornehmheit. Er war zeitlebens ein ernster, hart arbeitender englischer Gentleman, der wenig Originalität und Unternehmungsgeist ausstrahlte.

Ida Mabel Blair mit dem Baby Eric in Indien

Verschiedenheiten in Alter und Temperament der Ehepartner wurden in jenen Tagen als gegeben hingenommen. Dennoch können Erics Eltern mit einander kaum glücklich gewesen sein, zu unterschiedlich waren sie veranlagt. Hätte man sie jedoch nach den damals geltenden Maßstäben befragt, ob sie in ihrer Ehe glücklich seien, hätte die Antwort sicherlich 'Ja!' gelautet. Ida Blair, als die dominierende Persönlichkeit dieser Verbindung, besaß die Fähigkeit, die Familie auch in den schwierigsten Situationen zusammenzuhalten und eine harmonische Umgebung zu schaffen.

1904, als Eric ein Jahr alt war, kehrte Ida Blair, wie es damals in anglo-indischen Familien üblich war, mit ihren beiden Kindern nach England zurück. Sie wohnten in Henley-on-Thames, Oxfordshire. Henley und der kleine Nachbarort Shiplake war die Heimat der Blairs von 1904 bis 1917. Dieses ruhige, wohlgeordnete Altwasser der noch stark viktorianisch geprägten Gesellschaft unter König Edward VII. bildete den Hintergrund für die formenden Jahre im Leben des jungen Eric Blair. Die ländliche Idylle der Themselandschaft, das scheinbar so sichere, zufriedene Leben der Zeit vor dem Ersten Weltkrieg blieb für den Schriftsteller George Orwell stets eine gute Erinnerung, die er unter anderem in seinem Roman *Auftauchen um Luft zu holen* wieder belebte. In seinem „Krankenhausnotizbuch" von 1948, das er benutzte, um die letzten Korrekturen an dem Roman *Neunzehnhundertvierundachtzig* vorzunehmen, findet sich ein unvollendetes Gedicht über seine Kindheit:

> Die Himmel waren blauer und die Meere grüner
> Der Stichling hatte eine rosigere Brust
> Als der gute König Edward das Land regierte
> und ich ein pausbäckiger kleiner Junge war.

Richard W. Blair sah seine Familie erst 1907 wieder, als er drei Monate Urlaub in England verbrachte. Noch bevor Erics Schwester Avril geboren wurde, ging der Vater wieder nach Indien und kehrte erst 1912, nach seiner Pensionierung, nach England zurück.

Aus Erics Kindheit gibt es abgesehen von knappen Tagebüchern seiner Mutter aus dem Jahre 1905 keine Dokumente. Die Tagebucheintragungen zeigen, daß Erics Lunge, die ihn sein ganzes Leben lang quälte, schon beim Kleinkind Anlaß zur Sorge gab:

„Montag, 6. Februar: Dem Baby geht es gar nicht gut. Ich habe den Doktor rufen lassen, der sagte, es sei Bronchitis...

Donnerstag, 9. Februar: Dem Baby geht es nun jeden Tag besser.

Sonnabend, 11. Feburar: Dem Baby geht es viel besser, es nennt Gegenstände 'garstig'." (OA)

Das Haus der Blairs in Henley-on-Thames

Im Alter von fünf Jahren wurde Eric, wie seine Schwestern Marjorie vor ihm und Avril nach ihm, Schüler der kleinen anglikanischen Nonnenschule Sunnylands in Henley-on-Thames. Hier blieb er bis zu seinem achten Lebensjahr. Eric war ein intelligenter, schnell lernender Schüler, der gerne und viel las.

In seinem Essay *Warum ich schreibe*, in dem er einen allgemeinen Überblick über die ihn als Schriftsteller formenden Einflüsse gibt, berichtete George Orwell 1946:

„Ich war das mittlere von drei Kindern, von meinen beiden Geschwistern trennten mich jeweils fünf Jahre, und meinen Vater bekam ich vor meinem achten Lebensjahr nur selten zu Gesicht. Aus diesen und anderen Gründen war ich recht einsam und entwickelte bald höchst unangenehme Eigentümlichkeiten, die mich während meiner ganzen Schulzeit unbeliebt machten. Ich hatte die Gewohnheit, die man oft bei sich selbst überlassenen Kindern findet, mir Geschichten auszudenken und mich mit imaginären Personen zu unterhalten, und ich glaube, daß meine literarischen Versuche von Anfang an von dem Gefühl begleitet waren, von den anderen getrennt und nicht genügend anerkannt zu sein."

Bemerkenswert ist an dieser Aussage, wie Orwell betont, schon in frühester Kindheit einsam gewesen zu sein. Der nächste Satz, den er als seiner Kindheit zugehörig darstellt, dürfte sich eher auf die Erfahrungen als erfolgloser Schriftsteller in den späten zwanziger und frühen dreißiger Jahren beziehen: „Ich wußte, daß es mir leicht fiel, mich gewandt auszudrücken, und daß ich die Fähigkeit hatte, mich mit unerfreulichen Tatsachen auseinanderzusetzen, und so schuf ich meine eigene Welt, in der ich mich für die Enttäuschungen im Alltag entschädigen konnte."

Die Problematik des autobiographischen Schreibens, die hier deutlich wird, nämlich die Vermischung von Kindheit und Erwachsenenwelt, läßt sich anhand zweier Passagen aus *Der Weg nach Wigan Pier* und dem Essay *Such, Such Were The Joys* weiter verdeutlichen.

„Ich war sehr jung, kaum älter als sechs, als mir die Klassenunterschiede zum erstenmal bewußt wurden. ... Ich erinnere mich ... an den Klempner weiter oben in der Straße, mit dessen Kindern ich Vogelnester ausnehmen ging. Aber kurz darauf wurde mir verboten, mit den Klempnerskindern zu spielen; sie waren 'gewöhnlich', und ich sollte mich von ihnen fernhalten." (RWP 123)

In *Such, Such Were The Joys* heißt es: „Zu dieser Zeit befand ich mich in einem fast geschlechtslosen Zustand, was für Jungen in diesem Alter normal oder zumindest nicht ungewöhnlich ist. Ich wußte auf der einen Seite, was mit dem, was man die Tatsachen des Lebens nennt, gemeint war, und wußte es auf der anderen Seite doch nicht. Im Alter von fünf oder sechs Jahren hatte ich wie viele Kinder eine Phase der Sexualität durchlaufen. Meine Spielkameraden waren die Klempnerskinder, die weiter oben in der Straße wohnten. Wir machten des öfteren Spiele mit einem unbestimmt erotischen Charakter. Eines hieß 'Doktor spielen', und ich erinnere mich an eine schwache, mit Sicherheit aber angenehme Erregung, die ich verspürte, als ich eine Spielzeugtrompete, die ein Stethoskop darstellen sollte, gegen den Bauch eines kleinen Mädchens hielt." (403)

In beiden Texten geht es um dieselbe Geschichte. Interessant ist die selektive Nutzung, die Orwell von seiner Erinnerung macht. In *Der Weg nach Wigan Pier* ist der Kontext politisch, also wird die Begebenheit unter diesem Aspekt erwähnt: die soziale Kluft zwischen den Kindern steht im Vordergrund. Anders in *Such, Such Were The Joys*, hier liegt die Betonung, ebenfalls dem Zusammenhang entsprechend, auf der frühkindlichen Sexualität. Wir sehen, wie autobiographisches Schreiben im Nachhinein vergangene Realität verzerren kann.

Eric Blairs Ur-Ur-Großvater väterlicherseits war ein Plantagenbesitzer gewesen, der im 18. Jahrhundert Lady Mary Fane, die Tocher des Earl of Westmoreland, geheiratet hatte. Eric Blair war also der Ur-Ur-Enkel eines Adligen. Von diesem Zeitpunkt an stieg die Familie Blair jedoch gesellschaftlich immer weiter ab, bis zur Zugehörigkeit zur „lower-upper-middle class" der Blairs zur Zeit des Jungen Eric. Orwell beschreibt seine Klasse sehr treffend:

„Leute, die zu dieser Schicht gehörten, besaßen kein Land, aber sie hatten das Gefühl, daß sie in Gottes Augen Landbesitzer seien, und erhielten stets aristokratische Anschauungen aufrecht, indem sie lieber in die gelehrten Berufe oder in den Armeedienst gingen als in den Handel. Kleine Jungen pflegten die Pflaumenkerne auf ihren Tellern zu zählen und ihr Schicksal vorauszusagen, indem sie sangen: 'Armee, Marine, Kirche, Medizin, Recht'; und selbst hierbei war 'Medizin' den anderen Gebieten leicht unterlegen und nur aus Gründen der Symmetrie eingefügt. Es war komisch, auf einem Niveau von 400 Pfund im Jahr zu dieser Gesellschaftsschicht zu gehören, denn es bedeutete, daß sich das Vornehme fast vollständig auf die Theorie beschränkte. Man lebte sozusagen gleichzeitig auf zwei Ebenen. Theoretisch wußte man alles über Bedienstete und wieviel Trinkgeld man ihnen geben sollte, obwohl man in der Praxis einen oder höchstens zwei feste Angestellte hatte. Theoretisch wußte man, wie man seine Kleider trägt und wie man ein Dinner bestellt, obwohl man es sich in der Praxis nie leisten konnte, zu einem ordentlichen Schneider oder in ein ordentliches Restaurant zu gehen. Theoretisch konnte man schießen und reiten, obwohl man in der Praxis keine Pferde zum Reiten und keinen Fußbreit Land für die Jagd hatte. Das alles erklärt die Anziehungskraft von Indien, (später Kenia, Nigeria etc.) für den unteren oberen Mittelstand. Die Leute, die als Soldaten oder Beamte dorthin gingen, taten das nicht, um zu Geld zu kommen, denn ein Soldat oder Beamter ist nicht auf Geld aus; sie gingen dorthin, weil es in Indien — mit billigen Pferden, freier Jagd und Scharen von schwarzen Bediensteten — leichter war, den Gentleman zu spielen." (RWP 121f)

Orwells Familie entsprach dieser Schilderung ziemlich genau. Zwar bot das Einkommen des Vaters finanzielle Sicherheit, aber mit kaum mehr als 400 Pfund Jahresverdienst befand sie sich am unteren Rande der Mitte; sie orientierte sich aber an den Normen der upper-middle und upper class.

Schultage — Erziehung für das Leben in der middle class (1911-1916)

George Orwell wußte, daß man England nicht ohne einen Blick auf das Erziehungssystem und die Klassenfrage diskutieren kann. England ist vielleicht das einzige Land, wo die erste prüfende Frage — ob von einem Arbeitgeber oder einer Schwiegermutter in spe — eher lautet: „Wo ging er zur Schule?" als „Wo kommt er her?" oder „Was tat sein Vater?" Die Rede ist hier von der sozialen Welt Englands zu Blairs Jugendzeit, aber Orwell bemerkte selbst in einer Buchbesprechung: „Es fällt schwer, Bewunderung und Schrecken auseinanderzuhalten, wenn man erfährt, daß Eton 1948 noch genauso ist, wie es 1918 war." (*The Observer*, 1. August 1948)

In jenen Tagen ging der Engländer einer bestimmten gesellschaftlichen Klasse einen klar vorgezeichneten Weg, der sowohl Eintrittskarte als auch Lehrzeit für einen kleinen, elitären Sektor der Erwachsenenwelt bedeutete. Orwell beschritt diesen Pfad, als er im September 1911, im Alter von acht Jahren, in die St. Cyprian's Preparatory School, eine private Internatsschule, nahe Eastbourne eintrat. Das britische Schulsystem gliedert sich auch heute noch in einen Privatschul- und einen Staatsschulbereich. Numerisch gesehen ist der Anteil der Privatschulen an der gesamten Schülerzahl gering, ihr Einfluß auf das britische Bildungssystem jedoch ist sehr groß. Wie gut auch immer das System der staatlichen Schulen, der „grammar schools", sein mag, wenn sie die Schulgebühren aufbringen können, schicken die Eltern ihre Kinder auf eine Privatschule. Jungen und Mädchen werden an diesen Schulen getrennt erzogen. Die Privatschulen für Jungen im Alter von acht bis dreizehn Jahren heißen „preparatory schools", die für Jungen über dreizehn „public-schools". Eastbourne in Sussex an der englischen Südküste war zu jener Zeit ein modisches und besonders bei der wohlhabenden Mittelschicht sehr beliebtes Seebad. St. Cyprian's besaß, obwohl noch relativ neu, schon einen guten Ruf. Die Schule bestand aus zwei großen spätviktorianischen Häusern, errichtet im William-Morris-Stil, in einem weitläufigen Gelände. Eric Blair blieb dort für mehr als fünf Jahre und gewann schließlich Stipendien für die Eliteschulen Wellington und Eton.

„Bald nach meiner Ankunft in St. Cyprian's (nicht sofort, sondern nach ein oder zwei Wochen, als ich mich gerade in die Routine des Schullebens eingefügt zu haben schien) begann ich, mein Bett zu nässen. Ich war nun acht Jahre alt, so daß dies ein Rückfall in ein Verhalten war, das ich zumindest vier Jahre vorher abgelegt haben mußte." (Such 379) So beginnt der im Mai 1947 verfaßte Essay *Such, Such Were The Joys*, in dem sich Orwell mit seinen Erfahrungen in der Internatsschule St. Cyprian's auseinandersetzt. Die Schule wurde von dem Direktor Mr. Wilkes (genannt Sambo) und seiner Frau („Flip") mit physischem und psychischem Terror eher regiert als geleitet. Das Problem des Bettnässens wurde 'behandelt', indem der Schüler Eric Blair eine Tracht Prügel erhielt, ihm Angst und Schuldgefühle eingeflößt wurden; das Bettnässen verschwand, die psychischen Probleme des Jungen verschärften sich jedoch. „Ich wußte, daß Bettnässen (a) sündhaft und (b) außerhalb meiner Kontrolle war. Die zweite Tatsache war mir persönlich klar, und die erste stellte ich nicht in Frage. Es war also möglich, eine Sünde zu begehen, ohne zu wissen, daß man sie beging, ohne sie begehen zu wollen und ohne sie vermeiden zu können. Sünde war nicht notwendigerweise etwas, das man tat: Es konnte etwas sein, das einem zustieß." (Such 382f)

Die Vergehen der Schüler wurden nicht nur mit Schlägen bestraft, sondern die Strafe vollzog sich nach einem Ritual: Sie mußten sich bei „Sambo" melden, ihre Verfehlung bekennen und bekamen dann erst ihre Tracht Prügel.

„Als ich ankam, um mich zu melden, war Flip mit irgendetwas an dem langen, blankpolierten Tisch, der im Vorraum zum Studierzimmer stand, beschäftigt. Ihre unbehaglichen Augen suchten mich, als ich vorbeiging. Im Studierzimmer wartete der Direktor, dessen Spitzname Sambo war. Sambo war ein rundschultriger, besonders einfältig aussehender Mann, nicht groß, aber mit einem watschelnden Gang und einem rundlichen Gesicht, das wie das Gesicht eines übergroßen Babys wirkte, aber auch gute Laune ausdrücken konnte. Er wußte natürlich, weshalb ich zu ihm geschickt worden war, und hatte bereits eine Reitpeitsche mit Elfenbeingriff aus dem Schrank geholt. Aber es war ein Teil der Strafe, daß man sein Vergehen selbst aussprechen mußte. Als ich alles gesagt hatte, las er mir kurz aber pathetisch die Leviten, dann packte er mich im Genick, beugte mich vornüber und begann mich mit der Reitpeitsche zu schlagen. Er hatte die Gewohnheit, mit seinen Vorhaltungen fortzufahren, während er einen verprügelte, und ich erinnere mich an die Worte 'du schmut-ziger klei-ner Jun-ge', die im Rhythmus der Schläge kamen." (Such 381)

Orwell bezeichnete den Essay *Such, Such Were The Joys* seinem Verleger gegenüber als autobiographisch. Der Aufsatz erschien zunächst jedoch nur in den USA und wurde erst nach Mrs. Wilkes' Tod im Jahre 1962 in Großbritannien veröffentlicht, da der Verlag befürchtete, der Inhalt könne eine Klage wegen übler Nachrede einbringen. Der Titel des Essays ist eine Verszeile aus William Blakes Gedicht „The Echoing Green", die hier nur ironisch zu verstehen ist:

Such, such were the joys
When we all, girls and boys,
In our youth time were seen,
On the Echoing Green.

Für Blair, der dieses Gedicht kannte, da es zum Bildungsgut der Mittelschicht gehörte — seine Mutter las es ihm als Kind vor —, gab es in St. Cyprian's nur wenig Freude, und die Erfahrungen, die er hier machte, formten ihn für sein Leben.

Schon mit acht Jahren kam für jeden Jungen der „upper-middle class" die Zeit, daß er in ein Internat geschickt wurde. Besondere Bedeutung hatte dieser Schritt für die Kinder der „lower-upper middle class": Ihre Familien hatten Schwierigkeiten, den Übergang zu finanzieren, denn es war oft nur der gebildete Akzent und nicht die materielle Lage, die sie von den unteren Klassen trennte. Blairs Familie gehörte zu dieser Schicht, die sich, obwohl relativ arm und machtlos, an der Lebensweise und den Werten der höheren Klassen orientierte, aber es aus eigener Kraft nicht schaffte, die Rolle, die von ihr erwartet wurde und in der sie sich selbst sah, auszufüllen.

Ida Blair war sehr darauf bedacht, ihrem Sohn die besten Erziehungsmöglichkeiten zu öffnen. 1911 besuchte sie mit Eric St. Cyprian's, und in einem Gespräch mit Mr. und Mrs. Wilkes gelang es ihr, Eric zum halben Schulgebührensatz in der Anstalt unterzubringen.

St. Cyprian's als für die Zeit typische private Internatsschule verkörperte all die edwardianischen „class-snobberies". Die Schule existierte, um Gewinn abzuwerfen und die Söhne der wohlhabenden und reichen Mittel- und Oberschicht auf ihren Eintritt in eine der führenden britischen „public-schools" wie Eton, Harrow oder die Armeeschule Wellington vorzubereiten. Die Jungen bekamen hier die 'richtigen' klassenbewußten, patriotischen und sportlichen Werte vermittelt. Darüber hinaus nahm St. Cyprian's auch eine Handvoll Jungen aus nicht so wohlhabenden Familien zu ermäßigten Schulgebühren auf. Ihre Aufgabe war es, Stipendien für die „top-public-schools" zu gewinnen und so auf die Qualität der Internatsschule St. Cyprian's hinzuweisen, den Reichen zu zeigen, daß dies die Schule sei, die ihre Söhne voranbringen werde. Letztlich war es also die Aufgabe der „Ermäßigten", den Profit der Schule zu mehren.

Eric Arthur Blair wurde zum halben Gebührensatz akzeptiert, zum einen weil er sehr gute Empfehlungen von der Nonnenschule in Henley-on-Thames mitbrachte, zum anderen weil das zusätzliche Klassenmerkmal der Blairs: 'Engländer in der indischen Kolonialverwaltung', ihn in die Anstalt passen ließ. Eric Arthur erfuhr zunächst nichts davon, daß er zum halben Schulgeld nach St. Cyprian's kam. Das Einkommen der Familie Blair betrug zu dieser Zeit 438,1 Pfund pro Jahr, die vollen Schulgebühren des Internats beliefen sich auf 180 Pfund im Jahr, für die Familie unmöglich zu bezahlen. Orwell beschrieb die Schule später so:

„St. Cyprian's war eine teure und snobistische Schule, die dabei war, noch snobistischer und ich glaube, noch teurer zu werden. Die public school, mit der St. Cyprian's besondere Verbindungen pflegte, war Harrow, aber während meiner Zeit ging eine wachsende Zahl der Jungen nach Eton. Die meisten von ihnen waren Kinder reicher Eltern, aber im großen und ganzen gehörten sie zu den nicht-aristokratischen Reichen, jener Sorte von Leuten, die in riesigen, mit Gebüsch zugewucherten Häusern in Bournemouth oder Richmond leben, die Autos und Butler haben, aber keine Landsitze. Es waren ein paar Exoten unter ihnen — einige südamerikanische Jungen, Söhne argentinischer Rinderbarone, ein oder zwei Russen, und sogar ein siamesischer Prinz, auf jeden Fall jemand, der als Prinz bezeichnet wurde." (Such 384)

Hatte Eric Arthur als Sechsjähriger das Gefühl gesellschaftlicher Überlegenheit gegenüber anderen kennengelernt (er durfte nicht mit den Kindern des Klempners spielen, weil sie „gewöhnlich" waren), so machte er nun die gegenteilige Erfahrung. Jetzt war er der gesellschaftlich Unterlegene, und die Gemeinsamkeit mit den reichen Schulkameraden in St. Cyprian's beschränkte sich darauf, daß man auf die Schüler der „grammar schools", der staatlichen Schulen, herabsehen konnte.

„Ich glaube, daß es niemals in der Geschichte der Menschheit eine Zeit gab, in der die schiere, vulgäre Fettheit des Reichtums ohne irgendeine aristokratische Eleganz, die sie hätte aufwiegen können, so aufdringlich war wie in jenen Jahren vor 1914. Es war die Zeit, in der verrückte Millionäre mit verbeulten Zylindern und fliederfarbenen Westen Champagnerparties in Rokoko-Hausbooten auf der Themse gaben, die Zeit des Diabolo und der am Knöchel engen Röcke, die Zeit der Gecken mit ihren grauen Bowler-Hüten und Cutaways, die Zeit der 'Merry Widow' und von Sakis Romanen, 'Peter Pan' und 'Where the Rainbow Ends', die Zeit, als Leute 'chocs' und 'cigs', 'ripping' und 'topping' und 'himmlisch' sagten, als sie für verrückte Wochenenden nach Brighton fuhren und fabelhafte Tees auf dem 'Troc' einnahmen. Das ganze Jahrzehnt vor 1914 scheint den Geruch des vulgärsten, unreifsten Luxus auszuatmen, einen Geruch von

Brillantine, creme-de-menthe und gefüllter Schokolade — eine Atmosphäre, als ob man dauernd Erdbeereis zu den Klängen des Eton-Boot-Songs äße. Das Außergewöhnliche an dieser Zeit war die Art, in der jedermann davon ausging, daß dieser schleimige, schwellende Reichtum der englischen upper und upper-middle class für immer und alle Ewigkeit erhalten bleibe, Teil der natürlichen Ordnung der Dinge sei. ... Vor dem Krieg war die Verehrung des Geldes vollkommen unreflektiert und ungestört durch irgendwelche Gewissensbisse. Der Wert des Geldes galt als ebenso unhinterfragbar wie der Wert der Gesundheit oder der Schönheit, wie ein blitzendes Auto, ein Titel oder eine Horde von Dienern. Und all dies vermischte sich in den Köpfen der Leute mit der Idee tatsächlicher moralischer Tugend." (Such 408f)

Während der Schulzeit herrschte eine Art Demokratie unter den Schülern, die jedoch immer mehr aufgegeben wurde, je näher die Ferien rückten. Protzerei war jetzt an der Tagesordnung. Es gab in St. Cyprian's einen regelrechten Schottland-Kult, der von „Flip" zu den Ferien hin forciert wurde. Die Schotten galten als bewundernswert, weil sie grimmig, stark und unbesiegbar auf dem Schlachtfeld waren. „Flip" ermunterte die schottischen Jungen, die traditionelle Kleidung, den Kilt, zu tragen. Der tatsächliche Grund für diese Schottland-Verehrung lag darin, daß es sich nur die wirklich Reichen leisten konnten, ihre Ferien im Norden zu verbringen, den anderen Schülern wurde auf diese Weise ihre Unterlegenheit deutlich gemacht. Eric Blair mit seinem schottischen Namen und seiner schottischen Abstammung hätte natürlich unter den von „Flip" Begünstigten sein sollen, aber er gehörte zur falschen Sorte von Schotten, er war nicht reich. Orwell, ansonsten ein rationaler Mann, behielt sein ganzes Leben lang eine Abneigung gegen alles Schottische, er konnte die Erfahrungen seiner Kindheit nicht abschütteln. 1940 schrieb er: „Ich bekenne mich offen zu meinem Vorurteil gegen Bücher über Schottland und im besonderen das Hochland, die keltische und romantische Seite des schottischen Lebens." („History Books", *New Statesman,* 21. September 1940)

Falls irgendein Junge von den anderen Schülern verdächtigt wurde, nicht genügend reiche Eltern zu haben, wurde er einem regelrechten Kreuzverhör unterzogen. Wieviel im Jahr verdient dein Vater? In welchem Stadtteil Londons lebt ihr? Wie viele Diener habt ihr? Orwell erzählt in *Such, Such Were The Joys* von einem kleinen, achtjährigen Jungen, der verzweifelt versuchte, sich in die richtige Gruppe hineinzulügen, und schließlich doch scheiterte, weil er nicht wußte, daß der Daimler, den sein Vater angeblich besaß, elektrische und nicht mit Acethylen betriebene Scheinwerfer hatte.

Es gab sicherlich neben dem Geld noch andere Maßstäbe, die einem Internatszögling Ansehen und Respekt unter den Schülern verschaffen

Die Themse bei Henley

konnten: Stärke, Aussehen, sportliche Begabung oder was Charakter genannt wurde und letztlich die Fähigkeit war, anderen den eigenen Willen aufzuzwingen. Blairs Schwachstelle war vor allen Dingen das Fußballspiel, wo größere und ruppigere Jungen die kleineren unterdrückten. Damals zog er daraus den Schluß, daß nur der Sieg Anerkennung brachte, daß Gewinnen Tugend war: „Sie bestand darin, größer, stärker, stattlicher, reicher, beliebter, eleganter, skrupelloser als andere Leute zu sein — sie zu beherrschen, zu unterdrücken, zu quälen, sie albern aussehen zu lassen, sie in jeder möglichen Art und Weise auszunutzen. Das Leben war hierarchisch, und was immer auch geschah, war richtig. Es gab die Starken, die es verdienten zu gewinnen und auch immer gewannen, und es gab die Schwachen, die es verdienten zu verlieren und unvermeidlich immer verloren." (Such 414)

Blair litt unter dieser Erkenntnis, die Welt der Reichen, der Erfolgreichen schien unerschütterlich, ihre Regeln waren die maßgebenden. „Und nach diesen Regeln war ich ein Verdammter. Ich hatte kein Geld, ich war schwach, ich war häßlich, ich war unbeliebt, ich hatte einen chronischen Husten, ich war feige, ich roch. Dieses Bild beruhte, wie ich hinzufügen sollte, nicht auf reiner Einbildung. Ich war ein unattraktiver Junge.

St. Cyprian's machte mich schnell dazu, sogar wenn ich es vorher vielleicht nicht gewesen war. Aber der Glaube eines Kindes an seine eigenen Unzulänglichkeiten wird nur wenig von den Tatsachen beeinflußt." (Such 413)

Vor diesem Hintergrund wird verständlich, wie Orwell in *Der Weg nach Wigan Pier* den bekannten Satz schreiben konnte: „Eine schäbig-vornehme Familie ist in einer ganz ähnlichen Situation wie eine Familie von 'poor whites' in einer Straße, wo sonst nur Neger wohnen."

Neben dieser Betonung von Klassenunterschieden war es für den jungen Blair, sicherlich auch für viele andere Jungen in der gleichen Situation, eine traumatische Erfahrung, aus der heimischen Geborgenheit herausgerissen und in eine barbarische und anonyme Welt der Korridore, des Prügelns und des Paukens hineingesteckt zu werden, die keinerlei Privatsphäre zuließ. „Dein Zuhause war vielleicht nicht gerade vollkommen gewesen, aber zumindest war es ein Ort, der mehr von Liebe als von Furcht regiert wurde." (Such 399) Cyril Connolly, ein Mitschüler und Freund Orwells, schreibt in seinen Erinnerungen an St. Cyprian's, daß er wochenlang Nacht für Nacht weinte. Eric Blairs chronische Bronchitis wurde behandelt, indem er in kaltem Wasser baden mußte und weniger zu essen bekam!

Grausamkeit war sicherlich ein Charakteristikum der Schule, besonders in Hinsicht auf die Willkür und die Unsicherheit der Bestrafungen. Um sich sicher fühlen zu können, mußte man in der Gunst „Flips" stehen, und Cyril Connolly beschreibt in seinen Schulerinnerungen, wie er die Veränderungen seiner Gunst bei „Flip" in einer Statistik erfaßte. Über seinen Mitschüler sagte er in *Enemies of Promise*: „Ich hatte zwei Freunde, deren 'Gunst' ebenso ungewiß war wie meine eigene, George Orwell und Cecil Beaton. Ich war ein Theater-Rebell, Orwell ein echter. Hochaufgeschossen, blaß, war er mit seinen schlaffen Wangen, großen spachtelförmigen Händen und seiner herablassenden Stimme einer jener Jungen, die alt geboren zu sein scheinen. Er war unfähig, sich einzuschmeicheln, und als seine Gunst fiel, verlor er sie für immer." (Co 163)

Blairs Gunst bei der Schulleiterin erreichte nur einmal einen Höhepunkt, als er ein patriotisches Gedicht zum Tode des auf hoher See ertrunkenen Admirals Kitchener verfaßte, das auch im *Henley and South Oxfordshire Standard* am 21. Juli 1916 veröffentlicht wurde.

Kitchener

No stone is set to mark his nation's loss
No stately tomb enshrines his noble breast;
Not e'en the tribute of a wooden cross
Can mark his hero's rest.

He needs them not, his name untarnished stands,
Remindful of the mighty deeds he worked,
Footprints of one, upon time's changeful sands,
Who ne'er his duty shirked.

Who follows in his steps no danger shuns,
Nor stoops to conquer by shameful deed,
An honest and unselfish race he runs,
From fear and malice freed*.

Der junge Blair wurde von „Flip" deshalb belohnt, weil er mit diesem Poem 'seine Lektion gelernt', die Werte der herrschenden Klasse vertreten hatte.

Eric Blair hatte schon einmal, 1914, ein Gedicht zum Krieg geschrieben, das am 2. Oktober ebenfalls im *Henley and South Oxfordshire Standard* abgedruckt wurde. Die erste Veröffentlichung Blairs — er ist elf Jahre alt — ist voller Patriotismus.

Awake Young Men Of England

Oh! give me strength of the Lion
The wisdom of Reynard the Fox
And then I'll hurl troops at the Germans
And give them the hardest of knocks.

Oh! think of the War lord's mailed fist,
That is striking at England today:
And think of the lives that our soldiers
Are fearlessly throwing away.

Awake! Oh you young men of England,
For if when your country's in need,
You do not enlist by the thousand,
You truly are cowards indeed**.

* Kein Stein ist gesetzt, den Verlust der Nation zu kennzeichnen / Kein stattliches Grabmal umschließt seine würdevolle Brust / Nicht einmal die Huldigung eines hölzernen Kreuzes / kann die Ruhestätte ihres Helden bezeichnen. / Er braucht sie nicht, sein Name steht makellos da / voller Erinnerung an die großen Taten, die er vollbrachte / Fußspuren auf den wechselvollen Sänden der Zeit / von einem, der sich nie vor seiner Pflicht drückte. / Wer seinen Schritten folgt, weicht keiner Gefahr aus / noch erniedrigt er sich durch beschämende Tat / Er läuft ein ehrliches und selbstloses Rennen / von Furcht und Arglist befreit.

** Erwacht, ihr jungen Männer Englands
Oh! gib mir die Stärke des Löwen / die Schläue von Reineke Fuchs / dann werde ich Truppen gegen die Deutschen werfen / und ihnen die härtesten Schläge ver-

Das Gedicht läßt Rückschlüsse auf die Art der Erziehung und die patriotische Stimmung in der Schule zu. Ansonsten war Blair jedoch vom Kriegsgeschehen wenig beeinflußt, in *Such, Such Were The Joys* wird der Krieg nur am Rande erwähnt. In dem 1940 erschienenen Essay *My Country, Right or Left* schreibt er, daß ihm vom Ausbruch des Krieges vor allen Dingen die Erinnerung an eine Karikatur des deutschen Kaisers blieb und daran, daß ein Kutscher auf dem Marktplatz in Tränen ausbrach, als sein Pferd requiriert wurde.

Wenn die Direktorin zornig war, ohrfeigte sie die Jungen vor der ganzen Klasse oder riß sie an den Haaren, bis sie schrien. Sie verstand es, bissige Bemerkungen zu machen, die die Jungen tief verletzten. „Das war nicht sehr anständig von dir, nicht wahr, Tim? Willst du mir keine Ehre machen, willst du keinen Anstand zeigen, oder macht es dir einfach nichts aus, was ich von dir denke, solange du von deinen Freunden ein paar billige Lacher bekommen und dich vor jeder Verantwortung drücken kannst?" (Co 162)

Blair nahm aus der Schule eine negative Sicht der Gesellschaft mit, als einer Ordnung, deren herrschende Klasse ihm keinen Platz gewährte.

In der Tat war das ganze System der Internatsschulen darauf angelegt, in gewisser Weise ein manisch-depressives Lebensgefühl zu vermitteln. Kleine Jungen dachten nach dem Masturbieren oder einem nächtlichen Samenerguß an Selbstmord, um am nächsten Tag als Held der Schule ein Rennen zu gewinnen. Connolly bezeichnet in seinen Erinnerungen die englischen Privatschulen als „Brutkästen des Verfolgungswahns", und es ist sicherlich nicht falsch zu behaupten, daß die Internate sowohl manisch-depressive als auch sado-masochistische Impulse institutionalisierten. Hier liegen sicherlich auch die Ursachen für Orwells Charakterzug, sich Widrigkeiten und unangenehmen Erfahrungen gern und freiwillig auszusetzen. Er wollte sich selbst beweisen, daß er es aushalten konnte, weil er unter einem „tiefen Kummer" litt, „der der Kindheit eigentümlich und nicht einfach zu überwinden ist: ein Gefühl trostloser Einsamkeit, das Gefühl, nicht nur in einer feindlichen Welt eingeschlossen zu sein, sondern in einer Welt von Gut und Böse, in der Regeln galten, die ich unmöglich einhalten konnte." (Such 382)

Die Unterrichtsschwerpunkte in St. Cyprian's lagen bei den Fächern Latein, Französisch, Griechisch, Geschichte, Englisch und Mathematik. Der Konkurrenzdruck unter den Schülern wurde durch ein wöchentliches Plazierungssystem erhöht. Der Unterrichtsstoff war allein auf die Prüfun-

setzen. / Oh! denkt an des Kriegsherrn gepanzerte Faust / die England heute trifft / und denkt an die Leben, die unsere Soldaten furchtlos wegwerfen. / Erwacht! Oh ihr jungen Männer Englands, / denn falls ihr, wenn euer Land in Not ist, / euch nicht zu Tausenden einschreibt, / seid ihr wirklich Feiglinge.

gen der „public-schools" zugeschnitten. Es wurde im Unterricht nie ein Buch ganz gelesen, es wurden nur jene Stellen herausgepickt, die vielleicht in einer Prüfung auftauchen konnten. Der Geschichtsunterricht, der von „Flip" abgehalten wurde, bestand aus sturer Abfragerei. „Ich erinnere mich an regelrechte Orgien von Jahreszahlen, bei denen die besseren Schüler — getrieben von ihrem Ehrgeiz, die richtigen Antworten herauszuschreien — von ihren Plätzen aufsprangen, während sie gleichzeitig nicht das geringste Interesse an den mysteriösen Ereignissen, die sie aufsagten, verspürten.

1587?

St. Bartholomäus-Nacht!

1707?

Tod von Aurangzeeb!

1713?

Vertrag von Utrecht!

1773?

Boston Tea Party!

1520?

Oh, Mum, bitte, Mum —

Bitte, Mum, bitte Mum! Lassen Sie mich es ihm sagen, Mum!

Na gut! 1520?

Field of the Cloth of Gold!

Und so weiter. (Such 386f)

Im Rückblick des Erwachsenen erschien Orwell der Besuch von St. Cyprian's als die Zeit seines Lebens, in der er am härtesten arbeitete, und dennoch litt er ständig unter dem Gefühl, trotz aller Anstrengungen nicht leisten zu können, was man von ihm verlangte. Die Schüler wurden auch im Unterricht nicht gleich behandelt. Besonders die armen, aber intelligenten Schüler litten, denn „unsere Gehirne waren eine Goldmine, in die Sambo Geld investiert hatte, und die Dividende mußte aus uns herausgequetscht werden." (Such 388) Während er mit den Söhnen reicher Eltern väterlich umging, setzte „Sambo" die ärmeren Schüler, die ein Stipendium gewinnen sollten, psychisch wie physisch unbarmherzig unter Druck. „Na los, du Faulpelz! Mach weiter, du fauler, nutzloser Junge! Der ganze Ärger mit dir ist, daß du ein stinkfauler Sack bist. Du ißt zuviel, das ist es. Du schlingst enorme Mengen in dich hinein, und wenn du dann hierher kommst, schläfst du schon halb. Na los jetzt, leg dich gefälligst ins Zeug. Du denkst nicht nach. Dein Hirn schwitzt nicht." (Such 387)

Diese verbalen Attacken wurden von Schlägen mit einem schweren silbernen Füllfederhalter gegen die Schläfen der Schüler begleitet. Orwell schreibt, daß ihm dieser Füllhalter in seiner Erinnerung groß wie eine Banane erschien, ein Hinweis darauf, wie traumatisch das Kind Eric Blair die 'Erziehung' in St. Cyprian's empfand. In *Such, Such Were The Joys* versucht Orwell, seine Kindheitserinnerungen einzuordnen: „Wer auch immer über seine Kindheit schreibt, muß sich vor Übertreibungen und Selbstmitleid hüten. Ich behaupte nicht, daß ich ein Märtyrer war oder daß St. Cyprian's eine Art von Dotheboys Hall (bei Charles Dickens Schule, in der die Kinder gequält werden; L.B.) war. Aber ich würde meine eigenen Erinnerungen verfälschen, wenn ich nicht festhielte, daß es größtenteils abschreckende Erinnerungen sind." (Such 398)

Sir John Grotrian, der ebenfalls St. Cyprian's besuchte und eine Klasse unter Blair war, erzählte: „Meine Erinnerungen an Blair stammen aus einer Zeit, als er ein unglücklicher kleiner Junge in einer Internatsschule war." (Cr 76) Dagegen Jacintha Buddicom, eine Spielkameradin Eric Blairs und seine erste Liebe: „Eric machte damals nicht dauernd den Eindruck von Minderwertigkeit oder Armseligkeit. Bei jedem Wettstreit mit Prosper (Jacinthas Bruder) und seinen Freunden gab er sein Bestes. Meistens schnitt er besser ab, weil er intelligenter war. Das von ihm entworfene Bild eines kleinen, erbärmlichen Neurotikers, der sich, aus Angst 'zu riechen', vor einer Meute angeberischer Kraftprotze jämmerlich schniefend zurückzieht, traf auf Eric nun gerade nicht zu." (Bud 6)

Wie erklärt sich dieser Widerspruch, den in seinem Gehalt auch Blairs Schwester Avril bestätigt? „Wir spielten als Kinder nicht gerade viel zusammen, weil fünf Jahre Altersdifferenz in jener Zeit des Lebens einen großen Unterschied machen, aber ich erinnere mich an endlose Croquet-Spiele, wo er immer schon gewonnen zu haben schien, wenn wir anderen noch verzweifelt versuchten, ihn aufzuhalten. Es ist gesagt worden, daß er eine unglückliche Kindheit verlebte, aber ich denke, daß das nicht im geringsten stimmt, obwohl ich zugeben muß, daß er selbst diesen Eindruck hervorrief." (Du)

'Fälschte' der Schriftsteller George Orwell seine Kindheit, bog er seine vita zurecht? Schuf er mit *Such, Such Were The Joys* eine fiktive literarische Wahrheit, die sich von dem tatsächlich Geschehenen unterscheidet? Dafür scheinen auf den ersten Blick auch die Briefe zu sprechen, die er von St. Cyprian's nach Hause schickte.

„14. September (1911)
Liebe Mutter, ich hoffe, daß es Dir gut geht. Danke für den Brief, den Du mir geschickt hast, ich habe ihn noch nicht gelesen. Ich nehme an, Du möchtest wissen, wie die Schule ist? Sie ist in Ordnung, morgens haben wir viel Spaß. Wenn wir im Bett liegen. Von E. Blair."

Das im englischen Text falsch geschriebene Wort „supose" ist in dem Brief

Eric Blair (rechts) mit Guinever und Prosper Buddicom in Ticklerton Court, 1917

von einer Erwachsenenhandschrift korrigiert worden: Die Briefe wurden von der Schulleitung eingesehen.

„12. Nov.
Meine liebe Mutter
Wie ist das Wetter bei Euch? Bei uns regnet es viel, aber heute morgen regnet es nicht. Aber es ist trübe. Sendest Du mir bitte eine oder zwei von den neuen 10-Penny-Briefmarken, denn ich habe sie noch nicht.

Am Montag waren die Schwimmwettkämpfe, und ein Junge namens Murray startete als letzter und gewann mit einem tüchtigen Vorsprung. Ich war Dritter in dem Rennen, ich hatte einen ziemlich engen Badeanzug und konnte kein bißchen schnell schwimmen. Ich bin Zweiter in Arithmetik, und diese Woche bin ich Erster in Latein. Und ich bin Achter in Französisch.
Wir brechen am 20. Dezember auf: das ist am Dienstag.
Grüß Avril und Vater.
Alles Gute
E. Blair"

„2. Dez.
Meine liebe Mutter, ich hoffe, es geht Dir gut. Gestern war Mrs. Wilkes' Geburtstag. Wir hatten fürchterlichen Spaß nach dem Tee und spielten im ganzen Haus. Wir wanderten alle zur Klippe von Beachy-Head.

Ich bin Dritter in Arithmetik.

Es ist heute sehr trübe und sieht nicht so aus, als ob es sehr warm werden würde. Vielen Dank für Deinen Brief. Das Ende des Schulhalbjahres nähert sich, nur noch acht Tage. Am Samstag abend gibt es Tanz, und ich werde ein Gedicht aufsagen, einige Jungen werden singen.

Grüße Vater und Avril. Ist Togo (der Hund der Familie; L.B.) gesund und munter? Gestern fanden hier die Oxford und Cambridge Matches statt. Cambridge gewann mit der ersten und dritten, und die zweite hatte kein Match. Ich freue mich sehr, daß Colonel Hall mir einige Briefmarken gegeben hat, er hatte es letztes Jahr gesagt, aber ich dachte, er hätte es vergessen. Es ist heute ein verflucht nasser Tag bei all dem Regen und der Kälte.

Ich bin sehr ärgerlich zu hören, daß wir diese verfluchten Biester von riechenden weißen Mäusen wieder haben. Ich hoffe, diese riechen nicht so. Wenn nicht, werde ich sie mögen.

Von Deinem Dich liebenden Sohn, E.A. Blair." (OA)

In diesen Briefen, die typisch sind für andere, die Blair schrieb, spiegelt sich nichts von dem in *Such, Such Were the Joys* dargestellten Leiden wider. Es findet sich kein Hinweis auf eine Verstörung des Jungen Eric Blair. Bestätigt das nicht die Aussagen Jacintha Buddicoms und seiner Schwester Avril? Schuf sich der Schriftsteller George Orwell eine Legende? Wie sind die Briefe einzuordnen? Eine Hilfe zu ihrem Verständnis läßt sich bei Rudyard Kipling finden, der eine ähnliche Sozialisation wie Orwell durchlief. In *Something of Myself* erklärt Kipling, warum Kinder ihren Eltern nichts über grausame Behandlung in der Schule mitteilen: „Kinder erzählen wenig mehr als Tiere, weil sie das, was auf sie zukommt, als unveränderbar akzeptieren. Darüber hinaus haben schlecht behandelte Kinder ein sicheres Gespür dafür, was sie erwartet, wenn sie die Geheimnisse ihres Gefängnisses verraten, bevor sie daraus entkommen können." (Kip 25)

Kiplings Ansicht, daß Jugendliche in einer bestimmten Phase das, was ihnen vorgesetzt wird, als ewig gültig und unveränderbar betrachten, wird von der Kinderpsychologie gestützt. Im Alter von neun bis dreizehn Jahren tritt eine Phase des Zusammenbruchs der kindlichen Persönlichkeit ein. Während seiner frühen Jahre nimmt das Kind viele Erfahrungen auf, die in seine Kinderpersönlichkeit integriert wurden. Aber jetzt muß es diese Persönlichkeit loswerden. Lang vergessene oder verdrängte Impulse der frühen Kindheit kommen abermals an die Oberfläche (Blairs Bettnässen zum Beispiel), bevor sie endgültig abgeschüttelt werden; Wert- und Verhaltensmaßstäbe der Kindheit platzen mit lautem Knall, neue sind noch nicht geschaffen, das Kind kann sich in dieser Phase gegen seine Umwelt nur schwer behaupten, da es sie nicht einordnen kann.

Damit wird erklärbar, warum das Kind Eric Arthur Blair bestimmte Teile seiner Erfahrung den Eltern nicht mitteilte, der Widerspruch zwischen den Briefen und dem Essay löst sich auf. Was aber ist mit den Aussagen seiner Schwester Avril und der Kindheitsgefährtin Jacintha Buddicom? Jacintha schreibt über Eric:

„Ich kannte über sieben Jahre hinweg den Jungen Eric sehr gut. Wir waren während der Ferien ständige Gefährten, und als er in Eton und ich an der Oxford High School war, schrieben wir uns fast jede Woche. Ich kannte viele Jungen, die ich mit ihm vergleichen konnte, und in solch einem Vergleich erzielte Eric eine sehr hohe Punktzahl. Er sah vielleicht nicht so gut aus wie die stattlichsten unter ihnen, oder er hätte keinen Platz in einer Cricket-Elf oder in einer Rudermannschaft bekommen; aber unter all den Jungen, die wir kannten, war Eric einer der interessantesten, der bestinformierten, der nettesten und der höflichsten." (Bud 6)

Entscheidend ist hier wohl der Satz „Während der Ferien waren wir ständige Gefährten ..." Jacintha kannte Eric nur in seiner freien Zeit, dies gilt auch für seine Schwester Avril. Wir haben es bei Eric also mit einer Person zu tun, die in zwei Welten lebt und sich ihnen anpaßt. Es gibt den leidenden Eric der Schule und den zufriedenen, ausgeglichenen Eric der Ferien. George Orwell 'fälscht' also nicht, er stellt nur nicht die Verbindung zwischen diesen beiden Welten her. Wir werden im weiteren Verlauf sehen, daß er dieses Leben in zwei Welten, mit getrennten Freundeskreisen, beibehielt. Vielleicht erklären sich aus diesem gespaltenen Leben auch scheinbare Widersprüchlichkeiten in der Person Orwells und in seinem Werk.

Orwell führte später sein Gefühl des Einsamseins, des Dazwischenstehens auch darauf zurück, daß er mit relativ großem Altersabstand zu seinen beiden Schwestern das mittlere Kind war. Marjorie war, wie gesagt, fünf Jahre älter als er, Avril fünf Jahre jünger. Seinen Vater sah Eric Arthur, bevor er acht Jahre alt war, kaum. Als Richard W. Blair dann nach seiner Pensionierung nach Großbritannien zurückkehrte, empfand Eric ihn weniger als Vater denn als eine Störung, „einen etwas barschen, älteren Mann, der immer 'Laß das' sagte". „Wenn ich auf meine Kindheit nach den Kleinkindjahren zurückschaue, glaube ich nicht, daß ich jemals Liebe für eine erwachsene Person außer meiner Mutter empfunden habe, und sogar ihr vertraute ich nicht, in dem Sinne, daß meine Schüchternheit mich dazu brachte, ihr meine wahren Gefühle zu verheimlichen." (Such 419)

Es ist schwer zu sagen, worauf dieses Zurückziehen in sich selbst des Kindes Eric letztlich beruhte, zu beobachten ist auf jeden Fall, daß er gegenüber der äußeren Welt schon als Kind unüberwindbare Grenzen aufbaute und damit bereits sehr früh die Charakterzüge entwickelte, die auch den Mann George Orwell prägten. Vielleicht haben sich bei ihm nur die Strukturen der typisch bürgerlichen, individualistischen Erziehung besonders stark ausgeprägt. Fest steht jedenfalls, daß der Orwellsche Mensch, einerlei ob wir autobiographische Fragmente oder die Hauptcharaktere seiner Romane betrachten, immer einsam ist — ein Individuum, das einer nicht zu ihm passenden Gesellschaft allein gegenübersteht. So wie Orwell in der autobiographischen Erzählung *Einen Elefanten erschießen* einsam vor der Masse steht, oder wie Gordon Comstock, der Held des Romans *Die Wonnen der Aspidistra,* unfähig, Kompromisse zu schließen, sich in sein Privatleben zurückzieht, in das die anderen nicht eindringen können, das sie aber zerstören.

Blair war einsam. Er konnte sich selbst seiner Mutter nicht öffnen, obwohl er sie liebte. Er hatte „die Gewohnheit, die man oft bei sich selbst überlassenen Kindern findet, mir Geschichten auszudenken und mich mit imaginären Personen zu unterhalten. ... Schon sehr früh, als ich vielleicht fünf oder sechs war, wollte ich Schriftsteller werden, wenn ich einmal groß sein würde." (WIS 7)

Eric wuchs bis zu seinem achten Lebensjahr unter Frauen auf, und sein ganzes Leben lang hing er an seiner Mutter und den beiden Schwestern. In seinem Verhältnis zu Frauen ist immer eine gewisse Ambiguität zu spüren, die in der Kindheit ihre Ursachen hat. Bei Eric entwickelte sich, als er in die rauhe, männliche Internatswelt geschickt wurde, ein Gefühl des Ausgestoßenseins aus der weiblichen Welt, in der er aufgewachsen war. In seinem letzten Lebensjahr vermerkte Orwell in seinem literarischen Notizbuch die folgende autobiographisch zu verstehende Passage:

„Die Unterhaltungen zwischen seiner Mutter, seiner Tante, seiner älteren Schwester und deren feministischen Freundinnen, die er als kleiner Junge mithörte. Die Art, in der er, ohne jemals eine direkte Äußerung in dieser Richtung zu hören und ohne mehr als eine verschwommene Vorstellung von dem Verhältnis der Geschlechter zueinander zu haben, sich eine feste Vorstellung bildete, nach der Frauen die Männer *nicht mögen,* daß sie sie als eine Art von großen, häßlichen, riechenden und lächerlichen Tieren betrachteten, die Frauen auf jede nur erdenkliche Art mißhandelten, besonders indem sie ihnen ihre Aufmerksamkeit aufzwangen. Es verankerte sich tief in seinem Bewußtsein und blieb dort bis zu seinem zwanzigsten Lebensjahr, daß der Geschlechtsverkehr nur dem Mann, nicht der Frau, Vergnügen bereite. Er wußte, daß Geschlechtsverkehr etwas damit zu tun hat, daß der Mann auf die Frau steigt, und das Bild, daß er sich davon vor seinem inneren Auge entwarf, war das eines Mannes, der eine Frau verfolgt, sie niederzwingt und auf sie drauf springt, wie er es oft bei Hahn und Henne gesehen hatte. Dies alles war nicht abgeleitet von irgendeiner Bemerkung, die direkten sexuellen Bezug hatte — oder was er als sexuellen Bezug erkannte —, sondern von solchen mitgehörten Bemerkungen wie 'Das zeigt nur, was für Biester Männer sind'; 'Meine Liebe, ich denke, daß sie sich in der Art, wie sie ihm nachgibt, wie eine vollkommene Närrin benimmt'; 'Natürlich ist sie viel zu gut für ihn'. Und so weiter. Irgendwie setzte sich bei ihm allein durch den haßerfüllten Ton dieser Gespräche der Gedanke fest, daß Männer in den Augen der Frauen körperlich unattraktiv seien. Erst als er ungefähr dreißig war, erkannte er, daß er das Lieblingskind seiner Mutter gewesen war. Es war ihm immer natürlich erschienen, daß, weil er ein Junge war, die zwei Mädchen vorgezogen würden." (OA)

Diese Aufzeichnung läßt deutlich erkennen, woher ein Großteil der Schuldgefühle, Komplexe und Traumata des George Orwell stammen, die dann durch die schulische Sozialisation noch verstärkt wurden. Interessant die Haltung der Mutter gegenüber: einmal das Gefühl, geliebt zu werden, zum anderen der Eindruck, als männliches Kind unerwünscht zu sein.

Die Ferien verbrachte Eric, solange er St. Cyprian's besuchte, stets mit der Familie, entweder zu Hause in Shiplake beziehungsweise Henley oder in einem der kleinen walisischen Seebäder wie Polperro. Das in seinen Büchern so sehnsuchtsvoll beschriebene ländliche England ist das England seiner Ferien, das ruhige, edwardianische England, von dem sich Orwell nie, wie so viele andere britische Intellektuelle seiner Zeit, distanzierte. 1948 schrieb er in einer Rezension:

„Es existiert heute der weitverbreitete Gedanke, daß nostalgische Gefühle für die Vergangenheit an sich schon verwerflich seien. Man soll anscheinend in einer fortlaufenden Gegenwart leben, in der von Minute zu Minute die Erinnerung abgehakt wird, und falls man überhaupt an die Vergangenheit denkt, dann sollte man es nur tun, um Gott zu danken, daß wir nun so viel besser sind als früher. Dies scheint mir eine Art intellektueller Gesichtskosmetik zu sein, deren Motiv die snobistische Angst vor dem Alter ist. Man sollte sich klarmachen, daß ein Mensch sich nicht unendlich weiterentwickeln kann und daß besonders ein Schriftsteller sein Erbe wegwirft, wenn er die frühen Erfahrungen seines Lebens zurückweist. In gewisser Hinsicht ist es ein schweres Handicap, sich an das verlorene Paradies der Zeit vor dem Krieg zu erinnern — das heißt vor dem vorigen Krieg. In anderer Hinsicht ist es ein Vorteil. Jede Generation hat ihre eigenen Erfahrungen und ihre eigene Weisheit, und obwohl es so etwas wie intellektuellen Fortschritt gibt — so daß die Ideen des einen Zeitalters oft wesentlich weniger dumm sind als jene des letzten —, bleibt es doch so, daß man wahrscheinlich eher ein gutes Buch schreibt, wenn man an seinen früh erworbenen Vorstellungen festhält, als wenn man um jeden Preis versucht, auf dem Laufenden zu bleiben. Das Wahre ist, sich zu seiner Zeit zu bekennen, was das ehrliche Umgehen mit den eigenen sozialen Wurzeln einschließt." (CEJL 4/504)

In dem Roman *Auftauchen um Luft zu holen* kontrastiert Orwell das alte England vor dem Ersten Weltkrieg mit dem trostlosen, von Industrie und Profitgier zerstörten Großbritannien der dreißiger Jahre. Die Nostalgie des Romanhelden George Bowling, seine Erinnerungen an die glückliche edwardianische Kindheit, ist ein getreues Abbild von Orwells eigener Kindheitserfahrung. Das „Lower Binfield" des Romans trägt deutlich Züge von Henley-on-Thames:

„Wenn ich die Augen schließe und an Lower Binfield denke zu der Zeit meines, sagen wir, achten Lebensjahres, dann erinnere ich mich nur an sommerliches Wetter. Entweder sehe ich dann den Marktplatz um die Mittagszeit — über allem liegt ein schläfriger staubiger Hauch — mit dem Pferd des Fuhrmanns, das sein malmendes Maul tief im Futtersack vergraben hat. Oder es ist ein heißer Nachmittag in den grünen, saftigen Wiesen vor der Stadt, oder es wird langsam dunkel in dem Heckenweg hinter den Gärten, und der Geruch von Pfeifentabak und Levkojen flutet über das Gebüsch herein." (Auf 50)

Die Ferien waren für Eric eine Zeit, in der er vom Zwang und Drill der Schule erlöst war und ein Leben ohne Pflichten führen konnte, wobei eine seiner Lieblingsbeschäftigungen das Angeln war.

1915 lernte Eric Blair die Buddicom-Kinder kennen. Von Jacintha Buddicom, mit der er noch während seiner Zeit als Kolonialpolizist in Burma Briefe wechselte, wissen wir eine ganze Menge über Erics Spiele und Ferienvergnügungen. Sie schildert, wie das Kennenlernen der Kinder ablief: „Wir spielten gerade Croquet unter der Ulmengruppe in dem verwilderten Teil unseres Gartens. An die Begebenheit kann ich mich noch gut erinnern, aber das Datum habe ich vergessen. Es war wahrscheinlich im Frühjahr oder Sommer des Jahres 1915: in Shiplake-on-Thames in Oxfordshire. In dem angrenzenden Feld, auf der anderen Seite des Drahtzaunes machte ein Junge, etwas größer als Prosper, einen Kopfstand. Dies Kunststück hatten wir nie zuvor gesehen, und es begeisterte uns, deshalb fragte ihn eines von uns höflich, aber neugierig: 'Warum stehst du Kopf?' Darauf antwortete er: 'Wenn du auf dem Kopf stehst, wirst du mehr beachtet, als wenn du richtig herum stehst.' Dies erschien uns als offene Einladung, Bekanntschaft zu schließen. So baten wir ihn herüberzukommen

„Roselawn", Station Road; das Haus, in dem Eric Blair einen Großteil seiner Jugend verbrachte

und mit uns zu spielen. Er sagte, sein Name sei Eric Blair und er wohne in Roselawn in der Station Road." (Bud 2)

Dies war der Beginn einer intensiven Freundschaft zwischen den drei Buddicom- und den drei Blair-Kindern. Mit Jacinthas Bruder Prosper ging Eric jagen und angeln — damals war es, wie Orwell später berichtete, schon für zehnjährige Jungen üblich, ein eigenes Kleinkalibergewehr zu besitzen. Zusammen spielten die Kinder Cricket und Tennis. Mit der zwei Jahre älteren Jacintha redete Eric über Literatur, gemeinsam lasen sie Bücher von H.G. Wells, E.A. Poe, Kipling und anderen. Jacintha gegenüber machte Eric immer klar, daß er einmal ein berühmter Autor werden wolle.

Die letzten zwei Jahre in St. Cyprian's waren für Eric besonders hart, sie bedeuteten die Endphase des Büffelns für die Stipendiaten-Aufnahmeprüfungen der public-schools. Der Druck auf die Schüler wuchs ins Unerträgliche und ließ auch in den Ferien kaum nach, denn die Jungen wurden mit Hausarbeiten überhäuft.

Alles hatte sich den Aufnahmeprüfungen unterzuordnen, und die schicksalhaften Konsequenzen eines Versagens wurden den Schülern immer wieder lebhaft vor Augen geführt. Besonders für einen Jungen wie Eric, dessen Eltern es sich aus eigenem Einkommen nicht leisten konnten, ihn auf eine public-school zu schicken, hing von dieser Prüfung alles ab.

Wenn man versagte, enttäuschte man nicht nur die Eltern, nein, man blamierte die Schule, stieg ab in die graue Welt der kleinen Angestellten und Bürogehilfen. Man wurde, wie „Sambo" immer drohte, einer jener „kleinen Bürojungen mit vierzig Pfund im Jahr" (Such 408). Nun deckte Mr. Wilkes seine Karten vor Eric auf, jetzt erfuhr der Junge, daß er die Schule zu einem ermäßigten Gebührensatz besuchte und dafür eine Gegenleistung zu erbringen habe.

Das Ziel, das die Schulleiter für Eric gesteckt hatten, war ein Stipendium an der berühmtesten englischen public-school, in Eton. Als Alternative hatten sie noch die Armeeschule Wellington ausgesucht, deren Prüfungen als geringfügig leichter galten. Im Februar 1916 bestand Eric Blair die Aufnahmeprüfung für Wellington. Im Frühjahr stellte er sich dann, begleitet von Mr. Vaughan Wilkes, der zweieinhalbtägigen Aufnahmeprüfung in Eton. Diese Prüfung, die unter anderem aus einer griechischen Übersetzung, einer mündlichen Prüfung in Französisch und am letzten Tag einem Examen bestand, das im Zimmer des Schulleiters abgehalten wurde, wo der Prüfling von vier Lehrern befragt wurde, stellte für einen dreizehnjährigen Jungen eine überwältigende Erfahrung dar. Eric kam gut durch die Prüfung, wie gut genau, erfuhr er erst im Juni, denn dann wurden die Listen der Prüfungsergebnisse veröffentlicht.

Traditionell wird die Liste der Schüler, die sich für ein Stipendium in Eton qualifiziert haben, in der Reihenfolge der Ergebnisse abgefaßt. Für gewöhnlich enthält sie mehr Namen als zu vergebende Stipendiatenplätze. Es gibt nie mehr als siebzig Schüler im College von Eton, wo die Stipendiaten des Königs, die King's Scholars, leben. Zu einem Termin werden nicht mehr als zehn bis dreizehn neue Schüler, die dann eine Election bilden, aufgenommen, wobei die Größe der Election von der Anzahl der freien Plätze unter den siebzig vorhandenen abhängt. So müssen also diejenigen Bewerber, die weiter unten auf der Liste stehen, unter Umständen auf ihre Zulassung warten.

Die Liste wurde am 10. Juni 1916 in *The Times* veröffentlicht. Blair stand an vierzehnter Stelle, ein gutes, aber nicht ganz ausreichendes Ergebnis. Mrs. Vaughan Wilkes war dennoch so angetan, daß die Schüler von St. Cyprian's einen freien Tag erhielten, um diesen Erfolg zu feiern.

Eric blieb bis zum Dezember 1916 in St. Cyprian's, um auf einen Platz in Eton zu warten. Als zu Weihnachten 1916 noch keine Nachricht gekommen war, griff Eric auf seinen Stipendiatenplatz in Wellington zurück. Er verbrachte neun Wochen in Wellington und lernte dabei den militaristischen Geist dieser Schule hassen. Als endlich ein Brief aus Eton kam, in dem seinem Vater mitgeteilt wurde, daß jetzt ein Platz zur Verfügung stünde, akzeptierte er sofort. So trat Eric Blair im Mai 1917, kurz vor seinem vierzehnten Geburtstag, als King's Scholar in das Eton College ein. Endlich hatte er St. Cyprian's hinter sich: „Mit dem Gefühl, aus der Dunkelheit ins Sonnenlicht zu treten, legte ich meine Old Boy's-Krawatte an, als wir uns für die Reise fertigmachten. … Aber ich wußte, die Zukunft war schwarz. Versagen, Versagen, Versagen — Versagen hinter mir, Versagen vor mir — das war die bei weitem tiefste Überzeugung, die ich auf den Weg mitbekam." (Such 416) Tatsächlich jedoch hatte er Erfolg gehabt. Nach den Maßstäben von St. Cyprian's war alles glatt gegangen, die Schule hatte ihre Aufgabe erfüllt und er hatte seinen Teil dazu beigetragen.

Es ist unmöglich zu ermitteln, was der Schüler Blair damals tatsächlich dachte, ob er die Zukunft wirklich so pessimistisch sah. Wahrscheinlicher ist, daß hier der Schriftsteller Orwell seine Anschauungen auf den vierzehnjährigen Eric Blair überträgt. Sicher ist, daß für Orwell der Gedanke, Erfolg zu haben, wie ihn St. Cyprian's definierte, einer Niederlage gleichkam.

Eton College (1917-1921)

„Weil ich das Glück gehabt hatte, ein Stipendium zu gewinnen, besuchte ich von 1917-1921 Eton. Ich arbeitete dort nicht und lernte sehr wenig. Ich glaube, daß Eton keinen bestimmenden Einfluß auf mein Leben ausgeübt hat." (CEJL 2/38) Soweit George Orwell in einer autobiographischen Skizze, die er im April 1940 für ein Buch über Autoren des 20. Jahrhunderts verfaßte.

Über seine Jahre in Eton schrieb Orwell nur wenig. In *Der Weg nach Wigan Pier* vermerkt er, daß er mit vierzehn oder fünfzehn Jahren „ein widerlicher kleiner Snob" gewesen sei, wie die meisten anderen Jungen seines Alters und seiner Gesellschaftsschicht auch. Er schreibt, daß man zwar sein Latein und Griechisch in den ersten Monaten nach der Schulzeit vergäße, „aber der Snobismus haftet an einem bis ins Grab, wenn man ihn nicht hartnäckig ausrottet wie das Unkraut, das er ist." Der Lyriker Stephen Spender billigte Orwell zu, daß er der vielleicht am wenigsten Eton'sche Charakter sei, der das Internat jemals verlassen habe, doch Zeitgenossen berichten, daß Orwell sein Leben lang Züge des „Old Etonian" an sich gehabt habe.

Als Eric Blair 1921 Eton verließ, besaß er nicht nur den typischen Eton-Akzent in seiner Sprache, sondern er nahm auch eine aus Selbstbewußtsein resultierende Autorität mit. Er war zu einer Persönlichkeit geworden, die begann, ihren eigenen Weg zu erkennen und zu gehen.

Christopher Hollis, der Eton zur gleichen Zeit besuchte, meint, daß bei Orwell der seltene Fall eingetreten sei, daß ihm seine „preparatory school"-Zeit in St. Cyprian's lebendiger im Gedächtnis haften blieb als die „public-school"-Zeit in Eton, und zwar deshalb, weil St. Cyprian's stärker in seine Persönlichkeit eingriff als Eton, das dem Einzelgänger seine Freiheit läßt und deshalb psychisch nicht so belastend wirkt.

Eine andere Erklärungsmöglichkeit, warum Orwell so wenig über Eton schrieb, mag darin liegen, daß diese Zeit doch bedeutsam für ihn war, das Schweigen über diese Jahre wäre also Beleg ihrer Wichtigkeit für die Entwicklung der Person. Damit soll nicht Orwells Aufrichtigkeit in Frage gestellt werden, wenn er zum Beispiel schreibt, die Erfahrung in Eton sei zu vergleichen mit „fünf Jahren in einem lauwarmen Bad des Snobismus". Blair empfand die Jahre in Eton keineswegs als unangenehm. Sich zu ihnen zu bekennen, hinderte ihn jedoch einer seiner ausgeprägtesten Charakterzüge: sein Sinn für Ungerechtigkeiten, der ihn Zeit seines Lebens dazu brachte, auf der Seite der Schwachen und Unterdrückten zu stehen, die rücksichtslos Herrschenden anzuprangern und für die Gleichheit der Menschen zu kämpfen. Eton jedoch war ein Exponent der Ungleichheit, des Elitedenkens in der britischen Gesellschaft, dort zu sein hieß privilegiert zu sein — und es gefiel ihm. Diese „Sünde" konnte sich Orwell nicht eingestehen, deshalb schrieb er so wenig über Eton, während er St. Cyprian's rücksichtslos anprangerte, dort konnte er sich auf die Seite der Schwachen stellen.

Festzuhalten ist, daß Orwell in Eton gleichsam untertauchte. Er war das am wenigsten auffallende Mitglied eines brillanten College-Jahrgangs, und viele Mitschüler wußten bis zu seinem Tode nicht, daß aus dem unscheinbaren Eric Blair der Schriftsteller George Orwell geworden war. Ein Schulkamerad, Kenneth Johnstone, sagte 1976: „Wer um Himmels willen hätte gedacht, daß aus Blair Orwell werden würde? Ich hätte ihn nicht für jemand gehalten, der die Welt bewegen könnte." (Cr 117) Der King's Scholar Blair hinterließ in all den Club- und Schultagebüchern kaum Spuren, er zog sich in sich zurück und tauchte Jahre später als der Schriftsteller George Orwell wieder auf, nachdem er sich der normalerweise auf Eton folgenden Universitätskarriere — Oxford oder Cambridge — verweigert hatte.

Eton war für ihn deshalb wichtig, weil er sich durch und gegen den Eton-Snobismus und -Dandyismus fand und definierte. Wie zu zeigen sein wird, läßt sich sein literarischer Stil und ein großer Teil seiner Vorurteile — gegen linke Intellektuelle zum Beispiel — aus dieser Schulzeit in Eton erklären.

Von außen betrachtet war Blairs Situation in Eton ähnlich wie in St. Cyprian's, er war wieder unter Jungen, die größtenteils wesentlich reichere Eltern hatten als er, der die teure Eliteschule nur deshalb besuchen konnte, weil er ein Stipendium gewonnen hatte. Diese Erfahrung hatte ihre Auswirkungen:

„Einerseits ließ sie mich fester denn je an meiner Vornehmheit festhalten, andererseits erfüllte sie mich mit einem Ressentiment gegenüber den Jungen, deren Eltern reicher waren als meine und die sich Mühe gaben, es mich wissen zu lassen. Ich verachtete jeden, der nicht als 'Gentleman' bezeichnet werden konnte, aber ich haßte auch die raffgierig Reichen, besonders jene, die erst vor zu kurzer Zeit reich geworden waren. Ich hatte

Der Eton-Schüler Eric Blair 1921

das Gefühl, die richtige und elegante Lösung bestehe darin, von hoher Geburt zu sein, aber kein Geld zu haben. Das gehört zum Credo der unteren oberen Mittelklasse. Es hat etwas von einem Jakobit-im-Exil-Gefühl an sich, das sehr tröstlich ist." (RWP 135)

Auch hier wieder das Gefühl des Dazwischenstehens, des Nicht-Dazugehörens, nur daß Blair jetzt weniger darunter leidet als vielmehr beginnt, es zu verarbeiten. Während der Zeit in Eton findet er zu einer Position. Gegen Ende seines Lebens schrieb Orwell in einem Zeitungsartikel (*Observer*, 1. August 1948) unter der Überschrift „For Ever Eton":

„Was immer auch mit den großen Privatschulen geschehen mag, wenn unser Bildungssystem reorganisiert wird, so erscheint es jedenfalls fast unmöglich, daß Eton in seiner jetzigen oder einer ähnlichen Form überleben könnte, denn die Art der Erziehung, die Eton anbietet, war ursprünglich für eine landbesitzende Aristokratie gedacht und war schon lange vor 1939 zu einem Anachronismus geworden. Die Zylinder und Fräcke, die Beagle-Meute, die bunten Blazer, die Schultische mit den eingeritzten Namen von Premierministern hatten solange ihren Reiz und ihre Funktion, wie sie die Art von Vornehmheit repräsentierten, zu der jedermann aufsah. In einem heruntergekommenen und demokratischen Land sind sie nichts weiter als ein Ärgernis, vergleichbar mit Napoleons Troßwagen, die, voll mit Küchenchefs und Friseuren, im Desaster von Sedan die Straßen blockierten."

Nach dieser typisch Orwellschen Attacke endet der Artikel dann mit einer versöhnlichen Geste: Eton „besitzt eine große Tugend ... und das ist eine tolerante und gebildete Atmosphäre, die jedem Jungen die faire Chance gibt, seine eigene Individualität zu entwickeln. ... Wie immer auch Etons Zukunft aussehen mag, auf jeden Fall sind einige seiner Traditionen der Erinnerung wert."

Es ist aufschlußreich, daß Orwell hier die Worte „tolerant" und „gebildet" wählt, um die besondere Atmosphäre Etons zu beschreiben. Für ihn muß die Schule der krasse Gegensatz zu St. Cyprian's gewesen sein. In Eton ließ man ihm die Freiheit, seine eigenen Interessen zu entwickeln. Eton gab ihm einen Freiraum an Privatheit und befreite ihn von dem drückenden schulischen Konkurrenzkampf, der das Leben in St. Cyprian's nahezu unerträglich gemacht hatte.

Das System der britischen Privatschulen mit ihrer Internatserziehung war und ist darauf ausgerichtet, eine kleine Elite herauszubilden. Die Abgänger der führenden Privatschulen sind Anwärter auf die führenden Posten in der britischen Wirtschaft und Politik.

Im späten 19. Jahrhundert hatte sich das Schwergewicht der Erziehung weg von der Förderung intellektueller und freiheitlich-individueller Fähigkeiten hin zur Formung eines Männlichkeitsideals verschoben, „das seine Erfüllung und Rechtfertigung in Disziplin, Pflichterfüllung und kollektivem Ethos fand" (Bör 70). Mit der Konsolidierung des britischen imperialistischen Expansionsdranges mußte das erworbene Weltreich nun verwaltet werden. Man brauchte einen Menschentyp, der gehorchte und seine Pflicht tat, ohne nach Gründen zu fragen. Dieser Corpsgeist, verbunden mit einem strammen Christentum und enthusiastischem Patriotismus, war nicht nur für die straffe Organisation der Verwaltung eines Weltreiches eine praktische Notwendigkeit, sondern psychologisch auch äußerst wirksam, weil er jedem Individuum seinen festen Platz innerhalb einer strengen hierarchischen Ordnung zuwies.

Das stereotype und später oft karikierte Bild des einsamen Engländers, der sich auf seinem Vorposten im Dschungel in völliger Isolation jeden Abend zum Dinner umzieht, ist ein Indiz für die Wirksamkeit einer solchen Erziehung, die auch unter äußersten Belastungen dieses Gefühl der Gruppensolidarität mit der eigenen Rasse und Klasse daheim nicht untergehen ließ, wobei die absolute Einhaltung äußerlicher Vorschriften bereits auf eine Erstarrung und gewisse Sinnentleerung hinweisen mag.

Eton hatte sich dieser strikten Anpassung an die politischen Erfordernisse zum Teil entziehen können, nicht zuletzt auch wegen der überragenden Stellung, die diese im Jahre 1440 von Henry VI. gegründete Schule in der Tradition der britischen Oberschicht einnimmt. Gegründet, weil der Staat neue Diener außerhalb der alteingesessenen Aristokratie benötigte, hat Eton zu jeder Zeit in den letzten fünfhundert Jahren einen größeren Einfluß auf die Machtstruktur Großbritanniens gehabt als irgendeine andere Bildungseinrichtung. Achtzehn britische Premierminister waren ehemalige Eton-Schüler. Eton hatte immer eine enge Verbindung zum Königshaus, was zu seiner Autorität beigetragen hat. Zwei Drittel der Eton-Schüler sind Söhne von Old Etonians, und die Schule ist durch diese 'Erbfolge' zu einem Club der Reichen und Einflußreichen Großbritanniens geworden.

Eric Blair war in Eton ein King's Scholar, ein Stipendiat des Königs. Das heißt, er gehörte einer Minderheit von ungefähr siebzig Schülern an, die im ältesten Gebäudeteil der Schule, dem College, unter der Aufsicht eines Masters in College, eines Lehrers, untergebracht waren. Die anderen der knapp tausend Eton-Schüler, die Oppidans, waren in über die Stadt verstreut liegenden Häusern untergebracht. Die Schulgebühren für Collegers beliefen sich auf 25 Pfund im Jahr, die für Oppidans auf 100 Pfund*.

* Es ist also keine Tautologie, wenn man sagt, jemand sei Schüler im College von Eton College gewesen.

Die Collegers, die alle ebenso wie Blair ein strenges Auswahl- und Prüfungsverfahren durchlaufen hatten, ehe sie als King's Scholars Eton-Schüler werden durften, bildeten eine intellektuelle Elite, die eingebettet war in eine soziale Elite. Sie, die immer auch den Captain der Schule stellten, blickten auf die Oppidans als Philister und Spießer herab, während die Oppidans die Collegers für Streber und Besserwisser hielten.

Die siebzig Eton-Stipendiaten wurden in dem teils viktorianischen, teils mittelalterlichen Gebäude, in dem sie lebten, vom Master in College beaufsichtigt. Dieser hatte unter sich den Captain der Schule und neun weitere Mitglieder der sechsten, der Abschlußklasse. Diese ältesten Schüler trugen steife Kragen, durften schlagen und hatten das Recht, sich 'Füchse' zu halten, d.h. sich von den jüngeren Schülern bedienen zu lassen. Die soziale Grundeinheit dieses hierarchisch strukturierten Lebens war die Election, der Jahrgang, alle, die im selben Jahr in das College eingetreten waren. Die Elections bewegten sich en bloc langsam die Hierarchie hinauf und bildeten eine 'Generation'. Auf der Stufe unter den ältesten und einflußreichsten zwanzig Schülern rangierten etwa dreißig Schüler, die die Masse der Collegers bildeten. Auf der untersten Ebene dieser Hierarchie standen die Schüler der jeweils jüngsten Election, die ihr verpflichtendes Jahr als 'Füchse' ableisten mußten. Sie hatten nicht wie die anderen Schüler eigene Zimmer, sondern waren in hölzernen Zellen im Chamber, einem großen Saal, untergebracht.

Damals wie heute lagen die Zellen — nüchtern genug, um zu einem Kloster gehören zu können — rechts und links eines breiten, hallenden Ganges. Auf der einen Seite war die Reihe der Zellen von einem Gemeinschaftsraum unterbrochen, möbliert mit einigen Stühlen und einem großen Tisch vor einem Kamin. Jeder Junge hatte seine eigene Zelle, so daß es zumindest die Illusion von Privatheit gab. Aber die Trennwände dieser Zellen waren lediglich mannshoch, oben waren sie offen. Von oben konnte man also in die Zellen hineinlugen, von überall her in dem großen Saal waren Stimmen zu hören, man lebte letztlich doch vor aller Augen und Ohren. Ausgestreckt auf dem Klappbett liegend konnte man, wenn man nach oben blickte, die Balken der Saaldecke sehen. In das Holz der Trennwände waren die Initialen der Jungen der vorhergehenden Generationen von Collegers eingekerbt. Es war eine unbequeme, traditionsreiche Umgebung, in die Eric kam, aber es bereitete ihm, anders als in St. Cyprian's, keine Schwierigkeiten, sich in diese Ordnung einzufügen.

Zu den Diensten als 'Füchse' wurden die Jungen im Chamber mit Rufen wie „Here" oder „Boy" bestellt. Der einzige akzeptierte Grund, einem solchen Befehl nicht Folge zu leisten, war, nicht fertig angezogen zu sein. Die dauernde Angst, gerufen zu werden, wirkte auf die Jungen verunsichernd. Cyril Connolly erinnert sich, daß er während dieser Zeit übernervös wurde. Wenn ein Junge gerufen wurde, wußte er vorher nie genau, was ihn erwartete, ob ihm lediglich Anweisungen, Informationen oder mündliche Verwarnungen gegeben wurden, oder ob er geprügelt wurde, sei es wegen eines speziellen Vergehens oder weil Prügel generell gut seien. Was den Jungen half, war das Wissen, mit dem Aufstieg in der schulischen Hierarchie selbst einmal vom Geschlagenen zum Schlagenden zu werden.

Die ganze Schule, die theoretisch von der Abschlußklasse und dem Captain regiert wurde, war de facto vom „Pop", der „Eton-Society" beherrscht, einer Oligarchie von zwei Dutzend Jungen, die sich mit Ausnahme von zwei bis drei ex officio-Mitgliedern wie dem Captain selbst gewählt hatten. Connolly berichtet: „Sie konnten jeden Schüler schlagen, von jedem Dienste verlangen, Arm in Arm spazierengehen, hübsche Kleider tragen (die anderen trugen Schuluniform, schwarzen Cut, graue Hosen; L.B.), in ihrem eigenen Clubraum sitzen und sich in gewissem Rahmen Disziplinlosigkeiten leisten."

Die Mitglieder der Eton Society wählten Kandidaten nach ihrer Schönheit, ihrer Eleganz, ihrem Charme, ihrer Fähigkeit zu amüsieren und zu unterhalten aus. Als Mitglieder des Pop intensivierten und institutionalisierten sie diese Eintrittsbedingungen untereinander. Sie standen an der Spitze der Schule und sie waren Dandys, sie verkörperten so die überspitzten Ideale einer vom realen gesellschaftlichen Leben abgehobenen elitären Oberschicht.

Die Masters, die Lehrer, durften die Schüler nicht schlagen. Sie bestraften durch Aufgaben und Karzer, im Extremfall durch Verweis eines Schülers von der Anstalt. Dieses System der Hierarchie und der Verteilung von Strafen machte Eton zu einer teilweise demokratischen Schule, denn alle Funktionsträger, die Prefects, wurden von den Schülern selbst gewählt. Connolly zieht einen interessanten Vergleich:

„Die Jungen bekommen die Regierung, die sie verdienen. In der Praxis war Eton jedoch keine Demokratie, weil das System feudal war. Die Lehrer repräsentierten die Kirche mit dem Schuldirektor als Papst. Die Jungen mit ihrer Clubhierarchie und ihren Altersunterschieden bildeten den Rest der Bevölkerung, während die Aufsichtsschüler und die Sportasse, die Captains der Häuser und die Mitglieder des Pop die feudalen Oberherren waren, die auf Antrag der 'Kirche' Ordnungsverstöße bestraften und dafür stillschweigend selbst gegen diese Ordnung verstoßen durften. Ein Schüler hatte auf diese Weise nach zwei Seiten loyal zu sein, einmal gegenüber seinem Tutor und zum anderen gegenüber seinem feudalen Oberherrn. ... Im großen und ganzen funktionierte dieses feudale System gut. Die Jungen wählten den Pop, jene, die sportliche Erfolge mit Eleganz, Vitalität und einer gewissen geistigen Wachheit vereinten und die offen und tolerant waren; die Tyrannen und dummen Typen fand man unter den Baronen der einzelnen Häuser." (Co 179) Dort fanden oft auch Massenprügeleien statt, wobei alle 'Füchse' auf einmal geschlagen wurden. Sie mußten sich über einen Stuhl legen und wurden mit einem Bambusrohr verprügelt.

An seinem ersten Tag in Eton wurde Blair zeremoniell in das College eingeführt. Er mußte sich dem Provost, dem Vorsteher der Schule, vorstellen. Von ihm empfing er die Schulrobe und wurde, vor dem Vorsteher knieend, auf die Ideale der Schule: gut, gelehrig und ehrlich zu sein, eingeschworen. Nach dieser traditionellen Zeremonie folgte sofort seine erste Niederlage in Eton. Er mußte beim Kricket schlagen und wurde von den Mitspielern anschließend wegen seines schlechten Spiels verdroschen. Am ersten Abend mußte er als Initiationsritus das Chamber Singing über sich ergehen lassen. Dazu versammelten sich alle Collegers im Gemeinschaftsraum des Chamber und hörten dem Neuling zu, der, auf dem Tisch vor dem Kamin stehend, ein Lied vortragen mußte. Blair wählte „Riding Down to Bangor" und hatte damit Erfolg: Er entging dem sonst fälligen Bombardement mit Büchern und anderen Gegenständen.

In den Sommerferien 1917, die Eric mit den Buddicom-Kindern bei einer Tante der Buddicoms auf Ticklerton Court, einem kleinen Landsitz in Shropshire nahe der walisischen Grenze, verbrachte, wirkte Eric entspannt und glücklich. Er brauchte nun in den Ferien nicht mehr für ein Stipendium zu pauken, und Jacintha erinnerte sich, wie er sagte, daß er sich in Eton wohlfühle.

Als Eric im September 1917 nach Eton zurückkehrte, hatte er die unterste Stufe der Schulhierarchie hinter sich. Er verließ das Chamber und bekam sein eigenes Zimmer im College zugewiesen.

Die Tage in Eton waren voll ausgefüllt. Der Unterricht begann morgens um halb acht, vor dem Frühstück. Um 8 Uhr 20 Frühstück, dann drei Stunden Unterricht, gefolgt von einer Stunde bei dem jeweiligen Tutor. Um 14 Mittagessen. Nachmittags gab es dreimal in der Woche Sportunterricht, gefolgt von zwei weiteren Unterrichtsstunden. Drei weitere Nachmittage pro Woche waren für Aktivitäten in den schulischen Arbeitsgemeinschaften und Sportmannschaften eingeplant, wobei es für die Beliebtheit eines Schülers entscheidend war, ein guter Sportler zu sein, was man von Eric Blair nicht sagen konnte. Eric war den größten Teil seiner Zeit in Eton ein Classics Scholar, seine Fächer waren Latein, Griechisch, Französisch, Englisch, Mathematik und in geringerem Umfang Naturwissenschaften und Theologie. Seine schwächsten Disziplinen waren Naturwissenschaften und Mathematik, seine Stärken lagen im Französischen und in den klassischen Fächern, wobei er sich besonders mit Homer, Lukrez und Horaz beschäftigte. Von Stärken kann man hier aber nur im Verhältnis zu seinen schwachen Leistungen in den anderen Fächern reden. Blair schien nach der Paukerei von St. Cyprian's die Lust am Lernen verloren zu haben, „he was resting at the oars", wie es ein englisches Sprichwort bildlich ausdrückt: Er saß im Boot und ruhte sich an den Rudern aus. 1919 war er von seinen schulischen Leistungen her gesehen der 117. von 140 Schülern seiner Jahrgangsstufe.

Eric investierte seine Energien in anderen Bereichen. Er las viel, nicht nur die Klassiker der englischen Literatur, sondern auch Bücher wie Jack Londons *The People of the Abyss* (dt.: Menschen der Tiefe) und erweiterte so seinen geistigen Horizont über den Rahmen der Schule hinaus. Er war Mitglied der College Debating Society, eines Diskutierclubs, in dem er einen Geschmack für lange, scharf geführte und gelegentlich polemische Diskussionen entwickelte. George Wansbrough, ein Mitschüler, erinnert sich: „Er war ein verbissener Diskutierer, der die Dinge von verschiedenen Seiten anfaßte; es war seine Gewohnheit, darüber nachzudenken, ob er einen Fall wirklich von allen Seiten betrachtet habe, die ihn damals von vielen anderen unterschied." (Cr 104) Sir Roger Mynors, ebenfalls ein Mitschüler Blairs, betont, daß Eric von Beginn seiner Zeit in Eton an sehr belesen gewesen sei und den Unterricht nur als Bürde empfunden habe. Auch Mynors bezeugt Blairs Lust am Diskutieren: „Was an ihm fremdartig und interessant war, war seine leicht aggressive Haltung ... und die fesselnde Art, mit der er argumentierte." (Cr 104)

Anders als Cyril Connolly, Blairs Schulkamerad aus St. Cyprian's, der in den Pop gewählt wurde, den Roseberry History Prize und schließlich die Brackenbury History Scholarship für Oxford gewann, war Blair an den Maßstäben Etons gemessen weder brillant noch erfolgreich. Aber Erfolg und Brillanz waren auch im Konflikt mit der Schule möglich, in der Rebellion gegen die intellektuellen und ästhetischen Maßstäbe Etons zum Beispiel.

Blair jedoch blieb mehr oder weniger untergetaucht. Unter den Oppidans seiner Schulzeit gab es einen bemerkenswerten literarischen und ästhetischen Zirkel, dem Schüler wie Brian Howard, Harold Acton, Anthony Powell und Henry York (der Romancier Henry Green) zusammen mit Collegers wie Connolly und Henry Clutton-Brock angehörten. Unter den Fittichen dieser Gruppe entwickelte sich zum Beispiel der Schriftsteller Evelyn Waugh. Acton und Howard wurden nicht in den Pop gewählt, sie gewannen keine Preise, aber sie gründeten die Eton Society of Arts, in der die avantgardistische Literatur Europas und Amerikas vorgestellt und diskutiert wurde. Sie schrieben Beiträge für nationale Zeitschriften und brachten schließlich 1922 mit der *Eton Candle* ihr eigenes

Magazin heraus, das Texte von den Gebrüdern Sitwell und Aldous Huxley (zu jener Zeit Lehrer in Eton) enthielt. Dieses Magazin fand weite Beachtung und wurde sogar im *Times Literary Supplement* besprochen.

Blair hatte zu dieser Gruppe keine Verbindung. Sein Schreiben lag zu dieser Zeit auf einem absolut gewöhnlichen Niveau. Einige Schüler, darunter auch Blair, trafen sich regelmäßig Sonntagabends im Zimmer des Lehrers A.S.Gow, um sich eigene Erzählungen, Aufsätze und Lyrik vorzulesen. Blair schrieb vor allen Dingen Skizzen und Erzählungen, die in ihrer Einfachheit und Banalität auf eine „Moral von der Geschicht'" hinausliefen. Es war bei ihm — da sind sich seine ehemaligen Mitschüler einig — keine Spur von Talent, wie man sie bei einem zukünftigen Schriftsteller erwarten könnte, zu entdecken.

Blair war in Eton an zwei Schulzeitungen beteiligt, den *College Days* und *The Election Times,* Herausgeber: Mr.Mynors, Geschäftsführer: Mr.Blair, Künstlerischer Leiter: Mr.King-Farlow. Diese Zeitung erschien fünfmal, im März und Juni 1918, im November 1919 und im April und Juli 1920. Sie wurde handschriftlich in jeweils einem Exemplar erstellt und konnte gegen eine Leihgebühr von Sixpence von den anderen Schülern gelesen werden. Nur eine Ausgabe der *Election Times* vom Montag, dem 3.Juni 1918, ist erhalten geblieben. In dieser Ausgabe findet sich eine Geschichte von Eric Blair:

Der schlaffe Kerl*

Da gab es einmal einen Jungen, der war ein schlaffer Kerl. Er lief überall herum und sagte zu seinen Freunden: 'Was für Narren ihr seid, daß ihr euch Gedanken über Rudern oder Kricket macht. Seht mich an!' Und sie sahen ihn an und gingen ihres Weges. Dann ging er zu den anderen unsportlichen Jungen und sagte zu ihnen: 'Wir sind hier die einzigen vernünftigen Leute, stimmt's?' Aber sie gaben vor, nicht unsportlich zu sein, also lachte er und ging seines Weges. Also beschloß er, daß er der einzige vernünftige Junge in der Schule sei. Aber in jenem Jahr konnte er es nicht vermeiden, Lords (eines der bekanntesten britischen Kricketstadien in London; L.B.) zu besuchen, und dort stellte ihn seine Mutter seinen Cousinen vor. Er hatte diese sieben fetten, großen, rothaarigen Mädchen nie zuvor getroffen. 'Warum bist du nicht in der Mannschaft?' fragte Agatha, die Älteste. 'Ich nehme an, er ist in der zweiten Mannschaft', sagte Tabitha, die Nächstälteste. 'Bist du?' fragte die dritte, die Grace hieß (sie lief über den großen Onkel und schielte). 'Hm, nein. Ich mach' mir nicht viel aus

* Originaltitel: „The slack bob", im Eton-Slang ein unsportlicher Junge. Ein „wetbob" ist jemand, der Rudern oder Schwimmen trainiert.

Kricket', sagte der Junge. 'Vielleicht ist er ein wetbob', kreischte Beryl, die vierte. 'Ja', sagte der Junge, froh über diese Chance, 'ich bin ein wetbob.' 'Ich mag Rudern nicht', sagte Mary, die Jüngste, die als Familienschönheit galt. 'Du bist natürlich im Achter?' fragten die anderen sechs fast gleichzeitig. 'Nein, nicht ganz', sagte er, 'aber', fuhr er verzweifelt fort, 'ich bin nicht weit davon entfernt; ich bin jetzt noch in den kleineren Booten, aber im nächsten März werde ich in den Achter kommen.' 'Das ist nicht schlecht', sagte Eliza, die fünfte Schwester. 'Ich wette, ich wäre im Achter, wenn ich ein Junge wäre', sagte Maudie, die sechste. Am Ende des Tages hatte er ihnen erzählt, daß er in den kleineren Bootsklassen gewinnen würde und vielleicht nächstes Jahr auch im Achter. Dies machte sie so stolz auf ihn, daß er wünschte, es wäre die Wahrheit. Schließlich jedoch konnte er sich verdrücken und dachte, alles sei in Ordnung.

Einige Wochen später bekam er eine Postkarte: 'Wir kommen alle, um dir zuzusehen. Ich hoffe, du gewinnst!' Unterschrieben von Agatha. 'Was passiert heute?' fragte er einen Freund. 'Nachwuchsrudern', antwortete der Freund. Der Junge wurde blaß, aber er ging los und traf sie. 'Falls du gewinnst, gebe ich dir einen süßen Kuß', versprach Grace. 'Das werden wir alle tun', sagte Agatha. 'Tut mir leid, aber ich kann nicht mitrudern', sagte er, 'ich habe mich am Arm verletzt.' 'Macht nichts', sagte Tabitha. 'Aber ich darf nicht', sagte er. 'Na und', sagte Grace. 'Aber ich kann nicht', sagte er. 'Feigling!' sagte Mary. 'Du enttäuschst uns alle', sagte Eliza. 'Macht nichts', sagte Agatha, 'wir werden jetzt in dein Zimmer Tee trinken gehen und nächstes Jahr werden wir wiederkommen, um dich im Achter zu sehen.'

Moral. Ehrlich währt am längsten. (Sta 108f)

In seiner weiteren Entwicklung war Eric Blairs Schreiben in Eton nie avantgardistisch, sondern an eher veralteten Modellen, Housman in der Lyrik und Maugham in der Prosa, orientiert. Das waren auch die Modelle, derer sich die zweitklassigen Schriftsteller jener Zeit bedienten.

Diese Ausrichtung an den alten Vorbildern war für einen zukünftigen Schriftsteller zunächst einmal verhängnisvoll, denn die Jahre nach dem Ersten Weltkrieg, die Blair in Eton verbrachte, waren Jahre, in denen sich die Literatur, die Kunst überhaupt, radikal veränderte. Die alten Modelle und Vorbilder wurden durch neue, vollständig anders strukturierte Konzepte umgeworfen und entwertet. Auf literarischem Gebiet taten sich zwischen den Avantgardisten und den eher konservativen Literaturformen anhängenden Schriftstellern unüberbrückbare Gräben auf. Während Blairs Zeit in Eton und dem darauffolgenden Jahrzehnt lag der Vorteil klar auf der Seite der Avantgardisten, aber schon während der dreißiger Jahre, als sich der Schriftsteller George Orwell formte, war nicht mehr so klar, auf wessen Seite der Vorsprung lag.

Eton College

Die Erklärung für diese Veränderungen liegt in der Tatsache begründet, daß die Ablehnung der alten ästhetischen Modelle in den zwanziger Jahren eng verbunden war mit einer Kritik der alten Vorstellung von Männlichkeit. Die neue Kunst war ästhetisierend und dandyhaft, sie war nach den alten Maßstäben 'unmännlich'.

Der Erste Weltkrieg bedeutete für England einen tiefgehenden Schock. Zu Beginn des Krieges war die vorherrschende Stimmung tief patriotisch und konformistisch, abweichende Meinungen wurden nicht geduldet. So mußte 1916 Edward Lyttelton, seit 1905 Direktor von Eton, seinen Posten verlassen, nachdem er sein Erschrecken darüber geäußert hatte, daß man automatisch jeden Deutschen als „Vieh" bezeichne, und gesagt hatte, das letztendliche Ziel einer jeden vernünftigen Politik müsse es sein, den Krieg überhaupt abzuschaffen. Lyttelton war nicht unglücklich, als er im April 1916 ging: „Es ist eine große Erleichterung, nichts mehr mit dieser dummen alptraumhaften Organisation zu tun zu haben, an die ich immer weniger glauben konnte." (Sta 89)

Am 1. Juli 1916 begann an der Somme ein Angriff der Alliierten, bei dem schon am ersten Tag 100.000 Soldaten ihr Leben ließen. Die Armeen der Entente benötigten drei Monate, um drei Meilen vorzurücken, und 500.000 Briten fielen in diesen drei Monaten.

Diese Offensive bewirkte einen Meinungsumschwung, sogar auf der administrativen Ebene der britischen Gesellschaft. Asquith mußte als Premierminister zurücktreten, Lloyd George nahm seinen Platz ein. Aber der Schock der Kriegsgreuel saß bei einem Großteil der britischen Intellektuellen zu tief, um durch die Auswechslung eines Politikers durch einen anderen besänftigt werden zu können. Besonders unter der jungen Generation breitete sich Empörung aus gegen die Generäle, gegen die alten Männer, die ohne Emotionen zu zeigen am Krieg gut verdienten. Siegfried Sassoons Gedichtband „Gegenangriff", der während des Krieges erschien, drückt diese Haltung der Jungen aus. Er ruft dazu auf, nach der Niederschlagung der Deutschen die herrschende Schicht Großbritanniens zu zerschmettern.

Je näher das Ende des Krieges rückte, desto mehr machte sich in Großbritannien und auch in Eton eine seltsam ambivalente Stimmung breit. Es gab den nostalgischen Glauben, daß nach dem Krieg alles wieder so gemütlich und sicher sein würde wie vorher, und die entgegengesetzte, illusionslose Ansicht, daß die Nachwehen des Krieges eine radikale Zurückweisung der Vergangenheit, die letztlich zum Krieg geführt hatte, mit sich bringen, daß nun steter Wechsel und wachsende Unsicherheit das englische Leben bestimmen würden. Diese zwei gegensätzlichen Anschauungen fanden am 11. November 1918 auch in Eton ihren Widerhall. Die offizielle Feier des Kriegsendes stand in der Tradition des Vorkriegsengland. Ein junger Oppidan schrieb seiner Mutter:

„Am Morgen des Waffenstillstandes um 10.40 Uhr gab der Direktor bekannt, daß es einen halben freien Tag gäbe, und daß morgen ein non dies (ein Tag ohne Arbeit; L.B.) sei. Da gab es einen regelrechten Tumult, die ganze Schule lief schreiend und jubelnd durch die Straßen, irgendjemand trommelte auf einer Kinderbadewanne, ein anderer schlug ein Tablett, und so ging es zwei Tage lang. Bei dem Feuerwerk hätte ich fast das Haus niedergebrannt, und dann gab Mr. Booker ein Essen mit Fruchtsalat und Hähnchen und Fasan und Apfelwein ... und dann trugen wir das Dienstmädchen treppauf treppab durchs ganze Haus und sangen bis fast 22 Uhr. Lampions wurden aus den Häusern gehängt und alles ist mit Flaggen bedeckt. Ich habe einen Union Jack in meinem Fenster hängen und eine belgische Flagge im Zimmer. Oh, es war ein Riesenspaß ... (Sta 101)

Neben dieser offiziellen, patriotischen Feier versammelte sich jedoch eine große Gruppe von Eton-Schülern und zog vor das Haus des Kommandeurs des Offiziers-Ausbildungskorps der Schule und forderte, nun wo der Friede da war, die Auflösung dieser vormilitärischen Ausbildungseinheit.

Man kann sagen, daß es nach dem Ersten Weltkrieg in Großbritannien ein allgemeines Gefühl der Abneigung der Söhne gegenüber ihren Vätern gab. Diese Entfremdung fand ihren symbolischen Ausdruck in dem Bruch des Prinzen von Wales mit dem König und der Distanz zwischen Oliver Baldwin und seinem Vater, dem Premierminister.

Unter Schriftstellern war ein Hauptausdruck dieser Entfremdung das Eintreten für moderne Formen der Lyrik und Prosa. Die alten Stile schienen unlösbar verwoben mit den Arbeiten von Schriftstellern wie Rudyard Kipling, der 1918 noch achtzehn Jahre literarischer Aktivität vor sich hatte, für die junge Generation aber bereits tot war. Kipling war ein Propagandist des Krieges gewesen und wurde nach dem Krieg zum War Graves Commissioner (Beauftragter für die Kriegsgräberfürsorge) ernannt. Er war Historiker dieses Krieges, Boy Scout(Pfadfinder)-Schriftsteller und ein Freund des Königs. Er war gegen das Frauenwahlrecht eingetreten und hatte die Einführung der Wehrpflicht unterstützt, nun blies er zu einem Kreuzzug gegen den Bolschewismus. So war er auf jeden Fall mit den Vätern gegen die Söhne verbündet, er war unmodern, für die junge Generation erledigt.

Die Gedichte von T.S. Eliot, die Romane von James Joyce — das war die Lyrik und die Prosa der Jungen, zum Teil sicherlich auch deshalb, weil sie sich so deutlich von Stil und Inhalt Kiplings und anderer unterschieden. Es war ein bedeutsames Zusammentreffen, daß genau im Jahre 1922, als *Ulysses* und T.S. Eliots *The Waste Land* erschienen, Lloyd George sein Amt verlor und Horatio Bottomley, der Herausgeber des stockkonservativen Wochenblatts *John Bull* und Erzpatriot der Kriegsjahre, wegen Betruges zu einer Gefängnisstrafe verurteilt wurde. Die neue Ästhetik setzte sich in England auf der Welle des Zusammenbruchs der alten Politik durch.

Die Bedeutung all dieser Vorgänge für das Verständnis der Person Eric Blair besteht darin, daß Eton eines der Zentren dieser neuen Ästhetik wurde. Genauer gesagt, waren es seine Mitschüler, die diesen neuen Geist verbreiteten, die neue Ästhetik durchsetzten, nachdem sie die Schule verlassen hatten. Seine Altersgenossen bildeten eine Generation, die sich sehr weit von ihren Vätern entfernt fühlte, die eine Distanz zu ihren älteren Brüdern verspürte, die, symbolisch gesprochen, als Mahnung für die Schwäche und Verderbtheit der alten Männer an der Front gefallen waren. Von den 5.600 Etonians, die im Ersten Weltkrieg dienten, starben 1.150; von dem College-Jahrgang 1908, zu dem auch Aldous Huxley gehörte, starben sechs von sechzehn Schülern.

Vater Blair als Kriegsfreiwilliger

Hier liegt auch die Ursache, daß in den Arbeiten von Osbert Sitwell, Nancy Mitford und Evelyn Waugh die Figur des Vaters immer auf der einen Seite lächerlich und auf der anderen unheimlich und drohend erscheint. Die Nachkriegsgeneration, zu der auch Eric Blair gehörte, wandte sich ab von den Vätern, weg von den alten Charakteristika der Männlichkeit und Ernsthaftigkeit, hin zu brillant spielerischen Formen der Kunst.

Eric Blair vollzog diesen Schritt nicht mit, er sonderte sich ab von einer Generation, die sich durch ästhetische Gesten definierte.

George Orwell war einer der Männlichkeit am stärksten betonenden britischen Schriftsteller der dreißiger und vierziger Jahre. Diese Männlichkeit war bei ihm nicht zuletzt verbunden mit einer gewissen Akzeptanz des Krieges. Für W.H. Audens Bemerkung (die für breite Kreise der britischen Intellektuellen sicherlich zutreffend war), daß sich der kulturelle Stellenwert der Begriffe Soldat und Krieg so fundamental geändert habe, daß sogar schon Homers *Ilias* ein unbequemer Text geworden sei, und daß die chinesischen Dichter mit ihrem Pazifismus und Hedonismus die passendere Lektüre seien, hätte Orwell nur ein verständnisloses Kopfschütteln übrig gehabt.

Er stand unter den Schriftstellern der zwanziger und dreißiger Jahre als einsamer Außenseiter da. Er war einen großen Teil seines bisherigen Weges mit den anderen gegangen, er war denselben Einflüssen ausgesetzt gewesen, aber es war die spezifisch modernistische Form des Ästhetizismus mit ihrer Einladung zu einem neuen Lebensstil, einer neuen Wirklichkeitsinterpretation, der er sich verweigerte.

Dennoch war diese moderne Literatur wichtig für Orwells schriftstellerische Entwicklung, denn in der Auseinandersetzung mit der neuen Ästhetik fand er einen Ausgangspunkt für sein zukünftiges politisches Denken und Schreiben. Als Beleg dafür einige Zitate aus Orwells Rezension von Cyril Connollys Roman *The Rock Pool* aus dem Jahre 1936:

„Ein gewichtigerer Einwand ist, daß schon der Wunsch, über sogenannte Künstler zu schreiben, die das, was sie beim Schnorren verdient haben, für Sodomie ausgeben, eine Form von geistiger Unzulänglichkeit bezeugt. Denn es ist klar, daß Mr. Connolly die scheußlichen Menschen, die er beschreibt, bewundert. ...

Aber dies summiert sich zu einem Abscheu vor dem alltäglichen Leben und dem allgemeinen Anstand. ... Die schreckliche Knechtschaft des Geldes lastet auf jedem, und es gibt offensichtlich nur drei auf Anhieb mögliche Auswege. Einer ist die Religion, ein anderer pausenlose Arbeit und der dritte ist die Art von schlampigem Antinomismus* — bis vier Uhr nachmittags im Bett liegen und Pernod trinken —, die Mr. Connolly zu bewundern scheint.

Die Tatsache, an die wir uns klammern müssen wie an einen Rettungsring, ist, daß es möglich sein muß, ein normaler, anständiger Mensch zu sein und trotzdem im vollen Leben zu stehen." (CEJL 1/255)

Orwells Entdeckung der Normalität und des Anstands war von enormer Wichtigkeit, wobei man nie aus den Augen verlieren darf, daß er diese Inhalte in Reaktion auf den Etonschen Ästhetizismus fand und vertrat. Als Gegenreaktion auf Eton beschwor er das Prinzip der Realität — der Wirklichkeit der Politik, der Kriege und des Hungers —, dagegen schrumpfte die ästhetische Eton-Welt zu einer unbedeutenden Episode seines Lebens.

Selbst als Orwell Sozialist geworden war, blieb er weiterhin von Old Etonians umgeben. Hier fand er die Leute, denen seine Attacken gegen die intellektuellen Sozialisten, die den Sozialismus von innen zerstören, galten. Zum Beispiel das Bild des Intellektuellen mit dem gutentwickelten Gehirn und dem eingefallenen Körper, der Planer mit dem überentwickelten Ordnungssinn und dem verkümmerten Sinn für das reale Leben, das Orwell in

* Antinomismus: im ursprünglichen Sinne eine Lehre, welche die Bindung an das alttestamentarische Sittengesetz leugnet; von Orwell als Gegensatz zu „common decency", allgemeiner Anständigkeit, verwendet.

Der Weg nach Wigan Pier entwirft — es bezieht sich direkt auf John Strachey. Der Umschwung der britischen Intelligenz auf die Seite der Linken während der dreißiger Jahre war in großem Ausmaß eine Reaktion auf Stracheys 1932 erschienenes Buch *The Coming Struggle for Power.* Strachey war einer der Gründer des Left Book Club und von seinem *Why You Should Be a Socialist* wurden 1938 in einer Woche 300.000 Exemplare verkauft.

Eine andere prominente Figur der Linken jener Zeit war Brian Howard. Er hatte zumindest ideologisch seinen *Eton-Candle*-Ästhetizismus hinter sich gelassen und war einer der wichtigsten Redakteure bei *The New Statesman* geworden. Er schrieb daneben auch für *The News Chronicle,* wo er in erster Linie vor Nazi-Deutschland warnte. Howards Aktivität auf der Linken muß Orwell besonders verstört haben, denn von seiner Persönlichkeit her war er noch derselbe wie in Eton — ein Modell der 'Unmännlichkeit', gegen die Orwell reagierte. Howard war ein ausgesprochen dandyhaft ästhetischer Homosexueller in Auftreten und Verhalten, aber auch in seiner Denkweise, das genaue Gegenteil des Mannes, zu dem Orwell sich selbst formen und auf dem er den Sozialismus fundieren wollte. So erklären sich Orwells bissige Sätze über die „schreienden kleinen Poseurs" und die „Homo-Poeten in der Linken" als Abgrenzung von einem anderen Old Etonian.

Old Etonians waren in der englischen literarischen und politischen Szene während Orwells Leben vorherrschend, nicht nur auf der Seite des Establishment, sondern auch unter den führenden Rebellen und Revolutionären. (Eton gilt uns nur als Beispiel für andere Schulen wie Wellington, Harrow, Winchester, Oxford und Cambridge, die alle einen ähnlichen sozialen Typus wie Eton prägten.)

Ich denke, daß diese Erkenntnis einiges erklärt, zum Beispiel Orwells Verteidigung des Sozialismus gegen einen Teil der Sozialisten selbst und auch den Ton, in dem er diese Angriffe vorträgt. In diesem Ton liegt immer eine gewisse Intimität mit dem Angegriffenen, eine Auseinandersetzung zwischen zwei Etonians, die für einen Dritten: den Nicht-Etonian, den normalen Bürger, geführt wird.

Wie die meisten seiner Mitschüler suchte sich Eric Blair in Eton eine Rolle, die ihm Sicherheit versprach und in der er von seinen Mitschülern akzeptiert wurde. Cyril Connolly schreibt dazu in seinen Schulerinnerungen: „Ich fuhr mit dem Versuch der Spaßmacher zu sein fort, bis ich siebzehn war. Diese gräßliche Haltung war mein Verteidigungsmechanismus. Es war die Muschel, in der ich mich zum Schutz vor der Außenwelt versteckte: indem ich Leute zum Lachen brachte, wurde ich beliebt und schließlich auch gefürchtet." (Co 154)

Eric Blairs Rolle war die des Zynikers, des verhinderten Rebellen. Im literarischen Tagebuch eines Mitschülers aus dem Jahre 1918/19 erscheint er als „Cynicus", aber als ein Zyniker der Stoa, ein bloßer Zuschauer, der sich nicht einmischt. Noel Blakiston, der einige Jahrgänge unter Blair das College besuchte, berichtete Christopher Hollis über sein erstes Zusammentreffen mit Blair. Blakiston spielte gerade in einem Kricket-Match, als Blair mit Papier und Bleistift in der Hand auf ihn zutrat.

„'Ich sammle die Religionen der neuen Jungen', sagte Orwell. 'Bist du Cyrenaiker, Epikuräer, Kyniker, Neuplatonist, Konfuzianer oder Zoroastrianer?' 'Ich bin Christ', antwortete Blakiston. 'Oh', sagte Orwell, 'das haben wir vorher noch nicht gehabt.'" (Ho 15)

Cynicus — das war die Rolle, die Blair spielte und aus der er nur selten heraustrat. Roger Mynors erinnert sich, daß Blair „die ganze Zeit über gegen die Autorität war" und als Atheist der Schule galt. Gelegentlich trat Blair als Sprecher einer skeptisch-rationalen Minderheit auf, zum Beispiel gegen die üblichen Massenbestrafungen an der Schule, aber das blieben wenige Ausnahmen.

Über die Zeit unmittelbar nach Beendigung des Krieges, als eine Art revolutionärer Tremor durch Eton ging, schrieb Orwell später: „Damals sahen wir alle uns als aufgeklärte Geschöpfe eines neuen Zeitalters, und wir warfen die Orthodoxie ab, die uns von diesen verhaßten 'alten Männern' aufgezwungen worden war. ... Ich war gegen jede Autorität. Ich hatte das ganze publizierte Werk von Shaw, Wells und Galsworthy (die damals noch als gefährlich 'fortschrittliche' Schriftsteller galten) gelesen und wieder gelesen, und ich bezeichnete mich locker als Sozialisten." (RWP 136f)

Einige Jungen wurden als „Bolschies" betrachtet. Blair sympathisierte zwar mit ihnen, wurde aber nicht offen zum Rebellen. Im Unterricht wurde zu jener Zeit ein Fragebogen ausgegeben, in dem nach den zehn größten lebenden Männern der Welt gefragt wurde. Fünfzehn von sechzehn Jungen in Blairs Klasse nannten Lenin.

Als Blairs Election, der Jahrgang 1916, Abschlußklasse wurde und damit das Recht zu strafen und Dienste von den jüngeren Schülern zu verlangen erhielt, führte die Election eine Rebellion gegen das hierarchische System der Schule, indem sie sich weigerte, die Jüngeren zu prügeln. Aber auch bei dieser Revolte blieb Blair im Hintergrund.

Einige der wenigen Spuren, die er in den Tagebüchern und Jahresbüchern Etons hinterließ, findet sich über das berühmte „Eton Wall Game" in *The Annals of Lower College Foot-Ball.* Zum ersten Mal spielte Blair im Herbst 1918. Das Spiel wurde und wird entlang einer 120 Yards langen Ziegelsteinmauer ausgetragen, wobei das Spielfeld nur sieben Yards breit ist. In dieser Enge ist es fast unmöglich, ein Tor zu schießen. In dem

Vor dem Eton Wall Game 1921, oben links Eric Blair

ähnlich wie Rugby ablaufenden Spiel wird als Tor gezählt, wenn der Ball auf der einen Seite gegen ein Gartentor und auf der anderen Seite gegen einen Baum geworfen oder geschossen wird. Das Erzielen eines Tores ist so schwierig, daß in dem traditionellen, jährlich am St. Andrews-Tag stattfindenden Match zwischen den Oppidans und den Collegers jahrelang kein Tor fiel. Blair gelang es dann schließlich am 29. Oktober 1921, den entscheidenden Pass zu einem Tor zu geben, ein Ereignis, das Eingang in die Annalen von Eton fand.

Während der Schulzeit war zwischen Eric und seinen Eltern eine immer stärkere Entfremdung eingetreten. Sein Vater hatte sich als Kriegsfreiwilliger gemeldet und diente als ältester Unteroffizier der britischen Armee, seine Mutter war nach London gezogen, wo sie im Ministry of Pensions arbeitete. Das Haus in Henley hatten die Eltern vermietet. Für Eric gab es jetzt so gut wie kein Zuhause mehr, Weihnachten 1917 und 1918 verbrachte er mit seiner Schwester Avril bei den Buddicoms, ohne seine Eltern zu sehen. Denis King-Farlow, ein Schulfreund, erinnert sich: „Seine Mutter besuchte ihn von Zeit zu Zeit in der Schule. Später zog er immer über sie und seinen ziemlich ekligen Vater her. Er hielt seine Mutter für eine frivole Person, die nicht an den Dingen interessiert sei, von denen er glaubte, daß normale Menschen an ihnen interessiert sein sollten; und sein Vater war an gar nichts interessiert. Er war der erste Mensch, den ich je seinen Vater und seine Mutter heruntermachen hörte." (Cr 102) An die Stelle der Eltern trat für Blair sein Onkel Charles Limouzin, den er gegenüber den Mitschülern als Mann von Welt präsentierte.

Im Sommer 1921 war für Eric Blair die Zeit gekommen, sich zu entscheiden, welches der nächste Schritt nach Schulabschluß sein sollte. Der übliche Weg wäre die Universität — die altehrwürdigen Oxford oder Cambridge — gewesen. Da er aber in Eton nicht genug gearbeitet hatte, um ein Stipendium zu gewinnen, wäre der Universitätsbesuch nahezu unerschwinglich gewesen. Dennoch war die Wahl, die er traf: zur Indian Imperial Police in Burma zu gehen, für einen Eton-Abgänger eine mehr als überraschende Alternative.

Die Entscheidung, nach Burma zu gehen, war der bedeutsamste Wendepunkt in seinem bisherigen Leben. Er diente dort von 1922 bis 1927. Die Entscheidung, die übliche Karriere eines Eton-Absolventen auszuschlagen, war ein wichtiger Baustein der Entwicklung Eric Blairs zum Schriftsteller George Orwell. Psychologisch gesehen brachte der Entschluß, der Indian Imperial Police beizutreten, Blair an einen „point of no return", und George Woodcock hat sicherlich recht, wenn er feststellt, daß die Erfahrungen in Burma, das Kennenlernen eines unterdrückten, kolonisierten Volkes, Blair dazu brachten, später alle Gesellschaften in der Begrifflichkeit von Beherrschten und Herrschern zu beschreiben. Der Sozialismus, den Orwell 1937 in *Der Weg nach Wigan Pier* fordert, ist zunächst nichts als ein Aufruf zum Widerstand gegen jede Form der Tyrannei, in Großbritannien wie im Ausland.

Warum aber die Entscheidung für Burma? Als Sonia Orwell, Blairs zweite Frau, ihn einmal kurz vor seinem Tode danach fragte, erwiderte er, dies sei eine lange und verwickelte Geschichte, die er ihr später einmal erklären würde. Dazu kam es nie mehr. Wir sind also bei der Antwort weitgehend auf Vermutungen angewiesen. Sicher ist, daß sein Vater ihn mit dem Hinweis auf die anglo-indische Familientradition der Blairs in Richtung Burma beeinflußte. Warum dann aber als Polizeioffizier und nicht — wie sein Vater — als Verwaltungsbeamter? Die Indian Imperial Police hatte nicht gerade den besten Ruf und sie machte die Dreckarbeit — sie hielt die britische Imperialherrschaft durch Machtausübung aufrecht. War die Entscheidung für die Kolonie und die harte Polizeiarbeit vielleicht auch eine Gegenreaktion auf den Eton-Dandyismus? Ein Versuch, aus der heilen, ästhetischen Kunstwelt in die Wirklichkeit mit all ihren Härten auszubrechen, ein Versuch, den wir bei Orwell später noch öfter finden werden? Für diese These spricht einiges.

In seinem 1940 erschienenen Essay *Im Innern des Wals* schreibt Orwell: „Gegen Ende des Buches *Enemies of Promise* von Cyril Connolly findet man eine aufschlußreiche Passage. ... Der letzte Teil des Buches ist autobiographisch und besteht aus einem Rechenschaftsbericht von faszinierender Genauigkeit über das Leben in einer Vorschule und in Eton von 1910 bis 1920. Connolly schließt mit der Bemerkung:

'Müßte ich irgendein Fazit aus meinen Gefühlen beim Abschied von Eton ziehen, so könnte man es als eine *Theorie der permanenten Pubertät* bezeichnen. Es ist die Theorie, daß die Erfahrungen, die man als Junge in großen Internaten macht, so tiefe Spuren hinterlassen, daß sie das ganze spätere Leben beherrschen und jede Entwicklung unmöglich machen.'

Wenn man den zweiten Satz dieser Passage liest, so ist die erste Reaktion, nach einem Druckfehler zu suchen. Man vermutet, daß eine Negation ausgelassen ist. Aber nein, nicht im geringsten! Er meint es wirklich so! Und mehr noch, was er sagt, entspricht perverserweise voll und ganz der Wahrheit. Das 'kultivierte' Leben der Mittelklasse hat einen solchen Gipfel an Verweichlichung erreicht, daß im Vergleich dazu die Internatserziehung — fünf Jahre in einem lauwarmen Bad des Snobismus — tatsächlich rückblickend als ereignisreiche Periode angesehen werden kann. Von den Schriftstellern, die in den dreißiger Jahren zählten, hat fast keiner etwas anderes erlebt, als was Connolly in *Enemies of Promise* berichtet. Es ist immer wieder das gleiche Schema: Internat, Universität, ein paar Auslandsreisen, dann London. Hunger, Not, Einsamkeit, Exil, Krieg, Gefängnis, Verfolgung, körperliche Arbeit — leerer Schall." (IdW 131 f)

Burma – Im Dienste des Empire (1922-1927)

„Kurz nachdem ich die Schule verlassen hatte (damals war ich nicht ganz zwanzig Jahre alt), ging ich nach Burma und trat in die Indian Imperial Police ein. Dies war eine bewaffnete Polizeitruppe, eine Art 'Gendarmerie', die der spanischen 'Guardia civil' oder der 'Garde mobile' in Frankreich sehr ähnlich ist. Ich blieb fünf Jahre im Dienst. Er entsprach mir nicht und ließ mich den Imperialismus verabscheuen." (Vor 9) So knapp beschrieb Orwell 1947 die fünf prägendsten Jahre seines Lebens, an deren Ende der Entschluß stand, Schriftsteller zu werden. Wir wollen diese Zeit etwas ausführlicher betrachten.

Nachdem der Entschluß, in den Osten zu gehen, endgültig gefaßt war, bereitete sich Eric Blair sechs Monate auf die Prüfungen des India Office zur Zulassung für den Polizeidienst vor. Im Sommer 1922 unterzog er sich der Prüfung und erreichte mit 8.463 von 12.400 möglichen Punkten ein gutes, wenn auch nicht hervorragendes Ergebnis, die meisten Punkte erzielte er in Latein und Griechisch, die wenigsten in Geschichte.

Am 27.Oktober 1922 schiffte sich der neunzehnjährige Blair an Bord der „Herefordshire" für die Reise von Birkenhead nach Rangoon in Burma ein. Den ersten Eindruck von dem, was ihn erwartete, bekam er, als die „Herefordshire" den Hafen von Colombo auf Ceylon anlief. Vom Oberdeck aus beobachteten die Passagiere das bunte Treiben im Hafen und sahen zu, wie das Gepäck einzelner Reisender ausgeschifft wurde. Als einer der indischen Kulis, die unter Aufsicht eines weißen Sergeanten das Gepäck an Land trugen, stolperte und Passagiere behinderte, versetzte ihm der Sergeant einen so derben Tritt, daß er hinfiel. Das war ein Schock für Blair, aber nicht so sehr wegen der für ihn unerwarteten Brutalität des weißen Mannes als wegen der kaltschnäuzigen Reaktion der Zuschauer, selbst der Frauen, die ein solches Verhalten völlig in Ordnung fanden.

In Burma angekommen begann für die Neulinge ein neunmonatiger Einführungskurs in der Police Training School in Mandalay. Der Unterricht bestand aus Rechtskunde, Buchhaltung, Polizeitaktik, Verhörtechnik und dem Erlernen von Burmesisch und Hindustani. Blair fiel hier vor allem durch sein Sprachtalent auf. Roger Beadon, als Polizeischüler einer seiner Kameraden, berichtete, daß Blair später fließend Burmesisch sprach und des öfteren Tempel besuchte, wo er sich mit den Mönchen in einer komplizierten Variante des Burmesischen unterhielt. Beadon erzählte: „Er sah immer so aus, als würden ihm seine Kleider nicht passen; er war lang und dünn und ich fand immer, daß er für sein Alter sehr groß und ziemlich traurig sei. … Er war ein angenehmer Kumpel, hielt sich aber immer sehr an sich selbst. Ich ging gern in den Klub, spielte Billard, tanzte und so weiter, ihn schien das überhaupt nicht anzuziehen, er war nicht gerade als gesellig zu bezeichnen."

Die Orte, an denen der Kolonialpolizist Eric Blair in den nächsten fünf Jahren eingesetzt wurde, machten ihn mit den verschiedensten Regionen Burmas bekannt. Er begann seinen Dienst in Myaungmya, einer kleinen Stadt im Sumpfgebiet des Irrawaddy-Delta, wurde dann nach Twante weiter östlich im Delta versetzt. Die nächste Station war Syriam, eine trostlose kleine Stadt mitten in der Wüste, dann folgte Insein, zehn Meilen nördlich von Rangoon, schließlich Moulmein, die drittgrößte Stadt Burmas, und als letzte Station Katha, eine kleine Siedlung nördlich von Mandalay. So lernte er Burma von verschiedenen Seiten kennen, vom sumpfigen, ewig nebligen, moskitoverseuchten Delta bis hin zum angenehmen, gemäßigten Klima Kathas.

Als Polizeioffizier war er verantwortlich für die Beaufsichtigung von Munitions- und Ausrüstungslagern, er bildete eingeborene Polizisten aus, organisierte Patrouillen, kontrollierte örtliche Polizeistationen, untersuchte Verbrechen und vertrat während ihrer Abwesenheit seine Vorgesetzten. Oft war er wochenlang unterwegs, um entlegene Dörfer zu inspizieren und mit den Dorfältesten Rechtsprobleme zu klären. Auf diese Erfahrungen hatte ihn weder Eton noch die Polizeischule in Mandalay vorbereitet. Zum ersten Mal in seinem Leben mußte er hier selbst Verantwortung übernehmen, schnelle Entscheidungen treffen und Männer führen, die zum größten Teil wesentlich älter waren als er selbst. Seine Vorgesetzten betrachteten ihn mißtrauisch und ablehnend, vor allem deshalb, weil er Eton-Abgänger war — einer, dem man es 'mal zeigen wollte.

Die Ideologie des britischen Imperialismus erreichte in der letzten Generation der viktorianischen Ära ihren Höhepunkt. Eine ganze Generation glaubte, daß es die Aufgabe des Britischen Empire sei, die Welt zu zivilisieren, Licht in die Dunkelheit zu bringen, die einzig wahre politische Doktrin und Lebensweise, fest verwurzelt in der liberalen Tradition, über die Welt auszubreiten. Sie sahen sich als Fürsprecher der Schwachen, als Repräsentanten der höchsten Ziele der menschlichen Gesellschaft. Königin Victoria selbst nahm in dieser Weltanschauung als „The Great White

Queen" eine mythische Rolle ein. Auch wenn man aus dem Abenteuer Profit schlug, galt es als erstrebenswertes Ziel, Frieden zu schaffen und Handel zu treiben, Gerechtigkeit und Gesetz über die ganze Erde zu verbreiten. Rosebery* definierte 1899: „Imperialismus ist ein erweiterter Patriotismus", und Lord Curzon schrieb 1908: „Im Empire haben wir nicht nur den Schlüssel zu Ruhm und Wohlstand gefunden, sondern den Ruf zur Pflicht, und das heißt zum Dienst an der Menschheit." (Th 72) Rudyard Kipling dichtete:

> Nehmt auf Euch des weißen Mannes Bürde,
> schickt die Besten, die Ihr erzieht, hinaus!
> Laßt sie schwer bewaffnet wachen
> über eine Menge, wankelmütig und wild,
> Eure frisch eingefangenen Völkerschaften,
> die halb Kinder sind, halb Teufel.
> Nehmt auf Euch des weißen Mannes Bürde,
> gebt den hungernden Mäulern zu essen
> und gebietet der Seuche Einhalt.

Aber schon vor dem Ersten Weltkrieg waren für politisch weitsichtige Beobachter die ersten Risse im so fest scheinenden Gebäude des Empire auszumachen. 1911 bemerkte H.G.Wells in seinem *New Machiavelli:* „Wir sind in Indien wie ein Mann, der von einer Leiter auf den Rücken eines Elefanten gefallen ist und nicht weiß, was er tun soll oder wie er wieder herunterkommen soll." (Th 223)

Durch die westlich-europäische Ausbildung der eingeborenen Oberschicht bildete sich in den Kolonien allmählich eine politisch mündige Gruppe heraus, die zunächst noch den Kolonialherren nacheiferte und versuchte, sich Klassenprivilegien zu sichern, nach dem Ersten Weltkrieg aber zunehmend politisch-nationalistische Ziele verfolgte.

Die britische Herrschaft reagierte auf diese Bestrebungen mit mehr Härte. Beim Massaker von Amritsar ließ General Dyer 1919 ohne Warnung in eine demonstrierende Menge von Punjabi-Indern schießen. 379 Menschen wurden getötet, 1.200 verwundet. 1917 war Gandhi Vorsitzender der Indischen Kongreßpartei geworden, 1920/21 führte er seine erste große Kampagne der Nicht-Zusammenarbeit und des zivilen Ungehorsams, 1922 wurde er zum ersten Mal von den Engländern ins Gefängnis geworfen.

* Archibald Philip Primrose 5th Earl of Rosebery, Außenminister der Regierung Gladstone, 1894-95 Premierminister. Rosebery war der Führer des imperialistischen Flügels der britischen Liberalen; als erfolgreicher Jockey und guter Redner ein sehr populärer Politiker.

Zeitgenössische Karte der britischen Kolonie Burma

Für die Anglo-Inder war das Empire im großen und ganzen noch eine ungefragt akzeptierte Realität, nicht nur im allgemeinen politischen Sinne. Es war ihre Heimat geworden, in der das tägliche Leben in einer fremden Kultur und Zivilisation und die nur geringfügig sich ändernden Beziehungen zwischen Herrschern und Beherrschten liberale Gesinnung nur mit enormer Verspätung — wenn überhaupt — aufkommen ließen. Wenn die anglo-indischen Pensionäre wieder nach Großbritannien zurückkehrten, lebten sie in nostalgischen, verstaubten und reaktionären Ghettos, so wie sie in den weißen Ghettos in Asien gelebt hatten: Reste einer viktorianischen Gesellschaft, an denen die geschichtlichen Entwicklungen fast spurlos vorübergegangen waren. Orwell schildert dieses Leben in seinem Roman *Auftauchen um Luft zu holen:*

„Wenn man das Haus einer solchen anglo-indischen Familie betritt, kann man sich kaum vorstellen, daß draußen auf der Straße England ist und wir im zwanzigsten Jahrhundert leben. Sobald man einen Fuß über die Schwelle setzt, ist man im Indien der achtziger Jahre. Die geschnitzten Teakholzmöbel, die Messingtabletts, die verstaubten Tigerfelle auf dem Boden, die Trichinopolis-Zigarren, die vergilbten Photographien von Männern in Tropenhelmen, die hindustanischen Worte, von denen erwartet wird, daß man sie versteht, die ewigen Anekdoten von Tigerjagden und was Smith zu Jones anno 87 in Poona gesagt habe. Es ist eine kleine, in sich abgeschlossene Welt, die sich da gebildet hat wie ein Geschwür." (172)

Inzwischen hatten aber der Erste Weltkrieg und die russische Revolution in Europa nicht nur die alte Sicherheit und das Gefühl des naiven und optimistischen Patriotismus erschüttert und ein völlig neues politisches Klima auf internationaler Ebene geschaffen, sie hatten auch die gesellschaftliche Realität grundlegend verändert und der englischen Imperialismus-Idee den letzten Rest an missionarischer Selbstverständlichkeit genommen. Das führte zwar nicht zu einem radikalen Umschwung in der Kolonialpolitik, dies wäre wohl auch kaum möglich gewesen — um im Bild von Wells zu bleiben: Wie sollte man von dem Elefanten herunterkommen? —, aber Skepsis und Unbehagen artikulierten sich zunehmend nicht nur daheim, sondern auch bei vielen jungen Engländern in den Kolonien. Diese Erfahrung hatte Eric Blair noch zu machen.

Im Gegensatz zu Indien war der Dienst in Burma noch vergleichsweise angenehm. Die Burmesen waren freundlich, politisch im großen und ganzen ungebildet und keine Gefahr für die britische Herrschaft, die Verwaltung war dementsprechend problemloser als in Indien, wo die gebildete und europäisch erzogene Intelligenz, besonders der Bengalen, schon seit Jahrzehnten zu einem für die englische Kolonialpolitik bedrohlichen Anwachsen nationalistischer Bewegungen beigetragen hatte.

Die dunkelste Periode der langen anglo-burmesischen Beziehungen, die 1752 zunächst auf der Basis des Handels begonnen hatten und 1948 mit der Unabhängigkeit Burmas endeten, begann 1919, als Burma gegen den Willen der Bevölkerung zur indischen Provinz erklärt wurde. 1921 gab es die ersten nationalistischen Aufstände, als klar wurde, daß die Indien gewährten Reformen nicht für Burma gelten sollten. Zwischen 1919 und 1930 verschlechterten sich die Beziehungen zwischen Briten und Burmesen bis hin zu erbitterter Feindschaft, die 1930 mit einem landesweiten Bauernaufstand ihren Höhepunkt erreichte.

Für Blair muß die Realität des britischen Imperialismus ein Schock gewesen sein. Er war in Indien geboren worden und fühlte sich zweifellos in gewisser Weise emotional zu diesem riesigen Subkontinent hingezogen, eine Verbundenheit, die durch seine ausgiebige Kipling-Lektüre immer wach gehalten wurde. Mit Sicherheit kannte er Kiplings *Mandalay:*

> By the old Moulmein Pagoda, lookin' eastward to the sea,
> There's a Burma girl a-settin', and I know she thinks o' me;
> For the wind is in the palm-trees, and the temple-bells they say:
> 'Come you back, you British soldier; come you back to Mandalay!'
> (Mau 21)

Als Blair nach Mandalay kam, warteten die Mädchen nicht mehr auf die Soldaten, sondern beschimpften sie. Die Tempel standen leer, weil im Monat vorher ein mit einem Messer bewaffneter Mönch einem britischen Polizisten die Nase abgeschnitten hatte. Die Zeiten, in denen Briten burmesische Frauen heirateten, waren endgültig vorbei. Die jetzigen Verwalter des Empire waren nicht mehr die souveränen Eroberer, die mit der burmesischen eingeborenen Oberschicht auf der Ebene sozialer Gleichheit verkehrten, sondern setzten sich aus Angehörigen der middle-class zusammen, die sich hier einen Lebensstandard leisten konnten, der für sie in Großbritannien unerreichbar gewesen wäre. In *The Lion and the Unicorn* schrieb Orwell:

„Die von Kipling gefeierten Mittelklassenfamilien, ... deren Söhne in der Armee und in der Marine dienten und vom Yukon bis zum Irrawaddy über die Welt ausschwärmten, verschwanden vor 1914. Es war der Telegraph, der sie tötete. In einer zusammenschrumpfenden Welt, die mehr und mehr von Whitehall* aus regiert wurde, gab es jedes Jahr weniger Raum für individuelle Initiativen. ... Um 1920 herum war fast jeder Inch des kolonialen Imperiums fest im Griff von Whitehall. Wohlmeinende Männer in dunklen

* Straße in Westminster, London, in der sich die Ministerien befinden; als Begriff für das Zentrum der britischen Politik gebräuchlich.

Anzügen mit schwarzen Filzhüten auf dem Kopf und ordentlich eingerollten Regenschirmen über dem linken Unterarm setzten ihre weltfremden Anschauungen in Malaya und Nigeria, Mombasa und Mandalay durch. Die einstigen Erbauer des Empire wurden auf den Rang von Bürogehilfen reduziert..." (CEJL 2/93f)

In dieser Äußerung drückt sich ein Teil der Bitterkeit Orwells über seine Dienstzeit in Burma aus. Er konnte die komplizierte Situation des Landes nicht verstehen, er hatte gedacht, er käme, um einem rückständigen Volk zu helfen, er hatte noch nicht erkannt, daß das Britische Empire im Sterben lag. Die „ruhige Sicherheit, immer im Recht zu sein", die Nehru an den Briten so fasziniert hatte, verflog mehr und mehr.

„In Moulmein (Nieder-Burma) verfolgte mich fast die gesamte Bevölkerung mit ihrem Haß, etwas, wofür ich nur dies eine Mal im Leben genügend Bedeutung besessen habe. Ich bekleidete damals die Stellung eines Polizeioffiziers in einem der Stadtbezirke, und in seiner ziellosen engstirnigen Art war dieser Haß gegen die Europäer auf die Dauer schwer erträglich. Den Mut, sich offen aufzulehnen, hatte keiner, aber wenn eine Europäerin allein über den Basar ging, konnte man sicher sein, daß irgendjemand ihr seinen Betelsaft aufs Kleid spuckte.

Als Polizeioffizier war ich natürlich ein besonders lohnendes Objekt. Bei jeder Gelegenheit wurde ich angepöbelt, wenn keine Gefahr damit verbunden war. Stellte mir zum Beispiel einer der kleinen, behenden Burmesen auf dem Fußballplatz ein Bein, während der Schiedsrichter (gleichfalls ein Burmese) zufällig gerade in die entgegengesetzte Richtung sah, brach die Menge vor Vergnügen in ein widerlich johlendes Gelächter aus. Dergleichen ereignete sich in einem fort. Am Ende gingen mir die grinsenden gelben Fratzen der Halbwüchsigen und die Schimpfworte, die sie mir aus sicherer Entfernung nachriefen, furchtbar auf die Nerven. Am schlimmsten waren die jungen Buddhistenpriester, von denen es einige tausend in der Stadt gab, und keiner von ihnen schien etwas anderes zu tun zu haben, als an den Straßenecken zu stehen und hinter jedem Europäer herzufeixen."

„Das Ganze war unangenehm und entnervend. Zu jener Zeit war ich mir bereits im klaren darüber, was für eine schmutzige Sache der Imperialismus ist und daß es für mich das Beste wäre, so schnell wie möglich den Dienst zu quittieren und meine Koffer zu packen. Theoretisch — und im geheimen, natürlich — stand ich auf Seiten der Burmesen und war in jeder Hinsicht gegen ihre Unterdrücker, die Engländer. Meinen Dienst haßte ich mehr, als ich zu sagen vermag. In einer solchen Stellung lernt man die häßliche Kehrseite des Empire aus nächster Nähe kennen." (Shoot 27 f)

So beginnt George Orwell 1936 seinen Essay *Einen Elefanten erschießen,* in dem er ebenso wie in dem Essay *Einen Mann hängen* (1931) und seinem ersten Roman *Tage in Burma* (1934) die Erfahrungen seines Kolonialdienstes verarbeitete.

In der geschilderten Szene wird der Rollenzwang deutlich, dem Blair in Burma unterworfen war. Er steht gefühlsmäßig auf der Seite der Burmesen und haßt seine eigene Funktion, auf der anderen Seite gehen ihm gerade deshalb die ständigen Provokationen auf die Nerven. Aber er hatte seine Situation noch nicht genug durchdacht, um die einzig richtige Konsequenz, nämlich den Dienst zu quittieren, zu ziehen. Er steckte emotional in einer Sackgasse, er war Teil einer Tyrannei, die hilflose Menschen unterdrückte, und verspürte auf der anderen Seite den Wunsch, einem „Buddhistenpriester ein Bajonett in den Bauch zu rennen". Um den Dienst schließlich aufzukündigen, bedurfte es eines Anstoßes von außen, der Jahre später erfolgte. Erst während eines Krankenurlaubs in England, als er auch räumlich Abstand gewonnen hatte, konnte er sich entscheiden.

Nach dieser Darstellung seines allgemeinen Dilemmas kommt Orwell zu der Geschichte mit dem Elefanten. Der Erzähler wird eines Morgens vom Unterinspektor einer Polizeistation angerufen, daß ein Arbeitselefant wild geworden sei, einen Kuli getötet habe und im Begriff sei, den Basar zu verwüsten. Als er mit seinem Gewehr schließlich am Schauplatz des Geschehens ankommt, hat sich der Elefant wieder beruhigt und grast friedlich in einem Feld. Der Anfall ist vorüber, es wäre nicht mehr nötig, den Elefanten zu töten, der Erzähler weiß, daß es Unsinn wäre, das wertvolle Tier einfach abzuknallen.

„Aber in diesem Augenblick fiel mein Blick auf die Menge, die mir gefolgt war. Sie war unheimlich angewachsen, bis auf ungefähr zweitausend Menschen, und nahm noch immer mit jeder Minute zu. So weit man sehen konnte, war die Straße nach beiden Seiten versperrt. Ich blickte auf dieses Meer von gelben Gesichtern über grell-bunten Kleidern, alle freudig erregt, glücklich über die willkommene kleine Belustigung. Keiner zweifelte daran, daß ich den Elefanten erschießen würde. Sie sahen mir zu wie einem Zauberkünstler, der im Begriffe ist, einen schwierigen Trick vorzuführen. Sie mochten mich nicht, aber in diesem Augenblick, mit dem magischen Gewehr in der Hand, lohnte es sich, mir zuzusehen. Mit einem Schlage wurde mir klar, daß ich trotz aller Bedenken den Elefanten würde erschießen müssen. Die Menge erwartete es von mir, mir blieb gar keine andere Wahl. Ich fühlte den Willen der Zweitausend, der mich dazu antrieb, förmlich unwiderstehlich. Genau in dieser Minute, als ich mit der Büchse in der Hand dastand, wurde mir zum ersten Mal die ganze Brüchigkeit und Hohlheit der Herrschaft des weißen Mannes im Osten bewußt. Hier stand ich, der weiße Mann mit seinem Gewehr, einer Masse unbewaffneter Eingeborener gegenüber, scheinbar der Held des Stückes, in

Wirklichkeit eine Marionette, deren Bewegungen vom Willen der Gelbgesichter hinter mir bestimmt wurden. In dieser Minute wurde mir klar, daß der weiße Mann, wenn er zum Tyrannen wird, seine eigene Freiheit zerstört. Er wird zu einer hohlen, posierenden Puppe, zur konventionellen Figur des 'Sahib'. ... Ein Sahib hat die Pflicht, wie ein Sahib zu handeln. Er muß entschlossen scheinen, er muß wissen, was er will, und dementsprechend vorgehen. Den ganzen langen Weg machen, ein Gewehr in der Hand und zweitausend Leute an den Fersen, und sich dann drücken, ohne etwas unternommen zu haben — nein, das war unmöglich. Die Menge hätte mich einfach ausgelacht — wo mein Leben und das eines Weißen im Osten nichts anderes war als ein dauernder Kampf, nicht ausgelacht zu werden." (Shoot 32 f)

In diesem brillant geschriebenen Essay werden dem Leser durch die lebhafte Schilderung der Realität die Korruption durch Macht, die selbstauferlegten Rollenzwänge des Systems und die menschliche Isolation, in der sich Blair in Burma befand, eindringlicher als durch jeden politisch-theoretischen Diskurs vor Augen geführt. Das moralische Dilemma des Erzählers ist nicht nur sein persönliches Problem, es ist wesentlich komplexer, es ist das Dilemma eines spezifischen historischen Bewußtseins in einer spezifischen historischen Epoche. Mit der Fragwürdigkeit des Imperialismus sind auch die selbstverständlichen Normen und Werte des Empire ins Wanken geraten. Der Kodex des echten Sahib: den Elefanten erschießen, einfach weil es Spaß macht, oder aber einfach weggehen, paßt nicht mehr in die Realität, in der Blair seine Entscheidung — schießen? ja oder nein? — treffen muß. Das Problem besteht hier nicht mehr wie in einer historisch eindeutigen Situation in der Frage: wie handle ich, sondern in der Frage: wie ist mein Handeln moralisch zu rechtfertigen.

In seinem anderen Burma-Essay *Einen Mann hängen* beschreibt Orwell sehr realistisch und exakt den Vorgang der Hinrichtung eines namenlosen indischen Kulis, von dem wir nicht einmal erfahren, weshalb er zum Tode verurteilt wurde. Der ganze Essay ist ein Paradigma von Orwells Schuld und Verantwortlichkeit, geschrieben in einer perfekt ausgewogenen Sprache.

„Es war in Burma an einem trüben Tag in der Regenzeit. Ein mattes Licht, gelb wie Stanniol, fiel schräg über die hohen Mauern in den Gefängnishof. Wir warteten vor den Todeszellen, einer Reihe von Verschlägen, an der Vorderseite mit doppelten Eisengittern abgeschlossen wie kleine Tierkäfige." (Hang 18)

Über mehrere Absätze hinweg berichtet Orwell, wie der Gefangene in den Hof gebracht wird, in einer erschreckenden Szene von einem herumstreunenden Hund freudig angebellt und im Gesicht geleckt wird. Dann folgt eine Passage, die den Verurteilten beschreibt, es wird eine Spannung aufgebaut, die in einen tiefen humanitären Protest gegen die Hinrichtung einmündet:

„Bis zum Galgen waren es noch etwa vierzig Yards. Ich hatte den nackten, braunen Rücken des Gefangenen direkt vor mir. Er ging stetig und mit dem federnden Schritt der Inder, die niemals die Knie durchdrücken. Bei jedem Schritt strafften und entspannten sich seine Muskeln, die Haarlocke auf seinem Schädel wippte auf und nieder, seine Füße drückten sich in den feuchten Boden ein. Einmal trat er, obwohl die beiden Wärter ihn fest gepackt hielten, geschmeidig beiseite, um nicht in eine Pfütze zu treten.

Seltsam, aber bis zu diesem Augenblick war mir nicht bewußt geworden, was es bedeutet, einen gesunden, denkenden Menschen zu töten. Als ich den Gefangenen beiseite treten sah, um der Pfütze auszuweichen, erkannte ich das Geheimnis, sah, welch ungeheuerliches Unrecht es ist, einem Leben gewaltsam ein Ende zu setzen, das in voller Blüte ist. Dieser Mann lag nicht im Sterben, er lebte wie wir, all seine Organe arbeiteten — die Därme verdauten Nahrung, die Haut erneuerte sich, die Nägel wuchsen, das Gewebe bildete sich — alles arbeitete weiter in feierlicher Torheit. Seine Nägel würden noch wachsen, wenn er schon auf dem Fallbrett stand, wenn er ins Leere fiel und nur noch eine Zehntel-Sekunde zu leben hatte. Seine Augen nahmen den gelben Kies und die grauen Mauern wahr, sein Hirn war noch imstande, sich zu erinnern, vorauszusehen, achtzugeben — selbst auf eine Pfütze. Er und wir waren Menschen, die gemeinsam einen Weg zurücklegten, welche die gleiche Welt erblickten, hörten, fühlten, begriffen, und in zwei Minuten, mit einem plötzlichen Knack, würde einer von uns nicht mehr da sein, ein menschliches Wesen weniger, eine Welt weniger." (21 f)

Wir haben hier nicht nur ein Bekenntnis zur Menschlichkeit, sondern auch ein persönliches Erlebnis, das symptomatisch ist für die Erfahrungen, die Orwell mit dem britischen Imperialismus machte. Es ist ein Unterschied, ob man Kipling liest, in London über die Notwendigkeit der Härte gegenüber den „niggern" räsonniert, oder ob man selbst ein Rädchen der gewaltigen Unterdrückungsmaschinerie ist. Am Ende der Hinrichtung, deren Entsetzlichkeit noch gesteigert wird durch die Rem-Rem-Rem-Rufe des Gefangenen, der seinen Gott anruft, kontrapunktiert von dem Gewinsel des Hundes, kommen sich — das ist die Ironie der Geschichte — die Henker, Europäer, Inder und Burmesen, durch den Schock der Tötung über alle politischen und rassischen Barrieren hinweg so nahe, daß sie gemeinsam „in aller Freundschaft" einen Drink nehmen. Der gemeinsame Schock bringt sie für einen kurzen Augenblick einander näher, sie verlassen ihre Rollen, werden angesichts der Hinrichtung eines Menschen zu

Polizei-Trainingsschule in Mandalay;
Eric Blair stehend Dritter von links (1923)

Menschen, aber eben nur für einen kurzen Augenblick, dann werden sie wieder zu Rollenträgern.

Orwell gelingt es immer wieder, das Allgemeine im Besonderen des Subjektiven sinnlich greifbar zu verdeutlichen:

„Ich war fünf Jahre lang in der indischen Polizei, und am Ende dieser Zeit haßte ich den Imperialismus, dem ich diente, mit einer Bitterkeit, die ich wahrscheinlich nicht zum Ausdruck bringen kann. In der freien Luft von England ist so etwas nicht ganz verständlich. Um den Imperialismus hassen zu können, muß man ein Teil von ihm sein. ...

In Wahrheit glaubt kein moderner Mensch im Grunde seines Herzens, es sei recht, in ein fremdes Land einzudringen und die Bevölkerung mit Gewalt niederzuhalten. Fremde Unterdrückung ist viel offensichtlicher und viel leichter als böse begreiflich als wirtschaftliche Unterdrückung. Daher lassen wir es in England brav zu, daß wir ausgenommen werden, damit eine halbe Million nichtsnutziger Faulenzer in Luxus leben kann; aber wir würden eher bis zum letzten Mann kämpfen, als von Chinesen regiert zu werden. Genauso sehen Leute, die ohne einen einzigen Gewissensbiß von unverdienten Dividenden leben, ganz das Unrecht, in ein fremdes Land einzudringen, wo man nicht erwünscht ist, und dort den Herren zu spielen. Als Folge davon ist jeder Anglo-Inder von einem Schuldgefühl besessen, das er gewöhnlich so gut wie möglich verbirgt, denn es gibt keine Redefreiheit, und seine Karriere kann schon durch eine aufrührerische Bemerkung zerstört werden." (RWP 141f)

Das imperialistische System korrumpiert also nicht nur die Psyche des Individuums, sondern auch die Beziehungen der Herrschenden, der Engländer, untereinander. Der individuelle Konflikt wird da zum sozialen, wo die anglo-indische Gesellschaft einen Verhaltenskodex entwickelt, gegen den zu verstoßen ein Sakrileg ist, da er die eigene, mühsam aufrechterhaltene Selbstachtung nur allzu leicht erschüttert. Innere Schuldgefühle und nach außen geheuchelte Loyalität vergiften den spontanen menschlichen Kontakt und führen letztendlich zu einer reaktionären Starre und Ritualisierung der gesellschaftlichen Verhaltensweisen. In *Der Weg nach Wigan Pier* berichtet George Orwell von einem nächtlichen Erlebnis, das dieses soziale Klima schlaglichtartig beleuchtet:

„Überall in Indien gibt es Engländer, die im geheimen das System, zu dem sie gehören, verabscheuen; und nur gelegentlich, wenn sie ganz sicher sind, mit den richtigen Leuten zusammenzusein, fließt ihre verborgene Bitterkeit über. Ich erinnere mich an eine Nacht, die ich mit einem Mann vom Educational Service (Erziehungsdienst), einem Unbekannten, dessen Namen ich nie erfuhr, im Zug verbrachte. Es war zu heiß zum Schlafen, und wir verbrachten die Nacht mit Gesprächen. Eine halbe Stunde vorsichtiger Ausfragerei überzeugte uns beide, daß der andere 'dicht' war; und dann verdammten wir stundenlang, während der Zug langsam durch die pechschwarze Nacht holperte, in unseren Kojen sitzend, Bierflaschen in der Hand, das britische Imperium — wir verdammten es von innen her, verständnisvoll und gründlich. Es tat uns beiden gut. Aber wir hatten verbotene Dinge gesagt, und im fahlen Morgenlicht, als der Zug in Mandalay einfuhr, gingen wir so schuldbewußt auseinander wie ein ehebrecherisches Paar." (RWP 142f)

Das Erlebnis der individuellen Isolation und des repressiven Systemzwangs des britischen Imperialismus war eine der Grunderfahrungen Orwells, die ihre schauerliche Perfektionierung in der totalen Manipulation des Menschen in *Neunzehnhundertvierundachtzig* finden sollte.

Die literarische Verarbeitung: „Tage in Burma"

Tage in Burma, Orwells erster Roman, erschien sieben Jahre nach seiner Rückkehr nach England. Er schrieb das Buch in den Jahren 1932/33, während er als Lehrer in The Hawthorns School in Hayes und am Frays College in Uxbridge arbeitete. Sein damaliges Leben stand im krassen Gegensatz zu der Atmosphäre und dem Thema des Romans. Seiner Freundin Eleanor Jacques schrieb er am 14. Juni 1932: „Die unangenehmste Sache hier ist nicht der Job an sich, sondern Hayes selbst, es ist einer der gottverlorensten Orte, an denen ich jemals war." (CEJL 1/105) In der monotonen Londoner Vorortlandschaft gelang es ihm, vor einer Schreibmaschine sitzend, die bunten, tropischen Landschaften Burmas anschaulich zu fassen, eine große Leistung. *Tage in Burma* ist sicher einer der besten Romane Orwells.

Das Buch entstand aus persönlicher Betroffenheit, und man muß es als einen Akt des Exorzismus betrachten, als Versuch, die quälenden burmesischen Erinnerungen und Erfahrungen abzuarbeiten: „Die Landschaften Burmas, die mich so erschreckten, als ich in ihnen war, daß sie die Qualität von Alpträumen annahmen, blieben später so quälend in meinem Gedächtnis, daß ich einen Roman über sie schreiben mußte, um sie loszuwerden." (RWP 145) Natürlich waren es nicht nur die Landschaften, die ihn quälten, sondern alles, was er mit ihnen innerlich verband.

1939 schrieb Orwell in einem Brief an Henry Miller: „Das ist mein einziges Buch, mit dem ich zufrieden bin." (CEJL 1/258) In seinem Essay *Warum ich schreibe* äußerte er sich so: „Ich wollte große naturalistische Romane mit einem unglücklichen Ausgang machen, voll minuziöser Beschreibungen und überraschender Vergleiche und ebenso reich an gedrechselten Passagen, in denen Worte hauptsächlich ihres Klanges wegen verwendet wurden. Tatsächlich kam mein erstes abgeschlossenes Buch 'Tage in Burma', das ich im Alter von dreißig Jahren schrieb, aber schon lange vorher mit mir herumgetragen hatte, dieser Art von Büchern ziemlich nah."

Tage in Burma ist primär Orwells Versuch, die widersprüchlichen Erlebnisse, die Liebe-Haß-Beziehung zu dem Land zu klären und im Schreiben für sich selbst Klarheit über das bis dahin letztlich unverarbeitete Thema Burma/Imperialismus zu erlangen.

Der Titel des Romans trägt eine ironische Komponente in sich. Er deutet zunächst eine Sammlung erbaulicher Erinnerungen und Reminiszenzen an. Doch tatsächlich verbirgt sich hinter dem harmlosen Titel die Geschichte eines Leidens und der Zerstörung eines Mannes als Resultat seiner unlösbaren Verkettung mit Burma und seinen englischen Landsleuten, die es regieren. Als John Flory, die Hauptfigur des Romans, die Möglichkeit hat, nach Großbritannien zurückzukehren, wird ihm im letzten Moment klar, daß er gar nicht zurück möchte:

„Dieses Land, das er haßte, war jetzt sein Heimatland, sein Zuhause. Er hatte hier zehn Jahre gewohnt, und jedes Stückchen seines Körpers war aus burmanischem Boden gebildet. Szenen wie diese — das fahle Abendlicht, der Gras schneidende alte Inder, das Quietschen der Karrenräder, der Flug der Silberreiher — alles war heimatlicher für ihn als England. Er war in einem fremden Land tief verwurzelt, vielleicht am allertiefsten." (82)

Bedeutsam ist sicherlich auch, daß Orwell erst sieben Jahre nach seiner Rückkehr aus Burma mit dem Roman begann. Dazwischen liegt seine Periode des „slumming", des Absteigens auf den Grund der Gesellschaft, und als literarisches Ergebnis seiner Erfahrungen dort das Buch *Erledigt in Paris und London.* Er fühlte, daß ihm die fünf Jahre Burma noch zu nahe, daß die seelischen Wunden noch nicht vernarbt waren.

John Flory ist ein kleiner Angestellter einer britischen Holzhandelsgesellschaft in dem abgelegenen Außenposten Kyauktada in Oberburma. Er ist etwa fünfunddreißig Jahre alt, unverheiratet und wird stets von seinem Cockerspaniel Flo begleitet. „Das erste, was an Flory auffiel, war ein häßliches Muttermal, das sich wie ein gezackter Halbmond über seine linke Wange zog, vom Auge bis zum Mundwinkel. Von links her gesehen hatte sein Gesicht ein angeschlagenes, vergrämtes Aussehen, als wäre das Muttermal ein Bluterguß — denn es war von dunkelblauer Farbe. Er war sich seiner Häßlichkeit voll bewußt. Und stets, wenn er nicht allein war, hatten seine Bewegungen eine seitlich schräge Tendenz, da er ständig lavierte, um sein Muttermal nicht sehen zu lassen." (20)

Flory ist ein typisches Opfer des Pukka-Sahib-Kodex des weißen Kolonialisten: als Außenseiter, der nicht sagen darf, was er denkt, lebt er isoliert. Diese Isolation hat seinen Willen geschwächt, ohne seine Fähigkeit zur Kritik zu zerstören. Er ist faul, trinkt, seine burmesische Geliebte langweilt ihn und das reaktionäre Gerede der anderen Briten im Club treibt ihn zur Verzweiflung. Sein einziger Freund ist der örtliche Arzt, der Inder

Dr. Veraswami, der mehr pro-britisch ist als Flory selbst. Flory ist klar, daß es für ihn nur eine Möglichkeit gibt, der Einsamkeit zu entfliehen, und zwar jemanden zu finden, der sein Leben mit ihm teilt, dem er seine innersten Gedanken und Empfindungen, seine Liebe und seinen Haß mitteilen kann. Diesen Menschen glaubt Flory schließlich in Elizabeth Lackersteen, einer mittellosen Waisen, zu finden. Sie ist von ihrem Onkel nach Kyauktada eingeladen worden, damit sie unter den nicht gerade verwöhnten Anglo-Indern einen Mann findet. Flory verliebt sich Hals über Kopf in sie und erkennt nicht, daß Elizabeth in keiner Weise seinen Erwartungen entspricht, da sie im Gegenteil genau jene Welt der versnobten, klasse- und rassebewußten, emotional frustrierten Engländer verkörpert, die er von Grund auf haßt. Seine Versuche, sie für das faszinierende burmesische Leben einzunehmen, enden alle mit einem Desaster. Elizabeths Vorurteile gegen die „stinkenden Eingeborenen" stehen fest, und jede Form von Nähe oder Intimität, von menschlichem Kontakt, von verstehendem Interesse mit der burmesischen Bevölkerung und Kultur, mit der Flory sie bei verschiedenen Anlässen vertraut zu machen versucht, empfindet sie als nicht „gentlemanlike", als Verrat an den britischen Idealen.

„Sie bemerkte, daß Flory, wenn er von den 'Eingeborenen' sprach, fast immer etwas zu ihren Gunsten sagte. Immer wieder pries er die Bräuche und den Charakter der Burmanen; er ging sogar so weit, sie gegenüber den Engländern vorteilhaft zu beurteilen. Es beunruhigte sie. Schließlich waren Eingeborene Eingeborene — zweifellos interessant, aber schließlich nur 'Untertanen', ein minderwertiges Volk mit schwarzen Gesichtern. Seine Einstellung war ein bißchen zu tolerant. Aber er hatte noch nicht begriffen, wieso er sie gegen sich aufbrachte. Er wünschte so sehr, daß sie Burma ebenso liebte wie er, daß sie es nicht mit den gleichgültigen, interesselosen Augen der Memsahib ansah!" (133)

Flory kann nur dann Elizabeths Idealvorstellungen des sportlichen, antiintellektuellen Helden entsprechen, wenn er sich verstellt, eine Rolle spielt. Zum Beispiel beim gesellschaftlichen Small-Talk in der engen, steifen Atmosphäre des kleinen britischen Clubs, aber dann erstarren auch die menschlichen Beziehungen im Unverbindlichen der normierten Verhaltensweisen.

Der Konflikt zwischen Flory und Elizabeth entwickelt sich vor dem Hintergrund der Stadt Kyauktada, der kleinen europäischen Welt, die ihr äußeres Symbol im britischen Club hat, und der asiatischen Welt, deren Fäden der fette burmesische Beamte U Po Kyin in der Hand hält. Liberale Neuerungen in der britischen Kolonialpolitik verlangen, daß es den europäischen Clubs zur Auflage gemacht werden soll, ein eingeborenes Mitglied aufzunehmen. Gegen diesen 'Ungeist' wettert vor allem der Rassenfanatiker Ellis, der das Eindringen der „niggers" verhindern will und besonders Flory als Exponenten einer liberalen Haltung gegenüber den Eingeborenen angreift. Aus der asiatischen Bevölkerung Kyauktadas kommen nur zwei Personen als mögliche Clubmitglieder in Frage, einmal der Arzt Dr. Veraswami, zum anderen U Po Kyin, der es als Krönung seiner Karriere und das höchste Ziel seines Lebens ansieht, Mitglied im Club zu werden. Er versucht Veraswami, der durch seine Freundschaft zu Flory Vorteile hat — obwohl Flory aus Angst vor dem Gerede der anderen Clubmitglieder nicht entschieden für ihn eintritt — durch verleumderische Briefe an den Clubvorsitzenden und Deputy Commissioner des Distrikts, McGregor, zu diskreditieren. Als diese Strategie zu nichts führt, beschließt U Po Kyin einen Aufstand anzuzetteln, ihn Dr. Veraswami in die Schuhe zu schieben, die Rebellion zu zerschlagen und den Ruhm für sich in Anspruch zu nehmen.

Flory versucht mittlerweile einen Schlußstrich unter sein bisheriges Leben zu ziehen, unter anderem schickt er seine burmesische Geliebte Ma Hla May weg und schafft sich damit eine Feindin, die ihm zum Verhängnis werden soll. Als er Elizabeth einen Heiratsantrag machen will, kommt ihm ein Erdbeben dazwischen, und ein paar Tage später schafft die Ankunft des jungen Polizeioffiziers Verrall, der mit seinem Polospiel, seiner Verachtung für alles Zivile dem Idealbild des Kiplingschen aristokratisch-militärischen jungen Helden entspricht, eine neue Situation. Der jüngste Sohn eines Peer macht mit seiner Arroganz einen tiefen Eindruck auf Elizabeth, die mit allen Mitteln versucht, ihm einen Heiratsantrag zu entlocken. Flory ist völlig verzweifelt, er fängt wieder an zu trinken, hat aber jetzt keine Angst mehr, Dr. Veraswami als Clubmitglied vorzuschlagen.

U Po Kyins Aufstand ist mittlerweile niedergeschlagen worden, die Ereignisse eskalieren erst, als der District Forest Officer Maxwell von den Verwandten eines Rebellen, den er erschossen hatte, getötet wird. Als der Rassist Ellis aus purem Rachedurst einem burmesischen Jungen ein Auge ausschlägt, kommt es zum Aufruhr, der Club wird von einer wütenden Menge belagert. Ausgerechnet dem Außenseiter Flory gelingt es, durch sein beherztes Eingreifen die Situation zu retten. Sein Triumph kommt natürlich auch Veraswami zugute, und da Verrall sang- und klanglos Kyauktada verlassen hat, hat Flory nun auch bei Elizabeth wieder Chancen. Aber da U Po Kyin alle seine Pläne durch Flory zerschlagen sieht, vernichtet er ihn. Als Werkzeug benutzt er Florys ehemalige Geliebte Ma Hla May. Sie platzt in den alle sechs Wochen stattfindenden anglikanischen Gottesdienst hinein, beschimpft Flory vor der versammelten Gemeinde und klagt ihn an, sie ruiniert zu haben.

„Es schien sehr still in der Kirche zu sein, als sie sie endlich außer Hörweite geschleppt hatten. Die Szene war so heftig gewesen, so erbärmlich, daß sie alle aus der Fassung gebracht hatte. Selbst Ellis sah angewidert aus. Flory konnte weder sprechen noch sich rühren. Er saß da und starrte unverwandt den Altar an, sein Gesicht war starr und so blutleer, daß das Muttermal wie ein Streifen blauer Farbe zu leuchten schien. Elizabeth sah flüchtig von der anderen Seite des Gangs zu ihm herüber, und ihr wurde fast übel vor Abscheu." (303)

Flory macht einen letzten, erniedrigenden Versuch, Elizabeth für sich zu gewinnen, aber es ist hoffnungslos. Daraufhin geht er nach Hause und erschießt erst seinen Hund Flo und dann sich selbst.

Die Kritiken, die *Tage in Burma* erhielt, waren für den Erstlingsroman eines noch unbekannten Schriftstellers recht gut, obwohl die Rezensenten die Schwächen des Romans klar herausarbeiteten. Im *Times Literary Supplement* vom 18. Juli 1935 heißt es: „Das Buch zeigt Spuren wirklicher Stärke, und es ist mit in Galle getauchter Feder geschrieben. Die Galle ist angebracht, weil diese Leute wirklich leben; aber ein bißchen weniger wäre überzeugender gewesen." Der irische Romancier Sean O'Faolain schrieb im *Spectator* vom 28. Juni 1935: „Als ein entscheidender Kritikpunkt für diese Art von Buch läßt sich sagen, daß die Handlungsführung zu gut ist. Alles paßt zu gut zusammen — der Schweiß und das Trinken, die Einsamkeit und der Verfall, das Muttermal und der Menschenhaß, der Menschenhaß und die anti-sozialen Ideen, die anti-sozialen Ideen und die Ächtung. Der arme Flory hat nicht die Spur einer Chance gegen seinen Autor. Jedoch, der Vorteil im Spiel mit gezinkten Karten ist, daß der Ausgang des Spiels klar ist, und wenn man nicht bemerkt, daß Mr. Orwell zu olympisch ist, dann erscheint das Leben seines Helden natürlich und unausweichlich als Schicksal, und man wird sagen: 'Ja, es klingt richtig — so mußte es kommen.'"

Diese Kritikerurteile treffen Orwells Schwächen als Romanautor im Kern, er war nicht in der Lage, Menschen anders als in festen, unveränderbaren Kategorien darzustellen, seine Personen sind oft nur literarisch abgeleitete Formeln von Charakteren. Ganz anders dagegen seine Milieudarstellungen; die Romanszene etwa, in der Elizabeth und Flory über den Basar von Kyauktada bummeln, ist ein Meisterstück der Erfassung des pulsierenden burmesischen Lebens. Ebenso hervorragend sind die oft an D.H. Lawrence erinnernden Naturbeschreibungen:

„Es war der Anfang des kurzen Winters, wenn Oberburma von dem Geist von England heimgesucht schien. Wilde Blumen erblühten überall, nicht ganz die gleichen wie in England, aber sehr ähnlich — Geißblatt in dichten Büschen, wilde Rosen, die nach Birnensaft rochen, sogar Veilchen an dunkleren Stellen im Wald. Die Sonne beschrieb am Himmel einen niedrigen Kreis, und nachts und am frühen Morgen war es bitterkalt, und weißer Nebel wälzte sich durch die Täler wie der Dampf von riesigen Kesseln. Man ging auf die Enten- und Schnepfenjagd. Schnepfen gab es unzählige, in Myriaden, und Wildgänse in Scharen, die mit einem Dröhnen, als führe ein Güterzug über eine Eisenbahnbrücke, von dem Weiher aufflogen. Der reifende Reis, brusthoch und gelb, sah wie Weizen aus. Die Burmanen gingen mit vermummtem Kopf und die Arme über der Brust verschränkt an die Arbeit, ihre Gesichter waren gelb und durchfroren. Morgens marschierte man durch nebelige, uneinheitliche Wildnisse, über Lichtungen mit durchnäßtem, beinahe englischem Gras und kahlen Bäumen, auf deren oberen Zweigen Affen kauerten und auf die Sonne warteten. Wenn man abends die kalten Wege entlang zurück ins Lager ging, begegnete man Büffelherden, die von den Jungen heimwärts getrieben wurden, und ihre riesigen Hörner ragten aus dem Nebel wie Halbmonde. Man hatte drei Decken auf dem Bett, und Wildpasteten statt der ewigen Hühner. Nach dem Essen saß man auf einem Baumstamm an dem großen Lagerfeuer, trank Bier und sprach über die Jagd. Die Flammen tanzten wie die roten Beeren der Stechpalme und warfen einen Lichtkreis über den Rand, an dem Diener und Kulis hockten, zu schüchtern, um sich unter die weißen Männer zu mischen, und doch möglichst nah an das Feuer herankommend wie Hunde. Wenn man im Bett lag, konnte man den Tau wie starken, aber sanften Regen von den Bäumen tropfen hören. Es war ein gutes Leben, solange man jung war und weder an die Zukunft noch an die Vergangenheit denken mußte." (76f)

Die literarischen Qualitäten, die sich in seinen Milieuschilderungen zeigen, konnte Orwell nie auf die Formung von Charakteren übertragen, und hierin liegt seine Schwäche als Romancier. Hieraus erklärt sich auch das starke Eindringen der Stimme des Autors in den fiktionalen Kontext seiner Romane. Die Welt des Fiktionalen wird in *Tage in Burma* an vielen Stellen gestört oder unterbrochen, und der auktoriale Erzähler spricht den Leser direkt an und informiert über allgemeine Charakteristika des britischen Imperialismus, kommentiert, kritisiert, wertet und appelliert:

„In England ist jedermann frei; man verkauft seine Seele in der Öffentlichkeit und kauft sie im Privatleben, unter seinen Freunden, zurück. Aber selbst Freundschaft kann es kaum geben, wenn jeder weiße Mann Rädchen im Getriebe eines Despotismus ist. Die freie Rede ist undenkbar. Alle anderen Arten von Freiheiten sind zugelassen: ein Trinker, ein Müßiggänger, ein Feigling, ein Verleumder, ein Wüstling zu sein; aber man hat nicht die Freiheit zu eigenen Gedanken. Die Meinung über jeden Gegenstand von denkbarer Bedeutung wird durch den Pukka-Sahib-Kodex vorgeschrieben.

Burmese Days
GEORGE
ORWELL

Schließlich wird man von der Geheimhaltung seiner Revolte vergiftet wie von einer geheimen Krankheit. Das ganze Leben ist ein Leben der Lügen. Jahr für Jahr sitzt man in kleinen Clubs, in denen Kipling spukt, rechts einen Whisky, links die 'Sporting Times', und hört eifrig zustimmend zu, wie Colonel Bodger seine Theorie zum besten gibt, daß diese verdammten Nationalisten in Öl gesotten werden sollten. Man hört sich an, wie die eigenen orientalischen Freunde 'schmierige kleine Babus' genannt werden, und gibt gehorsam zu, daß sie schmierige kleine Babus sind. Man sieht frisch von der Schule gekommene Lümmel grauhaarige Diener mit Füßen treten. Es kommt die Zeit, da man vor Haß gegen seine eigenen Landsleute glüht, da man einen Eingeborenenaufstand herbeisehnt, der ihr Empire mit Blut tränken würde." (79)

Weil Orwell nicht in der Lage ist, durch die Interaktion der fiktionalen Figuren oder deren innere Entwicklung zur Sprache zu bringen, was er aussagen will, muß er einen Schritt nach vorn, auf den Leser zu, tun und mit ihm Verbindung aufnehmen; der Autor muß neben der Romanwelt einen Diskurs mit seinem Leser führen.

Ohne den Kontext des Romans gesehen, könnte die obige Passage leicht als Exzerpt aus einem von Orwells autobiographischen Werken durchgehen, und in all seinen Romanen finden sich zahlreiche Textstellen dieser Art. Wir haben als Leser dann immer den Eindruck, als habe Orwell die feste Absicht gehabt, einen Roman zu schreiben, seine Erfahrung so umzuarbeiten, daß sie in der literarischen Handlung vermittelbar wird, um dann zwischendurch aufzugeben und in den Bericht oder den moralischen Appell zu verfallen. Orwell fehlte das egozentrische Selbstvertrauen des Künstlers, das es ihm erlaubt, sich selbst und sein Bewußtsein als Maßstab zu nehmen und in seinen verschiedenen künstlerisch bearbeiteten Aspekten als repräsentativ für eine spezifische historisch-gesellschaftliche Entwicklungsphase zu begreifen. Das ist auch der Grund dafür, daß Orwell dann am besten schreibt, wenn er als Autobiograph oder als Essayist nur für sich selbst spricht.

Die zentrale Person des Romans, John Flory, war von Orwell nicht, wie manche Interpreten meinen, als autobiographische Figur gedacht. Dagegen spräche auch schon der Altersunterschied, Flory ist fünfunddreißig, während Orwell zu seiner Zeit in Burma mehr als zehn Jahre jünger war. Interessant ist jedoch ein Gedanke von Christopher Hollis: daß Flory so beschrieben wird, wie Orwell sich vorstellte, daß er geworden wäre, wäre er in Burma geblieben (Ho 35). Dafür spricht, daß der Verfall Florys gleich nach seinem vierundzwanzigsten Lebensjahr einsetzt — genau das Alter, in dem Orwell Burma verließ.

Orwell spaltet in seinem Roman seine widersprüchliche Haltung zu den

Asiaten — auf der einen Seite Zuneigung, auf der anderen Haß — in zwei Figuren auf. Die eine ist John Flory mit seinem Verständnis für die Handlungsweise der Asiaten, die andere ist der Rassenfanatiker Ellis mit seinem Haß auf die „niggers". Ellis ist es, der mit seiner Unbeherrschtheit schließlich einen Aufstand der Eingeborenen provoziert:

„Fünf High-School-Jungen kamen nebeneinander die Straße entlang. Ellis sah sie kommen, eine Reihe von gelben, gehässigen Gesichtern — geschlechtslose Gesichter, abscheulich glatt und jung, die ihn mit bewußter Unverschämtheit angrinsten. Sie hatten im Sinn, ihn zu verspotten, als weißen Mann. ... Etwa eine Sekunde lang wußte Ellis nicht, was er tat. In dieser Sekunde hatte er mit aller Kraft zugeschlagen, und sein Stock landete, krach! direkt auf den Augen des Jungen. ... Der Junge war verletzt, die Arme vor dem Gesicht, auf die Knie gefallen und kreischte: 'Ich bin blind! Ich bin blind!'" (268f)

Der Vorfall im Roman basiert, wie Maung Htin Aung in seinem Aufsatz „George Orwell und Burma" berichtet, auf einem ähnlichen Erlebnis, das Orwell selbst widerfuhr: „Es war im November 1924. Ich war freshman am University College, Rangoon, und Blair war in einer Kleinstadt auf der Rangoon gegenüberliegenden Flußseite stationiert. Eines Nachmittags, um ungefähr 16 Uhr, war der Vorortbahnhof Pagoda Road gedrängt voll mit Schülern und Studenten. Blair kam die Treppe herunter, um den Zug zum Mission Road-Bahnhof zu erreichen, wo sich der exklusive Gymkhana Club befand. Einer der Jungen stieß zufällig bei einem Gerangel mit anderen Jungen gegen den großen, hageren Engländer, der stürzte und die Treppe hinunterfiel. Blair war wütend und hob seinen schweren Stock, um dem Jungen auf den Kopf zu schlagen, beherrschte sich aber im letzten Moment und schlug ihn statt dessen auf den Rücken." (Mau 24) Orwell muß dieses Erlebnis sehr nahe gegangen sein, und in der Szene mit Ellis beschreibt er die tragischen Konsequenzen, die sich hätten ergeben können, hätte er sich nicht im letzten Augenblick noch beherrscht.

In den Gesprächen mit Dr. Veraswami redet sich Flory seine ganze Bitterkeit, seinen Haß gegen die eigenen Landsleute und den britischen Imperialismus von der Seele — gegen den Protest des Doktors, der bei den Briten nur das Gute sieht und sich in der übersteigerten Weise des gesellschaftlich Tieferstehenden die Ideologie von der zivilisatorischen Mission der Kolonialmacht zu eigen gemacht hat. Flory schimpft auf den „schleimigen Quatsch von der Bürde des weißen Mannes" und legt die gelebte Lüge des Pukka-Sahibs offen: „die Lüge, daß wir hier sind, um unsere armen schwarzen Brüder emporzuheben, statt sie auszurauben. Vermutlich ist das eine ganz natürliche Lüge. Aber sie korrumpiert uns, sie korrumpiert uns auf eine Weise, die Sie sich gar nicht vorstellen können. Das immerwährende Gefühl, ein Schleicher und Lügner zu sein, quält uns und treibt uns dazu, uns Tag und Nacht zu rechtfertigen. Der Hälfte unserer Gemeinheit gegen die Eingeborenen liegt das zugrunde. Wir Anglo-Inder könnten fast erträglich sein, wenn wir nur zugeben wollten, daß wir Diebe sind, und weiterstehlen würden ohne den ganzen Schwindel." (45)

Hier attackiert Orwell Rudyard Kipling und Autoren wie F. Tennyson Jesse, die sentimentale Romane über Burma schrieb. Sie begriffen nie, daß das Empire letztlich zum Geldverdienen da war, daß sich hinter den Bajonetten die Geschäftsleute verbargen, um ihr Schäfchen ins Trockene zu bringen. 1946 schrieb er an F. Tennyson Jesse: „In Ihrem Buch sagen Sie nichts über die ökonomische Ausbeutung des Landes ... Haben Sie jemals meinen Roman über Burma gelesen? Ich gebe zu, daß er in gewisser Hinsicht unfair sein mag und in einigen Details ungenau ist, aber das meiste ist ein einfacher Bericht dessen, was ich gesehen habe." (CEJL 4/141f)

Eine der Ungenauigkeiten oder Unterlassungen des Romans besteht darin, daß Orwell nicht die organisierten burmesischen Nationalisten erwähnt, bei ihm erscheinen die Aufstände immer als Folge von Intrigen, nicht als politischer Befreiungsversuch. Aber Orwell ging es in diesem Roman weniger darum, zu zeigen, wie die Institution des Empire die Eingeborenen unterdrückt und wie diese sich dagegen wehren, als vielmehr darum, deutlich zu machen, in welchem Maße der Imperialismus, Herrschaft überhaupt, Menschen korrumpiert und verformt.

Die fünf Jahre von 1922 bis 1927, die Orwell in Burma verbrachte, waren entscheidend für seine spätere Arbeitsweise als Schriftsteller. In einem formenden Lebensalter schied er aus der Welt der intellektuellen Diskussion, der literarischen Zirkel mit ihrer schnell wechselnden Folge von Meinungen, Moden und Ideen und kam in eine Welt, in der er Verantwortung tragen und handeln mußte, die ihm eine Einsamkeit aufzwang, in der er über das ungerechte System, dessen Teil er war, nachdenken konnte. Er sammelte seine Erfahrungen lange bevor er sie niederschrieb. Dies ist sicherlich auch ein Grund dafür, daß die individuelle Erfahrung, das eigene Erleben Orwells Schreiben dominiert. Sie ist die Quelle der Argumente, die er entwickelt, nicht bloße Illustration.

Über seine Entscheidung, die Polizeikarriere aufzugeben und das Leben der Unterdrückten in Europa kennenzulernen und zu teilen, sagt Orwell: „Ich fühlte, daß ich nicht nur dem Imperialismus entrinnen mußte, sondern jeder Form von Herrschaft des Menschen über den Menschen, ich wollte untertauchen, um geradewegs zu den Unterdrückten zu gelangen, um einer von ihnen zu sein und an ihrer Seite zu stehen gegen die Tyrannen. Und ich hatte meinen Haß gegen die Unterdrückung, vor allem weil ich alles in der Einsamkeit ausdenken mußte, auf ungewöhnliche Höhen gebracht. Damals erschien mir das Scheitern als einzige Tugend." (RWP 145f)

Kapitel 2
Aus Eric Blair wird George Orwell

Ich bin aufgewachsen als Sohn
Wohlhabender Leute. Meine Eltern haben mir
Einen Kragen umgebunden und mich erzogen
In den Gewohnheiten des Bedientwerdens
Und unterrichtet in der Kunst des Befehlens, aber
Als ich erwachsen war und um mich sah
Gefielen mir die Leute meiner Klasse nicht
Nicht das Befehlen und nicht das Bedientwerden.
Und ich verließ meine Klasse und gesellte mich
Zu den geringen Leuten.

Bertolt Brecht

Proletarier auf Zeit (1928-1932)

Für den folgenden Abschnitt seines Lebens gibt George Orwell in *Der Weg nach Wigan Pier* seine eigene Erklärung: „Fünf Jahre lang war ich Teil eines Unterdrückungssystems gewesen, und das hatte ein schlechtes Gewissen in mir hinterlassen. ... Ich war mir eines riesigen Gewichtes von Schuld bewußt, die ich sühnen mußte. ... Auf diesem Weg wandten sich meine Gedanken der englischen Arbeiterklasse zu." (RWP 145f) Obwohl Orwell dies 1936 so schrieb, als sei der Impetus seines Handelns nicht länger vorhanden, blieb er für seine ganze schriftstellerische Laufbahn von größter Wichtigkeit. In diesen Zeitabschnitt, 1927, fällt der Beginn der politischen Bewußtwerdung Eric Blairs: „Meine Tätigkeit in Burma hatte mir Einsicht in das Wesen des Imperialismus verschafft; aber meine Erfahrungen reichten nicht zu einer klaren politischen Anschauung." Diese politische Anschauung versuchte Blair — und das ist typisch für ihn — jedoch nicht durch theoretisches Studium zu erlangen, sondern dadurch, daß er sich den gesellschaftlichen Bedingungen der Unterschicht direkt aussetzte: „Ich wollte untertauchen, um geradewegs zu den Unterdrückten zu gelangen, um einer von ihnen zu sein und auf ihrer Seite zu stehen gegen die Tyrannen." (RWP 145f)

Bei seiner Rückkehr nach Europa — Blair kam in Marseille an — wurde er Zeuge eines Ereignisses, das einen gewissen Schlüsselcharakter für sein zukünftiges Leben, seinen Kampf gegen die Ungerechtigkeit der Herrschenden, hatte:

„Einige Tage bevor Sacco und Vanzetti (die Bostoner Anarchisten) exekutiert wurden, stand ich im Gespräch mit einem der Angestellten auf den Stufen einer der englischen Banken in Marseille, während an uns eine gewaltige Demonstration von Arbeiter vorbeiströmte, die Spruchbänder mit Aufschriften wie 'Sauvons Sacco et Vanzetti!' trugen. So etwas wäre im England der vierziger Jahre des 19. Jahrhunderts möglich gewesen, aber nicht in den zwanziger Jahren dieses Jahrhunderts. All diese Leute — Zehntausende von ihnen — waren wirklich betroffen von einer Ungerechtigkeit und hielten es für die natürlichste Sache der Welt, dies zum Ausdruck zu bringen, obwohl sie dabei den Arbeitslohn eines Tages verloren. Es war sehr aufschlußreich, den englischen Angestellten zuzuhören, wie sie sagten: 'Man muß diese verdammten Anarchisten einfach aufhängen', und ihre Überraschung sehen, wenn man sie fragte, ob Sacco und Vanzetti denn des Verbrechens schuldig seien, für das man sie verurteilt hatte." (In einer Rezension von E. R. Curtius' *The Civilization of France,* in *The Adelphi,* Mai 1932, 554)

Ende August 1927 kehrte Blair nach England zurück und fuhr sofort zu seinen Eltern nach Southwold. Seine Schwester Avril erinnert sich an Erics Rückkehr:

„Als er 1926 (da muß sie sich im Jahr geirrt haben; L.B.) aus Burma zurückkam, hatte er sich im Ganzen ziemlich verändert. Er war meinem Vater ähnlich geworden und hatte sich einen Oberlippenbart stehen lassen. Sein Haar war viel dunkler geworden. Unserem Empfinden nach war er fürchterlich unordentlich geworden — ich nehme an, weil er in Indien viele Diener gewöhnt war. Wann immer er eine Zigarette rauchte, warf er das Streichholz und den Stummel auf den Boden und erwartete, daß andere Leute es auffegen würden.

Das erste, was er nach seiner Rückkehr sagte, war, daß er einen Monat Urlaub in Cornwall machen wolle. Wir verbrachten den ganzen September dort, und während dieser Zeit eröffnete er meiner Mutter, daß er nicht nach Burma zurückkehren wolle. Natürlich war sie sehr erschrocken, aber er hatte sich entschieden, Schriftsteller zu werden, und versicherte, daß er der Familie nicht zur Last fallen werde. Er war entschlossen, seinen eigenen Weg zu gehen." (Dunn 257)

Eric Blair hatte in der klaren und absoluten Art, in der er stets seine Entscheidungen traf, beschlossen, Schriftsteller zu werden. Dieser entscheidende Schritt kam sicherlich nicht unvermittelt. Peter Stansky und William Abrahams fassen die Problematik sehr bildlich und treffend, wenn sie von dem Schatten sprechen, der Blair während seiner Jahre als Polizeioffizier unter der Oberfläche der wahrnehmbaren Fakten begleitete — Orwell war in Burma ein Schriftsteller im Embryonalstadium (Sta 185).

Wann und wie die Entscheidung für den Schriftstellerberuf fiel, läßt sich nicht genau nachvollziehen, Blair selbst äußerte sich widersprüchlich. In der Einleitung zur französischen Ausgabe von *Erledigt in Paris und London* schrieb er 1935, er habe den Polizeidienst in der Hoffnung aufgegeben, seinen Lebensunterhalt mit Schreiben verdienen zu können. In einer autobiographischen Notiz von 1940 heißt es: „Ich quittierte den Dienst teilweise deswegen, ... weil ich bereits vage Vorstellungen vom Bücherschreiben hegte" (Aut 7). Im Vorwort zur ukrainischen Ausgabe von *Farm der Tiere* datiert Orwell seine Entscheidung auf das Jahr 1927, also nach der Rückkehr aus Burma. Der Wahrheit am nächsten kommen dürfte seine Äußerung in dem Essay *Warum ich schreibe:*

„Schon sehr früh, als ich vielleicht fünf oder sechs war, wollte ich Schriftsteller werden, wenn ich einmal groß sein würde. Zwischen siebzehn und vierundzwanzig versuchte ich den Gedanken aufzugeben, tat dies aber im Bewußtsein, daß ich damit gegen meine innerste Natur verstoßen und früher oder später mich doch hinsetzen und Bücher schreiben würde." Blair verdrängte also in Burma seinen Wunsch, sich als Schriftsteller zu betätigen, wegen seiner Schwierigkeiten als Polizeioffizier, einem Beruf, für den er sich vollkommen ungeeignet fühlte.

Für seine psychologische Situation zu jener Zeit ist eine Anekdote sehr erhellend, die er 1930 seinem Freund Richard Rees, dem Herausgeber des liberalen Magazins *Adelphi*, erzählte (Sta 186). Orwell berichtete ihm, daß er den *Adelphi* in Burma gelesen habe, die Zeitschrift jedoch als „ordinäres Käseblatt" betrachtet und als Zielscheibe beim Übungsschießen verwendet habe. Der *Adelphi* war eines jener Magazine, in denen seine Schulkameraden nach ihrem Studium in Oxford oder Cambridge zu schreiben begannen und in dem er, ohne es vor sich selbst bewußt zuzugeben, auch gern erschienen wäre. Später war es eben dieses „ordinäre Käseblatt", welches Blair bei seinen ersten Schritten als Schriftsteller am stärksten unterstützte.

Die literarische Karriere George Orwells deckt sich fast vollkommen mit den beiden Jahrzehnten der dreißiger und vierziger Jahre. Sein erstes Buch *Erledigt in Paris und London* erschien 1933, sein letztes, *Neunzehnhundertvierundachtzig*, wurde 1948 veröffentlicht.

Versucht man das Großbritannien der dreißiger Jahre zu charakterisieren, so ist zuerst die ökonomische Erschütterung, die das Land erlitt, zu nennen. Depression und Arbeitslosigkeit, Beschwichtigungspolitik und Unentschlossenheit im Innern wurden im Ausland begleitet vom Aufstieg des Faschismus. Die dreißiger Jahre sind in Großbritannien eine Phase offen miteinander ringender Ideologien und einer gewissen Lähmung des gesamten nationalen Lebens.

Die Faschisten der National Front unter Führung Oswald Mosleys, der stets von Kopf bis Fuß schwarz gekleidet auftrat, brachten eine bisher ungekannte Brutalität in die politische Auseinandersetzung. Die „Biff Boys", speziell ausgebildete Schlägertrupps, gingen auf die Jagd nach 'Roten', und Mosleys Auftritte waren Orgien der Gewalt, bei denen sich die Polizei meist passiv verhielt. Orwell besuchte in Wigan eine Veranstaltung Mosleys: „Mehrere Männer, die am Anfang versucht hatten, Fragen zu stellen, wurden hinausgeworfen, einer von ihnen — der, soweit ich sehen konnte, nur versuchte, eine Antwort auf seine Frage zu bekommen — mit völlig unnötiger Gewalt, indem sich mehrere Faschisten auf ihn warfen und Schläge auf ihn niederregnen ließen, während er noch saß und noch gar keine Gewalt angewendet hatte." (RWP-Tag 112)

Während dieses Jahrzehnt in der britischen Geschichtsschreibung meist negativ beurteilt wird, werden die vierziger Jahre dagegen als eine Zeit heroischer Anstrengungen im Kampf gegen den Faschismus gesehen, als ein Jahrzehnt, in dem die Nation wieder zum Handeln und zu ihrer Identität zurückfindet. Ein wichtiger Einschnitt in den Vierzigern ist natürlich das Ende des Zweiten Weltkrieges 1945, das einhergeht mit einem eindeutigen Wahlsieg der Labour Party und den dann folgenden energischen Vorstößen Labours in der Sozial- und Wirtschaftspolitik, die letztlich entscheidend zum neuen Wohlstand Großbritanniens in den fünfziger Jahren beitrugen.

Es ist das schäbige, armselige und heruntergekommene England der Depression, des Krieges und der wirtschaftlichen Einschränkungen, das den Handlungsrahmen aller Romane Orwells bildet. Es sind die politischen und gesellschaftlich-historischen Themen jener schweren Jahre, die sein Schreiben bestimmen.

Die Zeit zwischen den beiden Weltkriegen wird in dem Band der *New Cambridge Modern History*, der die Jahre 1898-1945 zum Gegenstand hat, als „The Era of Violence", das Zeitalter der Gewalt, bezeichnet. Zwischen dem Ausbruch des Ersten Weltkrieges und dem Ende des Zweiten gab es international kaum eine Phase des Friedens. Der russischen Oktoberrevolution von 1917 folgten Jahre des Bürgerkrieges. In Deutschland gab es als Reaktion auf den Krieg und das Wiedererstarken der konservativen Kräfte vor dem Hintergrund einer pseudo-sozialistischen Regierung den Spartakisten-Aufstand und den Versuch der Errichtung einer Räterepublik in Bayern. 1927 und 1934 erhoben sich die Wiener Arbeiter. China wurde von Revolution und Bürgerkrieg zerrissen. 1931 besetzte Japan die Mandschurei. Es folgten Mussolinis Invasion in Abessinien, der Spanische Bürgerkrieg, Hitlers Besetzung von Österreich und der Tschechoslowakei. In Ost und West schwoll eine Welle der Gewalt und des Aufstiegs totalitärer Regimes an.

Das England, in das Eric Blair 1927 zurückkam, war ein Land, das unter einem verfallenden, im Niedergang befindlichen Kapitalismus litt — „capitalism in decay" sagte man damals im Englischen. Es war nicht gelungen, die aus dem Krieg zurückkehrenden Soldaten in das Wirtschaftsleben einer Gesellschaft einzugliedern, die nach 1919 versuchte, sich wieder mit den gleichen Klassenprivilegien und Ungerechtigkeiten zu etablieren, die vor dem Ersten Weltkrieg existiert hatten. Der Krieg hatte Vollbeschäftigung und höhere Löhne gebracht, der Friede brachte Arbeitslosigkeit und Lohnkürzungen. Zwischen 1922 und 1940 sank die Zahl der Arbeitslosen in Großbritannien nie unter eine Million, und die Gegenwart dieser Menschen erschien vielen als Beweis für die Richtigkeit der marxistischen Theorie von der notwendigen Überwindung des Kapitalismus. 1926 fanden die Richtungslosigkeit und der Zynismus der britischen Innenpolitik im Generalstreik der Arbeiterschaft ihre Gegenreaktion. Für neun Tage war das ganze Land wie gelähmt, aber die Gewerkschaftsführung versagte bei der Durchsetzung der Streikziele gegenüber der Regierung. Von den Arbeitern wurde das Versagen ihrer Führer als Verrat begriffen. Die Bergleute, die den Streik initiiert hatten, kämpften auf eigene Faust bis zum November weiter, dann mußten auch sie aufgeben und längere Arbeitszeiten bei weniger Lohn in Kauf nehmen. Die „middle class" fühlte sich nach dem Zusammenbruch des Streiks als Sieger, sie hatte den Arbeitern in offener Konfrontation gegenübergestanden und gewonnen.

Für einige Intellektuelle war der Generalstreik ein bedeutsames Ferment ihrer politischen Entwicklung, denn während viele ihrer Kollegen die Regierung unterstützten, fühlten sie eine gewisse Sympathie für die Arbeiter und stellten sich den Streikkomitees als Helfer zur Verfügung. Für diesen Teil der britischen Intellektuellen war es der Beginn des Handelns, sie verließen den Elfenbeinturm, und obwohl der Streik mit einer Niederlage endete, wurde hier ein Impuls freigesetzt, der sich im Verlauf der dreißiger Jahre immer mehr verstärkte.

Die Klassenkampfstimmung, die als Folge des Generalstreiks um sich griff, steigerte sich zu Beginn der dreißiger Jahre durch die auf den New Yorker Bankenkrach folgende Phase schwerster wirtschaftlicher Depression. Die Arbeitslosenzahl erreichte in Großbritannien die Drei-Millionen-Marke. Die Labour-Regierung (1929-31) zog sich vor dem Problem der Arbeitslosigkeit zurück, sie fand kein Mittel, es zu lösen. Die folgende Nationale Regierung, noch mit dem Labour-Premierminister Ramsay MacDonald an der Spitze, verschärfte die soziale Lage noch durch Maßnahmen wie den Means-Test, dessen Auswirkungen darin bestanden, daß das Arbeitslosengeld für die meisten Familien drastisch gekürzt wurde.

Der Means-Test, 1931 eingeführt, bedeutete, daß ein arbeitsloser Mann, der seine Versicherungsmarken aufgebraucht hatte, dem Public Assistance Committee, einer Art Sozialhilfebehörde, zugeteilt wurde. Er mußte jetzt Rechenschaft ablegen über alles Geld, das ins Haus kam, zum Beispiel wenn sein Sohn sich als Zeitungsausträger ein Taschengeld verdiente. Die Einführung des Means-Tests führte zu einer vorher nie gekannten Bespitzelung der Familien. Vertreter der Behörde überprüften in regelmäßigen Abständen, ob sich die Familie nicht etwa neue Haushaltsgegenstände angeschafft habe. Wurde das Kind eines Public Assistance-Empfängers mit neuen Kleidungsstücken gesehen, erschien sofort ein Behördenvertreter, um herauszufinden, mit welchem Geld sie gekauft worden waren. Von der Public Assistance abhängig zu sein, bedeutete die Rückstufung auf ein absolutes Existenzminimum, das ein anständiges Leben nicht mehr zuließ.

„Dole", „depressed areas", „malnutrition", „slum" („Stütze", Krisengebiete, Unterernährung, Elendsviertel) waren ebenso wie Public Assistance Committee und Means-Test typische Vokabeln der dreißiger Jahre, in denen Orwell, von seinem Entlassungsgeld lebend, sich bemühte, Schriftsteller zu werden. Eine Folge der Krise waren die Hungermärsche jener Zeit, von denen der Marsch der Arbeiter von Jarrow, einer Stadt mit 75 Prozent Arbeitslosigkeit, nach London der bekannteste wurde.

Die visuellen Eindrücke dieser Zeit sind die Bilder von stillgelegten Docks und langen Reihen trostloser, dunkler Arbeiterhäuser mit ihren engen Hinterhöfen, von Männern, die, auf das Nichts wartend, an den Straßenecken der Bergarbeitergemeinden herumstehen.

Die sozialen Bedingungen und die politischen Fakten begannen jetzt stärker in das Bewußtsein jener Generation einzudringen, die den Ersten Weltkrieg 'verpaßt' hatte. Die literarische Intelligenz reagierte enthusiastisch auf Bücher wie John Stracheys *The Coming Struggle for Power*, das, 1932 veröffentlicht, die unvermeidliche Niederlage des Monopolkapitalismus ankündigte und die Zukunft als Wahl zwischen Faschismus oder Kommunismus darstellte.

Die professionellen Schriftsteller wurden nun mehr und mehr auch zu politisch Handelnden, und die Handelnden versuchten sich selbst in Wor-

Hungermarschierer im Hyde Park

ten auszudrücken. Neben der noch immer vorherrschenden ästhetisch-symbolistischen Literatur bildete sich eine Form des Schreibens aus, die sich mit der modernen Welt beschäftigte und versuchte, aus der Erfahrung soziales Bewußtsein und politisches Verständnis abzuleiten und über die Literatur weiterzugeben. In dieser Epoche wuchs dem Zeugen und Chronisten allmählich eine größere Rolle und Bedeutung zu als dem Philosophen oder dem Mann der Phantasie und des Fiktionalen.

Literaturgeschichtlich betrachtet sind die dreißiger Jahre in Großbritannien gekennzeichnet durch das Nebeneinander zweier gegensätzlicher literaturtheoretischer und ästhetischer Richtungen. Die Werke von größtem künstlerischen Wert wurden von Schriftstellern hervorgebracht, die Exponenten jener literarischen Bewegung waren, die um die Zeit des Ersten Weltkrieges begonnen hatte und nun ihren literarischen Höhepunkt erreichte. William Butler Yeats schrieb noch, T.S. Eliot beherrschte die literarische Szene, und 1939 veröffentlichte James Joyce nach siebzehnjähriger Arbeit *Finnegans Wake.*

Diese literarische Bewegung, die man unter dem Oberbegriff des Symbolismus fassen kann*, ist für das Verständnis von Orwells Arbeiten,

* Ich verwende den Begriff hier in dem Sinne, wie es Keith Alldritt in seinem Buch *The Making of George Orwell*, London 1969, tut. James Joyce, D.H. Lawrence,

besonders seiner während der dreißiger Jahre verfaßten Romane, überaus wichtig. Es wäre falsch, Orwell als isolierte, vom literarischen Leben seiner Zeit abgelöste Figur zu sehen, wie das einige seiner Biographen tun. Orwell — wie jeder Mensch — entwickelte sich auch als Schriftsteller auf der Folie seiner gesellschaftlichen Rahmenbedingungen, in literarischer Hinsicht bedeutete dies: in Auseinandersetzung mit der Ästhetik des Symbolismus.

Es wird zu zeigen sein, daß Orwells Schwierigkeiten als Romancier gerade daher rühren, daß er versuchte, in einer Mischung aus der Form der edwardianischen Romane, die er als Junge gelesen hatte, mit der symbolistischen Ästhetik zu schreiben. Er mußte dann erkennen, daß diese Ästhetik und die damit verbundene literarische Technik nicht für ihn geeignet war, weil sie nicht als Form der Inhalte taugte, die er seinen Lesern vermitteln wollte. Erst Ende der dreißiger Jahre fand Orwell wirklich zu seinem eigenen Stil.

Die andere literarische Richtung der dreißiger Jahre neben dem Symbolismus der „alten Männer" läßt sich mit den Namen der „jungen Männer" wie W.H. Auden, Christopher Isherwood, Louis MacNeice und Graham Greene umreißen — in der englischen Literaturgeschichte ist hier simplifizierend von der „Auden-Generation" die Rede. Für diese literarische Richtung ist ihre enge Verbindung zum Sozialismus typisch. In ihrer Folge bildete sich ein breites Feld dokumentarischen und berichtenden Schreibens heraus, das in der Mitte zwischen Literatur und Journalismus stand. Die Autoren benutzten als Berichterstatter der gesellschaftlichen Realität literarische Formen oft nur, um die Bedeutsamkeit ihrer Erfahrungen im Prozeß der Vermittlung zum Leser zu vertiefen. Dabei verwendeten sie weitgehend die traditionellen literarischen Methoden als bequemes Vehikel für politische Aussagen, gerieten dann aber notgedrungen in Konflikte zwischen Form und Inhalt, vor allem bei der Charakterzeichnung der fiktional handelnden Personen, besonders des 'Helden'.

Dieser Konflikt ist auch eines der Grundprobleme in Orwells Romanen. Die Vermittlung der politischen Vorgänge und der sozialen Fakten im Medium Literatur verdrängte die konventionelle, komplexe Darstellung der Gedanken und Gefühlswelt der fiktionalen Figuren, die in diesen Romanen oft leblos und unmotiviert, ja typenhaft wirken. Diese vom literarischen Standpunkt her oft schwache, im Verhältnis zur gesellschaftlichen Realität aber sehr lebendige Literatur diente in erster Linie — wie der Journalismus — als Kommunikationsmittel zur Übertragung öffentlicher

T.S. Eliot, William Butler Yeats und Marcel Proust fallen dann unter den Oberbegriff Symbolismus.

Ereignisse in das private Leben. Ihre Lebendigkeit und moralische Stärke rührte daher, daß sie Worte und Taten zusammenbrachte, Bücher dieser Art enthielten die in der Realität durchlebten gesellschaftlichen Erfahrungen ihrer Autoren.

Bei den meisten dieser Schriftsteller mündeten soziale Betroffenheit und Engagement in den Sozialismus, so auch bei George Orwell. Jene, die auf diese Art und Weise Realität umsetzten, konnten kaum Anhänger rechter Ideologien sein, die sich ja besonders durch ihre Mechanismen der Realitätsflucht auszeichneten.

Die dokumentarische Literatur fand ihre Institutionen im Left Book Club und in John Lehmanns Magazin *New Writing.* Beide wurden 1936, im Jahr des Hungermarsches von Jarrow, der faschistischen Gewalt der Straße im Londoner East End und dem Ausbruch des Spanischen Bürgerkrieges gegründet. Gründer und Finanzier des Left Book Club war Victor Gollancz. Der Buchklub hatte die Absicht, sozialistische Positionen zu propagieren und alle Schattierungen linken und linksliberalen Denkens zu vereinigen. In gewissem Sinne war es ein Sozialismus von der Mittelschicht für die Mittelschicht. Gollancz wählte jeden Monat zusammen mit John Strachey und Harold Laski ein Buch aus, das ihnen geeignet schien, für den Sozialismus zu werben. Dieses Buch brachte er dann in seinem Verlag, mit einem für die Serie charakteristischen Umschlag in leuchtendem Orange heraus.

Die Idee schien auf ein weitverbreitetes Bedürfnis und Interesse zu stoßen, denn schon nach sechs Monaten hatte der Buchklub 20.000 Mitglieder, im April 1939 waren es 57.000. Es wurden vor allen Dingen theoretische Arbeiten, historische Analysen und große Mengen dokumentarischen Materials veröffentlicht. Bezeichnend für die Zeitstimmung wurden kaum jemals fiktionale Arbeiten ausgesucht und wenn, dann geschah es mit einer Reihe von Entschuldigungen gegenüber den Lesern. Als der Club 1936 zwei Romane herausbrachte — André Malraux' *Days of Contempt* und Hillel Bernsteins *Choose a Bright Morning* —, verteidigte sich Victor Gollancz so: „Wir dachten, daß Literatur dieser Art, wenn sie mit größter Sorgfalt und nur äußerst selten ausgewählt wird — vielleicht einmal im Jahr, besonders in den Ferienmonaten —, von den Mitgliedern willkommen geheißen würde." (Left Books News 3/1936, zit. nach Zw 161) Als der Left Book Club 1938 Belfrages Roman *Promised Land* herausbrachte, entschuldigte sich Gollancz wiederum bei seinem Publikum: Der Text sei zwar „in fiktionaler Form" geschrieben, „aber die literarische Umhüllung ist nur sehr dünn" (Zw. 161).

Viele der vom Left Book Club veröffentlichten Bücher waren von linken Gentleman-Abenteurern verfaßt, die sich im Ausland in politische Situationen begaben, die eine dramatischere Handlung und mehr Intensität versprachen als die Beschreibung der trostlosen Situation in England. Ellen Wilkinsons Buch über Jarrow *The Town that was Murdered* (1939) und George Orwells Reportage *Der Weg nach Wigan Pier* (1937) waren zwei der wenigen Dokumentationen des Club, welche die sozialen Bedingungen Großbritanniens untersuchten und darstellten.

Eine der bekanntesten Publikationen des Left Book Club wurde Edgar Snows *Roter Stern über China* (1939), ein Augenzeugenbericht über Mao Tse Tungs Revolution. Zum größten Teil waren die Publikationen des Clubs unverhüllt autobiographisch, der Autor spielte in ihnen eine wichtige Rolle. Er war Agierender in Ereignissen von historischem Rang, und er interpretierte als Verfasser seine eigene Position. Der Autor war der Held seines eigenen Dokumentarberichtes, wie zum Beispiel Arthur Koestler in seinem *Scum of the Earth* (1941), in dem er die ersten Tage des Zweiten Weltkrieges in Frankreich sowie seine Internierung in einem Lager beschreibt. Koestler nennt die Abschnitte seines Buches „Agony", „Purgatory", „Apocalypse" und „Aftermath". Die Überschriften deuten schon auf die Dramatisierung des eigenen Ich hin, die Koestler in diesem Buch betreibt, die Personen, die er schildert, erscheinen alle durch seinen Schreibstil geprägt, sie haben ihre Individualität verloren.

An diesem Beispiel werden die Gefahren dokumentarischen Schreibens deutlich, es kann zur Selbstfeierung des Dokumentaristen degenerieren. George Orwell blieb in dieser Hinsicht eine positive Ausnahme. Eine andere Gefahr, der auch Orwell unterlag, besteht darin, ein parasitäres Verhältnis zu den existierenden Literaturformen einzunehmen, das heißt, sie zu benutzen, ohne eigentlich an und mit ihnen zu arbeiten oder gar zu experimentieren. Aus diesem bloßen Benutzen resultiert dann oft ein Widerspruch zwischen Form und Inhalt, der sich auch in den frühen Romanen Orwells nachweisen läßt.

Die wirklich proletarische Form des dokumentarischen Schreibens vermied meist jede Form literarischer Rhetorik. Die meisten dieser Arbeiten erschienen in *New Writing*, einer zunächst halb-, dann vierteljährlich erscheinenden Sammlung von Gedichten, Kurzgeschichten und Dokumentationen. Herausgeber John Lehmann beurteilte diese Veröffentlichungen später so: „Das Ziel dieser Art von Geschichten war es, Mitleid und Empörung wachzurufen; aber wegen einer gewissen Flachheit und einem zu monotonen Insistieren auf Trübsinn und Elend gelang es den meisten von ihnen nicht, eine andere Reaktion als Langeweile hervorzurufen." (Cal 21)

Es versteht sich, daß George Orwell keine literarische Figur in dem Sinne wie Henry James oder James Joyce war. Er schuf keine literarisch bahnbrechenden Arbeiten, lieferte aber einen entscheidenden Beitrag zur literarischen und politischen Kultur Großbritanniens und Europas. In seinem Buch über die britischen Symbolisten spricht Frank Kermode von dem „nicht formulierten Streit zwischen der Orthodoxie des Symbolismus und den überlebenden Elementen einer empirisch utilitaristischen Tradition, die typisch englisch ist" (Ker 152). Genau diese Auseinandersetzung steht im Mittelpunkt von Orwells Schreiben in den dreißiger Jahren. In seinen stark autobiographisch-dokumentarisch geprägten frühen Romanen ist immer wieder der Versuch zu erkennen, ein Verhältnis zur symbolistischen Ästhetik zu finden. Orwell sucht eine Alternative zu der manieristischen, abgehobenen Sprache des Symbolismus, ebenso wie zu dem immer stärker in die Literatur eindringenden mechanistischen Jargon der Sozialwissenschaften und der Psychologie. Orwell wollte wieder Leben in eine Literatur bringen, die leblos geworden war, die nicht mehr den Druck der Zeit und der Realität in sich aufhob und reflektierte, sondern sich vor der tatsächlichen Lebenssituation in eine aristokratisch-ästhetisch verklärte Vergangenheit zurückzog, in den Elfenbeinturm der Literatur.

Die dreißiger Jahre sind die Lehrjahre Orwells, sein Versuch, zu einer politischen und literarischen Identität zu finden. Er sah sich in dieser Zeit noch weitgehend als zukünftiger Romanautor und weniger als Essayist und politischer Publizist. Er antwortete damit zunächst nur auf eine Notwendigkeit des Buchmarktes, die der britische Literaturwissenschaftler John Wain „die erschreckende Unausgewogenheit des modernen Literaturgeschmacks" nannte, „die festlegt, daß kein Buch, das nicht ein Roman ist, mehr als eine Handvoll Leser finden wird" (Wa 71). In einem Brief an Julian Symons bekannte Orwell: „Eine Schwierigkeit, die ich nie lösen konnte, besteht darin, daß man über Unmengen von Erfahrungen verfügt, über die man leidenschaftlich gern schreiben würde, ... und daß es keine andere Möglichkeit gibt, sie zu verarbeiten, als sie in einem Roman verhüllt darzustellen." (CEJL 4/422)

Diese Aussage belegt Orwells generelles Unbehagen an der Romanform und deutet auch an, weshalb er in seinen frühen Romanen nicht mit ihr zurechtkam — der Roman ist ihm nichts als zwar notwendige, aber lästige Verkleidung der eigenen Gefühle, und hindert den Autor vielleicht sogar, die Intensität dieser Gefühle angemessen wiederzugeben. Fiktion ist hinderlich, weil sie notwendigerweise indirekt mit Inhalten umgeht, Charaktere, Situationen, Handlungsrahmen, Höhepunkte müssen erfunden und konstruiert werden, obwohl man eigentlich nur die „Unmengen von Erfahrungen" weitergeben will, die man gesammelt hat.

Ein anderer Konflikt zwischen den Anforderungen eines fiktionalen Textes und Orwells Absichten entsprang aus der politischen Situation jener Zeit. Die dreißiger Jahre zwangen jeden Künstler, in einer politisch stark polarisierten Gesellschaft Stellung zu beziehen; „to take sides" war die Forderung, der sich Mitte der dreißiger Jahre niemand mehr mit dem Hinweis auf künstlerische und politische Neutralität entziehen konnte. Orwell empfand diesen Prozeß als außerhalb seiner Kontrolle liegend: „In friedlichen Zeiten hätte ich vielleicht reich ausgeschmückte oder auch rein beschreibende Bücher verfaßt, ohne mir überhaupt eines politischen Standpunktes bewußt zu werden. So wie die Dinge lagen, sah ich mich gezwungen, eine Art Pamphletist zu werden." (WIS 12)

Der Druck, „to take sides", war unausweichlich. 1936 schrieb Frank Chapman in *The Criterion* von „der wachsenden Sorge unter den Schriftstellern, … etwas Festes zu finden, an das man sich im Chaos des gegenwärtigen Lebens klammern kann; die Entscheidung, auf der einen oder auf der anderen Seite der Barrikade zu stehen und nicht als Zielscheibe für beide Parteien auf ihr zu sitzen. Sich keiner Partei anzuschließen, scheint jetzt ein Zeichen von Charakterschwäche zu sein." (*The Criterion*, XVI, Nr. LXII, Oktober 1936, 164)

Seinen schärfsten Ausdruck fand dieser Druck, Partei zu ergreifen, in dem Heft *Authors take Sides on the Spanish War*, das 1937 von der *Left Review* veröffentlicht wurde. Das Ganze ging zurück auf einen Brief, den Nancy Cunard im Juni 1937 im Namen von Louis Aragon, W.H. Auden, Bergamin, Bloch, Ms. Cunard, Brian Howard, Heinrich Mann, Ivor Montagu, Pablo Neruda, Ramón Sender, Stephen Spender und Tristan Tzara von Paris aus „an die Schriftsteller und Dichter Englands, Schottlands, Irlands und Wales" sandte. In diesem Brief wurden die angesprochenen Autoren aufgefordert, sich klar zum Faschismus zu äußern: „Sind Sie für oder gegen die legale Regierung und das Volk des republikanischen Spanien? Sind Sie für oder gegen Franco und den Faschismus? Denn es ist unmöglich, jetzt nicht Partei zu ergreifen." Die Antworten, insgesamt 149, fielen so aus: 127 für die gewählte spanische Regierung, nur fünf gegen sie und siebzehn neutrale Stimmen. Die Umfrage zeigt deutlich die Tendenz der britischen Schriftsteller der dreißiger Jahre, Partei zu ergreifen für die rote oder 'rötliche' Seite.

Soweit der politisch-gesellschaftliche und literarische Hintergrund, vor dem Orwell seine ersten Schritte als Schriftsteller unternahm und vor dem diese Schritte beurteilt werden müssen.

Den Winter 1927/28 verbrachte Blair in einem karg ausgestatteten, billigen Zimmer in der Londoner Portobello Road, das ihm Ruth Pitter, eine Freundin seiner Mutter, vermittelt hatte. Ruth Pitter besaß zu dieser Zeit bereits einen Ruf als dichterisches Talent und hatte mehrere Gedichtbände veröffentlicht. Blair akzeptierte sie als Kritikerin seiner ersten literarischen Gehversuche, die er jetzt unternahm.

London Docks

Er begann Gedichte, literarische Skizzen und Kurzgeschichten zu schreiben, die von ihrem Inhalt banal und im Ton zynisch waren. Ruth Pitter berichtet, daß er, der später ein Meister im Umgang mit der englischen Sprache wurde, Schreiben wirklich lernen mußte. Seine ersten Texte waren roh und amateurhaft, er mußte die Verwendung literarischer Grundtechniken mühsam erwerben. Von diesen literarischen Anfängen Blairs ist kaum etwas erhalten geblieben.

Im Winter 1928 begab er sich zum ersten Mal unter die Ärmsten der Armen, die Stadtstreicher und Obdachlosen im Londoner East End. Wie Jack London es zur Materialsammlung für seinen Roman *The People of the Abyss*, den Blair begeistert gelesen hatte, getan hatte, zog Blair sich Lumpen an und trat so in die Welt der Menschen ein, die am Rande der Gesellschaft lebten. Er litt mit ihnen, teilte ihr Leben, über das er dann 1933 in *Erledigt in Paris und London* berichtete. Diese Expeditionen unternahm er über eine Zeitspanne von fünf Jahren in unregelmäßigen Abständen. Einige Erkundungen dauerten nur eine Nacht, andere mehrere Tage bis hin zu drei oder vier Wochen.

Blair bezog die Motivation zu diesem zeitweisen Ausstieg aus dem bürgerlichen Leben aus zwei Quellen. Einmal waren da seine Schwierigkeiten, als Schriftsteller Fuß zu fassen. Von Ruth Pitter wissen wir, daß er unter Material- und Themenmangel litt. Zwar befaßte er sich schon zu dieser Zeit mit Vorstudien zu dem Roman *Tage in Burma*, war jedoch noch nicht in der Lage, die ihn psychisch stark bedrängenden burmesischen Erfahrungen literarisch zu verarbeiten. Zeugnis davon gibt ein erhalten gebliebenes Manuskript aus dem Winter 1927/28 mit dem Titel „The Tale of John Flory" (Die Geschichte des John Flory). Das Manuskript ist in der Erzählform der ersten Person verfaßt, John Flory scheint, seine Autobiographie schreibend, in einem Gefängnis auf seine Exekution zu warten.

„Weiß der Himmel, wo sie mich begraben werden — ich nehme an, auf ihrem eigenen Friedhof, zwei Fuß tief in einem lackierten Sarg. Es werden keine Trauernden anwesend sein und — was noch schlimmer ist — auch keine Spaßmacher, denn die burmesische Begräbniszeremonie mit Musik und Spielen ist schöner als unser fürchterlicher Mummenschanz. Aber falls jemand hier wäre, dessen Hand Buchstaben formen könnte, würde ich ihn bitten, in die Rinde eines großen Peepaul-Baumes über meinem Kopf einzuritzen:

John Flory
Geboren 1890
Am Alkohol gestorben 1927

Here lie the bones of poor John Flory
His story is the old, old story.
Money, women, cards and gin
Were the four things that did him in.

He has spent sweat enough to swim in
Making love to stupid women;
He has known misery past thinking
In the dismal art of drinking.

O stranger, as you voyage here
And read this welcome, shed not tear;
But take the single gift I give,
And learn from me how not to live. (CEJL 1/166)*

* Hier liegen die Knochen des armen John Flory / Seine Geschichte ist die alte, alte Story. / Geld, Frauen, Kartenspiel und Gin / waren die vier Dinge, die ihn ins Grab brachten.
Beim Lieben von langweiligen Frauen / hat er genug geschwitzt, um darin baden zu können; / er hat das größte Elend kennengelernt / in der trostlosen Kunst des Trinkens.
Oh Fremder, wenn du hier vorbeigehst / und dieses Willkommen liest, vergieß keine Träne / aber nimm das einzige Geschenk, das ich geben kann, / und lern' von mir, wie man nicht leben darf.

John Flory stirbt in dieser Fassung also am Alkohol. An dem Entwurf zeigt sich schon, daß Blair zu dieser Zeit den Stoff nicht in den Griff bekam. Interessant auch, daß hier die Geschichte des John Flory und eine Exekution — die dann Inhalt der Erzählung *Einen Mann hängen* wurde — noch zusammengefaßt in einem Konzept auftauchen.

Im unmittelbaren Zusammenhang mit Burma steht auch die zweite Quelle für Blairs Motivation, sich in die gesellschaftliche Unterwelt zu begeben. Wir erinnern uns, daß er auf der Seite der Unterdrückten gegen die Tyrannen stehen wollte. Dazu mußte er das Leben der Unterdrückten erst einmal kennenlernen.

„Wenn ich an Armut dachte, dachte ich an sie in Begriffen bloßen Verhungerns. Deshalb wandte sich mein Interesse sofort den extremen Fällen zu, den Ausgestoßenen der Gesellschaft: Landstreichern, Bettlern, Kriminellen, Prostituierten. Sie waren die Untersten der Unteren, und sie waren die Leute, mit denen ich in Kontakt kommen wollte. Damals wollte ich ganz grundsätzlich eine Möglichkeit finden, aus der ehrbaren Welt überhaupt herauszukommen ... es war mir damals auch bewußt, daß es irrational war — ein Teil meiner Schuld würde von mir fallen." (RWP 147)

„Ich war sehr glücklich. Da war ich nun unter den 'Untersten der Unteren', am Fundament der westlichen Welt. Die Klassenschranke war oder schien durchbrochen. Und da unten in der armseligen und in Wirklichkeit furchtbar langweiligen Unter-Welt des Landstreichers hatte ich ein Gefühl der Befreiung, des Abenteuers, das im Rückblick absurd aussieht, damals aber durchaus lebendig war." (RWP 150)

In diesen Zitaten spiegeln sich die ausschlaggebenden Beweggründe für Orwells politisches und gesellschaftliches Handeln: der Wunsch, direkte und hautnahe Erfahrungen zu sammeln; die Dinge statt von einem theoretischen Standpunkt tatsächlich von ihrer Innenseite zu betrachten; auf der Seite der Unterdrückten zu kämpfen und an ihrem Leiden mitzuleiden; unter den Ausgestoßenen der Gesellschaft den eigenen Klassendünkel abzuarbeiten; die schuldvernichtende Euphorie des Gefühls, es auch am Boden der Gesellschaft aushalten zu können.

Blairs erster Gang in diese ihm unbekannte Welt begann damit, daß er sich die zu einem Landstreicher passende Kleidung beschaffte und, nachdem er sich im Haus eines Freundes verkleidet hatte, in den Osten Londons aufbrach.

„Ich wanderte ostwärts, bis ich bei einer Herberge in Limehouse Causeway landete. Es war ein dunkles, schmutzig aussehendes Haus. ... Himmel, wie mußte ich meinen Mut zusammennehmen, bevor ich hineinging! Heute sieht es lächerlich aus. Aber ich hatte, wie Sie bemerken, immer noch Angst vor den Arbeitern. Ich wollte mit ihnen in Berührung kommen, ich wollte sogar einer von ihnen werden, und dennoch sah ich sie als fremdartig und gefährlich an. Als ich in den düsteren Eingang der Herberge trat, kam es mir vor, als stiege ich hinab in eine schreckliche unterirdische Welt — einen Kanal voller Ratten zum Beispiel. Ich ging in voller Erwartung einer Auseinandersetzung hinein. ... Schauerleute und Erdarbeiter und ein paar Seeleute saßen herum, spielten Dame und tranken Tee. Sie sahen mich kaum an, als ich eintrat. Aber es war Samstagnacht, und ein stämmiger junger Stauer schwankte betrunken im Raum herum. Er drehte sich um, erblickte mich und taumelte, sein breites rotes Gesicht vorgestreckt und ein gefährlich aussehendes, fischartiges Schimmern in den Augen, auf mich zu. Ich machte mich steif. Der Kampf kam also schon jetzt! Im nächsten Augenblick fiel der Stauer an meine Brust und schlang die Arme um meinen Hals. 'Trink 'ne Tasse Tee, Kumpel!' rief er weinerlich, 'trink 'ne Tasse Tee!' Ich trank eine Tasse Tee. Es war eine Art Taufe. Danach verschwanden meine Ängste." (RWP 148 f)

Nach diesem ersten Schritt in das fremde Milieu hatte Blair keine Schwierigkeiten mehr, unter Tramps zu leben. Was ihn aber immer von ihnen unterschied, war, daß er jederzeit wieder auftauchen konnte, selbst wenn er ihr Leben zeitweilig kompromißlos teilte. Es war ein Abstieg auf Zeit in eine Welt, deren Bewohner kaum eine Chance des Entrinnens mehr hatten.

„Im Frühjahr 1928 ging ich nach Paris, um dort billig zu leben, während ich an einigen Romanen arbeitete — leider wurden sie nie veröffentlicht —, aber auch um Französisch zu lernen. Einer meiner Pariser Freunde hatte mir ein billiges Hotelzimmer in dem Arbeiterbezirk besorgt, den ich im ersten Kapitel beschreibe — jeder aufgeweckte Pariser wird ihn ohne Zweifel wiedererkennen. Im Sommer 1929 hatte ich meine zwei Romane geschrieben, aber die Verleger wiesen sie zurück, und ich war fast mittellos und stand unter dem Zwang, mir einen Job suchen zu müssen. Damals war es für in Frankreich lebende Ausländer nicht illegal — jedenfalls nicht sehr illegal —, eine Arbeit anzunehmen, und es schien mir vernünftiger, zu bleiben wo ich war, als nach England zurückzukehren, wo es zu jener Zeit mehr als zweieinhalb Millionen Arbeitslose gab. So blieb ich in Paris, und die in dem Buch beschriebenen Vorkommnisse geschahen im Spätherbst des Jahres 1929." (CEJL 1/137)

Soweit George Orwell in der Einleitung zur französischen Ausgabe seines Buches *Erledigt in Paris und London.* Er entschloß sich also einerseits aus finanziellen Gründen, nach Frankreich zu gehen. Dies war sicher kein unwichtiger Gesichtspunkt, denn da er aus seinem Schreiben kein Einkommen erzielte, sondern von seinem Entlassungsgeld und seinen Ersparnissen aus der Zeit in Burma lebte, war es für ihn, der seinen Eltern

Im Londoner East End

nicht zur Last fallen wollte, unerläßlich, so billig wie irgend möglich zu leben. Auf der anderen Seite war er mit seinem Wunsch, Schriftsteller zu werden, in London nicht wesentlich vorangekommen und erhoffte sich wahrscheinlich von einem Auslandsaufenthalt, gerade in der 'Künstlerstadt' Paris, neue Anregungen und eine Befreiung von den Zwängen, denen er in London unterworfen war. Paris war spätestens seit George Sand der traditionelle Anlaufpunkt britischer Künstler, die der englischen Luft entfliehen wollten.

Literaturhistorisch gesehen kam er spät nach Paris, wenn man an das Paris der britischen und amerikanischen Schriftsteller und Maler, der James Joyce und Henry Miller, denkt, denn mit dem Zusammenbruch der New Yorker Börse brach aufgrund sich ändernder Wechselkurse auch das Bohèmeleben der Ausländer zusammen.

Aber Blair paßte ohnehin nicht in die Atmosphäre der Pariser Kaffeehäuser und Intellektuellenzirkel mit ihren Gesprächen und Träumereien über nie geschriebene Bücher. Seinem Charakter und seiner Zielsetzung entsprach nicht jene „Art von schlampigem Antinomismus — bis vier Uhr nachmittags im Bett liegen und Pernod trinken" (CEJL 1/255), die er an den Romanfiguren seines Schulfreundes Connolly kritisierte. Blair suchte nicht den Kontakt zu anderen Schriftstellern — einmal sah er James Joyce, wagte aber nicht, ihn anzusprechen –, sondern er wollte die Berührung mit den Pariser Unterschichten.

Bis zum Ende des Jahres 1929 wohnte er in einem billigen kleinen Zimmer in der Rue du Pot de Fer, einer schmalen Gasse auf dem linken Seineufer im 5. Arrondissement, die typisch war für viele ähnliche solcher Straßen im Zentrum von Paris, führte ein einfaches, abgeschiedenes Leben und verwandte alle Energien auf das Schreiben. Während seiner Zeit in Paris verfaßte er zwei Romane, von denen einer möglicherweise die erste Version von *Tage in Burma* war, und eine Anzahl von Kurzgeschichten. Von diesem Material konnte er jedoch nichts veröffentlichen und vernichtete es später.

In den achtzehn Monaten, die Blair in Paris verbrachte, erhielt er nützliches, literarisch verwendbares Anschauungsmaterial, als er im Februar 1929 wegen einer Lungenentzündung in ein Armenkrankenhaus gehen mußte – die unmenschliche Behandlung, die er dort erlebte, beschrieb er in dem 1946 erschienenen Essay *Wie die Armen sterben* – und während der drei letzten Monate jenes Jahres, als er sich ohne Geld mit Gelegenheitsarbeiten durchschlagen mußte.

Der Krankenhausaufenthalt und die dabei erfahrene Entwürdigung trafen Blair tief, so tief, daß er erst siebzehn Jahre später darüber schreiben konnte. Die Inhumanität, die er dort am eigenen Leibe erfuhr, spiegelt sich auch in dem 1948 verfaßten Roman *Neunzehnhundertvierundachtzig* wider. Hier im Krankenhaus war Blair wirklich ganz unten angekommen und zwar wehrlos, nicht aus freiem Willen und verkleidet, jetzt war aus dem Spiel Ernst geworden.

Nachdem er mehrere Tage mit hohem Fieber in seinem ungeheizten Zimmer im winterlichen Paris verbracht hatte, suchte er das Hôpital de Cochin auf, ein Krankenhaus, in dem man kostenlos behandelt wurde, dafür aber als Versuchskaninchen für Medizinstudenten diente – eine Tatsache, die Blair erst später erfuhr.

Nach einem zwanzigminütigen 'Verhör' bei der Aufnahme kam das Bad, „offenbar eine obligatorische Routinesache für alle Neuankömmlinge, genauso wie im Gefängnis oder im Armenhaus. Meine Kleider wurden mir weggenommen, und nachdem ich bibbernd einige Minuten in fünf Zentimetern warmen Wassers gesessen hatte, gab man mir ein Leinennachthemd und einen kurzen blauen Flanell-Morgenrock – keine Pantoffeln, sie hätten keine, die groß genug wären, hieß es – und führte mich ins Freie hinaus. Dies war eine Nacht im Februar, und ich litt an einer Lungenentzündung. Die Station war 200 Meter entfernt, und es schien, daß man, um zu ihr zu gelangen, das ganze Krankenhausgelände durchqueren mußte. …

Der Kiesweg war eisig unter den Füßen, und der Wind schlug mir das Nachthemd um die nackten Waden." (121)

Auf der Station „herrschte ein fauliger Geruch, kotig und dennoch süßlich. Als ich mich hinlegte, sah ich auf einem beinah gegenüber von mir stehenden Bett einen kleinen, rundschultrigen, strohblonden Mann halbnackt dasitzen, während ein Arzt und ein Student irgendeine seltsame Operation an ihm durchführten. Zuerst holte der Arzt aus seiner schwarzen Tasche ein Dutzend kleiner Gläser wie Weingläser hervor, dann verbrannte der Student in jedem Glas ein Streichholz, um die Luft zu verbrauchen, dann wurde das Glas schnell auf den Rücken oder die Brust des Mannes gesteckt, und das Vakuum zog eine riesige gelbe Blase auf. Erst nach einigen Augenblicken merkte ich, was sie mit ihm machten. Es war etwas, das man Schröpfen nennt, eine Behandlung, über die man in alten medizinischen Lehrbüchern lesen kann, unter dem ich mir jedoch bis dahin vage eine jener Sachen vorgestellt hatte, die man mit Pferden macht." (122)

Nachdem auch er gegen seinen Willen geschröpft worden ist, wird Blair einer folterähnlichen Behandlung unterworfen: „die Senfpackung, offenbar eine Routinesache wie das heiße Bad. Zwei schlampige Krankenschwestern hatten die Packung fertiggemacht und banden sie mir um die Brust, so fest wie eine Zwangsjacke, während einige Männer, die auf der Station in Hemd und Hose umherwanderten, sich mit einem halbverständnisvollen Grinsen um mein Bett zu scharen begannen. Später erfuhr ich, daß es einer der beliebtesten Zeitvertreibe auf der Station war, einen Patienten zu beobachten, während er eine Senfpackung verabreicht bekam. Diese Dinger werden normalerweise eine Viertelstunde lang aufgelegt, und zweifellos sind sie durchaus komisch, wenn man nicht gerade zufällig die Person ist, die drinnen steckt. Während der ersten fünf Minuten sind die Schmerzen heftig, aber man glaubt, daß man sie ertragen kann. Während der nächsten fünf Minuten schwindet dieser Glaube, doch wird die Packung im Rücken festgeschnallt, und man kann sie nicht loswerden. Dies ist die Zeitspanne, die die Zuschauer am meisten genießen. Während der letzten fünf Minuten bemerkte ich, daß unvermutet eine Art Betäubung eintrat." (123)

Was Blair jedoch am meisten schockierte, war die Wertlosigkeit des menschlichen Individuums, die ihm hier ständig vor Augen geführt wurde, die Art, wie dem Menschen der letzte Rest von Würde und Menschlichkeit genommen wurde. Wie die Armen sterben, schilderte Orwell am Beispiel seines Bettnachbarn. „Dieser arme alte Kerl, der gerade wie ein Kerzenstummel flackernd erloschen war, war nicht einmal so wichtig, daß jemand an seinem Sterbebett gewacht hätte. Er war bloß eine Nummer, dann ein Leichnam für die Skalpelle der Studenten. Und die schäbige Öffentlichkeit an einem solchen Ort: Im Hôpital X waren die Betten sehr nah beieinander, und es gab keine Trennwände. Stellen Sie sich einmal vor, so wie der kleine Mann zu sterben, dessen Bett eine Zeitlang Fuß an Fuß mit meinem stand, derjenige, der laut schrie, wenn die Bettlaken ihn berührten! Ich wage zu behaupten, daß 'Je pisse!' seine letzten belegten Worte waren. Vielleicht kümmern sich die Sterbenden nicht um solche Dinge — das jedenfalls wäre die klassische Antwort. Dennoch sind sterbende Menschen oft bis ein oder zwei Tage vor dem Tod mehr oder weniger bei normalem Verstand." (128 f)

Wenn es richtig ist, wie Wladimir Bukowski sagt, daß Krankenhäuser, Slums und Gefängnisse die Schulen des Lebens sind, dann durchlief Blair sie gründlich — und er lernte!

Seine schriftstellerischen Ambitionen erhielten in Paris Auftrieb durch die Veröffentlichung einiger Artikel in *Le Monde* und *Progrès Civique*, unter anderem über die Zensur in England. Es gelang ihm auch, einige Artikel über französische Ereignisse in britischen Blättern unterzubringen. Am 29. Dezember 1928 erschien in *G.K.'s Weekly* ein Bericht Blairs über ein neues Billigblatt in Paris, den *Ami du Peuple*. Blair deckte auf, daß die Zeitung so tat, als verträte sie die Interessen des einfachen Volkes, in Wirklichkeit aber von einem millionenschweren Industriellen herausgegeben wurde, der sie benutzte, um die Ideologie eines paternalistischen Kapitalismus zu verbreiten und gleichzeitig andere, vor allem linke Zeitungen vom Markt zu verdrängen.

Er hatte nun die Befriedigung erfahren, seine Arbeiten unter dem Namen E.A. Blair gedruckt zu sehen, viel Geld bekam er jedoch für seine Artikel nicht, und als ihm im Spätherbst 1929 aus seinem Zimmer in der Rue du Pot de Fer seine gesamte Habe gestohlen wurde, stand er völlig mittellos da. Zu stolz (oder auch einfach nicht willens, denn er wollte ja arm sein), sich Geld von seinen Eltern oder seiner in Paris lebenden Tante Nellie Limouzin zu leihen, um dann nach England zurückzukehren, fand er Beschäftigung als „plongeur", als Tellerwäscher in einem Luxushotel, ein Job, den er zehn Wochen lang ausübte.

Im Dezember 1929 ging Blair nach Großbritannien zurück und besuchte sogleich seine Eltern in Southwold. Seiner Familie erzählte er kaum über die Zeit in Paris, genauso wenig wie er über Burma und seine Schulerfahrungen gesprochen hatte. Die Zurückgezogenheit in sich selbst, die sich während der Schulzeit in St. Cyprian's entwickelt hatte, war jetzt ein ausgeprägter Charakterzug geworden.

Obwohl ihm der Aufenthalt in Paris außer einer Fülle von Erfahrungen nicht viel eingebracht hatte, war Blair mehr denn je entschlossen, den einmal eingeschlagenen Weg als Schriftsteller weiterzugehen. Er war jetzt sechsundzwanzig Jahre alt, Autor einiger schlecht bezahlter Artikel und nicht in der Lage, von seinen Einkünften einen eigenen Hausstand zu unterhalten. Gelegentlich — und heimlich, damit Vater und Geschwister nichts merkten — unterstützte ihn seine Mutter mit etwas Geld.

Bis Oktober 1930 arbeitete Blair an verschiedenen Fassungen von *Down and Out in Paris and London*, wobei er hauptsächlich im Hause seiner Eltern wohnte, zwischendurch aber längere Zeiträume bei seiner Schwester Marjorie und ihrer Familie in Leeds verbrachte. Marjorie war mit Humphrey Dakin, einem der Spielkameraden aus der Zeit in Shiplake-on-Thames, verheiratet. In einem Interview mit T.R.Fyvel gab Dakin Auskunft über Blairs Aufenthalte in Leeds:

„Er erschien mir groß, schlaksig und krank, und er besaß überhaupt kein Geld außer dem, was ihm seine Mutter und seine Tante (Nellie Limouzin; L.B.) schicken konnten. Meine Frau war krank, und so waren wir nicht in der Lage, viel für ihn zu tun, aber zumindest konnten wir ihm ein gut geheiztes Zimmer anbieten. Er blieb für mindestens drei Monate bei uns, und ich erinnere mich noch an den Eindruck, den er auf seine Schwester Marjorie und mich machte — daß er entschlossen war, ein Schriftsteller zu sein, komme was wolle. Ich muß bekennen, daß ich glaubte, es sei hoffnungslos, den eigenen Lebensunterhalt durch Schreiben zu verdienen, und ich drängte ihn laufend, es aufzugeben und einen Job anzunehmen.

Ich versuchte oft, Eric zu bewegen, mit in unsere Eckkneipe in Bramley, die 'Cardigan Arms', zu kommen. Es war nur eine einfache Arbeiterkneipe, aber sogar in jenen Jahren der Wirtschaftskrise war es dort immer hell, gemütlich und warm mit einem großen Kaminfeuer, und abends war immer eine fröhliche Menge versammelt. Von Zeit zu Zeit gelang es mir, Eric zu überreden, daß er mit in die 'Cardigan Arms' kam, aber ich konnte ihn nie dazu bewegen, an irgendeinem Spiel oder an Gesprächen teilzunehmen. Er saß für gewöhnlich zurückgezogen in einer Ecke und sah wie der Tod aus, bis wir ihn dann mit einiger Erleichterung sagen hörten: 'Ich muß nach Haus.' Durch das Fenster sahen wir ihn auf dem Bürgersteig vorbeigehen, ohne Hut, aber mit einem langen Schal über dem abgetragenen Mantel. Der Wirt sagte immer zu mir: 'Dein verdammter Schwager geht mir auf die Nerven!' Ich glaube, daß er jedem dort auf die Nerven ging. Und dann hörte ich die halbe Nacht seine Schreibmaschine, tap, tap, tap." (Fy 63f)

Auch hier wieder ist die Zweiteilung in Blairs Leben zu beobachten. Er hat kein Interesse am Gespräch mit den Gästen der Kneipe, denn im Hause seiner Schwester ist er der Schriftsteller, aber parallel dazu fährt er fort, den Tramp zu spielen. Er wechselte seine Kleider bei Freunden und tauchte dann bei diesen Expeditionen in die 'Unterwelt' erst nach Tagen oder sogar Wochen wieder in der 'Zivilisation' auf.

Von März 1930 an begann er regelmäßig Beiträge für das Magazin *Adelphi* zu schreiben — Rezensionen, Gedichte und Artikel in ununterbrochener Folge bis August 1935. Seine erste Arbeit für den *Adelphi* war eine Besprechung der Herman Melville-Biographie von Lewis Mumford, die bei den Herausgebern der Zeitschrift sehr gut ankam und in die er sehr viel hineinlegte: „Wir sehen Melville als überarbeiteten Menschen von genialer Schöpferkraft, der unter Menschen lebte, denen er wenig mehr als ein lästiger, unverständlicher Versager war. Es wird uns gezeigt, wie die Armut, die ihn sogar bedrohte, als er 'Moby Dick' schrieb, ihn über fast vierzig Jahre hinweg mit solcher Einsamkeit und Bitterkeit infizierte, daß seine Talente fast vollständig verkrüppelten." (CEJL 1/41)

In dieser Rezension findet sich ein Satz, der in seiner apodiktischen, klaren Art schon typisch ist für den 'Orwell-Stil': „Man kann ein Gedicht nur 'interpretieren', indem man es auf eine Allegorie reduziert — das ist so, als würde man einen Apfel wegen seines Kerngehäuses essen."

Richard Rees, ab 1932 Herausgeber des *Adelphi*, und der Literaturredakteur Max Plowman wurden während dieser Zeit Blairs Freunde und gaben ihm in den ersten schweren Jahren viel Mut und Unterstützung. Richard Rees sagte Jahre später: „Er war der 'literarischste' Mann, den ich je gekannt habe — gefesselt, ja besessen von dem Wunsch, Schriftsteller zu sein." (Sta 249) Durch den *Adelphi* lernte Blair auch einen der wenigen wirklichen Arbeiterschriftsteller Großbritanniens, Jack Common, kennen. Sie wurden lebenslange Freunde, aber ihr erstes Zusammentreffen verlief sehr gespannt:

„Ein Name, der mich sehr interessierte, war 'E. A. Blair'. Er schrieb vernünftige Rezensionen und lebendige Stücke, die aussahen wie Teile von einem kommenden Buch. Es bildete sich um ihn schon eine Legende. Er sei nicht wie andere Bloomsbury-Seelen*, wurde gesagt, er sei ein 'outsider', ein Rebell, ein Tramp, er lebe und schreibe in der untersten Unterwelt der Armut. Ein Mann, nach dem man Ausschau halten solle, den man versuchen solle zu treffen.

Er saß an einem düsteren Nachmittag in Katherine Mansfields Sessel (gegen Ende des Jahres 1930) und sprach mit unseren Herausgebern Max Plowman und Richard Rees. So, auf jenem niedrigen Niveau sitzend, daß man zuerst den Haarschopf und dann das merkwürdig gefurchte Gesicht sah, wirkte er echt: ein ausgestoßener, talentierter Armer, Querulant gegen die Autorität, vielleicht halb kriminell. Aber er erhob sich, um die Begrüßung mit einem Händeschütteln zu erwidern. Sofort schienen Manieren — und mehr als Manieren, der Prozeß, den man euphemistisch 'Erziehung'

* Stadtviertel Londons, das bei Intellektuellen und Künstlern sehr beliebt war.

nennt — durch. Ein Schaf im Wolfspelz, dachte ich angesichts der Größe und Haltung, des Akzents und der kühlen eingebauten Überheblichkeit des public-school-Auftretens. Natürlich waren die Auswirkungen des sozialen Drills, die sich an ihm zeigten, zu einem gewissen Grade verleumderisch. Er war, wie ich später erfuhr, ein Etonian, einer von der Sorte, die oft in Zusammenhänge geraten, die nicht die ihren sind, um dort zu Katalysatoren des Wandels zu werden, zusätzliche Gewissen der 'Bewegung', wie sie auch sei. Wie auch immer, an jenem Tag war der Mensch Blair für mich eine Enttäuschung.

Unsere nächste Begegnung war nicht so negativ. Es war, wie ich mich erinnere, kurz vor Weihnachten. Ich war allein im Büro, was für ihn enttäuschend gewesen sein muß, aber ich bot ihm die traditionelle Bloomsbury-Gastlichkeit einer Tasse Tee und einer Zigarette an und den Platz vor dem Gasofen, wo siebzehn Asbest-Säulen glühten wie die Throne schlechter Herrscher, die ewig in der Hölle schmoren. Ich denke, wir sprachen vermutlich über das Weihnachtsfest, seinen Fluch für die Leute, die schon ohne die zusätzliche Bürde der Feierlichkeiten arm genug sind. Irgendwie ist sicher, daß er versucht war, eine seiner Aussagen, die er wegen ihres Schockwertes liebte und die ihn wie ein übergroßes enfant terrible im Verblühen wirken ließen, vom Stapel zu lassen: 'Ich würde Weihnachten gerne im Gefängnis verbringen'*, sagte er. Später, als er Orwell war, hätte man ihm zugestimmt, daß dies der ideale festliche Rahmen für ihn war. Aber 1930 entwertete er die Idee für mich durch das, was folgte. Er hatte daran gedacht, auf dem Trafalgar Square ein Freudenfeuer zu entzünden. Nun war das genau die oberflächliche, studentische Schaunummer, die mich ärgerte, weil sie sich über die Rebellionen der wirklich Armen lustig macht. War Eric denn nur ein Schwindler? Oder irgendwie ein Amateur-Armer?" (Cr 204)

Im Juni 1930 kehrte Eric Blair aus Leeds nach Southwold zurück. Seine Mutter hatte ihm eine Stelle als Ferienlehrer und Begleiter für drei Schuljungen besorgt, die in den Ferien von ihrer Privatschule zu den Eltern nach Southwold kamen. Einer von ihnen, der spätere Philosophieprofessor Richard Peters, beschrieb in Interviews diese Zeit als sehr schön. Wir bekommen hier ein ganz anderes Bild des sonst so in sich zurückgezogenen Blair. Er behandelte die Jungen (der älteste war zehn) nie als Kinder, sondern als gleichwertige Partner, mit denen er lange Spaziergänge unternahm, dabei oft von Politik redete oder sie mit den Verhaltensweisen von Tieren vertraut machte. Er brachte ihnen das Angeln bei und zeigte ihnen,

* Diesen Versuch, sich verhaften zu lassen, beschreibt Orwell in dem Essay *Clink* (August 1932), verarbeitet die Erfahrungen aber auch in den Romanen *Eine Pfarrerstochter* und *Die Wonnen der Aspidistra.*

wie man Bomben bastelt. Die Jungen, die ihm den Spitznamen „Blarry-boy" gegeben hatten, erfanden den Kriegsschrei „Blarry-boy for Bolshie-bombs". Peters sagt zu diesen fröhlichen Tagen: „Ich glaube, was wir am meisten an ihm bewunderten, war die Energie und die ruhige Zuversicht, mit der er spielte. ... Vielleicht fühlte er sich nur mit Tieren und Kindern wirklich wohl." (Pet)

Im Sommer 1930 traf Blair am Strand von Southwold Mabel Fierz, die Frau eines Londoner Geschäftsmannes. Während der frühen dreißiger Jahre verbrachte Blair viele Wochenenden in ihrem Londoner Haus. Das Ehepaar Fierz und Blair hatten eine Reihe von gemeinsamen literarischen Interessen. Mabel Fierz schrieb gelegentlich Rezensionen für den *Adelphi*, ihr Mann war ein großer Dickens-Enthusiast, und Blair und er konnten stundenlang über die Charaktere in Dickens' Romanen diskutieren. Mabel Fierz war es auch, der es letztendlich zu verdanken ist, daß Blairs erstes Buch *Erledigt in Paris und London* überhaupt erschien.

Als er das Buch im Oktober 1930 endlich fertiggestellt hatte, sandte er es auf Mabels Rat zunächst an den Verlag Jonathan Cape. Cape schickte ihm das Manuskript sofort wieder zurück. Die Beurteilung des Lektors ist leider nicht erhalten, wir wissen jedoch, daß das Manuskript etwa 35.000 Worte enthielt, was in der Länge ungefähr den in Paris handelnden Kapiteln des späteren Buches entspricht. Diese Fassung war in der ersten Person in Form eines Tagebuchs geschrieben. Auf jeden Fall war die Antwort des Verlages kein totaler Verriß, denn Blair begann sofort, das Manuskript umzuarbeiten. Diese Umarbeitung muß ihm sehr schwergefallen sein, denn erst ein Jahr später reichte er das Buch wiederum bei Cape ein, in der Überzeugung, daß der Verlag es jetzt annehmen würde. Der Text war nun nicht mehr in Tagebuchform gehalten, sondern als fortlaufende Erzählung geschrieben. Er verlängerte das Manuskipt, indem er Londoner Tramperfahrungen hinzufügte, die zu einem großen Teil erst aus dieser Umarbeitungsphase stammten.

Im April 1931 erschien im *Adelphi* sein Bericht *The Spike* (Das Obdachlosenasyl), das gekürzt und umgearbeitet die Kapitel 27 und 35 von *Erledigt in Paris und London* bildet.

Seine persönliche Geschichte in diesen Jahren zwischen 1930 und 1933 ist durch eine Vielzahl von Dualitäten und Kontrasten gekennzeichnet. Da ist einmal der schreibende Eric Arthur Blair, der ein äußerlich ereignisloses Leben im Haus seiner Eltern in Southwold oder bei seiner Schwester in Leeds führt, und dann ist da der andere Blair, der sich unter seinem Landstreichernamen P.S. Burton in die Absteigen und Obdachlosenasyle sowie auf die Hopfenfelder von Kent begibt, immer auf Kosten seiner ohnehin angegriffenen Gesundheit. Diese Kontraste lassen sich in seinem

Trafalgar Square, Treffpunkt und Schlafplatz der Stadtstreicher in den Krisenjahren

Schreiben, seinen Freundschaften, in allen Aspekten seines Lebens finden.

Im August 1931, nachdem er endlich die Überarbeitung seines Manuskripts beendet hatte, begann er mit einer seiner längsten Expeditionen in das Leben der Landstreicher und Wanderarbeiter; vom 25. August bis zum 8. Oktober ging er zum Hopfenpflücken in die Grafschaft Kent. Über diese Zeit führte er ein detailliertes Tagebuch, das in seiner Lebendigkeit einen faszinierenden Bericht dieser Wochen gibt. Es wurde erstmals neunundzwanzig Jahre nach der Abfassung in *The Collected Essays, Journalism and Letters of George Orwell* veröffentlicht; Teile davon verwendete er in seinem 1935 erschienenen Roman *Eine Pfarrerstochter.* Nach drei Nächten in London, von denen Blair eine auf dem Trafalgar Square verbrachte, „einem der bekanntesten Treffpunkte der Obdachlosen in London; um diese Jahreszeit bevölkern etwa hundert bis zweihundert von ihnen (etwa zehn Prozent davon Frauen) den Platz, den sie als ihren festen Wohnsitz betrachten", folgten vier Tage auf der Straße, siebzehn Tage beim Hopfenpflücken auf einer Farm in Kent und dann zwei Wochen in einem Londoner Obdachlosenasyl.

Ende Oktober 1931 erfuhr Blair, daß sein Manuskript zum zweiten Mal von Cape abgelehnt worden war. Der seit seiner Schulzeit in St. Cyprian's in ihm verwurzelte Glaube, er könne nichts, tauge nichts und sei ein Versager, erhielt damit neue Nahrung. Er, der nach Überarbeitung des Textes so optimistisch gewesen war, reagierte nun passiv, ohne Selbstvertrauen und zog sich weiter in sich zurück. Er ließ sich jedoch nicht gänzlich niederdrücken, dafür war sein Wille, Schriftsteller zu werden, einfach zu stark. Einige Wochen später begann er mit der Arbeit an dem Roman *Tage in Burma*, den Glauben an *Erledigt in Paris und London* hatte er verloren. Richard Rees legte das Manuskript nun T.S. Eliot vor, der als Lektor beim Verlag Faber & Faber arbeitete.

Die Reisen in die Londoner Unterwelt setzte Blair auch während dieser Zeit weiter fort. Kurz vor Weihnachten erschien er in der Londoner Wohnung von Richard Rees, wo er seine Kleidung wechselte, dann ging er los, mit der Absicht, sich verhaften zu lassen. Er wollte erfahren, was es heißt, Gefangener zu sein. Da er jedoch trotz verschiedener Provokationen nicht arretiert wurde, betrank er sich schließlich, wurde dann auch festgenommen und von Samstag bis Montag auf der Bethnal Green Police Station in Gewahrsam gehalten. Am Montag wurde er dann wegen Trunkenheit zu fünf Shilling Geldstrafe verurteilt. Weil er sich weigerte zu zahlen, wurde er noch weitere Stunden festgehalten. Diese Erlebnisse beschreibt Blair in dem Bericht *Clink* (Das Kittchen) 1932 und verarbeitet die Erfahrungen wieder in einem Roman, dem 1936 erschienenen *Keep the Aspidistra Flying* (dt.: *Die Wonnen der Aspidistra*). *Clink* ist Blairs letzter Bericht über seine Expeditionen, obwohl er sie noch bis Ende 1932 weiterführte.

Anfang 1932 brachte Mabel Fierz Blair mit dem Literatur-Agenten Leonard Moore zusammen, der ihm versprach, einige seiner Geschichten unterzubringen. Im Februar lehnte dann auch Faber & Faber das Manuskript zu *Erledigt in Paris und London* ab. Blair wollte, nachdem es nun von zwei führenden Verlagen nicht angenommen worden war, mit dem Text nichts mehr zu tun haben und gab ihn Mabel Fierz mit der Bemerkung, sie könne ihn ja verbrennen.

Im April 1932 erkannte Blair, daß er nun irgendwie seinen Lebensunterhalt verdienen müsse, und nahm eine Lehrerstelle bei The Hawthorns, einer kleinen Privatschule in Hayes, Middlesex, an. Als die Schule aufgrund wirtschaftlicher Schwierigkeiten schließen mußte, ging er an das Frays College in Uxbridge, ebenfalls eine Privatschule, an der er bis 1934 unterrichtete. Er haßte diese Schulen, besonders The Hawthorns, und sie müssen ihn fatal an seine Zeit in St. Cyprian's erinnert haben.

Mabel Fierz hatte das ihr anvertraute Manuskript nicht verbrannt, sondern es an Leonard Moore weitergereicht. Im Sommer 1932 war es dann soweit: Blair erhielt Nachricht, daß der Verleger Victor Gollancz das Buch herausbringen wolle, daß aber einige kleine Änderungen, zum Beispiel das Streichen der Schimpfwörter und Flüche, nötig seien. Das Buch

Als Lehrer in The Hawthorns, 1933

sollte unter einem Pseudonym erscheinen, und im November, als die Druckfahnen schon vorlagen, fiel Gollancz unter Zeitdruck nichts Besseres ein als „X.". Aber Blair gab zu bedenken, daß er unter dem Namen „X." schlecht weitere Bücher veröffentlichen könne, und stellte am 19. November in einem Brief an Leonard Moore vier Namen zur Wahl: „Ein Name, den ich immer als Landstreicher benutze, ist P.S. Burton, aber falls Sie denken, daß dieser Name nicht paßt, wie wäre es mit
Kenneth Miles,
George Orwell,
H. Lewis Allways.
Mir gefällt George Orwell am besten." (CEJL 1/131)

Down and Out in Paris and London wurde endlich am 9. Januar 1933 unter dem Pseudonym George Orwell von Victor Gollancz veröffentlicht. Für das erste Buch eines unbekannten Autors lief es ungewöhnlich gut an. Von den 1.500 Exemplaren der Erstauflage waren schon Ende des Monats alle vergriffen. Im Februar wurde die zweite Auflage gedruckt. Ähnlich lief es mit der amerikanischen Ausgabe, die im Juni 1933 auf den Markt kam. 1935 wurde das Buch in Frankreich und der Tschechoslowakei verlegt. Seinen großen Durchbruch erreichte *Erledigt in Paris und London* 1940, als Penguin Books es in einer billigen Ausgabe mit 55.000 Exemplaren druckte. Bis 1978 erreichte das Werk allein in der britischen Penguin-Ausgabe vierzehn Auflagen.

Im Zusammenhang mit dem Pseudonym George Orwell sind viele Vermutungen aufgestellt worden. Festzuhalten ist, daß Blair die Wahl des Pseudonyms Leonard Moore überließ, wenn er auch deutlich machte, daß er George Orwell den anderen drei Vorschlägen vorzog. Für ihn war psychologisch gesehen vor allem wichtig, daß er mit dem neuen Namen eine 'neue' Persönlichkeit wurde, nämlich der Schriftsteller George Orwell, der anders war, als es die Erziehung des Eric Blair in St. Cyprian's und Eton hätte vermuten lassen. 1946 schrieb er, daß er bis zu seinem dreißigsten Lebensjahr — da erschien *Erledigt in Paris und London* — von sich erwartete, daß ihm alles, was er anfing, mißlang. Mit der Annahme des Pseudonyms begann eine neue, selbstsichere Phase im Leben des Eric Blair.

Darüber hinaus betonte er mehrfach, daß er seinen Geburtsnamen wegen des schottischen Klanges nicht leiden konnte. Am 16. April 1940 schrieb er seinem Freund Rayner Heppenstall zur Geburt seiner Tochter: „Was für eine wunderbare Sache, ein eigenes Kind zu haben, ich habe mir immer eins gewünscht. Aber Rayner, quäle das arme kleine Ding nicht mit irgendeinem keltischen Namen, von dem niemand weiß, wie er ihn aussprechen soll. Sie wird davon einen seelischen Knacks oder so was bekommen. Menschen wachsen immer auf, wie sie heißen. Ich brauchte fast dreißig Jahre, um all die Auswirkungen des Namens Eric abzuarbeiten." (CEJL 2/37)

Zur Bedeutung des Pseudonyms sagte Anthony Powell in einer Erinnerung an den Schriftsteller: „Der Orwell ist ein Fluß in Suffolk, George der charakteristischste englische Vorname. Ich fragte ihn einmal, ob er jemals daran gedacht habe, seinen nom de guerre auch gesetzlich anzunehmen. 'Ja, ich habe daran gedacht', sagte er langsam, 'aber dann hätte ich natürlich unter einem anderen Namen schreiben müssen." (Pow 268)

Freunde, die ihn vor 1933 kennengelernt hatten, nannten ihn weiterhin Eric, während neue Bekannte George sagten, und viele von ihnen wußten nicht einmal, daß George Orwell ein Pseudonym war. Die Annahme des Namens bedeutete für Blair auch einen symbolischen Bruch mit seiner Vergangenheit, einen Wechsel auf die Zukunft, in die er langsam hineinwuchs, einer Zukunft, in der der Name George Orwell seine zweite Identität wurde, ein Name, der für Engagement, Fairness, Humanität und intellektuelle Ehrlichkeit steht. Dieser Wechsel vollzog sich in einem mehrjährigen Prozeß, der 1936 abgeschlossen war. Während dieser Zeit arbeitete sich Blair durch sein Schreiben und sein Verhalten in diesen Namen und in das, was er heute bedeutet, hinein.

„Down and Out in Paris and London"

Heute nimmt George Orwells erstes Buch, zumindest in Großbritannien, den Rang eines Klassikers der Sozialreportage und einen festen Platz neben Büchern wie Jack Londons *The People of the Abyss* und Charles Booths *Life and Labour of the People in London* ein. Es ist von Stansky/Abrahams ganz richtig als „das Buch eines jungen Schriftstellers, eines jungen Mannes, der in mancher Hinsicht noch ungeformt und unerfahren ist", bezeichnet worden. Orwell war, als er das Buch schrieb, neunundzwanzig Jahre alt.

Auffallend ist an diesem Text die völlige Abwesenheit einer politischen Theorie als Interpretationsmuster dessen, was er sah und erlebte. Er war sich nur der Tatsachen sicher, die er als Augenzeuge wahrgenommen hatte, nicht ihrer weitreichenden gesellschaftlichen Implikationen. Richard Rees berichtet, daß Orwell zu dieser Zeit für Politik nur ein zynisches Desinteresse gezeigt habe, und der Sozialist Rees empfand es als außergewöhnlich, daß Blair keine Verbindungen zu knüpfen schien zwischen dem Elend der Menschen, die er auf der Straße und in den Obdachlosenasylen kennenlernte, und der offensichtlichen Krankheit einer Gesellschaft, die diese Menschen, weil sie für sie keine Aufgabe, nicht einmal eine „Verwendung" finden konnte, einfach ausstieß.

Erledigt in Paris und London wird getragen von einem weichen, dabei überraschend lebendigen Ton ohne stärkeres politisches Engagement. Es herrscht die Wärme des „common sense" anstatt der Kälte einer politischen Theorie. Das Buch kommt mit einem Minimum an erzählerischer Kommentierung aus. Ohne jedes Pathos beschreibt Orwell die Realität, und gerade an diesem Fehlen pathetischer Hinwendungen zu den „outcasts" zeigt sich, daß Orwell wirklich mit den im Buch beschriebenen ausgestoßenen Menschen lebte und sie verstand.

Abgesehen von einem Absatz (Kapitel 36), in dem George Orwell einige allgemeine Bemerkungen über Landstreicher niederschreibt, ist das Buch bemerkenswert frei von soziologischen Kommentaren. Vielleicht ist gerade dieser Verzicht auf Erklärungen der Grund dafür, daß der Text auch heute noch so lebendig und lesenswert erscheint. Der Ton des Buches ist trotz der düsteren Realität des Erzählten locker und entspannt. Orwell besitzt die Fähigkeit, Menschen und Ereignisse ohne Dünkel klar und einprägsam zu schildern. Das Resultat ist ein ungewöhnlich reiches Buch, eine Sozialreportage, die gelesen und wiedergelesen werden kann wie ein guter Roman.

Obwohl sich das Buch aufgrund der erzählerischen Fähigkeiten Orwells liest wie ein Tatsachenbericht über die Ereignisse, die er in Paris und London über einen Zeitraum von vier bis fünf Monaten erlebte, muß der Leser immer bedenken, daß das Verhältnis zwischen tatsächlicher und fiktionaler Realität wesentlich komplexer ist. Orwell selbst schrieb: „Fast alle Ereignisse, die dort beschrieben werden, fanden tatsächlich statt, sie wurden jedoch neu angeordnet." (RWP 149) Die Tatsachen werden in eine fortlaufende, symmetrisch geordnete literarische Form, die man als dramatisierte Autobiographie bezeichnen könnte, eingebettet. Es muß hier die literaturwissenschaftliche Binsenweisheit betont werden, daß die Arbeit eines Schriftstellers, auch wenn er in der ersten Person schreibt, nicht mit seinem realen Leben verwechselt werden darf. Diese Versuchung ist gerade bei einem Schriftsteller wie George Orwell besonders groß. Der Unterschied zwischen empirischem Rohmaterial und künstlerisch-fiktionaler Verarbeitung der realen Wirklichkeit muß jedoch immer mitgedacht werden. Die Geschichte Blairs in Paris und seine Rückkehr nach Southwold und die Geschichte des „Ich" im Buch, wie er sie Jahre nach seiner Rückkehr schrieb, sind nicht beliebig austauschbar.

Down and Out... zerfällt in zwei gleichgewichtige Teile. Der erste beschreibt die Armut, die Jobs, die Menschen, die der Erzähler in Paris kennenlernte, der zweite Teil handelt von seinen Erfahrungen als Tramp in London. Das Eröffnungskapitel beginnt mit einer vitalen Beschreibung des Lebens in der Rue du Coq d'Or:

„Die Rue du Coq d'Or, Paris, morgens um sieben. Mehrere wütende, würgende Schreie von der Straße her. Madame Monce, die das kleine Hotel gegenüber führt, war herausgekommen, um sich an einen Mieter im dritten Stock zu wenden. Ihre nackten Füße steckten in Holzpantinen, und ihr langes graues Haar war ungekämmt und hing in Zotteln herab.

Madame Monce: 'Salope! Salope! Wie oft habe ich Ihnen schon gesagt, daß Sie die Wanzen nicht auf der Tapete zerdrücken sollen? Glauben Sie denn, das ist Ihr Hotel, eh?! Warum können Sie sie nicht wie jeder andere aus dem Fenster werfen? Putain! Salope!'

Die Frau im dritten Stock: 'Vache!'

Dann ein ganzer bunter Chor von Schreien; auf beiden Seiten der Straße werden eilig Fenster geöffnet, und die halbe Straße mischt sich in das

Gezänk ein. Zehn Minuten später plötzlich Stille, als eine Abteilung der berittenen Polizei vorbeitrabt. Die Leute verstummen und starren ihr nach." (7)

Es gelingt Orwell auf wenigen Seiten, ein lebendiges, einprägsames Bild dieser Straße, die „eine Art repräsentativer Pariser Slum war", zu zeichnen. Geräusche und Gerüche sind die dominierenden Sinneseindrücke, und es sind Streit, Schlägereien und Trunkenheit, die einer ansonsten düsteren Lebenssituation die Farbe geben und für eine Art von Abwechslung sorgen. Orwell zeigt uns, daß auf diesem Niveau Wut und Ekel die einzigen Reaktionen sind, deren Äußerung einer Mühe wert scheint. Gerade weil das Leben so eingeschränkt ist, ist es so leer, und es gibt außer den Notwendigkeiten, ein Dach über den Kopf zu bekommen und ein paar Francs für etwas Eßbares und Zigaretten aufzutreiben, nur wenig Berichtenswertes. Über sein Zimmer schreibt der Erzähler: „Die Wände waren dünn wie Zündhölzer, und um die Risse zu verdecken, waren sie immer wieder mit neuen Schichten von rosa Papier bepflastert worden, die sich gelöst hatten und unzählige Wanzen beherbergten. Unterhalb der Decke marschierten den ganzen Tag lang Schlangen von Wanzen wie ein Heer kleiner Soldaten entlang, und nachts kamen sie gierig herab, so daß man alle paar Stunden aufstehen und sie massenhaft erledigen mußte. Manchmal, wenn die Wanzen allzu aufdringlich wurden, brannte man Schwefel ab und trieb sie so in das Zimmer nebenan; woraufhin der Nachbar beleidigt zu reagieren pflegte und seinerseits sein Zimmer einschwefelte, um die Wanzen wieder zurückzutreiben." (9)

Über den Erzähler, seine Lebensgeschichte, wie er nach Paris gekommen ist, erfahren wir nichts. Er ist einfach „Ich", der Erzähler, ein Engländer, der in einem Pariser Slum wohnt. Dieses Ich tritt nicht besonders in den Vordergrund, sondern zieht sich oft auf ein „man" zurück, so daß wir gelegentliche subjektive Äußerungen ohne Nachdenken akzeptieren. Damit hat der Autor ein wichtiges Ziel des dokumentarischen Schriftstellers erreicht, nämlich seine Leser zu einer anderen Sichtweise der Dinge zu bringen, als ihnen ihre Vorurteile nahelegen.

Es gelingt Orwell, durch den Gebrauch einfachster Sprache lebendige Bilder des Lebens zu entwerfen, einen ganzen Komplex in einem einzigen, sich der Erinnerung einprägenden Satz zu fassen. In seinem Essay über Charles Dickens hob er hervor: „Viel von dem, was er schrieb, ist extrem sachlich, und in seinem Vermögen, anschauliche Bilder zu schaffen, ist er wahrscheinlich nie erreicht worden. Wenn Dickens einmal eine Sache beschrieben hat, sieht man sie für den Rest seines Lebens." (CEJL 1/493) Was Orwell hier über Dickens sagt, gilt auch für einige der in *Erledigt in Paris und London* beschriebenen Episoden, und wir können als sicher

Down and Out
in Paris and London
GEORGE
ORWELL

annehmen, daß er damit zugleich einen literarischen Maßstab für sich selbst aufstellte.

Zu den eindrucksvollsten, auch amüsantesten Abschnitten des Buches gehört die Beschreibung der Arbeit in einem Pariser Grand Hotel, in dem der Erzähler zeitweise als Tellerwäscher beschäftigt ist. Zwei Welten existieren, in strenger Trennung voneinander, unter dem Dach eines Luxushotels, die Welt der Angestellten und Bediensteten, aufgebaut nach einer festgefügten Hierarchie der Arbeitsbeziehungen, und die Sphäre der Reichen, meist Ausländer, die als Gäste auch den ausgefallensten Wunsch erfüllt sehen wollen. Sie speisen in luxuriösen Sälen, während nur wenige Meter entfernt, hinter den Schwingtüren, durch die die Kellner ein- und ausgehen, die Küchengehilfen buchstäblich im Dreck waten müssen.

„Da saßen sie alle, die Gäste in all ihrer Pracht — makellosen Tischtüchern, Blumenschalen, vergoldeten Gesimsen und bemalten Cherubim; und wir hier, nur wenige Meter entfernt, in unserem widerlichen Schmutz. ... wir rutschten herum in einem Mischmasch aus seifiger Lauge, Salatblättern, zerrissenem Papier und zertretenem Essen. Ein Dutzend Kellner, ihrer Jacken entledigt, zeigen ihre schwitzenden Achselhöhlen, sitzen am Tisch beim Salatmixen und stecken ihre Daumen in die Sahnetöpfe. Der Raum war erfüllt von einem schmutzigen Mischgeruch aus Essen und Schweiß. ... Es gab nur zwei Ausgüsse und kein Waschbecken, so daß es gar nichts Ungewöhnliches war, wenn ein Kellner sein Gesicht in demselben Wasser wusch, in dem Geschirr weichte." (92 f)

Der Tellerwäscher gehört als Hilfsarbeiter zur untersten Kategorie der Beschäftigten, sein Arbeitsplatz ist in der 'Unterwelt' des Hotels, dem im Keller gelegenen Labyrinth der Küchen- und Lagerräume, „ein dreckiges Inferno". Lange Arbeitszeiten, erschöpfendes Tempo, Hitze und Dampf, ein grobes Aufsichtsregiment und Betrügereien bei der Lohnauszahlung hat der „plongeur" ohne Widerspruch zu akzeptieren, will er sich nicht noch am selben Tag auf der Straße wiederfinden.

Die einzige Verbindung zwischen den beiden Welten des Glanzes und des Schmutzes ist das Essen, das in der einen Sphäre für die andere zubereitet wird:

„In der Küche stand es mit dem Schmutz noch schlimmer. Es ist keine Sprachfigur, sondern eine nüchterne Tatsachenfeststellung, wenn man sagt, ein französischer Koch spucke in die Suppe. Das heißt, er spuckt, wenn er nicht selber ißt. Er ist ein Künstler, aber seine Kunst ist nicht die Sauberkeit. Bis zu einem gewissen Grade ist er sogar gerade deshalb schmutzig, *weil* er ein Künstler ist, denn Essen, das gut aussehen soll, muß schmutzig behandelt werden. Wenn zum Beispiel ein Steak dem Chefkoch zur Prüfung gebracht wird, dann nimmt er das nicht etwa mit einer Gabel auf. Er nimmt es in die Finger und haut es wieder auf den Teller, läuft mit dem Daumen um den Tellerrand, um die Bratensoße zu kosten, läuft wieder um den Rand und leckt nochmals und tritt dann zurück und schaut das Stück Fleisch nachdenklich an wie ein Künstler, der ein Bild beurteilt, und dann drückt er es liebevoll mit seinen dicken, rosigen Fingern an den Platz, wo es hingehört — und das mit Fingern, die schon hundertmal an diesem Morgen abgeleckt worden waren. Wenn er zufrieden ist, nimmt er ein Tuch und wischt seine Fingerabdrücke vom Teller und reicht ihn dann dem Ober weiter." (108 f)

Orwell leitet daraus ein wunderbar ironisches Gesetz ab: „Je mehr man für sein Essen zahlt, desto mehr Schweiß und Spucke ist mit drin." (109) Denn in einem gewöhnlichen Hotel würde man sich nicht solche Mühe mit dem Essen machen, sondern es einfach mit der Gabel aus der Pfanne auf den Teller befördern. Überhaupt ist es laut dem Erzähler ein Gesetz der Grand Hotels, daß die Qualität dort in jeder Hinsicht schlechter ist als in einfacheren Gaststätten, von dem Standard im privaten Haushalt gar nicht zu reden. Da der Service, den der vornehme Gast verlangt, für die Hotelangestellten nur „boulot", Maloche, bedeutet, ist „die Arbeit, die das Personal verrichtet, nicht notwendigerweise die, für die der Kunde bezahlt". Es geht nur um die „Imitation guter Dienstleistung" (108). Die Bedienung muß so scheinen, als sei sie den horrenden Preis wert, der dafür verlangt wird. Ein Essen ist jedoch für das Küchenpersonal nichts als eine Bestellung unter zahllosen anderen, die zu gleicher Zeit erledigt werden müssen. Alles was ein Küchengehilfe weiß, ist, daß zum Beispiel ein Toast „gut aussehen und in drei Minuten fertig sein muß. Einige große Schweißtropfen fallen von seiner Stirn auf den Toast. Was soll ihn das scheren? Und schon fällt der Toast in den schmutzigen, sägemehlartigen Staub auf der Erde. Warum sich um eine neue Scheibe kümmern? Es geht doch viel flotter, wenn man den Dreck einfach abwischt. ... Und so wird es mit allem gemacht." (110)

Wer die Hotel-Kapitel von *Erledigt in Paris und London* gelesen hat, wird sich wohl nie mehr von der prunkvollen Außenansicht eines Nobelhotels blenden lassen; wer Orwells Schilderung der Ausbeutung des Personals, mit der Pracht und Luxus für eine Oberschicht ermöglicht werden, kennt, weiß besser, wie es hinter den Kulissen eines Grand Hotel zugeht, als er es etwa nach der Lektüre von Thomas Manns *Felix Krull* wissen könnte, dessen Autor sich der Welt der Gäste verbunden fühlt und dessen Romanfigur als Page in den oberen Etagen der Zimmerfluchten verführerischen weiblichen Kunden begegnet.

Wie sehr Orwell zu dieser Zeit mit seinen burmesischen Erinnerungen kämpft, sieht man unter anderem daran, daß er die Arbeit eines Tellerwäschers mit der eines Rikscha-Führers vergleicht. Beide führen ein Sklavendasein, ohne wirklich sinnvolle, gesellschaftlich nützliche Arbeit zu verrichten, ohne 'ehrlich' zu arbeiten. Sie arbeiten nur für den Luxus, der Rikscha-Führer, weil „der Orientale es vulgär findet, wenn er zu Fuß gehen soll", und der „plongeur" rackert sich ab für einen „Schwindel, der dazu da ist, Luxus zu vermitteln" (159 f). Dieser Vergleich belegt noch einmal, wie es Orwell tatsächlich darauf ankam, die vermeintliche Schuld, die er in Asien auf sich geladen hatte, abzuarbeiten, indem er vom Unterdrücker zum Unterdrückten wurde.

In diesem Zusammenhang findet sich auch einer jener Angriffe auf die Verlogenheit der Intellektuellen, für die Orwell später eine gewisse Berühmtheit erlangte. „Zusammengefaßt: Ein *plongeur* ist ein Sklave, und zwar ein völlig verschwendeter Sklave, der dumme und weitgehend unnötige Arbeit verrichtet. Man hält ihn bei der Arbeit, weil man letztlich eine vage Angst davor hat, daß er gefährlich werden könnte, wenn man ihm Freizeit zugestünde. Und gebildete Menschen, die eigentlich auf seiner Seite stehen sollten, nehmen diesen Prozeß ruhig hin, weil sie gar nichts über ihn wissen und eben deshalb Angst vor ihm haben. Ich sage das von einem *plongeur*, weil der Fall, den ich hier zu bedenken gebe, exakt *sein* Fall *ist*; gleichwohl trifft dies alles möglicherweise auch für unzählige andere Arbeiterberufe zu." (S. 163 f)

In dieser Passage wird auch das Ziel des Buches deutlich, Orwell will die unbegründeten Ängste der Mittelschicht vor den unteren Klassen, die ihm selbst nur allzugut bekannt sind, abbauen und hofft dadurch auf politische und gesellschaftliche Besserung ungerechter Verhältnisse. Die Verachtung, welche die 'öffentliche Meinung' den Arbeiterschichten mit dem niedrigsten Prestige und besonders den Randexistenzen entgegenbringt, zu bekämpfen, ist eine der Voraussetzungen für sozialpolitische Änderungen.

Um dem Erzähler zu ermöglichen, sowohl Pariser als auch Londoner Abenteuer zu beschreiben, mußte Orwell sich etwas ausdenken, um ihn einigermaßen überzeugend von Paris nach London zu bringen. Er erreicht das durch die Intervention eines Freundes „B." in London, der für den Erzähler eine Anstellung gefunden hat. „B." bezahlt die Überfahrt, in Großbritannien angekommen aber steht der Erzähler mittellos da, als er erfährt, daß er seine Arbeitsstelle erst in einem Monat antreten kann. Um zu überleben, muß er sich solange in Obdachlosenasylen und Absteigen durchschlagen. Auch wenn dieser Schauplatzwechsel nicht besonders überzeugend wirkt, stört er doch die Lektüre nicht allzu sehr, da er fest in andere, überzeugende Erfahrungen eingebettet ist, so daß man diese Schwäche rasch überliest.

In London ist der Erzähler einer Reihe von zugleich faszinierenden und abstoßenden Begegnungen mit der Armut ausgesetzt. Auffallend im Text ist die Veränderung der Stimmung. Die Pariser Erlebnisse werden entspannt, locker, ja, oft trotz allen Elends fröhlich beschrieben. Orwell war in Paris wahrscheinlich wirklich glücklich. In den Londoner Passagen, geschrieben nach der ersten Ablehnung des Manuskripts durch Cape, geht zwar nicht die Lebendigkeit des Stils verloren, doch vom Ton her wirkt alles auswegloser und grauer.

„Eine höchst merkwürdige Sache — solch ein erster Kontakt mit der Armut. Soviel hat man über die Armut nachgedacht — sie ist das, was man im Leben immerzu gefürchtet hat, das, von dem man weiß, daß es früher oder später eintreffen würde; und dann ist es so alltäglich, so durch und durch anders als die eigenen Vorstellungen. Man dachte, es wäre alles ganz einfach; es ist nur schmutzig und langweilig. Es ist das so besonders *Erniedrigende*, das man an der Armut zu allererst bemerkt; die Veränderungen, denen sie einen unterwirft, die komplizierte Filzigkeit, das Entkrusten." (23)

Orwell führt uns vor Augen, wie demoralisierend und subjektiv zerstörend die Armut und der damit verbundene Hunger sind: „Man entdeckt, daß ein Mensch, der eine ganze Woche lang immer nur von Brot und Margarine gelebt hat, kein Mensch mehr ist, sondern nur noch ein Bauch mit einigen organischen Accessoires drumherum." (26) Armut, macht Orwell klar, hat nicht nur etwas mit Unbequemlichkeit und dem Mangel an materiellen Dingen zu tun, sie zerstört auch den Charakter. Orwell beschreibt diese Erkenntnis nicht einfach abstrakt, er macht sie eindrucksvoll an Fallgeschichten fest, wie zum Beispiel an dem Tramp Paddy: „Zwei Jahre bei Brot und Margarine hatten ihn hoffnungslos heruntergebracht. Er hatte von so greulichem Essen gelebt, daß sein Geist und sein Körper aus minderwertigem Zeug zusammengesetzt waren. Unterernährung und nicht irgendein angeborenes Laster hatte ihn erledigt." (206)

Der Mensch degeneriert, wenn sein Lebensinhalt sich auf die Jagd nach ein wenig Brot und Margarine reduziert. Es wird ein fürchterlicher Streit zwischen einem siebzigjährigen Rentner und einem jungen Hafenarbeiter beschrieben, der schließlich damit endet, daß der alte Mann plötzlich weinend zusammenbricht. Der ganze Streit drehte sich um Brot im Wert von einigen Pennies.

Orwell korrigiert in *Erledigt in Paris und London* das landläufige Bild der Mittelschichten von Bettlern und Landstreichern. Er zeigt, daß Tramps keine Ungetüme, sondern ganz „normale menschliche Wesen sind", die durch den Zwang der Gesetze ständig in Bewegung gehalten werden. „Daraus folgt, daß die Attitüde des 'Geschieht denen verdammt recht', die für

Down and out in London

gewöhnlich den Tramps entgegengebracht wird, nicht fairer ist als gegenüber Krüppeln oder Invaliden. Wenn man dies begriffen hat, versetzt man sich leichter in die Lage eines Tramps und versteht, wie dessen Leben aussieht." (272)

Orwell weist das alte Argument zurück, daß Bettler verabscheuungswürdige Parasiten seien, weil sie nicht arbeiten. „Ein Bettler steht bei Wind und Wetter im Freien und bekommt Krampfadern, chronische Bronchitis usw. Sein Beruf ist ein Beruf wie jeder andere auch; nutzlos zwar, natürlich — aber dann sind auch viele geachtete Berufe nutzlos. ... Ein Bettler ist, wenn man die Sache realistisch betrachtet, ganz einfach ein Geschäftsmann, der sich genau wie andere Geschäftsleute seinen Lebensunterhalt mit dem verdient, was sich ihm gerade anbietet. Weniger als die meisten anderen Menschen hat er seine Ehre verkauft; sein einziger Fehler besteht darin, einen Beruf ergriffen zu haben, in dem man unmöglich reich werden kann." (232 f)

In diesem Versuch, die soziale Hierarchie mit hochgradig vereinfachten ökonomischen Begriffen zu erklären, zeigt sich zum einen Orwells Überzeugung, daß die gesellschaftliche Organisation die Gleichheit der Individuen mehr betonen sollte als ihre Gegensätze, zum anderen sein zu dieser Zeit mangelhaftes Verständnis sozialer Strukturen. Erst als er *Der Weg nach Wigan Pier* schrieb, hatte er erkannt, daß der Aufbau einer modernen industriellen Gesellschaft wesentlich komplexer ist.

Das literarische Vorbild von *Erledigt in Paris und London* war Jack Londons *The People of the Abyss* (1903; dt.: *Menschen der Tiefe*). Jack London war 1902 schon ein weltbekannter Autor. Er war während des Buren-Krieges nach London gereist, um dort als Auslandskorrespondent die britische politische Führung zu interviewen. Als seine Auftraggeber nicht mehr interessiert waren, nutzte er die Gelegenheit, die berühmt-berüchtigten Londoner Slums kennenzulernen. In seinem Vorwort schrieb London: „Ich wollte hinuntergehen ins East End und die Dinge selber sehen. Ich wollte wissen, wie diese Leute dort leben, warum sie dort leben und wofür. Kurz gesagt, ich schickte mich an, selber dort zu leben."

Der Amerikaner Jack London sammelte im East End dieselbe direkte und dokumentarische Erfahrung wie George Orwell nach ihm, aber ihm fehlte Orwells emotionales Einbringen der eigenen Person. London beobachtete mit 'kaltem Blick', oder aber er verfiel in einen impressionistischen, fast schon melodramatischen Stil: „Soweit ich sehen konnte, massive Ziegelsteinmauern, glitschige Gehsteige und schreiende Straßen; und zum ersten Mal in meinem Leben befiel mich die Furcht vor der Menge. Es war wie die Furcht vor dem Meer, und die elenden Massen, Straße um Straße, schienen ebenso viele Wellen einer weiten, übelriechenden See zu sein, die nach mir leckten und drohten, mich zu überrollen." (Lon 7)

Orwell wollte eher eine Reaktion bei seinen Lesern provozieren als die eigenen Reaktionen beschreiben. Jack London versuchte dieses Ziel indirekt, über sich selbst vermittelt, zu erreichen. Er strebte, anders als Orwell, nicht danach, die Kluft zwischen sich und den Menschen, die er beobachtete, zu überwinden. Londons Fazit: „Tiere, das ist alles, was sie sind … Tiere, von Blitzen des Göttlichen durchzuckt." In diesem Satz spiegeln sich Romantizismus und Überheblichkeit, Haltungen, die Orwell zu überwinden suchte. In Orwells schmerzhaften Bemühungen, mit anderen Formen menschlicher Existenz zurechtzukommen, gibt es keine solche Extravaganz, wie sie bei London spürbar ist, obwohl natürlich auch Orwell nicht frei ist von Befangenheit, aber es ist eine Befangenheit, die bestrebt ist, sich selbst zu entwerten und zu vernichten (vgl. Cal 38 f).

Die literarischen Anleihen Orwells bei Jack London sind leicht zu finden. Beide beginnen ihren Gang zu den Deklassierten, indem sie sich in einem ärmlichen second-hand-Laden zerlumpte Kleidung beschaffen: „Kaum war ich auf der Straße (schreibt London), als mich die Veränderung im Status beeindruckte, die meine Kleidung bewirkt hatte. Aus dem Benehmen der gemeinen Leute, mit denen ich in Berührung kam, schwand alle Höflichkeit. Prest! Sozusagen im Handumdrehen war ich einer der Ihren geworden. Meine abgetragene und am Ellbogen durchgescheuerte Jacke war das Kennzeichen und die Bekanntmachung meiner Klasse, die ihre Klasse war. Sie machte mich zu einem von der gleichen Art, und anstelle der schmeichelnden und allzu respektvollen Aufmerksamkeit, die mir bis dahin entgegengebracht worden war, war ich jetzt ein Kumpel wie sie. Der Mann in Kordhose und schmutzigem Halstuch sprach mich nicht mehr länger mit 'Sir' oder 'Governor' an. Jetzt hieß es 'Kamerad' oder 'Kumpel' — ein schönes, herzliches Wort mit einem Klang und einer Wärme und Fröhlichkeit, den die andere Anrede nicht besitzt." (Lon 7)

„In meinem Aufzug war ich besorgt (schreibt Orwell), daß die Polizei mich als Landstreicher festnehmen könnte, und ich wagte nicht, mit irgend jemandem zu sprechen, denn ich dachte mir, daß man sofort den Unterschied zwischen meinem Akzent und meiner Kleidung bemerken mußte. (Später entdeckte ich, daß meine Bedenken ganz umsonst waren.) Meine neue Garderobe hatte mich von einer Minute auf die andere in eine neue Welt transportiert. Jeder um mich herum schien sich plötzlich völlig anders zu benehmen. Ich half einem Lumpensammler, seinen umgekippten Karren aufzurichten. 'Dank dir, Kumpel', sagte er und grinste. In meinem ganzen Leben hatte mich zuvor noch niemand Kumpel genannt — mein Aufzug hatte das bewirkt." (174)

Auffallend ist die Schärfe und Präzision des Stils bei Orwell. Er verbindet den 'Kumpel' mit einem Vorfall, bei dem er einem anderen wirklich hilft, er ist nicht nur ein Beobachter, der aussieht wie ein Kumpel. Bei Orwell gibt es nichts, was die Kohärenz von Prosa und faktischer Realität stört. Sein Stil und seine literarische Formgebung resultieren aus seiner Herangehensweise. Hinter seinem Schreiben steht stets die Überzeugung, daß Wirklichkeit mit tradierten literarischen Techniken, in direkter Sprache beschrieben werden kann und daß Beobachten und Beschreiben Mittel sind, die Realität zu meistern. Sein entspannter, flexibler, ausgewogener Prosastil erlaubt es ihm, sich ständig wechselnden Schwerpunkten des erzählerischen Interesses ohne innere Brüche anzupassen. Orwell kann so ohne Schwierigkeiten von verallgemeinernder Beschreibung seiner eigenen Erfahrungen über die detaillierte Beobachtung eines Kumpels zu moralischer und sozialer Wertung kommen.

Der *Manchester Guardian* stellte in seiner Besprechung von *Erledigt in Paris und London* fest, daß „Mr. Orwell von Dingen, die den meisten Menschen fürchterlich erscheinen, in einem ruhigen, ausgeglichenen Ton erzählt, der es ihm ermöglicht, ein der Sache angemessenes Vokabular zu benutzen." (9.1.1933) Dieser ruhige, ausgeglichene Ton wurde in den folgenden Jahren zu Orwells größter Stärke, die vor allem in *Mein Katalonien* zur Meisterschaft gebracht wird.

Down and Out in Paris and London trägt Orwells Zukunft als Schriftsteller in sich. Wie in fast allen seinen Arbeiten beginnt der Erzähler oder Held in einem Stadium der Naivität und erlebt einen Prozeß der Erkenntnis, den mit ihm auch der Leser durchläuft.

Auf dem Weg zum Sozialismus (1933-1936)

Auf *Erledigt in Paris und London* folgte 1934 Orwells erster Roman *Tage in Burma*, über den wir schon gesprochen haben. Bis er wieder zu dem in *Down and Out* so erfolgreichen Stil zurückkehrte und ihn in *Der Weg nach Wigan Pier* (1937) und *Mein Katalonien* (1938) weiterentwickelte, schrieb Orwell zwei weitere Romane, die ebenso wie *Tage in Burma* autobiographische Züge tragen, von der Kritik aber größtenteils abgelehnt wurden. Es sind dies *Eine Pfarrerstochter* (1935) und *Die Wonnen der Aspidistra* (1936).

1933 unterrichtete Orwell am Frays College in Uxbridge. Während dieser Zeit arbeitete er verbissen an *Burmese Days* und schloß den Roman im Dezember ab. Kurz nach der Fertigstellung erkrankte er an einer schweren Lungenentzündung, die er sich beim Motorradfahren zugezogen hatte. Er besaß ein altes gebrauchtes Motorrad, das er auch im Winter stets in normaler Straßenkleidung ohne jeden Wetterschutz fuhr. Seine Schwester Avril berichtet: „Er lag im Krankenhaus in Hayes, und es wurde nach meiner Mutter geschickt. Ich fuhr sie dorthin. Er war tatsächlich sehr krank, aber die Krise war schon vorüber, und er war auf dem Wege der Besserung. Die Krankenschwester erzählte uns, daß er sich große Sorgen über Geld machte. Im Fieberwahn hatte er die ganze Zeit von Geld gesprochen. Wir versicherten ihm, daß alles in Ordnung sei und daß er sich darüber keine Sorgen zu machen brauche." (Dunn 257)

Nachdem Orwell sich von der Krankheit erholt hatte, beschloß er das Unterrichten aufzugeben und sich ganz dem Schriftstellerberuf zu widmen. Von Januar bis Oktober 1934 lebte er in Southwold, zunächst in Montague House, das seine Mutter von einer kleinen Erbschaft erworben hatte. Avril berichtet über diese Zeit:

„Eric und ich zogen in Montague House ein, das meine Mutter gerade gekauft hatte. Wir hatten dort nur sehr wenig Mobiliar, weil der Großteil unserer Möbel noch in dem anderen Haus stand. Eric schrieb den ganzen Tag über, und ich war außer Haus. Ich arbeitete zu jener Zeit in einem Teeladen in der Stadt und kam abends erst ziemlich spät zurück. Aus irgend-

Montague House in Southwold an der englischen Ostküste

welchen Gründen besaßen wir nur zwei Glühbirnen. Ich weiß nicht, warum, aber wir kauften keine. Jeder von uns trug eine im ganzen Haus herum, und wir schraubten sie ein, wo wir sie gerade brauchten.

Wenn er nicht schrieb, versuchte Eric schwarze Melasse und Wasser zu Rum zu destillieren. Er hatte die Melasse und Wasser fermentiert und kochte sie in einem Kessel auf. An der Tülle des Kessels war meterweise Gummischlauch befestigt, der kreuz und quer durch die Küche lief, sich an Stühlen hochschlängelte und über dem Spülbecken hing. Jedesmal wenn man vom Gasherd zu einem Schrank oder Tisch gehen wollte, kam das einem Hürdenlauf gleich. Endlich kam das Zeug am anderen Ende destilliert als reiner Alkohol heraus. Als wir es probierten, stellten wir fest, daß es einen fürchterlichen Gummigeschmack hatte." (Dunn 258)

Im August 1934 schrieb George Orwell seiner lebenslangen Freundin Brenda Salkeld über seine Pläne, sich in London eine Wohnung zu suchen: „Vielen Dank für Deinen Brief. Sobald ich das Buch, an dem ich gerade arbeite (*Eine Pfarrerstochter*, L.B.), beendet habe, werde ich in die Stadt ziehen, Ende Oktober wird es soweit sein. Ich weiß noch nicht, wo ich wohnen werde, aber vorzugsweise irgendwo in den Slums." (CEJL 1/161)

Tatsächlich zog er dann aber doch nicht in die Slums, sondern arbeitete von Oktober 1934 bis Januar 1936 als Halbtagskraft in der Buchhandlung Booklover's Corner an der South End Road in Hampstead. Diesen Job hatte ihm seine Tante Nellie Limouzin besorgt, die mit den Besitzern des Buchladens, dem Ehepaar Westrope, bekannt war. Die Westropes waren Mitglieder der Independent Labour Party, ILP, einer kleinen linken Absplitterung von der Labour Party. In der Buchhandlung arbeitete Orwell zusammen mit Jon Kimche, der Jahre später Herausgeber der Zeitung *Tribune* wurde, wo er Orwell als Redakteur für Literatur einstellte. Kimche arbeitete morgens, Orwell nachmittags. Im Februar 1935 skizzierte Orwell in einem Brief an Brenda Salkeld seinen Tagesablauf: „Ich führe zur Zeit ein geschäftiges Leben. Mein Zeitplan sieht wie folgt aus: 7.00 aufstehen, anziehen etc., Frühstück kochen und essen. 8.45 runtergehen & den Laden aufschließen, & werde dort bis 9.45 aufgehalten. Dann komme ich zurück, räume mein Zimmer auf, mache Feuer an etc. 10.30-13.00 schreibe ich. 13.00 Essen holen und essen. 14.00-18.30 bin ich im Laden." (CEJL 1/172) Kimche und Orwell wohnten über der Buchhandlung. Kimche erinnert sich, daß Orwell oft Tiraden gegen die aalglatten jungen Literaten aus Cambridge, denen alles einfach so in den Schoß fiel, gegen das Empire, die katholische Kirche oder die Reichen vom Stapel ließ (Fyv 52).

Hampstead hatte sich gegen Ende des 19. Jahrhunderts den Ruf eines reichen Künstlerviertels erworben, wo sich extravagante Bohèmiens von ihren Mäzenen aushalten ließen. Es war eine bevorzugte Wohngegend von jungen Schriftstellern und Künstlern und solchen, die es werden sollten. Orwell schrieb hier seinen Roman *Die Wonnen der Aspidistra*, dessen Held Gordon Comstock ebenfalls in einem Hampsteadter Buchladen arbeitet und in dem sich die Stimmung des Autors zu dieser Zeit stark niederschlägt.

Im März 1935 mußte er sich wegen der Erkrankung von Mrs. Westrope eine Wohnung außerhalb der Buchhandlung suchen, wobei ihm Mabel Fierz behilflich war. Er bewohnte nun ein Zimmer bei der Psychologin Rosalind Obermeyer in 77 Parliament Hill direkt an der Hampsteader Heide.

Orwell erneuerte zu dieser Zeit eine Reihe alter Freundschaften, zum Beispiel mit Cyril Connolly, der *Tage in Burma* im *New Statesman* sehr wohlwollend rezensiert hatte, und er knüpfte neue Freundschaften und Bekanntschaften, so mit dem Schriftsteller Rayner Heppenstall, dem Dichter Dylan Thomas und dem Anthropologen Geoffrey Gorer, der von Orwells Burma-Roman begeistert war. Aufschlußreich, wie Gorer den Menschen Orwell beschreibt:

„Ich fand, daß er einer der interessantesten Menschen war, die ich je kennengelernt habe. Ich war in seiner Gesellschaft nie gelangweilt. Er zeigte sich an fast allem interessiert, und seine Ansichten waren originell. Er übernahm keine eingefahrenen Ideen. ... Ich hätte gesagt, daß er ein

Gedenktafel in Hampstead, die an Orwells Zeit als Buchhändler (1934-35) erinnert

unglücklicher Mann war. Er war zu groß für sich selbst. Ich denke, wenn er jünger gewesen wäre, hätte man gesagt, ‘wie ein Fohlen’. Er war dafür geschaffen, Sachen vom Tisch herunterzuwerfen, über irgendwelche Dinge zu stolpern. Ich will damit sagen, daß er ein schlaksiger, körperlich schlecht koordinierter junger Mann war. Ich denke an seine Überzeugung, daß sogar die unbelebte Welt gegen ihn war, die er manchmal hatte, ich meine damit sein Gefühl, daß jeder Gasofen, den er besaß, nicht funktionieren würde, jedes Radio kaputtginge. ... Er war ein einsamer Mann — bis er Eileen traf, ein sehr einsamer Mann. Er war ziemlich davon überzeugt, daß niemand ihn mochte, das machte ihn bissig.” (Gor)

„Er war ein einsamer Mann — bis er Eileen traf ...” Orwell lernte Eileen O’Shaugnessy, die er am 9. Juni 1936 heiratete, im Sommer 1935 auf einer Party kennen. Im September schrieb er an Rayner Heppenstall: „Du hast Recht mit Eileen. Sie ist der netteste Mensch, den ich seit langem getroffen habe. Jedoch im Moment, leider! kann ich mir keinen Ring leisten, höchstens einen von Woolworth.” (CEJL 1/177) In einem Brief vom 5. Oktober, ebenfalls an Rayner Heppenstall, heißt es: „Eileen sagt, daß sie mich jetzt nicht heiraten will, ... weil sie im Moment kein Geld verdient und keine Belastung für mich sein möchte. Es wird sich jedoch später, wenn sie ihr Studium an der London University abgeschlossen hat, alles von selbst regeln, und vielleicht verdiene ich ja nächstes Jahr mehr.” (CEJL 1/178)

Eileen O'Shaughnessy, geboren 1905, bestimmte Orwells Leben und Arbeiten in den nächsten zehn Jahren nachhaltig. Von Freunden wird sie als hübsch und gelegentlich ein wenig exzentrisch beschrieben. „Weltoffen, eigen, hochintelligent und intellektuell, war Eileen vielleicht nicht weniger begabt — obwohl auf eine andere Weise — als der Mann, den sie heiratete." (Fe 115) Sie kam aus einer Familie der gehobenen Mittelschicht und studierte, als Orwell sie kennenlernte, nach einem Englisch-Studium in Oxford und wechselnden Tätigkeiten als Lehrerin, Sekretärin und Journalistin, Psychologie am University College London.

Eileen verstand und akzeptierte seinen leidenschaftlichen Drang, Schriftsteller zu sein, und war bereit, ihre eigenen Interessen für ihn hintanzustellen. Seinetwegen gab sie ihr Studium und eine akademische Karriere auf. Sie akzeptierte seine Lebensweise und drängte ihn nie, einen Brotberuf zu ergreifen. Von ihrer politischen Überzeugung her war Eileen, ohne einer Partei anzugehören, Sozialistin.

Orwells Verhalten änderte sich durch seine Bekanntschaft mit Eileen, er gewann an Selbstvertrauen, wurde optimistischer und ausgeglichener.

Im Januar 1936 bekam er von Victor Gollancz den Auftrag, für den Left Book Club eine Reportage über Armut und Arbeitslosigkeit in den Industriegebieten Nordenglands zu schreiben, die dann im folgenden Jahr unter dem Titel *Der Weg nach Wigan Pier* erschien. Von Ende Januar bis Ende März reiste Orwell durch die „depressed areas", die Krisengebiete von Lancashire und Yorkshire, um dann von Mai bis Dezember an dem Buch zu arbeiten.

Im April 1936 zog er, nachdem er schon lange vorher erklärt hatte, daß er das Londoner Leben verabscheue, nach Wallington, einem einsam gelegenen Ort mit zweihundert Einwohnern im ländlichen Hertfordshire. Er mietete dort den kleinen, ziemlich verkommenen ehemaligen Dorfladen, den er zusammen mit Eileen wieder öffnete. Das Haus hatte lediglich drei Zimmer und verfügte weder über Gas- noch über Stromanschluß.

Orwell hielt eine Reihe von Tieren, zwei Ziegen, Gänse, Hühner. Elisaveta Fen, eine Freundin Eileens, die die beiden des öfteren besuchte, erinnert sich besonders an die Hühner: „Falls es einem trotz der Kälte und der Vögel gelang zu schlafen, wurde man morgens um halb sieben vom ohrenbetäubenden Klingeln von Georges Wecker aus dem Schlaf gerissen. ... 'Mußt du sogar an Sonntagen um halb sieben aufstehen?' fragte ich ihn beim Frühstück. Wieder das charakteristische Lächeln! 'Ich muß um sieben die Hühner füttern. Sie sind daran gewöhnt, ihr Frühstück jeden Tag zur selben Zeit zu bekommen, sie wissen nicht, daß Sonntag ist.'" (Fe 117 f) Dieses Dreivierteljahr in Wallington gehörte sicher zur glücklichsten und unbeschwertesten Zeit in seinem Leben.

Sofort nach Fertigstellung von *Der Weg nach Wigan Pier* reiste Orwell nach Barcelona, wo er auf seiten der Republikaner im Spanischen Bürgerkrieg diente. Er schrieb sich als Soldat bei den Milizen der POUM ein, einer verhältnismäßig kleinen, unabhängigen Linkspartei, und kämpfte als Korporal an der Aragon-Front, bis er von einem Scharfschützen der Faschisten mit einem Schuß durch den Hals verwundet wurde. Im Juni nach England zurückgekehrt, begann er sofort seine in Spanien gesammelten Erfahrungen niederzuschreiben.

Die Auseinandersetzung mit Armut und Arbeitslosigkeit in Nordengland und die Teilnahme am Spanischen Bürgerkrieg waren die letzten entscheidenden Schritte, die aus Eric Blair endgültig den George Orwell machten, wie wir ihn kennen.

„Eine Pfarrerstochter"

Eine Pfarrerstochter (*A Clergyman's Daughter*) wurde am 11. März 1935 von Victor Gollancz veröffentlicht, am 17. August 1936 folgte die amerikanische Ausgabe. Orwell hatte an dem Roman, dessen Manuskript er im Oktober 1934 seinem Agenten Leonard Moore schickte, hart und lange gearbeitet. Am 27. Juli 1934 klagte er in einem Brief an Brenda Salkeld: „Ich ringe so elend mit den Innereien jenes furchtbaren Buches und komme nie von der Stelle. Ich kann den Anblick dessen, was ich geschafft habe, nicht ausstehen. Fang niemals an, Romane zu schreiben, wenn Du Dein Glück erhalten willst!" (CEJL 1/161)

Orwell empfand die Arbeit an einem Roman stets als ungeheuer anstrengend, quälend und aufreibend. Der Manuskriptsendung an Leonard Moore war ein Brief beigelegt, der die Einschätzung des Autors enthielt: „Ich bin überhaupt nicht zufrieden. Es war eine gute Idee, aber ich fürchte, ich habe sie verpfuscht — jedoch, im Moment kann ich es nicht besser hinkriegen. Es gibt Teile darin, die ich nicht ablehne, aber ich fürchte, daß es im ganzen sehr unverbunden und ziemlich unrealistisch ist." (CEJL 1/165)

Der Aufbau des Romans ist recht einfach. Dorothy Hare — im Englischen ein 'sprechender Name', „hare" bedeutet Hase — ist von hasenhafter Schüchternheit, die sie zusammen mit ihrem altjüngferlichen Benehmen, ihrer sexuellen Frigidität und ihrer masochistischen Persönlichkeitsstruktur zu einem perfekten Opfer macht.

Als Pfarrerstochter leistet sie, devot gegenüber ihrem egoistischen und snobistischen Vater, die gesamte diakonische Arbeit der Kirchengemeinde Knype Hill. Dorothys christlicher Glaube beruht allein auf einer selbstquälerischen Psyche, sie sticht sich laufend eine Nadel in den Arm, um sich ans Beten, an das Denken reiner Gedanken und so weiter zu ermahnen. Sie quält sich weniger aus Glauben denn aus Pflichtbewußtsein. Der Anblick einer wilden Rose, der Duft eines Sommertages gibt ihr eher das Gefühl religiöser Spontaneität und Liebe, als Altar und Predigt es vermögen, aber sie bestraft sich für diese 'Naturanbetung', indem sie sich einen Dorn der wilden Rose dreimal in den Arm sticht.

Von ihren Pflichten erdrückt, verliert Dorothy das Gedächtnis und macht Bekanntschaft mit der 'Orwellschen Unterwelt': Hopfenpflücken in Kent, Leben in Absteigen, Übernachten auf dem Trafalgar Square, Lehrerin in einer Privatschule.

Schließlich kehrt sie mit Hilfe Warburtons, eines Landschaftsmalers und kleinstädtischen Bohèmiens, in ihre alte Umgebung zurück. Warburton, der schon früher versucht hatte, sie zu verführen, möchte sie heiraten und bietet ihr so eine Flucht aus der krankmachenden Alltäglichkeit ihres Lebens als Pfarrerstocher an. Doch obwohl Dorothy weiß, daß sie ihren Glauben verloren hat und sich durch ihre Londoner Erfahrungen der Leere und Sinnlosigkeit der Welt bewußt geworden ist, weist sie Warburtons Antrag zurück. Ihr Verstand lehnt das christlich-provinzielle Leben ab, emotional bleibt sie jedoch in seinen Werten: Arbeit, Pflicht, Nützlichkeit, Anstand, gefangen.

Ist Dorothys Frigidität am Anfang satirisches Ziel des Romans und Symbol für die Enge ihrer Welt gewesen, so findet gegen Ende eine Umwertung statt, die Frigidität wird nun ihre Waffe gegen Warburton und die von ihm vertretene bohèmehafte, freidenkerische Emanzipation, die ohne jeden Glauben ist. Als Warburton versucht, sie zu küssen, erscheint er ihr plötzlich als „dicker, verlebter Junggeselle": „Sein schwerer männlicher Körper drückte sie nach hinten und hinunter, sein großes rosa Gesicht, glatt, aber alt in ihren Augen, beugte sich über ihr eigenes. Der strenge Geruch der Männlichkeit drang in ihre Nase. Sie wich zurück. Haarige Schenkel des Satyrs! Sie begann sich wild zu wehren, obwohl er kaum eine Anstrengung machte, sie zu halten, und im nächsten Moment hatte sie sich freigemacht und war, weiß und zitternd, in ihren Sitz zurückgesunken. Sie sah mit Augen zu ihm auf, die, von Angst und Ekel gezeichnet, einen Moment lang die einer Fremden gewesen waren." (312)

Die physische Abneigung an dieser Stelle ist bedeutsam, sie ist Orwells Mittel, die Auseinandersetzung mit einer verachteten moralischen Einstellung, dem puren Hedonismus, zu vereinfachen, indem er sie körperlicher Obszönität gleichsetzt. Die Schlußaussage des Romans ist konservativ, Orwell steht letztlich hinter seiner Hauptperson.

Das Eröffnungskapitel entwirft ein detailliertes und überzeugendes Bild des Lebens einer Pfarrerstochter in einer kleinen ostenglischen Gemeinde. Diese Sequenz, die das erste Drittel des Romans einnimmt, könnte als kurze Geschichte oder Novelle für sich allein stehen, es wird eine überzeugende, mit viel Verständnis und Einfühlungsvermögen beschriebene fiktionale Welt geschaffen. Doch ergibt sich daraus ein formales und inhaltliches Problem, das zu lösen Orwell nur unvollkommen gelang. Er erkannte, daß er dieses Kapitel nur dann zu einem Roman erweitern

George Orwell am Strand von Southwold, 1934

konnte, wenn er Episoden aus seiner eigenen Erfahrung einfügte — als Landstreicher, als Hopfenpflücker und Lehrer — und sie als Dorothys Erfahrungen präsentierte.

Vielleicht wäre diese Erweiterung auch gelungen, wenn es dem Autor geglückt wäre, Dorothys Wechsel von der Pfarrei in das Landstreicherleben befriedigend zu erklären und die einzelnen Episoden dieses Lebens besser zu einem festen erzählerischen Rahmen zu verbinden. Auf der einen Seite mußten Dorothys Erlebnisse so dargestellt werden, daß ihre Loslösung von der abgeschirmten, irrealen Welt des Pfarrhauses bis hin zu ihrer Erkenntnis der Leere der Welt, in der sie ihren Glauben verliert, deutlich wird, zum anderen darf sie sich nicht zu tief auf diese neue Welt einlassen, denn sie muß ja gegen Ende des Romans in ihr altes Leben zurückfinden können.

Orwell versuchte die Balance zwischen den beiden Welten zu halten, indem er einen Trick anwendete, der die gestellten Bedingungen zu erfüllen scheint. Um glaubwürdig zu erscheinen, muß Dorothys Abstieg aus der einen Welt in die andere so geschehen, daß ihm kein Akt freier Willensäußerung zugrunde liegt, denn das würde im Widerspruch zu ihrem Charakter stehen, wie er im ersten Kapitel entworfen wird.

So benutzt Orwell den einfachen, aber unbefriedigenden Kunstgriff, sie durch den plötzlichen Verlust ihres Gedächtnisses in die Londoner Unterwelt gelangen zu lassen. Dabei bleibt eine Reihe von Fragen unbeantwortet: Zwischen ihrer letzten Nacht in Knype Hill und ihrem Wiederauftauchen in Londons New Kent Road sind acht Tage vergangen, in denen Dorothy auf ungeklärte Weise nach London gelangte, sowie ihrer gesamten Kleider und ihres Schmucks beraubt wurde. Wie dies alles passieren konnte, erzählt uns der Autor nicht.

Sobald er Dorothy in den verwirrten Geisteszustand der Amnesie hat eintauchen lassen, kann der Erzähler auch ihr weiteres Verhalten aus diesem Zustand motivieren. Er braucht nicht zu erklären, weshalb sie sich drei kleinen Kriminellen anschließt, um in Kent Hopfen zu pflücken. Wichtiger noch: Da Dorothy nicht Herrin ihrer Gedanken und Erinnerungen ist, braucht sie nicht, wie der reale Orwell das bei seinen Ausflügen in die Unterwelt tat, ihr früheres Leben an dieser neuen Erfahrung zu messen. Aufgrund der Amnesie nimmt die ganze Unterwelt-Episode den Charakter eines Traums an: „Man handelt und plant und leidet, und dabei ist alles irgendwie unscharf, irgendwie unwirklich. Die Welt, die innere wie die äußere, verwischt sich, bis sie beinahe die Verschwommenheit eines Traums erreicht." (204) Dorothy agiert in einer ihr völlig fremden Welt wie ein Automat. Das erlaubt ihr, die Bedeutung ihrer Erfahrungen und Erlebnisse nicht voll erfassen zu müssen und letztendlich in das 'normale' Leben der Pfarrgemeinde, gleichsam nach einer Interimsphase, bruchlos wieder einzutauchen.

Sobald dieser literarisch schwache Übergang von der heilen Welt Knype Hills in die Welt der Landstreicher jedoch vollzogen ist, gewinnt der Roman neue erzählerische Kraft. Das Vagabundenleben und das Hopfenpflücken werden lebendig und überzeugend beschrieben. Hier fließen Orwells eigene Erfahrungen als Hopfenpflücker, die er im Jahre 1931 sammelte, in den Roman ein. In Dorothys Erinnerung an die Farm in Kent und die Hopfenernte verleiht Orwell seinen eigenen nostalgischen Gedanken Ausdruck:

„Wenn Dorothy später an dieses Zwischenspiel des Hopfenpflückens zurückdachte, fielen ihr immer die Nachmittage ein. Diese langen, anstrengenden Stunden im starken Sonnenlicht, im Klang von vierzig singenden Stimmen, im Duft von Hopfen und Holzfeuer, hatten etwas Eigenartiges und Unvergeßliches. Im Laufe des Nachmittags wurde man langsam so müde, daß man kaum mehr stehen konnte, und die kleinen grünen Hopfenläuse gerieten einem ins Haar und in die Ohren und juckten, und die Hände wurden von dem schwefelhaltigen Saft so schwarz wie Negerhände, nur dort nicht, wo sie bluteten. Und trotzdem war man glücklich, erfüllt von einem ganz unsinnigen Glücksgefühl. Die Arbeit packte einen, man ging ganz darin auf. Es war stupide Arbeit, mechanisch, anstrengend, und jeden Tag schmerzten die Hände mehr, und trotzdem bekam man nie genug davon; wenn das Wetter schön war und die Hopfen gut, hatte man das Gefühl, daß man immer und immer weiterpflücken könnte. Es bereitete einem eine physische Freude, ein warmes, befriedigtes Gefühl im Inneren, Stunde für Stunde hier zu stehen, die schweren Trauben abzureißen und zuzusehen, wie der blaßgrüne Berg im Metzen höher und höher stieg, jeder Scheffel weitere zwei Pennies in die eigene Tasche. Die Sonne brannte herab und röstete einen braun, und der bittere, nie nachlassende Geruch strömte einem erfrischend in die Nasenlöcher wie ein Wind von Ozeanen aus kühlem Bier. Wenn die Sonne schien, dann sangen alle beim Arbeiten; die Felder dröhnten vor Gesang." (129)

Dieser einfache, direkte Stil erinnert an *Erledigt in Paris und London.* Er steht in Kontrast zu den glatten, teilweise unbefriedigenden rein fiktionalen Elementen des Romans, jenen Teilen, bei denen sich Orwell nicht auf die Grundlage eigener Erfahrungen stützen konnte.

Orwell suchte in diesem Roman das stilistisch-formale Experiment. Das auffallendste Beispiel für seinen Versuch, symbolistische Techniken anzuwenden bzw. nachzuahmen, bildet das dritte Kapitel. Er entwirft dort ein dramatisches Tableau, bevölkert von den aus der Gesellschaft Ausgestoßenen, die sich nachts auf dem Trafalgar Square versammeln. Der Stil ist hier offensichtlich von der Circe-Episode in James Joyces *Ulysses* beeinflußt. Die Szene ist einmalig für Orwell, der später nie wieder in der Dialogform des Dramas schrieb. In diesem Kapitel laufen zwar die Fäden des Romans zusammen, durch seine Form sprengt es aber auch dessen Rahmen. Dorothy wird hier durch einen aus der Kirche verstoßenen Priester, Mr. Tallboys, mit der Religion konfrontiert:

„Innigst geliebte Brüder, wir sind versammelt im Angesicht Gottes zur Feier unheiliger Gotteslästerung. Er hat uns heimgesucht mit Schmutz und Kälte, Hunger und Einsamkeit, mit Blattern und Krätze, mit Kopflaus und Filzlaus. Unsere Nahrung sind feuchte Brotrinden und schleimige Fleischfetzen, die uns in Paketen in Hotelausgängen gereicht werden. Unsere Lust ist bitter gewordener Tee und Sägemehlkuchen, in stinkenden Kellern heruntergeschlungen, Spülwasser und Bierspeichel, die Umarmung zahnloser Vetteln. Unsere Bestimmung ist das Armengrab, fünfundzwanzig Fuß tief in groben Brettersärgen, die Penne der Unterwelt. Es ist in Wahrheit billig und recht, würdig und heilsam, immer und überall Ihn zu verfluchen und zu schmähen." (194)

Als weiterer literarischer Einfluß auf den Roman ist unschwer D. H. Lawrences *The Daughters of the Vicar* auszumachen. Bei Orwell fehlen jedoch die emanzipatorischen Elemente, die wir bei Lawrence stets finden, die Geschichte des Erwachens einer Frau zu einem neuen Selbstverständnis und einer neuen Weltsicht durch die Erfahrung der Liebe. Dorothy verliert zwar ihren Glauben, lehnt aber in der Folge die Kirche nicht ab:

„Die Fähigkeit zur Andacht kehrte ihr nicht zurück, keinen einzigen Moment lang, ja das ganze Konzept des Gottesdienstes hatte für sie jeden Sinn verloren; ihr Glaube war verschwunden, vollkommen und unwiderruflich. Es ist eine geheimnisvolle Sache, dieser Verlust des Glaubens — so geheimnisvoll wie der Glaube selbst. Und wie der Glaube selbst, so ist auch sein Verlust letztlich nicht in der Logik verwurzelt; es ist eine Veränderung im geistigen Klima. ... Ihr schien, daß es selbst dann, wenn man nicht mehr glaubte, immer noch besser war, in die Kirche zu gehen als es nicht zu tun; besser bei den alten Bräuchen zu bleiben, als sich in entwurzelter Freiheit treiben zu lassen." (274)

Dieser Schluß, den Dorothy aus ihren Erfahrungen zieht, bildet dann letztlich auch die zentrale Aussage des Romans. Dorothy tröstet sich, nach Knype Hill zurückgekehrt, damit, „daß, wenn man sich nur der zunächst liegenden Aufgabe widmet, der letzte Sinn dieser Aufgabe nicht mehr so wichtig ist; daß Glaube oder Unglaube letzten Endes auf das Gleiche hinauslaufen, vorausgesetzt, man tut das Übliche, das Sinnvolle und Annehmbare." (324)

Das konservative Ende des Romans: Dorothy kehrt in die Umgebung zurück, die sie krank machte, sie emanzipiert sich nicht davon, zeigt deutlich Orwells Ratlosigkeit gegenüber dem Problem, wie ein befriedigendes Leben oder eine Gesellschaft, in der ein anständiges Leben möglich ist, aussehen könnte.

Die Welt der Tramps, die Welt Warburtons ist leer, ohne Glauben, die Welt Dorothys zerstört sie, aber — und das ist der Schluß, den Orwell nahelegt — sie ist immer noch besser als eine Welt ohne Glauben. Eine wirkliche Lösung, und auch eine feste Position zum Leben, hat Orwell zu diesem Zeitpunkt noch nicht gefunden.

A Clergyman's Daughter wird im allgemeinen als Orwells schwächster Roman betrachtet, und er selbst wollte nicht, daß er noch einmal aufgelegt oder übersetzt würde. 1946 erklärte er in einem Brief an George Woodcock: „Es gibt zwei oder drei Bücher, derer ich mich wirklich schäme und deren Nachdruck oder Übersetzung ich untersagt habe, und das (er meint *Die Wonnen der Aspidistra*; L.B.) ist eines von ihnen. Es gibt sogar ein noch schlechteres mit dem Titel 'Eine Pfarrerstochter'. Ich habe es einfach als Übung geschrieben und hätte es nicht veröffentlichen sollen, doch ich brauchte dringend Geld. ... Zu jener Zeit hatte ich einfach kein Buch in mir, aber ich war halbverhungert und mußte etwas herausbringen, um 100 Pfund oder so zu verdienen." (CEJL 4/241)

Dennoch ist *Eine Pfarrerstochter* lesenswert und zum Verständnis der literarischen Entwicklung Orwells wichtig. Beim Lesen hat man oft den Eindruck, der Autor benutze das falsche Medium für sein Material, er versuche, verschiedene Genres zu einem fortlaufenden Ganzen zu vereinigen. Das Resultat ist ein Kompromiß zwischen Reportage und fiktionalem Text. Orwell suchte seinen Stil.

„Keep the Aspidistra Flying"

Mr. Warburton, der zynische Bohémien aus *Eine Pfarrerstochter*, bemerkt gegenüber Dorothy einmal, daß der erste Korintherbrief des Paulus, Absatz 13, mehr Sinn ergäbe, wenn man das Wort Liebe durch das Wort Geld ersetzte. Das tut Orwell und stellt die Passage seinem Roman *Die Wonnen der Aspidistra (Keep the Aspidistra Flying)* als Motto voran:

„Wenn ich mit Menschen- und Engelszungen redete und hätte des Geldes nicht, so wäre ich ein tönend Erz oder eine klingende Schelle. Und wenn ich weissagen könnte und wüßte alle Geheimnisse und alle Erkenntnis und hätte allen Glauben, so daß ich Berge versetzte, und hätte des Geldes nicht, so wäre ich nichts. Und wenn ich alle meine Habe den Armen gäbe und ließe meinen Leib brennen und hätte des Geldes nicht, so wäre mir's nichts nutze. Das Geld ist langmütig und freundlich; das Geld eifert nicht, das Geld treibt nicht Mutwillen, es blähet sich nicht. Es stellet sich nicht ungebärdig, es suchet nicht das Seine, es läßt sich nicht erbittern, es rechnet das Böse nicht zu. Es freuet sich nicht der Ungerechtigkeit, es freuet sich aber der Wahrheit. Es verträgt alles, es glaubet alles, es hoffet alles, es duldet alles … Nun aber bleibt Glaube, Hoffnung, Geld, diese drei; aber das Geld ist das größte unter ihnen."

Der Austausch der Worte in diesem Text weist auf den Inhalt des Romans hin, den man schlagwortartig mit dem Sprichwort 'Geld regiert die Welt' zusammenfassen kann. Das Buch trägt stark autobiographische Züge. Es zeigen sich in ihm die Ablehnung, die Orwell gegenüber einer von den Werten des Geldes beherrschten Welt fühlte, und die Frustrationen und die Bitterkeit seines Lebens als unbekannter, mittelloser Schriftsteller in Paris und London.

Gordon Comstock, der Held des Romans, hat ebenso wie Dorothy Hare einen sprechenden Namen. Das englische „common stock", das dem Namen zugrunde liegt, könnte man mit „von gewöhnlicher Herkunft" übersetzen. Gordon Comstock wurde 1905 als unerwünschter Nachkömmling einer im gesellschaftlichen Abstieg befindlichen middle-class-Familie geboren. Er haßt seinen schottischen Vornamen: „Daß solche Namen heutzutage überhandnehmen, ist lediglich ein Teil der Schottifizierung Englands, die seit nunmehr fünfzig Jahren stattfindet. 'Gordon', 'Collin', 'Malcolm', 'Donald' — das ist es, was Schottland, neben Golf, Whisky, Porridge und den Werken von Barrie und Stevenson, der Welt geschenkt hat." (46)

Die Comstocks sind eine armselige, farblose Familie ohne jede Vitalität: „Man könnte sich unmöglich vorstellen, daß auch nur einer von ihnen es in der Welt zu irgend etwas bringen oder etwas schaffen oder etwas zerstören, oder glücklich oder ausgesprochen unglücklich oder ganz lebendig sein, oder auch nur ein anständiges Einkommen verdienen würde. Sie trieben einfach dahin, in einer Atmosphäre pseudovornehmen Versagens." (48)

Was der Familie den Anstrich des Versagens gibt, ist jedoch nicht allein der Geldmangel, sondern die Geisteshaltung und die Weltanschauung, die mit dieser Geldnot einhergehen: „Es war nicht *bloß* der Geldmangel. Es lag eher daran, daß sie, obwohl sie kein Geld hatten, geistig immer noch in der Geldwelt lebten — der Welt, in der Geld Tugend und Armut ein Verbrechen ist. Es war nicht die Armut, sondern das Niederdrückende der *achtbaren* Armut, das sie erledigt hatte. Sie hatten den Geld-Kodex akzeptiert, und gemäß diesem Kodex waren sie Versager. Es war ihnen nie in den Sinn gekommen, auszubrechen und einfach zu *leben*, Geld hin oder her, wie es die unteren Klassen tun. Wie recht die unteren Klassen doch haben! Hut ab vor dem jungen Fabrikarbeiter, der mit nur vier Pennies Vermögen seine Freundin in andere Umstände bringt! Zumindest fließt in seinen Adern Blut und nicht Geld." (55)

Gordon wächst auf in „einer Atmosphäre von aufgetragenen Kleidern und geschmorten Hammelnacken". Seine Eltern vernachlässigen die Ausbildung seiner Schwester, um ihn auf eine drittklassige Privatschule schikken zu können. Dort ist das Leben für ihn eine Qual, weil die Eltern der anderen Jungen wesentlich reicher sind als seine. Er ist kein erfolgreicher Schüler, „aber er schaffte es, seinen Verstand in den Bahnen, die ihm angemessen waren, auszubilden." Er liest verbotene Bücher, entwickelt unorthodoxe Ansichten über die Kirche, den Patriotismus und die Werte, die die Schule vertritt. Er beginnt Gedichte zu schreiben und gibt zusammen mit anderen Jungen eine inoffizielle Schulzeitung mit dem Titel „Der Bolschewik" heraus; „so gut wie jeder, der auch nur ein bißchen Verstand hatte, war zu dieser Zeit ein Revolutionär." Sehr früh kommt er dahinter, was es mit dem Geld auf sich hat:

„Was er im Laufe der Zeit immer klarer feststellte, war, daß die Verehrung des Geldes in den Rang einer Religion erhoben worden ist. Vielleicht ist sie die einzig wirkliche — die einzig wirklich *gefühlte* Religion —, die uns geblieben ist. Das Geld ist, was früher Gott war. Gut und Böse haben keine Bedeutung mehr, außer Versagen und Erfolg. Daher der zutiefst bedeutsame Ausdruck *sich gut machen.* Der Dekalog ist auf zwei Gebote reduziert worden. Eines für die Arbeitgeber — die Auserwählten, die Priesterschaft des Geldes sozusagen — 'Du sollst Geld machen'; das andere für die Arbeitnehmer — die Sklaven und Untergebenen — 'Du sollst deinen Job nicht verlieren.'" (54)

Die Aspidistra, eine damals beliebte Zimmerpflanze, wird für Gordon zum Symbol der Geldhörigkeit des Mittelstandes. Es gibt nur zwei Auswege, entweder reich sein oder sich weigern, reich zu sein. Während seiner Schulzeit ist Gordon eingebleut worden, daß er ein Versager sei, jemand, der nie Erfolg haben werde. Also entschließt er sich, dem Geldgott den Krieg zu erklären, er bricht aus seinem 'guten Job' aus: „Das bedeutete es, den Geldgott zu verehren! Sich einleben, sich 'gut machen', für eine Villa und eine Aspidistra seine Seele verkaufen! Sich in den typischen kleinen melonetragenden Schleicher ... zu verwandeln, den kleinen, lenkbaren Spießer, der mit der Sechs-Uhr-Fünfzehn-Bahn nach Hause verschwindet, zu einem aus Kuchen mit süßer Sauce und gedämpften Birnen aus der Dose bestehenden Abendessen, einem halben Stündchen Hineinhören beim BBC-Symphoniekonzert, und dann vielleicht noch einem bißchen legalen Geschlechtsverkehr, wenn seine Frau 'dazu in der Stimmung ist'! Welch ein Schicksal! Nein, so zu leben war einem gewiß nicht bestimmt. Man mußte sofort da heraus, heraus aus dem Geldgestank." (60)

Gordon beschließt Schriftsteller zu werden und hört auf zu arbeiten, aber er muß erkennen, daß man, wenn man gar kein Geld zum Leben hat, um so mehr zum Sklaven des Geldes wird. Er erkennt, daß „die erste Auswirkung der Armut" darin besteht, „daß sie das Denken tötet". Er kommt mit seiner schriftstellerischen Arbeit nicht voran. Schließlich findet er einen Job bei einer Werbeagentur: „Die New Albion war eine jener Werbefirmen, wie sie seit dem Krieg überall aus dem Boden geschossen sind — sozusagen die Schwämme, die aus dem absterbenden Kapitalismus hervorsprießen." (63) Die Werbeleute haben sich ihren eigenen zynischen Kodex zurechtgelegt. „Die Öffentlichkeit besteht aus Schweinen; Werbung heißt, mit einem Stock in einem Futtereimer klappern. Und doch lag unter ihrem Zynismus die allem zugrundeliegende Naivität, die blinde Verehrung des Geldgottes." (64)

Comstocks literarische Begabung macht ihn zu einem guten Werbetexter, aber bevor er sich zu sehr auf die korrumpierende Arbeit einläßt, steigt er aus, er will dem Geldgott nicht dienen. Die Werbung, wie sie ihm von den Plakaten entgegenschlägt, erscheint ihm als Vergegenständlichung der Häßlichkeit der modernen Welt, als Fassade des Zerfalls und des Niedergangs, hinter der „nichts als schreckliche Leere, heimliche Verzweiflung liegt. Der große Todeswunsch der modernen Welt. Übereinkünfte

Keep the Aspidistra Flying
GEORGE
ORWELL

zum Selbstmord. Köpfe, in einsamen Etagenwohnungen in Gasherde gesteckt. Pariser und Amen-Pillen. Und der Widerhall künftiger Kriege". (23)

Gordon arbeitet dann in einem Buchladen, eine Tätigkeit, die ihm das Gefühl gibt, außerhalb der Geldwelt zu stehen. Er verdient dort gerade genug, um sich ernähren zu können, leidet aber ständig unter einem demütigenden Geldmangel, er kann sich keine Zigaretten kaufen, kann nicht im Pub ein Bier trinken gehen. Mit seinem Schreiben — er arbeitet an einem langen Gedicht mit dem Titel „Londoner Freuden" — kommt er nicht voran: „Er kam einfach nicht zurecht mit Reimen und Adjektiven. Man schafft es nicht, wenn man nur zweieinhalb Pennies in der Tasche hat." (11) Sein einziges veröffentlichtes Buch, ein Gedichtband mit dem Titel „Mäuse", war ein totaler Reinfall, und Gordon fühlt sich in der Buchhandlung erdrückt von den kritischen und schöngeistigen Büchern, „die diese betuchten jungen Widerlinge aus Cambridge praktisch im Schlaf schreiben".

Alles, alles hat mit Geld zu tun, man dient dem Geldgott oder man geht unter, gesellschaftliches Versagen, künstlerisches Versagen, sexuelles Versagen, alles hängt mit Geld zusammen:

„Er hatte eine Vision von London, von der westlichen Welt; er sah tausend Millionen Sklaven, die sich um den Thron des Geldes herum abplackten und auf dem Bauch krochen. Die Erde wird bestellt, Schiffe fahren, Bergarbeiter schwitzen in feuchtigkeitstriefenden, unterirdischen Schächten, Angestellte hasten auf den Acht-Uhr-Fünfzehn, und die Angst vor dem Boß nagt ihnen an den Eingeweiden. Und noch bei ihren Frauen im Bett zittern und gehorchen sie. Und wem gehorchen sie? Der Priesterschaft des Geldes, den rosiggesichtigen Herren der Welt. Der Oberkaste. Einem Gewusel von gepflegten jungen Hasen in Tausend-Guineen-Autos, golfspielenden Börsenmaklern und kosmopolitischen Finanziers, Anwälten am Kanzleigericht und vornehmen Tunten, Bankiers und Zeitungsbaronen, Schriftstellern vielerlei Geschlechts, amerikanischen Berufsboxern, weiblichen Fliegern, Filmstars, Bischöfen, Dichtern mit einem Titel und Gorillas aus Chicago." (180 f)

Nur zwei Menschen bedeuten Gordon etwas, aber die Beziehung zu ihnen wird durch seinen Krieg gegen das Geld gestört. Gordon fühlt sich nie als vollwertiger Mensch, denn er hat kein Geld und nimmt auch von seinen Freunden nichts an, denn „Mildtätigkeit tötet Freundschaft". Ravelston ist der Herausgeber eines sozialistischen Magazins, der versucht, seiner eigenen Klasse zu entfliehen und 'Ehrenmitglied' des Proletariats zu werden. Rosemary ist Gordons Freundin, die er aus Geldmangel nur auf der Straße treffen kann, von ihr einladen läßt er sich nicht. Sie liebt ihn, will aber nicht mit ihm schlafen. Gordon führt die Weigerung darauf zurück, daß er kein Geld hat. Er drängt sie, und schließlich ist es soweit: „Es erschreckte ihn zu spüren, wie wenig er sie in diesem Augenblick wirklich begehrte. ... Wie kann man Liebe machen, wenn man nur noch acht Pennies in der Tasche hat und die ganze Zeit daran denkt?" (168)

Gordon läßt sich fallen, er verliert seinen Job und nimmt eine schlechtere Anstellung in den Slums von Lambeth an, er arbeitet dort als Aufseher einer billigen Leihbücherei:

„Vorher hatte er zwar gegen den Geldkodex gekämpft, sich jedoch gleichzeitig an die erbärmlichen Reste seiner Anständigkeit geklammert. Jetzt hingegen wollte er eben dieser Anständigkeit entfliehen. Er wollte absteigen, tief hinab, in eine Welt, wo Anständigkeit keine Rolle mehr spielte; die Stricke seiner Selbstachtung durchschneiden, versinken — *untergehen*, wie Rosemary gesagt hatte. All das verband er in Gedanken mit der Vorstellung, in der *Unterwelt* zu sein. Er dachte gern über die Verlorenen nach, die Unterwelt-Menschen, Landstreicher, Bettler, Kriminelle, Prostituierte. Es ist eine gute Welt, die sie bewohnen, dort drunten in ihren muffigen Löchern und Pennen. Ihm gefiel der Gedanke, daß unter der Welt des Geldes eine große liederliche Unterwelt existiert, wo Mißerfolg und Erfolg keinerlei Bedeutung haben; eine Art Geisterreich, *unter* jeder Ambition. ... Und irgendwie war auch dieser Job genau das, was er wollte; zumindest kam er dem nahe, was er wollte. Dort unten in Lambeth hatte man im Winter auf den düsteren Straßen, wo die sepiaüberschatteten Gesichter von gewohnheitsmäßigen Teetrinkern durch den Dunst schwebten, ein Gefühl des *Untergetauchtseins*." (243)

Gordon verliert den Kontakt mit der Welt des Geldes und der Kultur. Er lebt in einer lausigen Absteige, liest nur noch Groschenromane und verkommt mehr und mehr, er wäscht sich kaum noch, sein Zimmer reinigt er nie. Es ist Rosemary, die ihn aus dieser Welt wieder herausholt. Rosemary erwartet ein Kind von ihm. Gordon entschließt sich daraufhin, seinen alten Job bei der New Albion-Werbeagentur wieder anzunehmen:

„Was hatte er bloß getan? Das Handtuch geworfen! All seine Schwüre gebrochen! Sein langer, einsamer Krieg hatte mit einer schmachvollen Niederlage geendet. Beschneidet euch die Vorhaut, spricht der Herr. Reuig kehrte er zur Herde zurück. Er ging irgendwie schneller als sonst. Im Herzen, in den Gliedern, im ganzen Körper verspürte er geradezu physisch eine eigenartige Empfindung. Was war das? Scham, Elend, Verzweiflung? Wut darüber, daß ihn das Geld wieder in den Klauen hatte? Ein Gefühl des Angeödetseins, wenn er an die grauenhafte Zukunft dachte? Er zog die Empfindung ans Licht, erkannte sie, prüfte sie. Es war Erleichterung. Jawohl, genau das war es. Jetzt, wo die Sache erledigt war, empfand er nichts als Erleichterung; Erleichterung darüber, daß es ein Ende hatte mit Schmutz, Kälte, Hunger und Einsamkeit und daß er zu einem anständigen, wirklich menschenwürdigen Leben zurückkehren konnte." (283)

Gordon trennt sich von seinem Schriftstellerleben, vernichtet das Manuskript der „Londoner Freuden". Er erkennt die Werte der Mittelklasse und eignet sie sich an: „Unsere Zivilisation beruht auf Gier und Angst, aber im Leben der gewöhnlichen Menschen werden Gier und Angst auf rätselhafte Weise in etwas Edleres verwandelt. ... So wie sie ihn interpretierten, war der Geldkodex nicht bloß zynisch und schmutzig. Sie hatten ihre Maßstäbe, ihr Ehrgefühl, das ihnen heilig war. sie 'hielten sich achtbar' — hielten die Aspidistra hoch. Außerdem *lebten* sie. Sie waren untrennbar in den Lauf des Lebens eingebunden. Sie zeugten Kinder, was Heilige und Seelenretter unter gar keinen Umständen je tun." (286)

Am Ende — Gordon kauft sich sogar eine Aspidistra — revoltiert er gegen seine eigene Revolte gegen den Geldgott und erlöst sich so von seinem bisherigen deprimierenden Leben.

In diesem Schluß spiegelt sich die Zwiespältigkeit von Orwells Denken. Er selbst mochte die 'normalen, anständigen Leute', versuchte auf der anderen Seite aber aus ihrem Leben auszubrechen, lehnte dabei wiederum die Existenz des marginalisierten Künstlers ab.

Interessant ist in diesem Zusammenhang, daß Orwell während der Endphase der Arbeit an dem Roman Eileen O'Shaughnessy kennenlernte, so daß es fast scheint, als sei das Buch in gewissem Sinne Rechtfertigung und Bestätigung der Veränderungen in seinem eigenen Leben. Vermutlich hätte der Roman ohne die Bekanntschaft mit Eileen einen anderen Schluß bekommen.

Gordons Revolte gegen den Geldgott mißlingt, weil hinter seinem Aufbegehren keine konstruktive Absicht steht. Orwell verfaßte den Roman, bevor er sich selbst eine politisch-gesellschaftliche Theorie zu eigen machte, sein Manko ist, daß er selber ohne positive Zielvorstellung schreibt. Die verbale Verdammung einer vom Geld regierten Welt fällt umso drastischer aus, je unklarer sich Orwell zu dieser Zeit über einen lebenswerten Gegenentwurf ist. In keinem seiner drei ersten Romane *Tage in Burma, Eine Pfarrerstochter* und *Wonnen der Aspidistra* wird das Thema: sein Abscheu gegenüber der Lebensweise und den Wertmaßstäben der Mittelklasse, mit einer politischen Zielsetzung verknüpft. Deshalb bleibt für seine Hauptfiguren der Tod oder die Rückkehr ins 'normale Leben' nach einem versuchten Ausbruch die einzige Lösungsmöglichkeit.

Die drei frühen Romane Orwells können nicht im eigentlichen Sinne als politische Romane verstanden werden, obwohl sie eine gesellschaftliche

Klasse zum Gegenstand haben und obwohl sie ein getreues Bild des zeitgenössischen Großbritannien bzw. des Empire geben.

Wie in allen Romanen Orwells ist der Held Gordon Comstock allein, er steht einsam vor der Masse, wie Orwell selbst — in *Einen Elefanten erschießen* geschildert — einsam vor der Masse der Burmesen stand. Comstock ist als 'zorniger junger Mann' der Vorläufer von John Osbornes Jimmy Porter.

Obwohl der Roman nicht in der ersten Person geschrieben ist, werden alle Geschehnisse aus Gordons Sicht geschildert. Es erscheint oft unklar, ob der Erzähler mit Gordons oder Orwells Stimme spricht. Orwell brachte wieder, wie in den anderen Romanen, ein Großteil eigener Erfahrungen ein, aber es gelingt ihm jetzt besser als in *Eine Pfarrerstochter*, sie in die Romanhandlung einzubetten. Sein literarisches Können und sein Selbstvertrauen sind spürbar gewachsen.

Die Tatsache, daß es zahlreiche Parallelen zwischen Comstock und Orwell gibt — Herkunft, Schule, Jobs —, hat einige Kritiker veranlaßt, beide als ein und dieselbe Person zu betrachten, was mit Sicherheit ein Fehler ist. Genauso wie John Flory, der Held aus *Tage in Burma*, eine literarische Projektion war (Orwell wäre vielleicht so geworden, wenn er länger in Burma geblieben wäre), so ist auch Gordon Comstock eine Projektion, eine Phantasie des Eric Blair als erfolgloser, heruntergekommener Schriftsteller.

Gordon reflektiert zum Teil Orwells Ideen und Erfahrungen, doch ihm fehlt Orwells moralische Standfestigkeit und der absolute Wunsch, Schriftsteller zu werden. Orwell war, als er *Keep the Aspidistra Flying* schrieb, schon ein relativ bekannter Schriftsteller. Genau wie Comstock spielte auch Blair mit dem Gedanken des gesellschaftlichen 'Untertauchens', letztlich jedoch ist das Buch Orwells Überwindung dieses Blairschen Gedankens. Comstock ähnelt Blair bis zu dem Zeitpunkt, als aus Blair Orwell wurde.

Richard Rees, der als Vorbild für die Person des sozialistischen Redakteurs Ravelston in dem Roman gedient haben dürfte, bewertete *Die Wonnen der Aspidistra* als Schlußpunkt der ersten Periode von Orwells Schreiben. George Orwell verliert in den folgenden Jahren seine Naivität. Er bewegt sich weg von einem intellektuellen Individualismus, hin zu einem Sinn für Solidarität, der seinen Ausdruck in seiner Wendung zum Sozialismus findet. Es ist eine Bewegung von der stolzen, einsamen Kultivierung der Sensibilität zur Akzeptanz des Eingebundenseins in einer Gesellschaft. H.G.Wells schrieb über sich selbst, als er eine ähnliche Erfahrung in seinem Leben zur Sprache brachte, einen Satz, der auch auf George Orwell zutrifft: „Von der Veranlagung her ist er egoistisch und romantisch, vom

Verstand her ist ihm klar, daß der Egoist und der Romantiker verschwinden müssen." (All 36)

Die Wonnen der Aspidistra ist Orwells letzter unpolitischer Roman, er markiert das Ende einer schriftstellerischen Phase, in der er sich selbst und seinen Stil suchte. In dem Essay *Warum ich schreibe* bilanzierte er 1946: „Bei einem Rückblick auf mein Werk stelle ich fest, daß meine Bücher immer dann leblos geworden sind, wenn ihnen eine *politische* Absicht fehlte und ich mich in gedrechselte Passagen, nichtssagende Sentenzen, schmückende Beiworte und ganz allgemein in Geschwafel verlor."

In *Die Wonnen der Aspidistra* finden sich noch zahlreiche literarische Anleihen bei anderen Autoren, vor allem D.H. Lawrence und James Joyces „Stephen Dedalus". Orwell läßt Gordon Comstock sagen: „Aber Lawrence war in Ordnung, und Joyce sogar noch besser, bevor er überschnappte." (18) Deutlich von Lawrence bestimmt ist zum Beispiel die Metamorphose der Landschaft, durch die Gordon mit Rosemary geht. Dem Leser ist klar, daß die beiden später zum ersten Mal miteinander schlafen werden, also „schweben die Buchen phallisch mit ihrer glatten, an Haut erinnernden Rinde und den Riefen im unteren Teil des Stammes". Die Fasane laufen „lange Schwänze schleppend" herum, die „kleinen Knubbel auf der Rinde" sehen aus „wie Brustwarzen", und Rosemary „watete durch ein Bett zusammengetriebener Buchenblätter, die sie wie eine schwerelose, rotgoldene See bis zu den Knien umraschelten" (152-154). Ich glaube, mit diesen Zitaten wird klar, was Orwell 1946 selbstkritisch mit „gedrechselten Passagen" und „ganz allgemein Geschwafel" meinte.

Die Wonnen der Aspidistra erschien am 20. April 1936 in einer Auflage von 3.000 Exemplaren, von denen sich etwa 2.500 verkauften. Die Rezensionen waren dem Buch wohlgesonnen, Orwell besaß nun den Ruf eines vielversprechenden jungen Schriftstellers knapp vor dem großen Durchbruch.

„Der Weg nach Wigan Pier"

Als George Orwell von Victor Gollancz den Auftrag annahm, für den Left Book Club ein Buch über die Lebensbedingungen der Armen und Arbeitslosen in Nordengland zu schreiben, lag die Arbeitslosenquote in Großbritannien bei über 25 Prozent, weit über zehn Millionen Briten waren unterernährt. In Wigan war jeder Dritte ohne Arbeit, viele davon schon länger als sieben Jahre.

Der Weg nach Wigan Pier ist von fast allen Biographen und Kritikern abgelehnt worden. Tom Hopkinson bezeichnet es als Orwells schlechtestes Buch und Laurence Brander spricht von Orwells „enttäuschendster Vorstellung" überhaupt.

Die Enttäuschung begann schon, als das Typoskript auf den Schreibtisch von Victor Gollancz kam. Er hatte gute Gründe, überrascht zu sein, denn *The Road to Wigan Pier* war wohl die merkwürdigste Antwort auf einen Auftrag des Left Book Club, die es je gab. Gollancz hatte Orwell beauftragt, eine Dokumentation über die „condition of England" zu verfassen, eine beschreibende Analyse der Lebensbedingungen der Arbeitslosen in den Industriegebieten Nordenglands. Er hatte dabei wohl an eine dokumentarische Reportage in der Art von Friedrich Engels' *Die Lage der arbeitenden Klasse in England* oder Charles Booths *Life and Labour of the People in London* gedacht, eine Arbeit, für die Orwell wegen seiner Reportage *Erledigt in Paris und London* besonders geeignet schien.

Was Gollancz schließlich erhielt, war ein aus zwei Teilen bestehendes Buch, wobei keiner der beiden Teile dem entsprach, was er in Auftrag gegeben hatte. Die erste Hälfte des Buches hält sich grob an den vertraglich vereinbarten Rahmen, nähert sich ihm aber auf eine spezifisch persönliche Art und Weise. Die zweite Hälfte ist teilweise kulturelle Autobiographie, teilweise persönliche Meinungsäußerung über den Sozialismus, mit dem Orwell sich zu dieser Zeit, nicht zuletzt aufgrund seiner Erfahrungen im Norden, verstärkt auseinanderzusetzen begann. *Der Weg nach Wigan Pier* erschien schließlich im März 1937 in einer Auflage von 40.000 Exemplaren, und zwar so wie Orwell es geschrieben hatte, eine Tatsache, die dem

Verleger hoch anzurechnen ist. Gollancz schrieb ein Vorwort, in dem er sich alle Mühe gibt, das Buch fair zu beurteilen und richtig einzuschätzen, dennoch spricht aus jeder seiner Zeilen Unbehagen und Ablehnung.

Der erste Teil beschreibt das Leben der Bergarbeiter und Arbeitslosen in den Industriegebieten von Lancashire und Yorkshire in der Mitte der dreißiger Jahre. Es ist einer der lebendigsten beschreibenden soziologischen Berichte, die ich kenne. Der Ärger mit den meisten dieser Bücher, ich denke dabei auch an Klassiker wie Friedrich Engels' *Die Lage der arbeitenden Klasse in England* und Mayhews berühmte Bände über die Londoner Unterschichten, liegt darin begründet, daß sie in einer zweifachen Distanz zu ihren Subjekten verfaßt wurden. Zum einen halten die Verfasser ihre eigenen Reaktionen aufgrund einer mißverstandenen Idee wissenschaftlicher Objektivität heraus. Das Studium menschlichen Verhaltens kann jedoch schon wegen seines Gegenstandes nicht im naturwissenschaftlichen Sinne wissenschaftlich sein. Darüber hinaus halten die Autoren eine starke psychologische Distanz aufrecht. Sie verbringen zwar gewissenhaft viel Zeit im 'Feld', aber es ist und bleibt immer das Feld ihrer Beobachtung.

Nur selten gibt es den Glücksfall, daß ein Beobachter kommt, der weder Tourist noch Soziologe ist und der es vermag, selbst in die tatsächliche Existenz des Lebens auf dem Grunde der Gesellschaft herabzusteigen, ohne seine eigene Orientierung zu verlieren. Solch ein 'Glücksfall' war Simone Weil, die in den dreißiger Jahren bei Renault und in anderen Fabriken arbeitete und darüber einige klare und aufwühlende Essays schrieb. Solch ein 'Glücksfall' war aber sicherlich auch George Orwell, und seine Berichte und Reportagen sind zu Unrecht von Büchern wie *Farm der Tiere* und *Neunzehnhundertvierundachtzig* in den Hintergrund gedrängt worden.

Als der Left Book Club ihn beauftragte, den Band zu verfassen, ging er nach Wigan und nahm sich in einer billigen Absteige ein Zimmer. Vom 31. Januar bis zum 25. März 1936 hielt er sich im Black Country, dem nordenglischen Industriegebiet, auf. Er fuhr mit dem Zug von London nach Coventry und setzte seine Reise dann zu Fuß und per Bus fort. Birmingham, Wolverhampton, Macclesfield, Manchester, Wigan, Liverpool, Sheffield, Leeds und Barnsley waren die Stationen. Während dieser Zeit traf er sich mit Bergarbeitern, Gewerkschaftsfunktionären, Vertretern von Arbeitslosenorganisationen und anderen Komitees, um die Wohnverhältnisse zu studieren und sich mit den Auswirkungen von Armut, Unterernährung und Arbeitslosigkeit der einfachen Leute vertraut zu machen.

Seine Eindrücke schrieb Orwell in einem Tagebuch nieder, das erst nach seinem Tod zwischen anderen Papieren gefunden wurde. Dieses Tagebuch bildet die Grundlage für die Reportage *The Road to Wigan Pier.* Vergleicht man die Eintragungen des Tagebuches, das in Auszügen auch in deutscher Sprache erschienen ist, mit dem fertigen Buch, so zeigt sich sehr spannend der Prozeß der literarischen Verarbeitung von Wirklichkeit. Man kann bei diesem Vergleich sehr viel über Orwells literarische Techniken lernen, und es lohnt sich, beide Texte parallel zu lesen.

Seine Anlaufadresse in Wigan war Joe „Jerry" Kennan, ein Bergwerkselektriker und Mitglied der ILP, der Independent Labour Party. Kennan war auch aktives Mitglied der NUWM (National Unemployed Worker's Movement), einer Arbeitslosenselbsthilfeorganisation. Er berichtet: „Am Samstagnachmittag klopfte es an der Tür. Wir tranken gerade Tee. Ich öffnete und da stand dieser lange Kerl mit seinen Flanellhosen, brauner Jacke und Regenmantel. Er sagte mir, daß er zwei Briefe hätte, einen von Middleton Murry, dem pazifistischen Schriftsteller, den anderen von Frank Meade*. In diesem Brief bat mich Murry, für ihn eine Unterklassen-Unterkunft zu besorgen, praktisch eine mit Slum-Charakter. Also bat ich Orwell reinzukommen, und er trank Tee mit uns. Später gingen wir runter zum Marktplatz, wo es jeden Sonnabend und Sonntag eine Reihe von politischen Versammlungen gab. Da war die ILP, die Kommunistische Partei, da gab es das Arbeitslosenkomitee und auch verschiedene religiöse Gruppen. ... Ich machte ihn mit einigen Kumpeln bekannt, die mit NUWM in Verbindung standen." (Ken)

Anders als bei seinen Tramp-Touren verbarg Orwell in Wigan nicht seine wahre Identität. Er trat offen als Schriftsteller und Journalist auf und führte sich mit Empfehlungsschreiben von Richard Rees und Londoner ILP-Mitgliedern ein. Jerry Kennans Einschätzung liest sich wie folgt: „Er erzählte mir, daß er Offizier in der Burmesischen Militärpolizei gewesen war, in Eton erzogen wurde und nie in seinem Leben in einem Industriegebiet gewesen sei, und ich erinnere mich deutlich, daß er sagte, vor seiner Reise hierher in den Norden habe er nie einen Fabrikschornstein oder Kokereischlot rauchen gesehen. Soweit es Politik betraf, war er ein zynischer Kerl, schien nach einer Philosophie zu suchen und zu stöbern. Er äußerte sicher Unzufriedenheit mit dem britischen Imperialismus, wie er ihn erlebt hatte. Und er wollte die Stimmung und die Gedanken der Arbeiter herausfinden. Besonders Bergarbeiter oder Arbeitslose. Und er wollte die Auswirkungen des Means-Test und des Anomalies Act sehen, die so schreckliche Auswirkungen auf das Leben in einem Ort wie Wigan hatten." (Ken)

* ein Kennan bekannter Gewerkschaftssekretär und Vertreter des *Adelphi* in Manchester, zudem Geschäftsführer der *Labour's Northern Voice*, der Zeitung der ILP in der Region.

Die Reise in den Norden führte zu Orwells erstem wirklichen Kontakt mit den englischen Industriegebieten und den Arbeitern. Beides hatte für ihn den Charakter einer überraschenden Entdeckung. Gerade weil er als Fremder nach Wigan kam und dort mit einer Vielzahl neuer Eindrücke konfrontiert wurde, konnte er die erlebten Szenen so unmittelbar lebendig und direkt schildern. Das Eröffnungskapitel ist in einem anderen Stil geschrieben als der Rest des Buches. In seinem Ton ähnelt es mehr dem Beginn eines Romans als einer Industriereportage. Es gibt kein Vorwort oder Einführungskapitel, in dem die Entstehungsbedingungen des Buches erklärt werden, stattdessen wird der Leser sofort in das Milieu einer nordenglischen Industriestadt hineingezogen: „Das erste, was man am Morgen hörte, war das Klappern der Holzschuhe von Fabrikarbeiterinnen auf dem Kopfsteinpflaster. Noch früher gingen vermutlich die Fabriksirenen, aber da war ich noch nicht wach." (7)

Der Erzähler macht keinen Versuch, sich vorzustellen oder zu erklären, wie er in diese Umgebung kam. Er ist einfach ein Logiergast in einer heruntergekommenen Pension, der klar und lebendig das Elend seiner Umgebung schildert. Der Hauptvorzug seines Berichts besteht darin, daß er es versteht, Betroffenheit mit exakter Darstellung zu verbinden, etwa bei der Beschreibung des Tisches, an dem er und die anderen Bewohner der Absteige in Wigan zu essen pflegten:

„Ich habe diesen Tisch nie völlig unbedeckt gesehen, aber ich sah das, was ihn bedeckte, zu verschiedenen Zeiten. Zuunterst lag eine Schicht alten Zeitungspapiers, mit Worcestersauce getränkt, darüber eine Lage klebriges weißes Wachstuch, über diesem ein grüner Serge-Stoff und zuoberst ein grobes Leintuch, das niemals gewechselt und selten weggenommen wurde. Gewöhnlich lagen die Krümel vom Frühstück beim Abendessen noch auf dem Tisch. Einzelne Krümel konnte ich wiedererkennen, wenn sie von Tag zu Tag den Tisch hinauf- und hinunterwanderten." (9)

Oder die Beschreibung seiner Mitbewohner: „Die Zeitungen stellen verzweifelte arme Teufel ein, arbeitslose Büroangestellte, Handlungsreisende und ähnliche Leute, die sich eine Zeitlang anstrengen wie wild, um wenigstens den Mindestabsatz zu erreichen; sobald die tödliche Arbeit sie abgenützt hat, werden sie gefeuert und neue Leute eingestellt. Ich lernte zwei kennen, die von einer der berüchtigteren Wochenzeitungen angestellt worden waren. Beide waren Männer mittleren Alters, die Familien zu ernähren hatten, und der eine war schon Großvater. Sie waren zehn Stunden am Tag auf den Beinen, 'bearbeiteten' die ihnen zugeteilten Straßen und waren bis spät in die Nacht damit beschäftigt, Formulare für irgendeine Gaunerei ihrer Zeitschrift auszufüllen ... Der Dicke, der schon Großvater war, schlief gewöhnlich mit dem Kopf auf einem Stapel Formulare ein. Keiner von beiden konnte sich das Pfund Sterling pro Woche leisten, das die Brookers für Vollpension verlangten. Sie bezahlten eine geringe Summe für ihre Betten und machten sich in einer Ecke der Küche verschämt Mahlzeiten aus Schinken und Margarine zurecht, die sie in ihren Koffern bei sich hatten." (13)

Orwell erspart uns in seiner Beschreibung des Brookers Lodging House nichts von dem Schmutz und dem Elend, das er dort antraf, aber was ihn letztlich abstößt, ist die Sterilität und Sinnlosigkeit des Lebens, die in seinen Augen auch das Leben der Mittelschichten so verdammungswürdig macht.

„An dem Tag, als ein voller Nachttopf unter dem Frühstückstisch stand, beschloß ich zu gehen. Der Ort begann mich zu bedrücken. Es war nicht nur der Schmutz, der Gestank, das minderwertige Essen, sondern das Gefühl sinnloser Verwahrlosung ohne Ausweg, das Gefühl, in eine unterirdische Welt geraten zu sein, in der die Menschen herumkribbeln wie Küchenschaben in einem ewigen Durcheinander schäbiger Arbeit und alltäglicher Sorgen. Das Fürchterlichste bei Menschen wie den Brookers ist aber, daß sie dieselben Dinge wieder und immer wieder sagen*. Man bekommt den Eindruck, sie seien gar keine wirklichen Menschen, sondern eine Art Gespenster, die ewig das gleiche nichtige Geschwätz herunterspulen." (18)

Weil Orwell nicht entsprechend den konventionellen Erwartungen reagiert — er hält nicht den Schmutz, sondern „das nichtige Geschwätz" für das „Fürchterlichste" —, macht er dem Leser die zerstörerische Wirkung, welche die Umgebung auf diese Menschen ausübt, besonders eindringlich klar. „Es ist eine Art Pflicht, solche Orte hin und wieder zu sehen und zu riechen, besonders zu riechen, damit man nicht vergißt, daß es sie gibt; obwohl es vielleicht besser ist, nicht zu lange dort zu verweilen." (19) Interessant in diesem Kontext das Wort „Pflicht". Es wäre für ihn ein leichtes gewesen, in Wigan eine angenehmere Unterkunft zu finden, aber er wußte, daß er dann das Leben und Verhalten dieser Menschen nie hätte verstehen können.

Seine emotionale Identifikation mit den Menschen, unter denen er lebt, erreicht einen Grad der Intensität, daß sie die Schrecken und Ungerechtigkeit einer Klassengesellschaft in Bildern erhellt, die sich im Gedächtnis des Lesers festfressen. Denken wir nur an den Blick, der sich Orwell bietet, als der Zug langsam an einer Reihe von kleinen, grauen Slum-Häusern vorbeifährt:

„Hinter einem der Häuser kniete eine junge Frau auf den Steinen und stieß mit einem Stock in das bleifarbene Abflußrohr, das vom Ausguß

* In der Diogenes-Ausgabe fehlt dieser Satz in der deutschen Übersetzung.

Hinterhöfe von Bergarbeiterhäusern in Lancashire

drinnen kam und vermutlich verstopft war. Ich hatte Zeit, sie mir genau anzusehen — ihre sackleinene Schürze, ihre klobigen Holzschuhe, ihre von der Kälte geröteten Arme. Sie sah auf, als der Zug vorbeifuhr, und ich war beinah nahe genug, um ihrem Blick zu begegnen. Sie hatte ein rundes bleiches Gesicht, das gewöhnliche, erschöpfte Gesicht eines fünfundzwanzigjährigen Slum-Mädchens, das durch Fehlgeburten und Plackerei aussieht wie vierzig, und es hatte, in der Sekunde, da ich es sah, den verlassensten, hoffnungslosesten Ausdruck, den ich je gesehen habe. Ich merkte mit einem Schlag, daß wir im Irrtum sind, wenn wir sagen, daß es 'für sie nicht das gleiche ist, wie es für uns sein würde', und daß Leute, die in den Slums großgeworden sind, sich nichts anderes vorstellen können als die Slums. Denn was ich in ihrem Gesicht sah, war nicht das unwissende Leiden eines Tieres. Sie wußte so genau wie ich, was für ein schreckliches Los es war, in der bitteren Kälte auf den schmierigen Steinen eines Slum-Hinterhofes zu knien und einen Stock in ein verdrecktes Abflußrohr zu stoßen." (19)

In einem ansonsten ganz anders gearteten Tagebuch, in Trotzkis *Tagebuch im Exil*, gibt es unter dem Datum des 25. April 1935 eine erstaunlich ähnlich klingende Passage. Als der von Stalin ausgebürgerte Revolutionär mit Natalia spazierengeht, treffen sie eine junge Frau aus der Arbeiterklasse im letzten Stadium der Schwangerschaft, die ihnen mit einem Baby auf dem Arm auf der Landstraße entgegenkommt. Sie zieht eine Ziege mit Zicklein hinter sich her und muß dabei noch auf ein zwei bis drei Jahre altes Mädchen aufpassen. Die Ziege versucht am Straßenrand Laub zu fressen, das Zicklein verfängt sich im Gebüsch, und das kleine Mädchen bleibt entweder weit zurück oder es rennt voraus. Auf dem Rückweg treffen Trotzki und Natalia die kleine Gruppe wieder: „Das noch frische Gesicht der Frau trug den Stempel der Schicksalsergebenheit und der Geduld. Sie war eine Spanierin oder Italienerin, möglicherweise auch eine Polin — hier gibt es eine Reihe von ausländischen Arbeiterfamilien."

Trotzki steht der Notlage der jungen Frau keineswegs gefühllos gegenüber — dies ist übrigens eine der wenigen Stellen in seinen Tagebüchern, in denen das alltägliche Leben überhaupt seinen Niederschlag findet —, aber es kommt ihm gar nicht der Gedanke, die Frau anzusprechen. Anders als Orwell, der einen fast neurotischen Zwangs fühlte, das Leben der Massen zu teilen, näherte sich Trotzki ihnen von oben, mit dem abstrakten, verallgemeinernden Blick des Intellektuellen und mit den Nützlichkeitsabwägungen des Mannes der Tat. Es mag einige Bedeutung in den sich widersprechenden Beschreibungen des Ausdrucks der beiden jungen Frauen liegen. Orwell sah ein Bewußtsein der sozialen Degradierung, Trotzki nur „Schicksalsergebenheit und Geduld". Trotzki, obwohl er mit den wohlwollendsten Absichten auf die 'Massen' herabsah, sah von oben auf sie herab, während Orwell mit den arbeitenden Menschen den Blick von unten nach oben teilt.

Das erste Kapitel von *Wigan Pier* steht vom Stil her, als Serie literarischer Vignetten, allein da. Es gibt die Einstimmung in die folgenden Kapitel, die ebenfalls in der ersten Person erzählt werden, im Ton aber wesentlich 'dokumentarischer' sind. Obwohl nun auch Statistiken im Text eingefügt sind, bleibt das Buch weiterhin sehr lebendig, denn Orwell studiert nicht nur das Leben im nordenglischen Industriegebiet, er beschreibt zugleich seine eigenen Reaktionen auf diese Art zu leben: die Reaktionen eines sympathisierenden, teilnehmenden Beobachters.

Um darzustellen, wie unglaublich schwer die Arbeit in einem Bergwerk ist, wählt er als eindrucksvolles Beispiel nichts weiter als die Auswirkungen auf seine eigenen Muskeln, als er durch einen engen Stollen zum Arbeitsplatz der Bergleute kriecht:

„Am Anfang machte das gebückte Gehen noch Spaß, aber dieser Spaß erschöpfte sich rasch. Ich bin durch meine ungewöhnliche Körpergröße ohnehin im Nachteil, aber wenn der Stollen schließlich nur noch vier Fuß oder weniger hoch ist, wird das Vorwärtskommen für jeden mühsam, Zwerge und Kinder ausgenommen. Man muß sich nicht nur tief bücken, sondern gleichzeitig immer den Kopf aufrecht halten, um die Balken und Träger kommen zu sehen und ihnen auszuweichen. Deshalb hat man dauernd einen steifen Hals, aber das ist nichts im Vergleich mit den Schmerzen in den Knien und Schenkeln. Nach einer halben Meile werden sie (ich übertreibe nicht!) zu einer unerträglichen Qual. Man beginnt sich zu fragen, ob man je bis zum Ende gelangen wird — und mehr noch, wie in aller Welt man zurückkommen soll. Der Schritt wird langsamer und langsamer. Auf einer Strecke von ein paar hundert Yards ist der Stollen besonders niedrig, und man muß sich kauernd vorwärtsbewegen. Dann plötzlich weicht die Decke zu geheimnisvoller Höhe zurück — wahrscheinlich der Schauplatz eines früheren Felseinsturzes —, und für zwanzig volle Yards kann man aufrecht gehen. Die Erleichterung ist überwältigend. Aber danach kommt wieder ein niedriger Stollen von hundert Yards und dann eine Reihe von Balken, unter denen man herkriechen muß. Man geht auf allen vieren; sogar das ist eine Erholung nach dem Gehen in der Hocke. Aber wenn man ans Ende der Balken kommt und wieder aufstehen will, merkt man, daß die Knie vorübergehend streiken und sich weigern, einen aufzurichten." (27 f)

Dieses zweite, bemerkenswert gut geschriebene Bergwerks-Kapitel erschien später gesondert als Essay unter dem Titel *Down the Mine.* Orwells literarische Technik besteht darin, das Einfahren in die Zeche so zu beschreiben, wie er es empfand, mit einfachen Worten, aber so genau

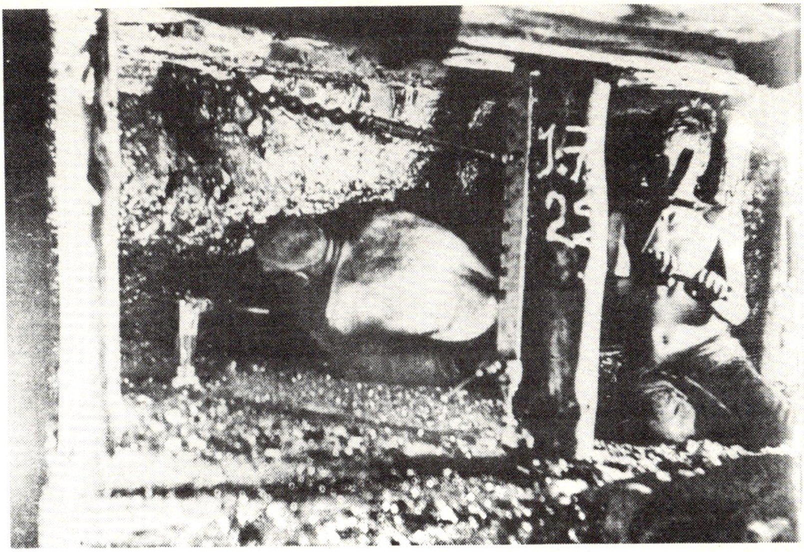

In einem Bergwerk bei Wigan

wie möglich: das Heruntergleiten im Fahrkorb, der mühsame Weg bis zum Flöz, Hitze, Lärm, Staub, die physische Quälerei unter gefährlichen Arbeitsbedingungen. Die Qualität seines Schreibens beruht darauf, daß es ihm gelingt, dem Leser das *Gefühl*, im Bergwerk zu sein, zu vermitteln. Es ist genau diese Qualität, die das Lesen seiner Bücher zu einem emotionalen und literarischen Erlebnis macht.

Orwell stellt fest, daß der Bergarbeiter für diesen Weg zur Arbeitsstelle nicht bezahlt wird, und er räumt auf mit der Mittelklassen-Illusion, die Kriecherei durch den Stollen sei im Grunde nicht anders zu bewerten als die tägliche Busfahrt des Angestellten zu seinem Büro. Orwell hat einen Blick für die kleinen, alltäglichen Dinge. So entgeht ihm nicht, daß die alten Bergleute ihre Pensionsschecks nicht mit der Post bekommen, sondern sich einmal je Woche auf dem Bergwerksbüro melden müssen. Dort warten sie stundenlang auf das ihnen zustehende Geld, wobei die sixpence für die Busfahrt zum Büro nicht erstattet werden, eine lächerliche Summe für jemand, der sein Einkommen nicht nach sixpences aufteilen muß. Wie in dem Essay *Wie die Armen sterben* hebt Orwell auch in diesem Fall den Aspekt der Entwürdigung besonders hervor: „Für ein Mitglied der Bourgeoisie, sogar für so ein allerunterstes Mitglied wie mich, sieht das ganz anders aus. Auch am Rande des Hungers habe ich noch gewisse Rechte, die zu meinem bürgerlichen Status gehören. Ich verdiene nicht viel mehr als ein Bergmann, aber ich werde wenigstens nach der Art des feinen

Mannes über meine Bank bezahlt und kann das Geld abholen, wann ich will. Sogar wenn mein Konto erschöpft ist, sind die Leute von der Bank noch einigermaßen höflich. All diese kleinen Unannehmlichkeiten und Beleidigungen — Warten müssen, alles nach dem Belieben anderer Leute tun müssen — sind ein fester Bestandteil des Arbeiterlebens." (48)

Es folgen Kapitel über Wohnverhältnisse und Unterernährung in den Krisengebieten. Orwell verbrachte mehrere Tage in der Bücherei von Wigan, wo er sich vor allem mit Berichten über die Arbeitsbedingungen der Bergleute und mit dem Sammeln von Statistiken beschäftigte. Er besuchte auch eine Reihe von politischen Veranstaltungen und Diskussionen. Er sah sich in Wigan, Barnsley und Sheffield zahlreiche Wohnungen und Häuser an. Am 29. Februar 1936 schrieb er aus Wigan an Richard Rees: „Ich bin nun seit fast drei Wochen hier und habe große Mengen von Notizen und Statistiken gesammelt, obwohl ich noch nicht weiß, wie ich sie verwenden werde. Ich habe fast nur mit Bergarbeitern zusammengelebt und meine Zeit verbracht, die meisten von ihnen natürlich arbeitslos. Die Jungs von der NUWM sind eine große Hilfe für mich gewesen, jeder hat mir bereitwillig Fragen beantwortet und alle haben mir ihre Häuser gezeigt. Ich bin sehr genau auf die Wohnungsfrage eingegangen, weil sie hier, und ich glaube in den meisten Orten des Nordens, sehr drängend ist." (CEJL 1/188)

Indem er sich für die Höflichkeit der Leute bedankt, die ihm ihre Wohnungen zeigten, schildert er humorvoll seine Methoden bei den Recherchen: „Wenn ein Unbefugter in *mein* Haus käme und mich zu fragen anfinge, ob das Dach undicht sei und ob ich von Wanzen arg belästigt würde und was ich von meinem Vermieter hielte, würde ich ihm wahrscheinlich sagen, er solle sich zum Teufel scheren. Mir ist das nur einmal passiert, und in dem Fall war die Frau schwerhörig und hielt mich für einen Schnüffler vom Means-Test; aber sogar sie ließ sich nach einer Weile erweichen und gab mir die Auskünfte, die ich wollte." (72)

Orwell geht es nicht nur um eine Beschreibung des Elends, er will mehr. Auf jeder Stufe seiner Darstellung versucht er den Zorn und die Emotionen seiner Leser hervorzurufen und so dem Publikum, für das er schrieb: Mittelklasse-Intellektuelle mit einer Tendenz zum romantischen Theoretisieren aus sicherer Entfernung, vor Augen zu führen, welchen Verstoß gegen ein anständiges Leben elende Wohnbedingungen, Armut und Unterernährung bedeuten. Nicht die Bewohner der Slums machen die Slums, wie eine middle-class-Ideologie lautet, sondern umgekehrt: die Slums formen ihre Bewohner.

Um dies klarzumachen, bedient sich Orwell einer speziellen literarischen Methode. Er sucht sich aus seinem Material eine Anzahl von schockierenden, fesselnden und aufregenden Details heraus, die er dann aber in ruhiger, einfacher, unpathetischer Sprache niederschreibt. Gerade aus diesem scheinbaren Gegensatz ergibt sich die Wirkung seines Textes. Der Autor ist sich der eingeschränkten Aussagekraft der Sprache immer bewußt: „Was heißt schon ein Ausdruck wie 'Dach undicht' oder 'vier Betten für acht Leute'? Über solche Eintragungen gleitet das Auge hinweg, ohne etwas festzuhalten. Aber was für ein Elend kann so ein Ausdruck in sich schließen!" (56)

Die gesamte erste Hälfte des Buches ist hinsichtlich der literarischen Qualität bemerkenswert. Orwell verirrt sich jetzt nicht mehr wie in *Keep the Aspidistra Flying* in pompösen, nichtssagenden Metaphern, jedes Bild trifft: „An den Ufern des stinkigen Kanals von Wigan gibt es Flecken von Brachland, auf das die Wohnwagen wie Abfall aus einem Kübel hingeschüttet worden sind." (61)

Über diesen ersten Teil äußerte sich Victor Gollancz trotz seiner Skepsis gegenüber dem Buch als ganzes voller Lob: „Es ist lange her, daß ich solch ein *lebendiges* Buch gelesen habe, oder eins, daß so voller leidenschaftlicher Empörung gegen Armut und Unterdrückung steckt." (Go 92)

Gollancz veröffentlichte den ersten Teil von *Wigan Pier* später noch einmal gesondert zum Preis von nur einem Shilling. In dieser Form fand er weite Verbreitung und brachte seinem Autor eine große, begeisterte Leserschaft. Hier noch einige Beispiel für Orwells Fähigkeit, lebendige Metaphern zu bilden und treffende Formulierungen zu finden, die eines seiner wesentlichen Stilmerkmale begründet:

„Ich habe nie jemanden gesehen, der mit solch einem Ausdruck brütenden Widerwillens Kartoffeln schälen konnte. Man konnte seinen Haß auf die 'verdammte Weiberarbeit', wie er es nannte, wie einen bitteren Saft in ihm gären sehen. Er war einer jener Menschen, die ihren Verdruß unablässig wiederkäuen können." (14)

„Nachts, wenn man die schrecklichen Formen der Häuser und die Scheußlichkeit von allem nicht sehen kann, bekommt eine Stadt wie Sheffield eine Art düstere Pracht. Manchmal sind die Rauchschwaden rötlich vom Schwefel, und unter den Schornsteinkappen der Eisengießereien drücken sich wie Kreissägen gezackte Flammen heraus. Durch die offenen Türen der Gießereien sieht man feurige Schlangen aus Stahl, die von rot beleuchteten Burschen hin und her transportiert werden, und man hört das Stampfen und Zucken von Stahlhämmern und den Schrei des Stahls unter dem Schlag." (104)

„Der Kanalweg war eine Mischung aus Schlacke und gefrorenem Schlamm, kreuz und quer gemustert von den Abdrücken zahlloser Holzschuhe, und überall, soweit die Schlackenhügel reichten, dehnten sich

'Blitze' aus — Tümpel mit stillstehendem Wasser, das in die Hohlräume sickert, die durch das Absinken alter Gruben entstanden sind. Es war furchtbar kalt. Die 'Blitze' waren mit einer Eisschicht von der Farbe ungebrannter Umbraerde bedeckt, die Bootsleute waren bis an die Augen in Säcke gehüllt, an den Schleusentoren hingen Eiszapfen. Es sah aus wie eine Welt, aus der die Vegetation verbannt ist; es gab nichts als Rauch, Kohleschiefer, Eis, Schlamm, Asche und fauliges Wasser." (103)

In diesen Passagen ist es immer das ungewöhnliche Detail, das von Orwell bemerkt und der Sache sprachlich angemessen dargestellt wird. Immer wieder überzeugt seine Fähigkeit, Bilder zu entwerfen, die dem Leser im Gedächtnis bleiben. Bei einem anderen Autor hätte *Der Weg nach Wigan Pier* leicht zu einer Sammlung von Fakten und Statistiken geraten können, eine trockene Anklageschrift gegen die Regierung. Orwell macht weit mehr aus seinem Material, der ganze erste Teil des Buches ist ein außergewöhnlich eindringliches humanistisches Dokument. Die große Stärke dieser Reportagen (und auch von *Erledigt in Paris und London)* liegt darin, daß Ungerechtigkeiten des ökonomischen Systems immer in menschlichen Begriffen beschrieben und an konkreten Beispielen festgemacht werden.

Nach der ersten Hälfte des Buches ist das von Orwell entworfene Bild, auch wenn es in Einzelheiten leicht verzerrt und unscharf sein mag, der Wahrheit näher als alles andere dokumentarische Material, das in den dokumentationsbesessenen dreißiger Jahren produziert wurde. Orwell traf den Kern des Elends, und es gelang ihm, sein Gefühl, über den Text, seinen Lesern zu vermitteln. Hier passen Form und Inhalt zueinander.

Der Beginn der zweiten Hälfte ist autobiographisch gehalten. Orwell war sich der Prägungen seiner bürgerlichen Sozialisation bewußt und er wollte darüber reden. Vom literarischen Standpunkt gesehen ist dieser Teil des Buches wesentlich schwächer. Es ist die Polemik, die darin enthalten ist, die Härte und Umstrittenheit seiner Behauptungen, das Ignorieren abweichender Standpunkte in der Frage des Sozialismus, die 1937 bei vielen Lesern Widerspruch hervorriefen. In diesen letzten sechs Kapiteln ist von bleibendem Wert die grundsätzliche Anständigkeit, Ehrlichkeit, Moral und Humanität der Konzeption des Sozialismus, die Orwell hier entwirft.

Er beginnt mit einer schmerzhaft ehrlichen Soziographie, die den Titel „up from snobbery" tragen könnte. Seine politische Kritik und die Schlußfolgerungen, die er zieht, sind allesamt Ableitungen seiner persönlichen Erfahrungen. Orwells Dilemma, das in allen frühen Schriften spürbar ist, liegt darin, daß er auf der einen Seite Angst hat vor der Erfahrung der 'wirklichen Welt', andererseits aber einen unwiderstehlichen Drang ver-

Grubenunglück, um 1930

spürt, eben diese Welt kennenzulernen, die unter der von Illusionen geprägten Welt der Mittelklasse liegt. Orwells Rechtfertigung für den autobiographischen Teil in *Der Weg nach Wigan Pier* entspringt aus diesem Dilemma. Er entschuldigt sich für „ein gewisses Maß an biographischen Aufzeichnungen", indem er bemerkt, daß er sie nicht unternehmen würde, „wenn ich mich nicht für ausreichend typisch für meine Klasse — oder eher Unterkaste — hielte, um eine gewisse symptomatische Wichtigkeit zu haben." (119)

Orwell beschreibt die Situation, in der ihm zum ersten Mal bewußt wurde, daß es so etwas wie Klassenunterschiede gibt: „Ich war sehr jung, kaum älter als sechs. ... Vorher waren meine Helden gewöhnlich Arbeiter gewesen, weil sie als Fischer, Hufschmiede und Maurer offenbar immer so interessante Dinge taten. Ich erinnere mich an die Knechte auf einem Bauernhof in Cornwall, die mich auf der Drillmaschine mitfahren ließen, wenn sie Rüben säten, und manchmal fingen sie die Mutterschafe ein und melkten sie, um mir zu trinken zu geben; und ich erinnere mich an die Arbeiter, die das neue Haus nebenan bauten, die mich mit nassem Mörtel spielen ließen und von denen ich zum ersten Mal das Wort 'bugger' hörte." (123)

Die Entfremdung des Kindes von diesen Erfahrungen findet statt, als ihm bedeutet wird, diese Leute seien 'gewöhnlich', und man ihm verbietet, mit ihren Kindern zu spielen. Als Erwachsener versteht er rückblickend die Motive seiner Eltern, „denn Leute aus dem Mittelstand können es sich nicht leisten, ihre Kinder in der Umgebung von ordinären Akzenten aufwachsen zu lassen. So hörten die Arbeiter für mich sehr früh auf, eine freundliche und erstaunliche Menschenrasse zu sein, und wurden zu einer feindlichen Art." (123)

Orwell zweifelt nicht an den seelisch verstümmelnden Wirkungen dieser Erziehungsmaßnahme für seine weitere Entwicklung. Der emotionale Bruch in ihm selbst ist implizit der thematische Kern von *The Road to Wigan Pier.* Eine der Konsequenzen dieser Kindheitserfahrungen ist mit Sicherheit die Abneigung Orwells gegen die physischen Seiten des Lebens und gegen den menschlichen Körper, auch seinen eigenen. Er weist selbst darauf hin, daß dies sicherlich Resultat der damals üblichen 'Mittelklassen-Konditionierung' sei.

„Einmal, als ich dreizehn war, kam ich im Zug aus einer Marktstadt, und der Dritte-Klasse-Waggon war gedrängt voll mit Schaf- und Schweinezüchtern, die ihre Tiere verkauft hatten. Jemand zog eine Quartflasche Bier hervor und reichte sie herum; sie ging von Mund zu Mund, und jeder nahm einen Zug. Ich kann das Entsetzen, das ich empfand, während die Flasche näherrückte, nicht beschreiben. Wenn ich nach all diesen Unterklassen-Männermündern aus ihr trank, würde ich mich sicher erbrechen müssen; andererseits wagte ich, als sie mir die Flasche anboten, nicht, abzulehnen, aus Angst, sie zu verletzen — hier sehen Sie, wie die Mittelstandszimperlichkeit nach beiden Seiten funktioniert." (129)

Es ging bei diesem Trinken aus der Flasche gar nicht um eine persönliche Abneigung, der Abscheu war vielmehr ein Produkt der gängigen Erziehung seiner Gesellschaftsschicht. Orwell will damit zeigen, daß die Feindschaft zwischen den Klassen und die falsche Einschätzung des Gegenüber oft nur auf Verurteilen beruht, die aus der Erziehung resultieren: „Ich habe mich bei diesen Themen aufgehalten, weil sie lebenswichtig sind. Um die Klassenunterschiede loszuwerden, muß man zuerst verstehen, wie die eine Klasse in den Augen der anderen aussieht." (129)

Eine andere Kindheitserinnerung: „Hier kommen wir zum wirklichen Geheimnis der Klassenunterschiede im Westen, zum wirklichen Grund, weshalb ein Europäer bürgerlicher Herkunft, sogar wenn er sich selbst als Kommunist bezeichnet, ohne heftige Anstrengung einen Arbeiter nicht als ebenbürtig ansehen kann. Er ist in vier schrecklichen Worten zusammengefaßt, mit denen man heute vorsichtig ist, die jedoch in meiner Kindheit in aller Munde waren. Sie lauteten: *Die unteren Klassen stinken.* Das wurde uns beigebracht — *die unteren Klassen stinken.* Und hier steht man offenbar vor einem unüberwindlichen Hindernis. Denn kein Gefühl des Gefallens oder Mißfallens ist so grundsätzlich wie ein physisches." (125 f) Erschreckende Worte sicherlich, die die ideologische Verbrämung ökonomischer Tatsachen schonungslos offenlegen und dem linken Mittelklasse-Intellektuellen deutlich machen sollen, daß es mit dem Auswendiglernen von Theorien nicht getan ist.

Mit seltener Ehrlichkeit bekennt Orwell sich zu seinem Vorurteil. Er erzählt in diesem Abschnitt des Buches viel über seine Zeit in Burma und erwähnt auch, daß er die Körper der Burmesen nie wie die Körper von Weißen abstoßend gefunden habe. Burma war in dieser Hinsicht Orwells erster Schritt zurück in die Welt der Körperlichkeit, aus der er in seiner Kindheit ausgestoßen war.

Während seines Aufenthalts in Lancashire erlebt er nun auch bei Engländern Momente angenehmer physischer Präsenz: „Nur wenn man die Bergleute unten in der Grube und nackt sieht, wird einem klar, was für prächtige Männer sie sind. Die meisten sind klein (große Männer sind bei dieser Arbeit im Nachteil), aber fast alle haben die herrlichsten Körper; breite Schultern, schlanke, geschmeidige Hüften, ein kleines ausgebildetes Hinterteil und sehnige Oberschenkel, und nirgends eine Unze überflüssiges Fleisch." (24) Bei der literarischen Aufarbeitung seiner persönlichen Geschichte gelingt es Orwell, sich von den existentiellen Problemen seiner Erziehung zu lösen, er hat sie auch durch seine Trampzeit abgearbeitet und findet zu einer emotionalen Integrität. Dazu trug sicherlich die Beziehung zu Eileen O'Shaugnessy bei. Mit *Wigan Pier* hat Orwell schließlich den Bruch in sich selbst überwunden, jetzt kann er sich auch in seinem Verhältnis zur äußeren Welt festlegen.

Er beginnt damit in den letzten Kapiteln. Orwell hat erkannt, daß man das Klassenproblem nicht löst, „indem man sich mit Landstreichern anfreundet. Man wird dabei höchstens einige der eigenen Klassenvorurteile los." (150) Bevor er in den Norden ging, hatte er unter den Ausgestoßenen des Kapitalismus gelebt, in Yorkshire und Lancashire lernte er mit den Bergleuten und Fabrikarbeitern die Menschen kennen, die im System des Kapitalismus leben. Der Kapitalismus schien Orwell wie vielen anderen in den dreißiger Jahren kurz vor dem Bankrott zu stehen. Es war für ihn offensichtlich, „daß der Sozialismus, als weltweites System und aufrichtig angewandt, ein Ausweg ist" (166). Der Schwerpunkt, der er bei seiner Konzeption des Sozialismus setzt, ist hier in dem Wort „aufrichtig" bereits angedeutet.

Orwell stellt sich die Frage, warum der Sozialismus nicht mehr Resonanz unter den britischen Massen gefunden hat. Er macht die Sozialisten selbst dafür verantwortlich und unterstellt, daß für die englischen Sozialisten „die Revolution keine Massenbewegung ist, der sie sich auch gern zugesellen möchten, sondern sie soll in einer Reihe von Reformen bestehen, die 'wir', die Cleveren, 'ihnen', den niederen Ständen, auferlegen werden." (175)

Die beleidigende Rhetorik, mit der Orwell die intellektuelle Linke überschüttet, ist weitaus schärfer als alles, was er über das konservative Bürgertum äußert: „Tatsache ist, daß der Sozialismus *in der heutigen Form* hauptsächlich unzulängliche oder sogar unmenschliche Typen anzieht ... die schäumenden Anprangerer der Bourgeoisie und die Mehr-Wasser-in-euer-Bier-Reformer, deren Prototyp (George Bernard) Shaw ist, und die cleveren jungen sozialliterarischen Aufsteiger, die heute Kommunisten sind, wie sie in fünf Jahren Faschisten sein werden, weil das halt so im Schwang ist, und dann noch die öde Zunft von edelgesinnten Frauen und Sandalenträgern und bärtigen Fruchtsafttrinkern, die vom Geruch des 'Fortschritts' angezogen werden wie Schmeißfliegen von einer toten Katze." (177) „Wie bei den Christen sind beim Sozialismus seine Anhänger die schlechteste Reklame." (169)

Daß Orwell den Sozialismus potentiell für das stärkste Bollwerk gegen den Faschismus oder totalitären Kommunismus Stalins hielt, mag seine Verbitterung gegenüber dem „middle-class socialist", der niemals Arbeitslosigkeit und Armut kennengelernt hat, erklären. Orwell war der Meinung, daß Theorien arrogant machen und daß die Erfahrung die meisten Theorien widerlegt. Der größte Teil seiner unsachlichen Kritik an der sozialistischen Bewegung, wie sie in *Wigan Pier* geäußert wird, dürfte Resultat des Handlungszwanges sein, den er fühlte: „Während ich dies hier schreibe, bombardieren die spanischen faschistischen Streitkräfte Madrid, und es ist ziemlich wahrscheinlich, daß wir, bevor dieses Buch gedruckt ist, der Liste ein weiteres faschistisches Land hinzuzufügen haben ..." (167)

Kurz nach Beendigung des Buches ging Orwell selbst nach Spanien, um dort gegen die Truppen des Generals Franco zu kämpfen.

In seinen heftigen Angriffen auf die linken Intellektuellen macht er vor allem den akademischen Sozialismus lächerlich, den Victor Gollancz und seine beiden Mitherausgeber Professor Harold Laski und John Strachey vertraten. Das Vorwort, das Gollancz zu *Wigan Pier* schrieb, ist ein Versuch der Verteidigung, und es ist besonders deshalb interessant, weil Gollancz stellvertretend für die angegriffenen linken Intellektuellen reagiert. Er beginnt mit einem von oben herab erteilten Lob für den mit Sicherheit ehrlichen und politisch unschuldigen Orwell, bezichtigt ihn dann der Naivität und bezeichnet seine Äußerungen, zum Beispiel die Forderung, daß „Sozialismus Gerechtigkeit und anständige Lebensbedingungen für alle bedeutet" (172), als zu vage. Er weicht aber letztlich den Kernpunkten von Orwells Attacken aus, zum Beispiel der Behauptung, daß der marxistische

Wigan, der Ort der Industriereportagen George Orwells.
Wenn jemand arm war, hieß es, er werde Ferien am Pier von Wigan machen.

Jargon im Angesicht der Realität bedeutungslos wird. Gollancz geht ebensowenig auf Orwells schwerwiegendes Argument ein, daß der Sozialismus für die verschiedenen Gesellschaftsschichten offensichtlich unterschiedliche Bedeutungen hat (vgl. Go).

„Einmal hörte ich einen kommunistischen Redner, der sich an eine Zuhörerschaft von Arbeitern wandte. Seine Rede war der übliche Bücherkram, voll von langen Sätzen und Klammern und 'nichtsdestoweniger' und 'sei dem, wie ihm wolle', im übrigen der bekannte Jargon von 'Ideologie' und 'Klassenbewußtsein' und 'proletarischer Solidarität' und dem ganzen anderen Zeug. Nach ihm stand ein Arbeiter aus Lancashire auf und sprach in seinem eigenen breiten Kauderwelsch zur Menge. Es gab kaum einen Zweifel, welcher der beiden näher am Publikum war, aber ich glaube keinen Augenblick lang, daß der Arbeiter aus Lancashire ein orthodoxer Kommunist war." (171)

Orwell trennt zwischen dem theoretischen Sozialismus der linken Intellektuellen und dem gelebten Sozialismus der Arbeiter. „Für den gewöhnlichen Arbeiter, wie man ihn Samstagnacht in jeder Kneipe antrifft, bedeutet Sozialismus nicht viel mehr als bessere Löhne und kürzere Schichten und niemanden, der ihn herumkommandiert. Für den revolutionären Typ, der bei Hungermärschen mitmacht und bei den Arbeitgebern auf der schwarzen Liste steht, ist das Wort eine Art Parole gegen die Mächte der Unterdrückung, eine vage Drohung zukünftiger Gewalt. Soweit meine Erfahrung geht, begreift die tieferen Implikationen des Sozialismus kein eigentlicher Arbeiter. Meiner Meinung nach ist er dennoch oft ein echterer Sozialist als der orthodoxe Marxist, weil er im Gedächtnis behält, was der andere oft vergißt: daß Sozialismus Gerechtigkeit und anständige Lebensbedingungen für alle bedeutet." (172)

Gollancz bewegt sich von der Theorie zur Praxis, er sieht die politische Realität in Begriffen der Ideologie und des Taktierens um die Macht. Orwell geht den umgekehrten Weg, er bewegt sich von der Praxis auf eine Theorie zu, der er in ihrer Eigenschaft als Gedankengebäude äußerst mißtrauisch gegenüberstand. Er schreckte zurück vor einer Ideologie, die Gehorsam gegenüber einem Dogma verlangte, und arbeitete gerade diese Hörigkeit als Charakteristikum der Intellektuellen heraus, die der Gemeinschaft des tatsächlichen Lebens entwurzelt sind.

Gollancz' Kritik nutzt Orwells Ehrlichkeit bei der Darstellung seiner middle-class-Sozialisation aus. Für Gollancz ist Orwell ein „extremer Intellektueller" und ein Snob, dabei aber zu einfältig, um den Sozialismus wirklich zu begreifen. Orwells Ehrlichkeit, wenn er die Dinge beim Namen nennt, die ihn an den Arbeitern abstoßen, wenn er sagt, daß die unteren Klassen stinken, ist für Gollancz Beweis genug für seine „snobbery" und wird ihm so ausgelegt, daß sein Engagement für die Arbeiter nicht echt sein könne, sonst hätte er instinktiv auf solche Äußerungen verzichtet. Die implizite Forderung lautet, daß man dergleichen Taktlosigkeiten für sich behalten solle, daß Ehrlichkeit und Kalkül gegeneinander abgewogen werden müßten.

Trotz seiner gelegentlich unsachlichen Attacken liegt in Orwells Kritik eine Menge Wahrheit. Die persönliche Bitterkeit, die sich in manchen seiner Äußerungen spiegelt, wurde hervorgerufen durch die von ihm klar erkannte Selbstzerfleischung einer Bewegung, in die er seine gesellschaftspolitischen Hoffnungen setzte. Charakteristisch für die Denkhaltung, die Orwell anprangerte, erkennt Gollancz nicht Orwells schwächste Stelle. Er bemerkt nicht, daß Orwell immer nur von einem sehr kleinen Teil der Arbeiterbewegung spricht, nämlich ihrem linken Flügel und den dezidiert sozialistischen, marxistischen Organisationen, daß er aber die Gewerkschaften und die Labour Party fast völlig aus den Augen läßt.

Gollancz kann Orwells Attacken nur als eine Unterstützung des politischen Gegners verstehen, nicht als einen Versuch, die Kräfte des Sozialismus zu verstärken. Gollancz' Äußerungen können uns als typisch gelten für die ambivalente Haltung vieler linker Intellektueller gegenüber Orwells Werken — er paßte nicht in ihr Schema. Orwell gibt dieser wechselseitigen

Liebe-Haß-Beziehung klaren Ausdruck: „Manchmal betrachte ich einen Sozialisten — den intellektuellen, Traktate verfassenden Typ, mit seinem Pullover, dem wirren Haar und den Marx-Zitaten — und frage mich, was zum Teufel *wirklich* sein Motiv ist. Oft fällt es schwer, an seine Liebe zu irgendjemandem zu glauben, besonders zu den Arbeitern, von denen er am allerweitesten entfernt ist. Das Motiv vieler Sozialisten ist meiner Meinung nach lediglich ein überentwickelter Ordnungssinn. Der gegenwärtige Zustand verletzt sie nicht deshalb, weil er Elend verursacht, und noch weniger, weil er Freiheit verunmöglicht, sondern weil er unordentlich ist; sie verlangen im Grunde danach, die Welt auf etwas wie ein Schachbrett zu reduzieren." (174)

George Orwell ordnete sich sein Leben lang keiner bestimmten Partei oder politischen Gruppe fest zu — seine Verbindung mit der ILP war von kurzer Dauer —, und letztlich kann man sagen, daß Sozialisten wie Konservative es wesentlich leichter hatten, wenn sie ihn ignorierten. *Der Weg nach Wigan Pier* hatte über den Left Book Club eine garantierte Zahl von Abnehmern, aber sein nächstes, ebenfalls sehr unbequemes Buch, *Mein Katalonien*, das im Jahr darauf erschien, verkaufte sich nur in wenigen hundert Exemplaren.

Orwell begriff den Sozialismus nicht als politökonomisches Glaubensbekenntnis, sondern als eine Lebensphilosophie, nach der Armut, Ungerechtigkeit und Entbehrungen durch eine bessere und befriedigendere Lebensart ersetzt werden sollen. Gerechtigkeit, Freiheit und Anständigkeit sind die Hauptworte seiner Konzeption des Sozialismus, einer leidenschaftlichen, tief humanitären und nicht doktrinären Vision. Diese Vision hat mehr mit dem utopischen Sozialisten William Morris als mit Karl Marx gemeinsam.

Selbst heute noch sind einige Elemente seiner Kritik am Sozialismus frisch und treffend, etwa die Kritik des sozialistischen Romantizismus in bezug auf den technischen Fortschritt. Er weigerte sich, die scheinbar unvermeidliche Verbindung von Sozialismus und Industrialisierung, die damals durch Stalins Fünfjahrespläne zur Industrialisierung der UdSSR allgegenwärtig schienen, zu akzeptieren. Er wußte, daß man die Industrialisierung nicht einfach zurückdrehen kann, aber man sollte ihr kritisch gegenüberstehen: „Die Feindseligkeit des empfindsamen Menschen gegenüber der Maschine ist auch unrealistisch, denn offensichtlich wird die Maschine hierbleiben. Doch die Geisteshaltung hat vieles für sich. Die Maschine muß akzeptiert werden, aber wahrscheinlich ist es besser, sie so zu akzeptieren wie ein Medikament — das heißt widerwillig und mißtrauisch. Wie ein Medikament ist auch die Maschine nützlich, gefährlich und gewohnheitserzeugend." (197 f)

Orwell opponiert gegen den Gedanken, daß die Industrialisierung etwas mit dem Gleichheitsgedanken des Sozialismus zu tun habe. Er fühlt sich abgestoßen von der Gedankenkette: „Sozialismus — Fortschritt — Maschinen — Rußland — Traktor — Hygiene — Maschinen — Fortschritt" (202). Er macht klar, daß das Fortschreiten der Maschinentechnik schließlich zu einer Form von Kollektivismus führt, „aber diese Form muß nicht unbedingt auf dem Prinzip der Gleichheit beruhen" (209). Er stellt sich in Vorwegnahme von *Neunzehnhundertvierundachtzig* eine Weltgesellschaft vor, „die wirtschaftlich betrachtet kollektivistisch ist — das heißt, in der das Profitprinzip abgeschafft ist —, in der aber alle politische, militärische und erzieherische Macht in den Händen einer kleinen Herrscherkaste und ihrer Bravos liegt." (209)

Hier unterstellt Orwell diese Zielsetzung noch dem Faschismus, durch die Erfahrungen der Jahre bis 1948, vor allem aber seine Erlebnisse im Spanischen Bürgerkrieg, mußte er erkennen, daß dies auch die Praxis des Moskauer Kommunismus war. Spanien bewies ihm auch, daß die Ideale des Sozialismus, ein gleichberechtigtes Zusammenleben, in einer Umgebung verwirklicht werden konnten, in der die Industrie in vielen Landesteilen noch keinen dominierenden Einfluß auf das Leben der Menschen gewonnen hatte. Nach Orwells Überzeugung haben die Sozialisten, die Stalinschen Fünfjahrespläne vor Augen, ihre großen moralischen Ziele, die historisch gesehen ihre Bewegung inspiriert hatten, vergessen.

Orwell geht mit einem von Theorien unverstellten Blick an die politischen Probleme der Zeit heran, deshalb kann er auch erkennen, daß es die unteren Mittelschichten sind, die der Sozialismus für sich gewinnen sollte, um im Kampf gegen den Faschismus erfolgreich zu sein: „Offensichtlich muß die sozialistische Bewegung den ausgebeuteten Mittelstand erobern, bevor es zu spät ist; vor allem muß sie die Büroangestellten gewinnen, die so zahlreich sind und, wenn sie sich zusammenzutun verstünden, so mächtig wären. ... Wie viele in der elenden, schaudernden Armee der Büroangestellten und Ladenaufseher, denen es in gewisser Hinsicht noch schlechter geht als einem Bergmann oder Dockarbeiter, betrachten sich selbst als Proletarier?" (219 f)

Als Orwell aus dem Industriegebiet zurückkam, hatte er sich verändert. Richard Rees begriff die Wandlung so: „Es gab eine außerordentliche Veränderung sowohl in seinem Schreiben als auch in gewissem Sinne in seinem Verhalten, nachdem er im Norden gewesen war und dieses Buch geschrieben hatte. Ich würde sagen, es war fast, als hätte sein ganzes Leben lang in ihm ein Feuer geglimmt, das plötzlich zu jener Zeit in Flammen aufloderte." (Re)

George Orwell war jetzt zum politisch bewußten Schriftsteller gereift, die apolitische Innerlichkeit der *Wonnen der Aspidistra* lag weit hinter ihm. Sein politisches Bewußtsein entwickelte sich durch die unmittelbare Erfahrung von Armut und Leid und wurde durch die traumatischen spanischen Erfahrungen von 1937 noch vertieft. „Ich wußte nun, wo ich stand", sagte er 1946 im Rückblick. „Jede Zeile der wesentlichen Arbeiten, die ich seit 1936 geschrieben habe, ist direkt oder indirekt *gegen* den Totalitarismus und *für* den demokratischen Sozialismus, wie ich ihn auffasse." (WIS 14)

Kapitel 3
Orwells Apokalypse

Die Freiheit ohne Sozialismus ist Privileg und Ungerechtigkeit; der Sozialismus ohne Freiheit ist Sklaverei und Brutalität.

Michail Bakunin

Im Sommer 1936 brach der Spanische Bürgerkrieg aus. Nachdem Orwell am 15. Dezember die Arbeiten an dem Manuskript zu *Der Weg nach Wigan Pier* abgeschlossen hatte, reiste er am 22. Dezember mit dem Ziel Barcelona aus London ab. In Spanien trat er in die Miliz der POUM (Partido Obrero de Unificación Marxista, Arbeiterpartei der marxistischen Einigung) ein, einer revolutionären marxistischen, aber nicht, wie später von den Kommunisten behauptet, trotzkistischen Partei. Er kämpfte an der Aragon-Front, wo er von einem faschistischen Scharfschützen schwer verwundet wurde. Im Juli 1937 mußten er und seine Frau vor der kommunistischen Hexenjagd auf Trotzkisten aus Spanien fliehen. Soweit ganz knapp der äußere Rahmen der Ereignisse.

Nach seiner Rückkehr aus Spanien machte sich Orwell in seinem Haus in Wallington sofort an die Arbeit und schrieb mit *Mein Katalonien* einen der wenigen ehrlichen Augenzeugenberichte über den Spanischen Bürgerkrieg und die Ereignisse vom Mai 1937 in Barcelona. „Der Spanische Bürgerkrieg verursachte eine Flut von schlechter Literatur. 'Mein Katalonien' ist eine der wenigen Ausnahmen, und der Grund dafür ist einfach. Orwell war entschlossen, die Wahrheit so niederzuschreiben, wie er sie sah. Das war etwas, was viele linke Schriftsteller in den Jahren 1936-39 nicht über sich bringen konnten." (Car 64)

Orwell wendet sich in *Homage to Catalonia* — und später in allgemeinerer und weiterreichender Form in dem Essay *Rückblick auf den Spanischen Krieg* (1942) — gegen die politischen Bedingungen, die in den dreißiger Jahren zu intellektueller Unehrlichkeit und zur Unterwerfung der Intellektuellen der europäischen Linken unter die kommunistische Parteilinie führten.

Spanien – „Keine Bombe zerreißt den kristallenen Geist"

Der Bürgerkrieg begann im Juli 1936, als die Militärs unter der Führung von General Franco gegen die republikanische Regierung putschten. Spanien wurde zum Schlachtfeld von Faschisten und Sozialisten aus vielen Ländern. Die UdSSR unterstützte die republikanische Regierung, Deutschland und Italien die Putschisten. Der Bürgerkrieg war aber nicht nur ein Krieg der republikanisch-sozialistischen Kräfte gegen die Faschisten, sondern auch ein Kampf der verschiedenen Strömungen der Linken untereinander. Im Mai 1937 kam es in Barcelona zu einem 'Bürgerkrieg im Bürgerkrieg'. Was in seiner Anfangsphase vielen Ausländern, auch Orwell, als ein einfacher, klarer Kampf zwischen Sozialismus und Faschismus erschien, war unter der Oberfläche wesentlich komplizierter.

Die Gegner des Faschismus stellten die Internationalen Brigaden auf, um die Republik zu verteidigen. Insgesamt kämpften auf seiten der Republik ungefähr 40.000 Ausländer, davon 2.762 Briten, von denen 543 getötet und 1.763 verwundet wurden. Spanien vereinigte für einen kurzen Augenblick und sehr dramatisch die politischen Erfahrungen von Sozialisten aus der Arbeiterklasse, Gewerkschaftern und linken Intellektuellen. Für die britischen Sozialisten bedeutete der Spanische Bürgerkrieg, daß sie sich zum ersten Mal in einem Klima der Gewalt, auf einem europäischen Kriegsschauplatz fanden.

Orwell hatte die Entwicklung in Spanien nach dem Putsch der Generale aufmerksam verfolgt und erregte sich sehr über das Waffenembargo Englands und Frankreichs gegenüber der republikanischen Regierung. Das Eingreifen Deutschlands und Italiens erschien ihm als der erste Schritt in den Zweiten Weltkrieg.

Kurz bevor er in der Absicht, Material für Zeitungsartikel und ein Buch zu sammeln, nach Spanien aufbrechen wollte, erfuhr er, daß man zur Einreise Papiere irgendeiner linken Gruppierung oder Partei benötige – eine Fehlinformation, wie sich später herausstellen sollte, obwohl ein Empfehlungsschreiben die Einreise sicher erleichterte. Orwell wandte sich zunächst über John Strachey, den er durch Richard Rees kennengelernt hatte, an Harry Pollitt, den Generalsekretär der britischen KP: „Nachdem P. mich ausgefragt hatte, entschied er offensichtlich, daß ich politisch unzuverlässig sei, und weigerte sich, mir zu helfen; er versuchte auch, mich durch Schauergeschichten über den Terrorismus der Anarchisten von der Reise abzuhalten. Schließlich fragte er mich, ob ich mich verpflichten würde, in die Internationale Brigade einzutreten. Ich antwortete, ich könne mich nicht verpflichten, irgendwo einzutreten, bis ich gesehen hätte, was überhaupt los sei. Daraufhin weigerte er sich, mir zu helfen." (Notes 352)

Orwell rief dann bei der ILP, der Independent Labour Party, an, zu der er durch den *Adelphi* und Richard Rees Verbindungen hatte. Er begründete diesen Schritt damit, daß die politische Situation Ende der dreißiger Jahre einen zwinge, „ein aktiver Sozialist zu sein und nicht nur dem Sozialismus wohlmeinend gegenüberzustehen". 1938 trat er der Partei als Mitglied bei. Er wählte die ILP und nicht eine andere sozialistische Organisation, weil sie eine „Gemeinschaft von Menschen" darstellte, „bei denen man sich sogar angesichts von Verfolgungen darauf verlassen kann, daß sie ihre sozialistischen Prinzipien nicht aufgeben." (ILP 33) Obwohl Orwell während des Zweiten Weltkrieges mit der Partei brach, blieben seine politischen Sympathien immer bei den linken Labour-Anhängern. Sofort nach seiner Abwendung von der ILP begann er für die linke Labour-Wochenzeitung *Tribune* zu schreiben und wurde ihr Literaturredakteur.

Die ILP gab ihm schließlich ein Empfehlungsschreiben an John McNair, den ILP-Vertreter in Barcelona. So traf George Orwell am 26. Dezember 1936, ausgewiesen als Korrespondent des *New Leader*, der Zeitung der ILP, in der katalonischen Hauptstadt ein. Er begriff zu diesem Zeitpunkt noch nicht die Vielschichtigkeit der Fronten dieses Bürgerkriegs, und er war eher aus Neugierde und Interesse denn aus irgendeiner politischen Überzeugung — außer der Notwendigkeit des Kampfes gegen den Faschismus — nach Spanien gekommen. Aber der Entschluß, sich einer der Milizen anzuschließen, fiel schnell: „Ich war nach Spanien gekommen, um Zeitungsartikel zu schreiben. Aber ich trat fast sofort in die Miliz ein, denn bei der damaligen Lage schien es das einzig Denkbare zu sein, was man tun konnte." (Kat 8) Die Milizen waren locker organisierte, bewaffnete Formationen, die von den politischen Parteien und Gewerkschaften aufgestellt wurden. Weil Orwell ILP-Papiere besaß, wurde er ohne weiteres der Miliz der POUM — der Schwesterpartei der ILP in Spanien — zugewiesen.

Für Orwell, dessen politische Ansichten immer undoktrinär waren, schien es ohne Bedeutung zu sein, welcher Miliz er beitrat, Hauptsache, er kämpfte für die Republik. In seiner Naivität erkannte er nicht, daß der Spanische Bürgerkrieg nicht nur ein Krieg gegen den Faschismus war, sondern auch Schauplatz harter ideologischer Auseinandersetzungen auf der republikanischen Seite. Zunächst interessierte es ihn nicht, daß jede Miliz ihre ideologische Position vertrat, und es wurde ihm erst im Laufe der Zeit bewußt, daß die POUM, als schwächste der Milizen, im Machtkampf zwischen Anarchisten, Sozialisten und Kommunisten zum Sündenbock erklärt und aufgerieben wurde.

Hätte sich Orwell den kommunistisch dominierten Internationalen Brigaden angeschlossen — wie die meisten Engländer —, wäre sein Eindruck vom Spanischen Bürgerkrieg sicherlich ein anderer gewesen. So jedoch wurden seine Verbindung mit der POUM und die am eigenen Leibe erlebte Verfolgung von POUM-Mitgliedern durch die Kommunisten zu einer der entscheidenden Erfahrungen seines Lebens, die seine politische Grundhaltung prägen und die apokalyptische Vision anlegen sollte, die ihn zu *Farm der Tiere* und *Neunzehnhundertvierundachtzig* führte.

Seine Kontaktperson in Barcelona war John McNair, ein Mann mit einer interessanten Vergangenheit. McNair hatte mit zwölf Jahren die Schule verlassen, um Geld zu verdienen, kam aber aufgrund seiner Sympathien für den Sozialismus immer wieder in Konflikt mit seinen Arbeitgebern. Schließlich suchte er in Frankreich Arbeit, wo er fünfundzwanzig Jahre lang blieb. Er wurde dort Lederhändler, gründete einen Fußballverein und lehrte an der Sorbonne. 1936 trat er der ILP bei, deren Generalsekretär er von 1939 bis 1955 war. Er war der erste Brite, der nach Spanien ging, und von August 1936 bis Juni 1937 Vertreter der Partei in Barcelona. McNair erinnerte sich an ihr erstes Zusammentreffen:

„Er sprach mit einem gedehnten, deutlich bürgerlichen Akzent. 'Ich suche einen Burschen namens McNair, ich habe ein paar Briefe für ihn.' Zuerst weckte sein Akzent meine Tyneside-Vorurteile, und ich antwortete schroff: 'Ich bin der Kerl, den du suchst.' Er gab mir seine beiden Briefe, der eine von Fenner Brockway, der andere von H.N. Brailsford, beide persönliche Freunde von mir. Ich erkannte, daß mein Besucher niemand anders als George Orwell war, von dem ich zwei Bücher gelesen und sehr bewundert hatte. Ich fragte, was ich für ihn tun könne, und er antwortete: 'Ich bin nach Spanien gekommen, um in der Miliz gegen den Faschismus zu kämpfen.' Ich fragte ihn, ob er jemals Soldat gewesen sei, und er sagte, als früherer Polizeioffizier in Burma könne er mit einem Gewehr umgehen. Ich sagte, daß ich mich durch 'Tage in Burma' daran erinnere. Zum ersten Mal begann er zu lächeln, und die Atmosphäre wurde freundlich." (McN 317)

McNair brachte Orwell zur Lenin-Kaserne, wo er sich als Mitglied der POUM-Miliz einschrieb. Als McNair drei Tage später schauen wollte, wie es dem neuen Milizionär erging, erlebte er folgende Szene: „Da war George, wie er fünfzig junge enthusiastische, aber undisziplinierte Kata-

NATIONAL UNION OF JOURNALISTS

7 John Street, Bedford Row, London, W.C.1

'Phone : HOLborn 2258 — Telegrams : Natujay Holb, London

This is to certify that

Mr. GEORGE ORWELL

of The Tribune

is a member of the T. & P.

Branch of the National Union of Journalists.

Leslie R. Aldous Branch Sec.

(Address) 66, Priory Gdns., N.6.

Member's Sig.

George Orwells Journalistenausweis

lonier zwang, die Grundregeln des militärischen Drills zu lernen. Er ließ sie laufen und springen, brachte ihnen bei, Dreiergruppen zu bilden, und zeigte ihnen, wie man das einzig verfügbare Gewehr, eine alte Mauser, benutzte, indem er es zerlegte und erklärte. Der affektiert sprechende Ex-Etonian war verschwunden, an seine Stelle war ein begeisterter junger Mann der Tat getreten, der die Situation voll im Griff hatte. Als die zwei Drillstunden vorüber waren, trieb er die Jungs zum swimming-pool und sprang als erster hinein, sie folgten ihm alle."

„Mein Katalonien"

Mein Katalonien, den Bericht über seine spanischen Erfahrungen, schrieb Orwell zwischen Juli 1937 und Januar 1938 in seinem Haus in Wallington nieder. Es ist vielleicht sein politisch wichtigstes Buch.

Homage to Catalonia besteht aus einer Serie von dokumentarischen Essays, die die Stationen seines Aufenthaltes in Spanien chronologisch schildern. Kapitel 1 beschreibt seinen Miliz-Eintritt in der Lenin-Kaserne, Kapitel 2 bis 4 und 6 bis 8 berichten über seine Zeit als Soldat an der Aragon-Front; die Abschnitte 9 und 10 enthalten einen lebendigen und detaillierten Bericht über die Straßenkämpfe in Barcelona vom Mai 1937. Kapitel 12 beschreibt seine Rückkehr zur Front und die dort erlittene schwere Verwundung. Die Kapitel 13 und 14 erzählen seine Rückkehr nach Barcelona und die Unterdrückung der POUM sowie seine eigene Flucht aus Spanien. Zwei Abschnitte fallen etwas aus dem Rahmen. Im 5. Kapitel gibt Orwell einen knappen Überblick über die politische Situation in Spanien, im 11. Kapitel werden die Hintergründe der Straßenkämpfe in Barcelona ergründet. Orwell versucht hier die Wahrheit, so wie er sie erlebte, darzustellen und die Lügen und Fälschungen der spanischen und britischen Presse aufzuzeigen. Diese beiden Kapitel sind von Kritikern oft als störend empfunden worden, weil sie eine Arbeit zerstörten, die ansonsten von großem literarischen Wert sei. Gerade die Kapitel 5 und 11 sind jedoch für das Verständnis Orwells von besonderer Wichtigkeit, und sie verfolgen den Hauptzweck seines Buches, nämlich der Verzerrung der geschichtlichen Wahrheit im Interesse eines politischen Dogmas entgegenzutreten.

Der autobiographische Charakter des Buches wird mit der Anfangsszene festgelegt. Orwell beginnt mit einer Darstellung einer persönlichen Erfahrung: „Einen Tag, ehe ich in die Miliz eintrat, sah ich in der Lenin-Kaserne in Barcelona einen italienischen Milizsoldaten, der vor dem Offizierstisch stand." (7) Alles, was sich zwischen den beiden Männern abspielt, ist eine sich auf sechs Worte beschränkende 'Konversation' und ein Händeschütteln zum Abschied, dennoch machte die Begegnung auf

Orwell einen tiefen Eindruck: „Seltsam, welche Zuneigung man für einen Fremden fühlen kann! Es war so, als ob es seiner und meiner Seele für einen Augenblick gelungen sei, den Abgrund der Sprache und Tradition zu überbrücken und sich in völliger Vertrautheit zu treffen." (8)

Orwell sieht in dem unbekannten italienischen Milizionär — „in Spanien hatte man dauernd derartige Begegnungen" — ein Symbol für den gewöhnlichen, anständigen Mann aus dem Volk, der, um Freiheit und Anstand (*decency*) in der Welt zu erhalten, gegen die faschistische Tyrannei kämpft. So begriff Orwell selbst zu Beginn den Krieg in Spanien: Eine Mehrheit anständiger Menschen wird von einer machtlüsternen, faschistischen Bande unterdrückt, doch das Volk steht gegen sie auf. Nun ist es die Aufgabe eines jeden ehrbaren Mannes, dieses Volk in seinem Freiheitskampf zu unterstützen.

Da sind die spanischen Soldaten, die dem Verwundeten ihre gesamte Ration Tabak schenken, da ist der Offizier der Volksarmee, der dem Verfolgten unter den Augen der Polizeispitzel die Hand schüttelt. „Ich weiß nicht, ob ich überzeugend genug schildern kann, wie sehr mich diese Geste ergriff." (276) Der Leser, der Orwells Leben kennt, kann die Bedeutung, die solche Gesten und Augenblicke für ihn haben, ermessen. Diese eher unwichtig erscheinenden Erlebnisse markieren letztlich Orwells Ausbruch aus der Isolation der inneren Zurückgezogenheit hin zur offenen und beglückenden Erfahrung menschlichen Kontakts. Die Menschen in Spanien behandelten ihn, wie er es gegenüber John McNair ausdrückte, mit Kameradschaft und Respekt, er fand hier zum ersten Mal in seinem Leben ein Gefühl der Einheit von Leben und Erfahrung. Die beschriebenen Ereignisse haben nicht nur einen starken emotionalen Wert in sich selbst, sie werden noch gesteigert durch die Tatsache, daß sie mit einer für Orwell vollkommen neuen Lebensart und -auffassung verbunden sind.

Als er im Dezember 1936 nach Barcelona kam, war die Stadt noch unter der Kontrolle der Anarchisten. Die soziale und politische Konterrevolution der Kommunisten gegen die anarcho-syndikalistische CNT und die POUM hatte gerade erst begonnen. „Wer von Anfang an dagewesen war, mochte vielleicht schon im Dezember oder Januar annehmen, daß sich die Revolutionsperiode ihrem Ende näherte. Wenn man aber gerade aus England kam, hatte der Anblick von Barcelona etwas Überraschendes und Überwältigendes. Zum ersten Mal war ich in einer Stadt, in der die arbeitende Klasse im Sattel saß." (8 f)

Auf Orwell, der die Leiden der Arbeitslosen von Lancashire und Yorkshire noch frisch in der Erinnerung hatte, müssen die Tage im revolutionären Barcelona wie eine Offenbarung gewirkt haben, hier wurden seine vor dem Hintergrund der britischen Gesellschaft entwickelten Ansichten über die Starrheit sozialer Barrieren umgeworfen. Die Arbeiter hielten alle wichtigen Gebäude besetzt, alle Läden und Cafés waren kollektiviert, überall hingen rote und schwarze Fahnen, Trinkgelder waren verboten, die Unterschiede zwischen Arm und Reich aufgehoben: „Vor allen Dingen aber glaubte man an die Revolution und die Zukunft. Man hatte das Gefühl, plötzlich in einer Ära von Gleichheit und Frieden aufgetaucht zu sein. Menschliche Wesen versuchten, sich wie menschliche Wesen zu benehmen und nicht wie ein Rädchen in der kapitalistischen Maschine." (10) Barcelona bot den Anblick einer klassenlosen Gesellschaft.

„All das war seltsam und rührend. Es gab vieles, was ich nicht verstand. In gewisser Hinsicht gefiel es mir sogar nicht. Aber ich erkannte sofort die Situation, für die zu kämpfen sich lohnte." (10) Was Orwell in seiner naiven Begeisterung — schließlich hatte er hier gefunden, wonach er sein ganzes bisheriges Leben gesucht hatte — nicht erkannte, war, „daß sich viele wohlhabende Bürger einfach still verhielten und vorübergehend als Proletarier verkleideten".

In Katalonien war der Widerstand gegen Franco mit einer sozialen Revolution einhergegangen. Die Sozialisierungskampagnen waren in dieser Provinz am weitesten gegangen. Die Bauern hatten die Großgrundbesitzer vertrieben und das Land aufgeteilt, die Kirche war praktisch abgeschafft, die Gewerkschaften kontrollierten die Fabriken, und es wurde versucht, die Verwaltung durch lokale Räte zu organisieren. Gerade in Katalonien, wo Orwell sich aufhielt, wurden die Widersprüche dieses Krieges am deutlichsten. Der Konflikt war hier zweifach. Einmal war es der Kampf zwischen Faschismus und Demokratie, dann aber auch die Auseinandersetzung zwischen jenen, die den republikanischen Staat wiederherstellen wollten, und denen, die die Errungenschaften der Revolution sichern und sie weiter vorantreiben wollten, das waren vor allem die anarcho-syndikalistische CNT und die revolutionär-marxistische POUM. Die POUM wurde von den Kommunisten, um sie ins Abseits zu stellen, als trotzkistisch bezeichnet, was nicht zutraf, wenngleich ihr Führer Andrés Nin einmal Trotzkis linker Opposition angehört hatte. Nin hatte mit Trotzki gebrochen, weil er ihn für egozentrisch und dogmatisch hielt. Seit 1934 hatte es zwischen den beiden keine Kontakte mehr gegeben.

Die CNT und die POUM standen der Moskauer Linie insofern im Wege, als die Komintern die republikanische Regierung im bürgerlich-demokratischen Rahmen halten wollte, um die Unterstützung Frankreichs und Großbritanniens für eine gemeinsame antifaschistische Politik zu gewinnen — ein rotes Spanien hätte sie abschrecken können. Als Orwell diese innere Frontlinie erkannte, stand er ganz auf seiten der Revolutionäre, sicherlich auch wegen der positiven Eindrücke, die er in Barcelona in der POUM-Miliz sammelte:

„Von meinem persönlichen Gesichtspunkt, das heißt von dem Gesichtspunkt meiner persönlichen Entwicklung her gesehen, waren die ersten drei oder vier Monate, die ich an der Front verbrachte, weniger nutzlos, als ich dachte. Sie waren eine Art Interregnum in meinem Leben, völlig unterschieden von allem, was vorausgegangen war und was vielleicht noch kommen sollte. Diese Zeit lehrte mich Dinge, die ich auf keine andere Weise hätte lernen können. ... Ich war mehr oder weniger durch Zufall in die einzige Gemeinschaft nennenswerter Größe in Westeuropa gekommen, wo politisches Bewußtsein und Zweifel am Kapitalismus normaler waren als das Gegenteil. Hier in Aragonien lebte man unter Zehntausenden von Menschen, die hauptsächlich, wenn auch nicht vollständig, aus der Arbeiterklasse stammten. Sie lebten alle auf dem gleichen Niveau unter den Bedingungen der Gleichheit." (131 f)

Spanien zeigte Orwell, daß es eine klassenlose Gesellschaft geben kann, sie funktionierte in einer Großstadt wie Barcelona, und sie funktionierte in der Miliz. Jeder, vom General bis zum einfachen Soldaten, bekam in der POUM-Miliz den gleichen Sold, das gleiche Essen, es gab keine Rangabzeichen und keine nicht diskutierten Befehle. Er erlebte einen „Vorgeschmack des Sozialismus". „Damit meine ich, daß die geistige Atmosphäre des Sozialismus vorherrschte. Viele normale Motive des zivilisierten Lebens — Snobismus, Geldschinderei, Furcht vor dem Boß und so weiter — hatten einfach aufgehört zu existieren. ... Wie sehr damals auch geflucht wurde, später erkannte jeder, daß er mit etwas Fremdem und Wertvollem in Berührung gewesen war. Man hatte in einer Gemeinschaft gelebt, in der die Hoffnung normaler war als die Gleichgültigkeit oder der Zynismus, wo das Wort Kamerad für Kameradschaft stand und nicht, wie in den meisten Ländern, für Schwindel." (132 f) Diese Atmosphäre hatte Orwell im Sinn, als er am 8. Juni 1937 an Cyril Connolly schrieb: „Ich habe wundervolle Dinge gesehen & glaube jetzt endlich wirklich an den Sozialismus, was ich vorher nie getan habe." (CEJL 1/301)

Mein Katalonien führt den Leser nicht in eine Traumwelt proletarischer Solidarität, wie man sie so oft bei linken Intellektuellen findet. Orwell hält sich an die Realität, und wichtig ist, wie er diese Realität beschreibt: nicht als beispielhafte politische Aktion, die es sofort nachzuvollziehen gilt, sondern als persönliches Erlebnis. Er besteht in seiner Darstellung auf den Dingen, die für ihn den menschlichen Wert dieser gesellschaftlichen Situation ausmachen. Er stellt die Empfindlichkeit und Verwundbarkeit dieser menschlichen Regungen dar. Für ihn entsteht die revolutionäre Realität nicht aus einem politischen Programm, sondern aus der Erkenntnis ge-

Eileen Blair (sitzend Mitte)
besucht George Orwell an der Front nahe Huesca, März 1937

lebter Humanität und dem Wunsch nach einem menschenwürdigen Dasein.

Es ist die Unmittelbarkeit seiner Reaktion auf das Erlebte, die sein Buch so wertvoll macht. Anders als Autoren wie Kaminski, Borkenau und Koestler kam er nicht mit einer festgefügten politischen Vorstellung nach Spanien, und er blieb auch nicht bei oberflächlichen journalistischen Kontakten stehen. Orwells Ziel ist es, so nahe wie möglich an die Wahrheit heranzukommen und sie zu berichten, ob es die Wahrheit über die großen politischen Zusammenhänge oder die Wahrheit über die alltäglichen Details des Stellungskrieges ist. Auffallend auch hier wieder Orwells einfache, direkte Sprache, die die Ehrlichkeit seines Berichts unterstreicht. Man spürt, daß hier jemand etwas schildert, was ihn tief bewegt hat, und daß er sich bemüht, es ohne Pathos darzustellen. Die in seinen ersten Reportagen oft vorkommenden generalisierenden Urteile und Bemerkungen fehlen in *Mein Katalonien* völlig.

Orwell beschreibt den Krieg in Aragonien als langweilig, frustrierend und hauptsächlich von dem Versuch beherrscht, sich gegen die Kälte zu schützen: „Wir befanden uns sechshundert bis tausend Meter über Meereshöhe, es war mitten im Winter, und die Kälte war unaussprechlich. … Manchmal zerrten mir pfeifende Winde die Mütze vom Kopf und wirbelten mein Haar nach allen Seiten. Manchmal gab es Nebel, der sich wie eine Flüssigkeit in die Schützengräben ergoß und mich bis auf die Knochen zu durchdringen schien. Es regnete häufig, und selbst eine Viertelstunde Regen genügte, die Lage unerträglich zu machen. Die dünne Erdhaut über dem Kalkstein verwandelte sich rasch in eine schlüpfrige Schmiere, und da man sich immer am Abhang bewegte, war es unmöglich, sich fest auf den Füßen zu halten." (39) Feuerholz zu finden, wird eine Hauptbeschäftigung der Einheit. „Alle meine Erinnerungen an diese Zeit sind Erinnerungen daran, wie wir auf dem brüchigen Kalkgestein, das die Schuhe in Stücke schnitt, an fast senkrechten Abhängen hinauf und hinab kletterten und uns begierig auf jeden winzigen Holzzweig stürzten. Wenn drei Leute so zwei Stunden suchten, konnten sie genug Brennmaterial sammeln, um ein Feuer im Unterstand etwa eine Stunde lang in Brand zu halten. Der Eifer unserer Brennholzsuche verwandelte uns alle in Botaniker." (40)

Orwell macht nicht den Versuch, die schrecklichen und ekelerregenden Realitäten des Krieges zu verbergen, scheut sich aber auch nicht, Kameradschaft und Momente plötzlichen Glücks mitten im Krieg zu beschreiben. Er glorifiziert nicht — dem steht schon die spröde Sprache entgegen —, steht aber zu seinen Gefühlen: „Es war ein allegorisches Bild des Krieges, eine Zugladung frischer Leute glitt stolz zur Front, die Verwundeten glitten langsam zurück. Und wenn man die Kanonen auf den offenen Wagen sah, schlug einem das Herz höher, wie immer, wenn man Kanonen sieht. Wir alle unterlagen wieder einmal dem verderblichen Gefühl, von dem man sich so schwer lösen kann, daß der Krieg eben doch prächtig ist." (239)

Vergleicht man die literarische Methode Orwells mit der anderer Autoren, zum Beispiel Gustav Regler oder Ludwig Renn, so fällt auf, daß er den Krieg immer situationsgerecht, ohne offensichtliche nachträgliche Bearbeitung darstellt. Bei Renn und Regler ist stets das Bemühen spürbar, das Erlebte nachträglich intellektuell unter Kontrolle zu bekommen, indem sie expressive, symbolhafte Bilder entwerfen, um ihre Erfahrungen mitzuteilen. Orwell dagegen setzt sein Bild nicht aus nachträglich überarbeiteten und ausgeschmückten Szenen zusammen, sondern aus den unmittelbar erlebten Sinneswahrnehmungen, er sieht, hört und riecht seine Erfahrungen. Er sucht nicht den symbolischen Ausdruck, und seine Metaphern gehen nicht über den Erlebnisrahmen hinaus, sie wirken auf diese Weise echt und nicht künstlich aufgesetzt. Der Hinweis auf das Bedrohliche ergibt sich aus der ungeschönten Schilderung des Alltäglichen und wirkt dadurch um so eindrucksvoller:

„Man kann sich unmöglich vorstellen, welch ein elender Haufen wir waren. Wir zogen zerstreut dahin, mit weniger Zusammenhalt als eine Herde Schafe. Wir waren noch keine drei Kilometer marschiert, als man das Ende der Kolonne schon nicht mehr sehen konnte. Gut die Hälfte der sogenannten Männer waren Kinder — und ich meine wörtlich Kinder, sechzehn Jahre alt, wenn es hoch kam. Doch sie waren alle glücklich und aufgeregt von der Aussicht, endlich an die Front zu kommen. Als wir uns der Kampflinie näherten, begannen die Jungen unter der roten Fahne an der Spitze zu rufen: 'Visca POUM!', 'Fascistas — maricones!' und so fort. Ein Geschrei, das kriegerisch und drohend sein sollte, da es aber aus diesen kindlichen Kehlen kam, so pathetisch klang wie die Schreie von Kätzchen. Es schien schrecklich, daß dieser Haufen zerlumpter Kinder, die abgenutzte Gewehre trugen, von denen sie nicht wußten, wie sie bedient wurden, die Verteidiger der Republik sein sollten." (27)

Schauen wir uns im Vergleich dazu Gustav Reglers Beschreibung eines Kameraden an: „In seiner Uniform sah er aus wie ein kostümiertes Kind. Die ganze Sache war ein schlechter Witz. Die aufgerissene rote Erde, die uns umgab, aus der für Jahre nichts wachsen würde, war wie eine Anklage. Das verkleidete Kind hatte Handgranaten um seine Hüften geschlungen, die es abreißen würde, um sie in die Gesichter von Fremden zu schleudern. Hinten im Wald war Gabens voller Poesie gewesen, er war wie eine Äolsharfe zwischen den Bäumen, durch jeden Windhauch zum Singen gebracht. Nun jedoch war er wie eine verdammte Seele, mit Läusen im Hemd, Gasen in den Eingeweiden, wunden Zehen, ein vom rechten Weg abgekommener achtzehnjähriger Hiob." (Reg 40)

Regler wählt die Orwell entgegengesetzte Methode, er sucht Kontraste, benutzt den Rahmen des Geschehens sprengende Metaphern, er dramatisiert vom Schreibtisch aus. Dabei verliert die Sprache ihre Ehrlichkeit, sie wird hohl und aufgesetzt. Das Geschehen wird nicht aus der Situation heraus begriffen. Bei Orwell sind wir als Leser dabei, Regler drängt uns Emotionen und Gefühle auf, die in der jeweiligen Situation wenig glaubhaft erscheinen. Bei Orwell führt die Sprache das Geschehen, während sie bei Regler in das Geschehen eindringt.

Ein deutliches Beispiel für Orwells literarische Technik der Realitätsvermittlung finden wir in der folgenden Passage: „Ich lag drei oder vier Tage in Tarragona. Meine Kräfte kehrten zurück, und eines Tages gelang es mir, langsam gehend bis an den Strand zu wandern. Es war seltsam zu sehen wie der Badebetrieb fast wie normal ablief. Die feinen Cafés an der Promenade, die plumpen Bürger der Stadt, die badeten und sich sonnten, als gäbe es im Umkreis von anderthalbtausend Kilometer keinen Krieg. Trotzdem sah ich, wie das manchmal so geschieht, daß ein Badender ertrank. Das hätte ich bei der flachen und lauwarmen See für unmöglich gehalten." (240) Orwell bereitet uns nicht auf den Tod vor, so wie er auch nicht auf ihn vorbereitet war, und er macht nicht viel Worte darum. Er verband die Technik der Darstellung durch Understatement und die unerwartete Verknüpfung des Alltäglichen mit dem Erschreckenden (vgl. Cal 106).

Den Tod an der Front beschreibt Orwell auf dieselbe Art und Weise, er entwirft kein Bild, er beschreibt nur, wie Männer aussehen, wenn sie sterben oder verwundet sind. „Wer sich die Mühe macht, sich mit meinen Arbeiten zu beschäftigen", bemerkte er später, „wird finden, daß sie, selbst wo es sich um reine Propaganda handelt, viel enthalten, was ein Berufspolitiker für überflüssig erklären würde. ... Solange ich lebe und gesund bin, wird mir gute Prosa immer wichtig sein, werde ich immer das Antlitz der Erde lieben und meine Freude an handfesten Themen und Schnipseln von unnützer Information haben." (WIS 15) Genau das macht den individuellen Charakter von Orwell als Erzähler aus. In allen seinen in der ersten Person erzählten Büchern ist dieses „Ich" als unverwechselbare Persönlichkeit erkennbar, die auch inmitten der Kriegswirren in sich ruhend bleibt: „Hinter der Kampflinie traf man Bauern, die wilde Rosen hinter den Ohren trugen. Am Abend zogen sie mit grünen Netzen aus, um Wachteln zu jagen. Man breitet das Netz über die Spitzen der Gräser, legt sich dann auf den Boden und macht ein Geschrei wie eine weibliche Wachtel. Jede männliche Wachtel, die in Hörweite ist, rennt dann herbei, und wenn sie unter dem Netz ist, wirft man einen Stein, um sie zu erschrecken. Dann springt sie in die Luft und verfängt sich im Netz. Anscheinend werden nur männliche Wachteln gefangen, was ich für unfair hielt." (129)

Vermischt mit den abschreckenden Bildern des Krieges finden sich immer wieder Beobachtungen und Reflexionen einer Persönlichkeit, die sich ihrer Eigenarten bewußt ist, zu ihnen steht und auch in einer extremen Situation nicht von ihren Gewohnheiten läßt. Der Blickwinkel verengt sich nicht auf einen bestimmten Schwerpunkt der Darstellung, sondern bleibt offen. Der Leser hat nie das Gefühl, ihm solle etwas aufgezwungen werden. Es ist angenehm zu spüren, daß das „Ich" des Erzählers zwar präsent ist, aber sich nirgendwo übermäßig wichtig nimmt. Orwell feiert sich nicht, er brüstet sich nicht mit besonderen Heldentaten, obwohl zahlreiche Beobachter seinen Mut und seine Entschlossenheit während der Kämpfe in Spanien bezeugten.

Als Orwell Ende April, dreieinhalb Monate an der Front hinter sich, nach Barcelona zurückkehrte, hatte sich die Atmosphäre in der Stadt grundlegend gewandelt. Die Kommunisten hatten die spontane Revolution mit Erfolg zum Stehen gebracht und zurückgedreht. Die Atmosphäre der Revolution war verschwunden. „Der Wechsel im Aussehen der Menge war überraschend. Die Milizuniform und die blauen Overalls waren fast verschwunden. Jeder schien einen schmucken Sommeranzug zu tragen, auf den sich die spanischen Schneider spezialisiert haben. Überall gab es fette, wohlhabende Männer, elegante Frauen und rassige Autos. ... Ein einschneidender Wechsel war über die Stadt gekommen. Zwei Tatsachen boten den Schlüssel für alles andere. Einmal hatten die Leute — also die Zivilbevölkerung — sehr viel von ihrem Interesse am Krieg verloren; zum zweiten behauptete sich wieder die normale Unterscheidung der Gesellschaft in reich und arm, Ober- und Unterklasse." (139 f)

Obwohl es Engpässe in der Versorgung mit Nahrungsmitteln und Tabak gab, konnte man für Geld alles bekommen. Die feinen Restaurants hatten wieder geöffnet, die Züge führten wieder Erste-Klasse-Abteile und Speisewagen. In der Armee hatte sich eine ähnliche Wandlung vollzogen. „Es war nicht mehr fein, der Miliz anzugehören." An ihre Stelle und auf ihrem Rücken wurde in der Etappe die hierarchisch organisierte reguläre Armee aufgebaut. Die Offiziere in der Etappe trugen automatische Pistolen, die an der Front nicht zu erhalten waren. In allen Bereichen verwandelte sich eine klassenlose Gesellschaft zurück zu ihrem bürgerlichen Ursprung.

Orwell brauchte einige Zeit, um die politischen Hintergründe, die dieser sozialen Konterrevolution zugrunde lagen, zu begreifen. Zu Anfang hatte er sich nur wenig um die politische Seite des Krieges gekümmert, erst ab März 1937, als die internen Konflikte auf Regierungsseite deutlicher Form annahmen, begann er seine Aufmerksamkeit auf die Innenpolitik zu richten. Spätestens, als am 3. Mai in Barcelona Straßenkämpfe zwischen Einheiten der kommunistisch gelenkten katalonischen Regierung und der POUM sowie ihren Unterstützern in der CNT begannen, war Orwell gezwungen, sich ernsthaft mit den verschiedenen Auffassungen im republikanischen Lager auseinanderzusetzen, denn „als ich mich vor dem Feuer der kommunistischen Maschinengewehre während des Aufruhrs in Barcelona duckte und als ich schließlich, die Polizei auf den Fersen, aus Spanien floh, geschah das, weil ich in der POUM-Miliz diente und nicht in der PSUC (die katalonische KP; L.B.). So groß ist der Unterschied zwischen zwei Abkürzungen!" (61)

Die kommunistische Parteilinie ging Anfang 1937 in die Richtung, den Krieg von der sozialen Revolution zu trennen. Für den Augenblick war ihr nur von Bedeutung, den Krieg zu gewinnen. Es sei nicht der richtige Augenblick, davon zu sprechen, die Revolution voranzutreiben. Ziel der Kommunisten war eine Volksfront mit den bürgerlich-demokratischen Parteien. Orwell verstand den Kern der Auseinandersetzungen sehr wohl: „Die Parteilinie der POUM unterschied sich hiervon in jedem Punkt, außer der Forderung natürlich, daß es wichtig sei, den Krieg zu gewinnen. ... Die Parteilinie der POUM lautete ungefähr so: 'Es ist Unsinn, davon zu sprechen, dem Faschismus durch eine Bourgeois-Demokratie entgegenzutreten. Bourgeois-Demokratie ist nur ein anderer Name für Kapitalismus, genauso wie der Faschismus. ... Wenn die Arbeiter die Streitkräfte nicht kontrollieren, werden die Streitkräfte die Arbeiter kontrollieren. Krieg und Revolution sind untrennbar." (76 f)

In seiner Zeit als POUM-Mitglied an der Front hatte Orwell in Diskussionen noch den Standpunkt der Kommunisten vertreten, bemerkenswerterweise ohne dafür von seinen Kameraden unter Druck gesetzt zu werden. „Nach dem gesunden Menschenverstand, der nur die nahe Zukunft im Auge hat, besaßen die Kommunisten eine entschiedene, praktische Politik, also offensichtlich eine bessere Politik." (79)

Orwell stand mit seiner Meinung nicht allein da. Einen Beleg dafür findet man zum Beispiel bei Willy Brandt, der zur gleichen Zeit als linkssozialistischer deutscher Emigrant in Katalonien aktiv war: „Die POUM vertrat in extremer Form, in gewisser Übereinstimmung mit den Anarchosyndikalisten und einem Teil der Sozialdemokraten, die Auffassung, daß die Revolution den Vorrang habe. Die Kommunisten, in gewisser Übereinstimmung mit den 'bürgerlichen' Demokraten, vertraten demgegenüber die These, daß es vor allem um die Erfordernisse des Kriegs ginge. Im Bemühen um ein eigenes Urteil geriet ich mit den Revolutionaristen in Konflikt, die mir weit über das Ziel hinauszuschießen schienen, aber noch mehr mit jenen, die mit Hilfe der geforderten Kriegsdisziplin nur ihre Parteiherrschaft festigen wollten." (Br 189)

Orwells Standpunkt änderte sich nicht durch die politischen Diskussionen an der Front, sondern durch die Erlebnisse in Barcelona. Er wurde von den Kämpfen wirklich überrascht, zum einen, weil von den internen Auseinandersetzungen an der Front nicht viel zu spüren gewesen war. Dort standen, wie Orwell es sah, die anständigen, ehrlichen Männer; die Konflikte wurden von den Intellektuellen in der Etappe verursacht: „Es ist einer der scheußlichsten Züge des Krieges, daß alle Kriegspropaganda, alles Geschrei, alle Lügen und aller Haß ständig von Leuten kommen, die nicht mitkämpfen." (82) Zum anderen hatte er sich bis dahin eine Meinung von den Kommunisten gebildet, nach der ihre Handlungsweise in Barcelona einfach nicht vorstellbar war.

Die kommunistische Politik in Spanien ist ohne einen Blick auf die Verhältnisse in der Sowjetunion nicht zu verstehen. Zu dieser Zeit hatten die Moskauer Prozesse begonnen, und sie beeinflußten die Ereignisse in Spanien nicht unerheblich, zumal mit Andrés Nin ein ehemaliges Mitglied der Linken Opposition Vorsitzender der POUM war. Stalin war damit beschäftigt, die Opposition zu liquidieren und gegen die Bedrohung durch Hitler-Deutschland eine Verständigung mit England und Frankreich zu erlangen. Die POUM-Führung zögerte nicht, Stalins Tyrannei in ihrer Zeitung *La Batalla* anzuprangern. Die Kritik an den Moskauer Prozessen bedrohte das harmonische Bild der Volksfrontpolitik — Liberale, Sozia-

Homage to Catalonia
LA
VOZ
29 DE OCTUBRE
GEORGE
ORWELL

listen und Kommunisten verteidigen gemeinsam die bürgerliche Freiheit. Die Störer mußten zum Schweigen gebracht und die Machtpositionen der Anarcho-Syndikalisten in Katalonien gebrochen werden. Die Gelegenheit dazu bot sich im Mai 1937.

Am 1. Mai waren die Spannungen zwischen Kommunisten und POUM schon so gewachsen, daß die Mai-Parade aus Angst vor Auseinandersetzungen zwischen den Anhängern der verschiedenen Parteien abgesagt wurde. Barcelona war damit wohl die einzige nicht-faschistische Stadt in Europa ohne Maifeier. Am 3. Mai brachen dann schließlich die Kämpfe aus, als die kommunistisch gesteuerten Sicherheitskräfte versuchten, die von der CNT geleitete Telefonzentrale zu besetzen: „Am 3. Mai gegen Mittag sagte ein Freund, der durch die Hotelhalle ging, beiläufig: 'Am Telefonamt hat es einige Unruhen gegeben, wie ich höre.' Aus irgendeinem Grund schenkte ich ihm damals keine Beachtung. Als ich am gleichen Nachmittag zwischen drei und vier Uhr etwa in der Mitte der Rambla war, hörte ich einige Gewehrschüsse. Ich drehte mich um und sah einige Burschen mit Gewehren in den Händen und rot-schwarzen Taschentüchern der Anarchisten um den Hals, die eine Seitenstraße entlangschlichen, welche von der Rambla nach Norden abzweigt. Sie schossen offensichtlich auf jemand in einem hohen, achteckigen Turm — ich glaube einer Kirche —, der diese Seitenstraße beherrschte. Sofort dachte ich: 'Nun geht's los.'" (152)

Der Bürgerkrieg im Bürgerkrieg, der jetzt folgte, bildet historisch gesehen den zentralen Abschnitt von *Mein Katalonien.* Orwells Augenzeugenbericht ist eine der wichtigsten Quellen für unsere heutige Kenntnis der damaligen Ereignisse. Historische Untersuchungen haben seine Interpretation bestätigt. Zwei Punkte sind von besonderer Bedeutung. Orwell stellt klar, daß die POUM überhaupt nicht auf die Kämpfe vorbereitet war. Niemand verstand zunächst genau, was eigentlich vor sich ging, im POUM-Hauptquartier gab es nur sechzig Gewehre, und die Führer der Partei waren wütend, in Kämpfe hineingezogen zu werden, die sie für Auseinandersetzungen zwischen der Polizei und der CNT hielten. Das ganze Ausmaß des politischen Betruges wurde erst später klar, als die POUM zum Sündenbock abgestempelt wurde (um damit in der Konsequenz zugleich die sozialrevolutionäre Politik der Anarchisten zu treffen). Zweitens betont Orwell, daß die Kämpfe eher defensiven Charakter trugen. Es gab keine Angriffe, es wurden nur besetzte Häuser verteidigt. Er beschreibt die Auseinandersetzungen sehr objektiv und um Ehrlichkeit bemüht, sein Ton ist sachlich und klar:

„Ich war nicht in Gefahr und litt nur unter Hunger und Langeweile, aber dennoch war es einer der unerträglichsten Abschnitte meines ganzen

Lebens. Ich glaube kaum, ein Erlebnis könnte übler sein, eine größere Enttäuschung bringen oder schließlich auch nervenaufreibender sein als jene bösen Tage des Straßenkampfes. ... Trotzdem war es ein seltsames Gefühl, auf diesem Dach zu sitzen. Manchmal langweilte mich die ganze Geschichte, und ich achtete gar nicht auf den höllischen Lärm. Ich verbrachte Stunden damit, eine Reihe Bücher der Penguinbooks zu lesen, die ich glücklicherweise ein paar Tage vorher gekauft hatte. Manchmal spürte ich dabei sehr bewußt die bewaffneten Männer, die mich aus fünfzig Meter Entfernung beobachteten. Es war beinahe ein wenig, als sei man wieder im Schützengraben." (163-165)

Die Kämpfe finden ihr Ende, als die Regierung aus Valencia 6.000 gut ausgerüstete Sturmgardisten einschiffen läßt. Orwell war weniger von den bewaffneten Zusammenstößen und den Opfern betroffen als vielmehr von der Berichterstattung der kommunistischen und internationalen Presse; er war schockiert von ihren Interpretationen der Ereignisse und abgestoßen von dem rücksichtslosen, von den Kommunisten betriebenen Rufmord an Männern, die an der Front ihr Leben für die Republik einsetzten. Parteisekretär José Diaz legt am 9. Mai die kommunistische Linie fest: „Unsere Hauptfeinde sind die Faschisten. Dieses sind jedoch nicht nur die Faschisten selbst, sondern auch die Agenten, die für sie arbeiten ... einige nennen sich selbst Trotzkisten. ... Wenn jeder dies weiß, wenn die Regierung es weiß, warum behandelt sie sie nicht wie Faschisten und rottet sie mitleidslos aus?" (Carr 144)

Es war eindeutig, auf wen diese Drohungen gemünzt waren. Die Führer und Mitglieder der POUM wurden als Trotzkisten und faschistische „agents provocateurs" entlarvt, die Straßenkämpfe in Barcelona wurden als von der POUM organisierter Aufruhr dargestellt, inszeniert, um Franco durch ein Chaos an der Heimatfront zu unterstützen. General Franco hatte sich damit gebrüstet, im Lager der Republik über eine „Fünfte Kolonne" zu verfügen. Jetzt „entlarvte" die kommunistische Presse die POUM als „Fünfte Kolonne" Francos.

Am selben Tag, an dem Diaz die Verfolgung der POUM einleitete, schrieb Orwell in einem Brief an Victor Gollancz: „Ich hoffe inbrünstig, hier lebend rauszukommen und sei es nur, um ein Buch darüber zu schreiben ... Ich hoffe, ich werde die Gelegenheit bekommen, die Wahrheit über das zu schreiben, was ich gesehen habe. Das Zeug, das in den englischen Zeitungen erscheint, sind größtenteils abstoßende Lügen — mehr kann ich wegen der Zensur nicht schreiben." (CEJL 1/299)

Orwell erlebte in Barcelona, wie geschichtliche Wahrheit planmäßig vernebelt wird und wie eine neue 'Wahrheit' geschaffen werden kann — eines der Themen, die ihn von nun an literarisch beschäftigen sollten, vor allem in *Farm der Tiere* und *Neunzehnhundertvierundachtzig*. Und er lernte hier auch die Atmosphäre von *Neunzehnhundervierundachtzig* kennen: „Man hatte dauernd das häßliche Gefühl, daß ein bisheriger Freund einen jetzt bei der Geheimpolizei verraten könne." (183)

Im 11. Kapitel von *Mein Katalonien* setzt sich Orwell mit der verfälschenden Presseberichterstattung auseinander: „Fast alle Zeitungsberichte, die man damals veröffentlichte, wurden fern vom Geschehen von Journalisten fabriziert. Sie waren nicht nur in den Tatsachen ungenau, sondern absichtlich falsch. Wie gewöhnlich ließ man nur eine Seite der Frage in eine breitere Öffentlichkeit gelangen. ... Aber es ist notwendig, den Versuch zu unternehmen, die Wahrheit soweit wie möglich festzustellen." (185 f) Wegen dieses 11. Kapitels erfuhr er von den Rezensenten viel Kritik, weil es die Form seines Berichts sprengte, aber es ging ihm nicht um die Einheit des literarischen Kunstwerks als Selbstzweck, sondern um die Rekonstruktion der objektiven Wahrheit. Er schrieb, „weil ich eine Lüge entdeckt habe, die ich aufzeigen will, etwas, worauf ich die Aufmerksamkeit lenken möchte." (WIS 15)

Dabei ging es Orwell immer auch um gute Prosa, „Prosa wie eine Fensterscheibe", klar und verständlich: „Das ist nicht einfach, es wirft Probleme des inneren Aufbaus und der Sprache auf, und auf neue Weise das Problem der Wahrhaftigkeit. Ich möchte als Beispiel für eine der größeren Schwierigkeiten dieser Art mein Buch über den spanischen Bürgerkrieg, 'Mein Katalonien', heranziehen, ein eindeutig politisches Buch, das ich jedoch mit einer gewissen Distanz und Rücksicht auf die literarische Form verfaßte. Ich habe schwer darum gekämpft, die ganze Wahrheit zu sagen, ohne meinen künstlerischen Instinkten Gewalt anzutun. Unter anderem enthält es jedoch ein langes Kapitel, das nur aus Zeitungsmeldungen und dergleichen besteht, in dem ich für die Trotzkisten eintrete, die man beschuldigte, mit Franco unter einer Decke zu stecken. Es ist klar, daß ein derartiges Kapitel, das nach einem oder zwei Jahren keinen Leser mehr interessiert, das Buch kaputtmachen mußte. Ein Kritiker, den ich schätze, erklärte mir sein Mißfallen folgendermaßen: 'Warum haben Sie dieses ganze Zeug in das Buch aufgenommen? Es hätte ein guter Roman werden können, aber Sie haben Journalismus daraus gemacht.' Was er sagte, war vollkommen richtig, doch ich hätte nicht anders handeln können. Mir war zufällig bekannt, was nur wenigen Menschen in England nicht verborgen blieb, daß nämlich Unschuldige Opfer einer falschen Anklage wurden. Wenn mich das nicht grenzenlos empört hätte, hätte ich das ganze Buch überhaupt nicht geschrieben." (WIS 16)

Nach Beendigung der Kämpfe in Barcelona kehrt Orwell an die Front zurück. Es fällt ihm jetzt besonders nach der Verleumdungskampagne in den Zeitungen, schwer, den Krieg in der gleichen Weise wie vorher zu betrachten. Besonders getroffen hatten ihn Berichte wie der von Ralph Bates in *New Republic*. Bates hatte behauptet, daß die Truppen der POUM „mit den Faschisten im Niemandsland Fußball" spielten, während sie in Wirklichkeit gerade zu dieser Zeit schwere Verluste erlitten und persönliche Freunde Orwells getötet oder verwundet wurden. Trotz dieser Verleumdungen kämpfte Orwell weiter, denn es gab keine Wahl: „Möglicherweise war die Volksfront ein Betrug, aber Franco war ein Anachronismus. Nur Millionäre oder Romantiker konnten sich seinen Sieg wünschen." (226)

Bald darauf wurde er durch den Schuß eines faschistischen Scharfschützen durch den Hals schwer verwundet: „Plötzlich, mitten im Satz, spürte ich — nun, es ist sehr schwer zu beschreiben, was ich spürte, obwohl ich mich mich äußerster Anschaulichkeit daran erinnere. Grob gesprochen hatte ich das Gefühl, mich im Zentrum einer Explosion zu befinden. Es war wie ein lauter Knall und ein blendender Lichtblitz, der mich umschloß, zugleich fühlte ich einen heftigen Schock, wie man ihn bei einem elektrischen Schlag bekommt. Dabei hatte ich ein Gefühl äußerster Schwäche, als ob ich zerschlagen würde und zu einem Nichts einschrumpfte. Die Sandsäcke vor mir traten in eine unendliche Entfernung zurück. ... Ich hatte ein dumpfes, betäubendes Gefühl, das Bewußtsein, daß ich sehr schwer verwundet worden war, aber keinen Schmerz im normalen Sinne." (230)

Als Orwell nach längerem Hospitalaufenthalt nach Barcelona zurückkehrte, lag ein „eigentümliches, böses Gefühl" in der Luft, es herrschte eine „Atmosphäre des Mißtrauens, der Furcht, der Ungewißheit und des verhüllten Hasses" (242). Nach der Unterdrückung der POUM „handelte die von den Kommunisten kontrollierte Geheimpolizei jedenfalls unter der Annahme, daß alle gleich schuldig waren. Sie verhaftete jeden, der mit der POUM irgendetwas zu tun hatte und den sie erwischen konnte, darunter auch Verwundete, Lazarettschwestern und Frauen der POUM-Mitglieder, in einigen Fällen sogar Kinder." (215) Auch George Orwell wird gesucht, aber durch die Besonnenheit Eileens, die sich seit Februar als Sekretärin John McNairs ebenfalls in Barcelona aufhielt, gelingt ihm die Flucht, nachdem die Polizei schon sein Hotelzimmer durchsucht hat. In letzter Minute versucht er noch etwas für verhaftete Freunde zu tun, kann jedoch nicht viel erreichen.

Man kann die Schilderung der letzten Tage in Katalonien nicht ohne Emotionen lesen. Orwells verzweifelte Versuche, seinem Freund Kopp zu helfen, und die stetig in ihm wachsende Desillusionierung, als er endgültig erkennen muß, daß die Ideen, für die er und seine Freunde ihr Leben aufs Spiel setzten, zynisch betrogen wurden, ist für den Leser tief bewegend.

Mein Katalonien endet mit der Rückkehr nach Großbritannien, zurück nach Wallington, in die Sicherheit der von den kontinentalen Ereignissen abgeschlossenen Britischen Insel, in die einlullende Landschaft Südenglands: „Hier unten gab es noch immer das England, das ich in meiner Kindheit gekannt hatte: die Bahndämme, die durch wilde Blumen verschönert werden, die weitläufigen Weiden, auf denen große, glänzende Pferde grasen und meditieren, die langsam fließenden Bäche, die von Weiden gesäumt sind, die üppigen grünen Kronen der Ulmen, der Rittersporn in den Gärten; dann die riesige friedliche Wildnis am Rande von London, die Kähne auf dem schmutzigen Fluß, die altgewohnten Straßen, die Plakate mit den Ankündigungen von Kricketspielen und königlichen Hochzeiten, die Männer mit ihren 'Melonen', die Tauben auf dem Trafalgar Square, die roten Autobusse, die blauen Polizisten — sie alle schliefen den tiefen, tiefen Schlaf Englands. Ich fürchte", so schließt das Buch, „wir werden nie daraus erwachen, ehe uns nicht das Krachen von Bomben daraus erweckt." (287)

Homage to Catalonia endet mit einer für Orwell typischen ambivalenten Stimmung, auf der einen Seite die tiefe Zuneigung für die ländlichen Szenen seiner Kindheit, auf der anderen ein wachsendes Bewußtsein für die Intoleranz und die Erosion fundamentaler humanistischer Wertvorstellungen in der modernen Welt. Die Engländer waren seiner Meinung nach zu insular, zu naiv, um die wahre Natur der aufkommenden totalitaristischen Systeme zu erkennen — nicht zuletzt, um sie aus ihrem Dornröschenschlaf zu wecken, schrieb Orwell seinen Bericht über Spanien.

In der ersten Juliwoche des Jahres 1937 kehrten Eric und Eileen in ihr Haus in Wallington zurück, und er machte sich sofort an die Arbeit. Aber schon sehr bald spürte er die Ablehnung, die seinem Bemühen um die Wahrheit über Spanien entgegenschlug. Gollancz lehnte es ab, ein Buch Orwells über dieses Thema zu publizieren. Am 31.Juli schrieb Orwell an Rayner Heppenstall:

„Mittlerweile ist es unmöglich, darüber in der englischen Presse zu veröffentlichen, mit Ausnahme der ILP-Publikationen … Ich hatte eine amüsante Auseinandersetzung mit dem 'New Statesman'. Sobald ich aus Spanien raus war, telegraphierte ich von Frankreich aus und fragte, ob sie an einem Artikel interessiert seien, und sie sagten natürlich ja, aber als sie sahen, daß es in meinem Artikel um die Unterdrückung der POUM ging, erklärten sie, sie könnten ihn nicht drucken. Um die Pille zu versüßen, schickten sie mir ein sehr gutes, kürzlich erschienenes Buch, 'The Spanish Cockpit', zur Besprechung. … Aber es passierte wieder dasselbe: Als sie meine Rezension sahen, wollten sie sie nicht drucken, sie sei gegen die 'redaktionelle Linie', aber sie boten mir tatsächlich an, trotzdem für die

Rezension zu zahlen — praktisch Schweigegeld. Ich muß zumindest für dieses Buch auch meinen Verleger wechseln. Gollancz ist natürlich Teil der Communism Racket (etwa: kommunistische Bande; L.B.), und sobald er hörte, daß ich Verbindungen zur POUM und den Anarchisten hatte und die Mai-Aufstände von innen erlebt hatte, meinte er, er könne mein Buch nicht veröffentlichen, obwohl noch kein Wort geschrieben war." (CEJL 1/312)

Der Artikel, den der *New Statesman* ablehnte, erschien dann unter dem Titel *Spilling the Spanish Beans** in zwei Teilen am 29. Juli und am 2. September in *New English Weekly*. Orwell spricht hier von der „Terrorherrschaft" der kommunistisch gelenkten Regierung und stellt fest, daß der wirkliche Kampf in Spanien zwischen Revolution und Konterrevolution geführt werde. Er vertritt die Ansicht von Anarchisten, POUM und ILP, daß der Krieg in Spanien nur durch eine vollendete soziale Revolution zu gewinnen sei und daß auch andere Kriege gegen den Faschismus nur mit dem Enthusiasmus einer Revolution, nicht aber mit der Volksfrontpolitik erfolgreich sein könnten.

Franz Borkenaus Buch *The Spanish Cockpit* rezensierte er sehr positiv: „Vielleicht bin ich etwas voreilig, wenn ich sage, daß es das bis jetzt beste Buch über das Thema ist, aber ich glaube, daß jeder, der kürzlich aus Spanien zurückgekommen ist, mir zustimmen wird." (CEJL 1/309) Orwell bezeichnet Borkenau in seiner Rezension als Soziologen, der nicht mit „irgendeiner politischen Partei" verbunden sei. Er kannte offensichtlich nicht Borkenaus Geschichte als kommunistischer Parteiarbeiter, der für die Komintern in Moskau tätig gewesen war, dann aber, abgestoßen von Stalins Machthunger und der Herrschaft der Bürokratie, aus der Partei ausgetreten war, in Frankfurt bei Adorno studiert und, bevor er nach Spanien kam, als Emigrant in Panama und Mexico gelebt hatte. In *Spanish Cockpit* gibt Borkenau einen Augenzeugenbericht über die Revolution in Katalonien und prangert die Methoden an, mit denen die Kommunisten diese Revolution zunichte machten. Borkenau wurde von den Kommunisten in Spanien verhaftet und entkam nur mit Glück. Orwell rezensierte später noch zwei weitere Bücher Borkenaus, *The Communist International* (1938) und *The Totalitarian Enemy* (1940). Borkenau sah — wie Ignazio Silone, Arthur Koestler und George Orwell selbst — eine deprimierende Ähnlichkeit der totalitaristischen Methoden und Machtstrukturen von Stalinismus und Faschismus.

* Ein Wortspiel: „Die spanischen Bohnen ausschütten"; im Slang heißt *to spill the beans* alles ausplaudern.

Nach seiner Rückkehr aus Spanien wurde Orwell auch mit den Reaktionen auf *Der Weg nach Wigan Pier* konfrontiert. Die Kritik, die ihm entgegenschlug, war nicht immer fair. Als Beispiel dient uns Harry Pollitts Besprechung des Buches im *Daily Worker* vom 17. März 1937: Der Generalsekretär der Britischen Kommunistischen Partei polemisierte gegen „einen desillusionierten kleinen Jungen aus der middle-class, der, nachdem er den Imperialismus durchschaut hatte, beschloß zu entdecken, was der Sozialismus zu bieten hat … ein spätimperialistischer Polizist. … Ich verstehe es so, daß Mr. Orwell tatsächlich über den 'Geruch' der Arbeiterklasse beunruhigt ist, denn Gerüche nehmen den größten Teil des Buches ein. … Einer Sache bin ich mir sicher: Wenn Mr..Orwell nur hören könnte, was die Left Book-Kreise über sein Buch sagen werden, würde er den Entschluß fassen, nie wieder ein Buch über eine Sache zu schreiben, von der er nichts versteht."

Im Mai 1937 hatte Orwell von dem Moskauer Magazin *International Literature* einen Brief erhalten, in dem er um einen Beitrag und ein Exemplar von *Wigan Pier* gebeten wurde. Er schickte das Buch, wies aber gleichzeitig darauf hin, daß er sich zur Zeit von einer Verwundung erhole, die er als Angehöriger der POUM-Miliz in Spanien erhalten habe. Die Antwort aus Moskau vom 25.8.1937 bestätigte ihn in seiner Haltung gegenüber der Kommunistischen Partei:

„Sir,

Die Redaktion der International Literature hat ihr Schreiben erhalten, in dem Sie auf unseren Brief vom 31. Mai antworten. Es ist richtig, daß Sie offen zu uns sind, es ist richtig, daß Sie uns über Ihren Dienst in der Miliz der POUM informieren. Unser Magazin hat in der Tat nichts mit POUM-Mitgliedern zu schaffen; diese Organisation ist, wie die lange Erfahrung des spanischen Volkes gegen Insurgenten und faschistische Interventen bewiesen hat, ein Teil von Francos 'Fünfter Kolonne', die im Rücken der heldenhaften Armee des Republikanischen Spanien handelt." (OA)

Die Ablehnung von allen Seiten umgab Orwell wie eine Mauer, aber er war fest entschlossen, bei der Wahrheit zu bleiben: „Eine Anzahl von Leuten hat mir mehr oder weniger offen gesagt, daß man über das, was in Spanien passierte, und den Part, den die Kommunistische Partei dabei spielte, nicht die Wahrheit sagen dürfe, weil das die öffentliche Meinung gegen die spanische Regierung einnähme und so Franco helfe. Ich kann dieser Ansicht nicht zustimmen, da ich der altmodischen Meinung bin, daß es sich letztlich nicht auszahlt, Lügen zu verbreiten." (CEJL 1/332)

Zu dieser Zeit bewegte sich Orwell politisch immer stärker auf die ILP zu. Er trat ihr erst 1938 bei, nahm jedoch schon 1937 an Sommerkursen der Partei teil, half bei ILP-Jugendlagern und bot sich an, regelmäßig für

Sommerschule der ILP in Letchworth, 1937.
George Orwell zweiter von links, ganz rechts: John McNair

den *New Leader* zu schreiben. Seine politischen Anschauungen, die sich besonders klar in einem Brief an seinen Freund Geoffrey Gorer ausdrükken, sind mit der Programmatik der ILP weitgehend identisch:

„Das Volksfront-Geschwafel reduziert sich letztlich darauf, daß, wenn der Krieg kommt, die Kommunisten, Labour-Leute etc. auf der Seite der Regierung stehen werden, anstatt den Krieg zu beenden und die Regierung zu stürzen, vorausgesetzt, die Regierung ist auf der 'richtigen' Seite, das heißt gegen Deutschland. Aber jedermann mit ein bißchen Phantasie kann voraussehen, daß uns der Faschismus, natürlich nicht unter dem Namen Faschismus, aufgezwungen werden wird, sobald der Krieg beginnt. So werden wir also einen Faschismus haben, an dem die Kommunisten beteiligt sind, und wenn wir mit der UdSSR verbündet sein sollten, wird sie dabei eine führende Rolle einnehmen. Genau das ist in Spanien passiert. Nach dem, was ich dort gesehen habe, bin ich zu dem Schluß gekommen, daß es unsinnig ist, antifaschistisch zu sein, während man versucht, den Kapitalismus zu erhalten. Faschismus ist letztlich nur eine Entwicklungsform des Kapitalismus, und selbst die mildeste Demokratie neigt somit dazu, in Faschismus überzugehen, wenn es zum Äußersten kommt.

Ich sehe nicht, wie man gegen den Faschismus sein kann, außer daß man für den Umsturz des Kapitalismus arbeitet, natürlich im eigenen Land beginnend. Wenn man mit einer kapitalistisch-imperialistischen Regierung im Kampf gegen den Faschismus kollaboriert, ... dann läßt man einfach den Faschismus durch die Hintertür herein. Der ganze Kampf in Spanien, auf der Regierungsseite, läuft darauf hinaus. Die revolutionären Parteien, die Anarchisten, die POUM etc. wollten die Revolution zu Ende bringen, die anderen wollten den Faschismus im Namen der 'Demokratie' bekämpfen, und natürlich, wenn sie sich ihrer Position sicher fühlten und die Arbeiter dazu gebracht hatten, ihre Waffen abzugeben, den Kapitalismus wiedereinzuführen. Die groteske Darbietung, die bisher nur wenige Leute außerhalb Spaniens verstanden haben, besteht darin, daß die Kommunisten am weitesten rechts von allen standen und ängstlicher als die Liberalen darauf bedacht waren, die Revolutionäre zur Strecke zu bringen und alle revolutionären Ideen auszumerzen." (CEJL 1/317 f)

Am 1. September 1937 fand Orwell mit Frederic Warburg einen Verleger für *Mein Katalonien.* Warburg war einer der wenigen, die keine Angst hatten, auch Bücher von unabhängigen Linken zu veröffentlichen, was ihm den Spitznamen „der trotzkistische Verleger" einbrachte. Orwell schloß das Manuskript im Januar 1938 ab. Das Buch fand nicht die weite Beachtung, auf die er so gehofft hatte, es entsprach nicht der Stimmung der Linken, die Spanien als ein Schlachtfeld des idealistischen Sozialismus betrachtete. Von der Veröffentlichung bis zu Orwells Tod im Jahre 1950 wurden nur 900 Exemplare verkauft, und erst in der Paperback-Ausgabe von 1962 wurde das Buch in weiten Kreisen bekannt.

Mein Katalonien wurde nur spärlich rezensiert, und die Besprechungen waren überwiegend — wie nicht anders zu erwarten — ablehnend. Zumeist in überheblichem Ton wurde Orwells Ehrlichkeit gelobt, auf der anderen Seite aber seine Darstellung und seine Schlußfolgerungen mit dem Argument entwertet, er sei politisch naiv und habe das alles nicht so recht begriffen. Nehmen wir etwa die folgende Passage aus V.S. Pritchetts Rezension vom 30. April 1938 im *New Statesman*: „Er unternimmt die Verteidigung der POUM. Es scheint keinen Zweifel zu geben, daß die erbärmliche kleine POUM unfair behandelt wurde. Aber obwohl er mit ehrlicher Empörung über die Lügen schreibt, die über Männer, die gegen den gemeinsamen Feind kämpften, verbreitet wurden, und obwohl er den fesselnden und verständlichen Widerwillen des Idealisten gegen die grauen Argumente der Notwendigkeit hat, irrt sich Mr. Orwell, fürchte ich, wenn er die Verteidigung in das Feld der hohen Politik und Strategie hineinträgt."

In Pritchetts Text drückt sich jene Art von geistiger Reaktion aus, die die

Basis für die Apologeten des Stalinismus bildete. Orwell verwendete in den folgenden Jahren viel Nachdenken darauf, wie es möglich war, daß so viele Intellektuelle, nicht nur seines Landes, aus freien Stücken ihr kritisches Gewissen ausschalteten.

Mein Katalonien ist ein zu Unrecht so wenig gelesenes Buch. Abgesehen von seinem hohen literarischen Wert stellt es den Wendepunkt in Orwells persönlicher Geschichte dar, mit diesem Buch ist die Entwicklung seiner politischen Grundhaltung abgeschlossen. Während seines ganzen vorherigen Lebens — als Eton-Schüler, als Kolonialpolizist, als Landstreicher, als Verkäufer, als Schriftsteller unter den Bergarbeitern in Wigan — war er Teil einer hierarchischen Gesellschaftsordnung gewesen. In Spanien hatte er das Leben in einer klassenlosen Gesellschaft kennengelernt. Er wußte jetzt, wo er stand, er hatte aus eigener Anschauung erfahren, daß es nicht nur die sozialistische Theorie gab, sondern daß ein praktischer, zutiefst menschlicher Sozialismus möglich war.

Auch sein Schreiben erreicht mit *Mein Katalonien* eine Wendemarke. Die Vermischung von Autobiographie, Fiktion und Dokumentation, die bis 1937 seine Arbeiten dominiert hatte, ist nunmehr beendet. Vor ihm liegt die Zeit klarer, ausdrucksstarker Essays und fiktionaler Arbeiten, bei denen Form und Inhalt übereinstimmen.

Die abstrahierte Verarbeitung der spanischen Erlebnisse findet sich in dem 1942 geschriebenen Essay *Rückblick auf den Spanischen Krieg.* Er hatte in der Miliz gefühlt, wie der Sozialismus sein kann, und er hatte erlebt, wie die linken Intellektuellen und die Linksparteien diesen Sozialismus aus purem Machtstreben zerstört hatten. Die Intellektuellen erscheinen ihm als die gewissenlosen Verführer: „Was die breite Masse der Bevölkerung betrifft, so rühren die erstaunlichen Meinungsumschwünge der heutigen Zeit und die Gefühle, die sich auf- und abdrehen lassen wie ein Wasserhahn, von der Suggestivkraft von Zeitung und Radio her. ... Die linke Intelligenz vollzog ihren Umschwung von 'Der Krieg ist die Hölle' zu 'Der Krieg ist heldenhaft' nicht nur ohne jedes Gefühl für die Unlogik ihrer Haltung, sondern auch ohne jeden Übergang. ... Bei den Intellektuellen, würde ich sagen, hat das mehr mit Geld und der Sorge um die persönliche Sicherheit zu tun. Je nach Lage der Dinge werden sie in einem gegebenen Augenblick 'für den Krieg' oder 'gegen den Krieg' sein, aber in beiden Fällen fehlt ihnen völlig die reale Vorstellung, was der Krieg ist." (13)

Seine Hoffnung lag jetzt bei den Arbeitern. Durch seine Schriften über Spanien läuft als roter Faden der Gedanke, daß eine Revolution der Arbeiter und Arbeitermilizen den Krieg gegen Franco hätte gewinnen können. Die Arbeiter unterscheiden sich in seinen Augen von den Intellektuellen vor allem durch ihre Unverdorbenheit: „Auf lange Sicht ist es wichtig, sich daran zu erinnern, daß auf die Dauer die Arbeiterklasse der einzig zuverlässige Gegner des Faschismus ist, und zwar einfach deshalb, weil sie am meisten beim Aufbau einer anständigen gesellschaftlichen Ordnung zu gewinnen hat. Im Gegensatz zu anderen Klassen oder Gruppen kann man sie nicht unausgesetzt bestechen." (27)

Aber nicht nur auf die linken Intellektuellen konzentriert sich Orwells Kritik, auch die Konservativen, die dem kleinen Mann „Anspruchsdenken" vorhalten, während sie selber ein Vielfaches an Annehmlichkeiten für sich selbst verlangen, werden nicht verschont. „Welch verdammte Unverschämtheit dieser Politiker, Geistlichen, Literaten und was sonst noch für Leuten, die einen Sozialismus der Arbeiterklasse wegen 'seines Materialismus' abkanzeln. Alles, was der Werktätige verlangt, ist das, was diese Herrschaften als das 'unbedingt erforderliche Lebensminimum' bezeichnen, ohne welches das Dasein des Menschen überhaupt nicht denkbar ist. Genug zu essen, Befreiung von der drückenden Angst vor der Arbeitslosigkeit, die Gewißheit, daß ihre Kinder eines Tages eine anständige Chance im Leben haben, täglich einmal ein Bad, oft genug saubere Wäsche, ein Dach, durch das es nicht durchregnet, und eine Verkürzung der Arbeitszeit, so daß man abends noch über ein bißchen Energie verfügt. Keiner von denen, die gegen den 'Materialismus' wettern, würde ein Leben ohne diese Dinge für lebenswert halten." (35)

Hauptthema in diesem Essay ist jedoch die moderne Propaganda und die Verfälschung der historischen Wahrheit, die dazu führt, daß Geschichte nicht mehr darin besteht, „festzuhalten, was sich ereignet hatte, sondern, was sich je nach der 'Parteilinie' hätte ereignen sollen. ... Gerade diese Dinge flößen mir Angst ein, denn ich habe oft das Gefühl, daß der Begriff der objektiven Wahrheit selbst in dieser Welt im Verschwinden ist." (22 f) Wahrhaftigkeit ist nicht länger möglich, wo nicht mehr anerkannt wird, „daß eine Tatsache auch dann wahr sein kann, wenn man sie nicht mag".

Hier findet sich eine Reihe von Gedanken, die Orwell später in *Farm der Tiere* und *Neunzehnhundertvierundachtzig* verarbeitete, zum Beispiel, daß die Geschichte immer von den Siegern geschrieben wird und daß das wirklich Schreckenerregende am Totalitarismus nicht darin besteht, daß er Greueltaten begeht, sondern daß er mit dem Anspruch, Vergangenheit wie Zukunft zu bestimmen, das Konzept der objektiven Wahrheit angreift. Damit ist die Basis des humanistischen Denkens zerstört, weil die Gleichheit der Menschen, ihre Zugehörigkeit zu einer und derselben Gattung, nicht mehr anerkannt wird.

Trotz dieser bitteren Erfahrungen verlor Orwell nach Spanien nicht seinen Idealismus. „Wenn man einen Blick auf eine derartige Katastrophe geworfen hat, muß das Ergebnis nicht notwendigerweise Enttäuschung oder Zynismus sein. Wie auch der spanische Krieg enden mag, er wird sich jedenfalls als eine entsetzliche Katastrophe erweisen, ganz abgesehen von dem Gemetzel und den körperlichen Leiden. Seltsamerweise hat das ganze Erlebnis meinen Glauben an die Anständigkeit menschlicher Wesen nicht vermindert, sondern vermehrt." (285f)

An den Schluß des Essays *Rückblick auf den Spanischen Bürgerkrieg* setzte Orwell ein Gedicht zur Erinnerung an den italienischen Milizsoldaten, den er in seinen ersten Tagen in Barcelona kennenlernte. Hier die beiden letzten Strophen:

Your name and your deeds were forgotten
Before your bones were dry,
And the lie that slew you ist buried
Under a deeper lie;

But the thing that I saw in your face
No power can disinherit:
No bomb that ever burst
Shatters the crystal spirit.

(Dein Name und deine Taten waren vergessen,
bevor deine Knochen getrocknet waren,
und die Lüge, die dich erschlug,
ist unter einer noch größeren Lüge begraben.

Aber was ich in deinem Gesicht sah,
kann keine Macht mir nehmen:
keine Bombe, die jemals birst,
zerreißt den kristallnen Geist.)

Politische Neuorientierung (1938-1939)

Die zwei Jahre in Orwells Leben nach seiner Rückkehr aus Spanien 1937 bis zum Ausbruch des Zweiten Weltkrieges 1939 werden von Tosco Fyvel in seinen Erinnerungen unter dem Titel „The Detour", der Umweg, behandelt (vgl. Fy 80f). Ich glaube nicht, daß man sie wirklich als Umweg bezeichnen kann, wenngleich Orwell in dieser Zeit Schritte unternahm, wie seinen Eintritt in die ILP, die er sehr schnell widerrief. Ich meine, daß dieser Lebensabschnitt eher eine Phase der Neuorientierung war — Orwells Apokalypse. Es enthüllte sich ihm das unwiderrufliche Ende der alten Welt seiner Kindheit, der fest geordneten anständigen Welt, und er sah nun ganz klar, daß es zum Krieg kommen werde. So sind denn auch die Themen seines letzten konventionellen Romans *Auftauchen um Luft zu holen* eine Abschiedsrede auf die gute alte Zeit und eine Prophezeiung der schrecklich kalten und verlogenen neuen Welt.

Spanien hatte Orwells politische Anschauungen gefestigt, er glaubte trotz allem, was er dort erlebt hatte, wirklich an die „Anständigkeit menschlicher Wesen", Spanien hinterließ in ihm aber auch einen tiefsitzenden Pessimismus. Hatte er noch im Juni 1937, angesichts einer funktionierenden klassenlosen Gesellschaft, in einem Brief an Connolly von den „wundervollen Dingen", die er sah, gesprochen, von seinem Glauben an den Sozialismus geschwärmt, so ist dieser Optimismus neun Monate später vollkommen umgeschlagen. Unter dem Datum des 14. März 1938 schreibt er wiederum an Connolly: „Dies blutige Durcheinander in Europa belastet mich so, daß ich wirklich nichts schreiben kann. Ich sehe, daß Gollancz schon meinen nächsten Roman auf seine Ankündigungsliste gesetzt hat, obwohl ich noch keine Zeile geschrieben habe, noch nicht einmal einen Entwurf habe ich. Es scheint mir, als könnten wir alle genausogut unsere Taschen für das Konzentrationslager packen." (CEJL 1/343f)

Obwohl er von der Notwendigkeit zu kämpfen überzeugt ist, hat Orwell in dieser Phase das Gefühl, effektiv nichts gegen das, was auf die Menschheit zukommt, tun zu können. Am 14. Dezember 1938 schreibt er während der Arbeit an dem Roman *Auftauchen um Luft zu holen* an Connolly:

„Alles was man jetzt schreibt, wird von dem scheußlichen Gefühl überschattet, daß wir auf einen Abgrund zurasen, und daß wir, obwohl wir weder uns selbst noch irgend jemand anderen vor dem Sturz retten können, einen wie auch immer gearteten Kampf liefern müssen. Ich nehme an, daß wir noch ungefähr zwei Jahre haben, bevor die Gewehre anfangen, zu feuern." (CEJL 1/400)

Kaum hatte Orwell im Januar 1938 *Mein Katalonien* im Manuskript fertiggestellt, erkrankte er im März an einer tuberkulösen Veränderung der Lunge. Sein Schwager Lawrence O'Shaughnessy sorgte dafür, daß er sofort in das Sanatorium Preston Hall in Aylesford, Kent, gebracht wurde. Dort blieb er für fast sechs Monate. Später stellte sich heraus, daß er schon seit 1928 tuberkulös infiziert war. Das feuchte Klima Burmas hatte seine von Kindheit an schwache Lunge unheilbar geschädigt. Während seines Sanatoriumsaufenthaltes durfte Orwell, abgesehen von gelegentlichen Rezensionen, nicht arbeiten. Ein Buch unter dem Titel *Poverty in Practice*, das er für den Verlag Thomas Nelson & Sons schreiben sollte, wurde aus diesem Grunde nie realisiert.

In Aylesford erhielt Orwell regelmäßig von zahlreichen Freunden und Bekannten Besuch, so auch von dem Dichter Stephen Spender, der kurze Zeit Mitglied der Communist Party gewesen war und von Orwell als der typische Intellektuelle angegriffen worden war, als „Angehöriger von Auden und Spender & Co." (IdW 124) (vgl. das Kapitel „Inside the Whale"). Interessant wird diese Begegnung vor allen Dingen durch den ihr vorangehenden Briefwechsel, in dem Orwell zum Problem der „intellektuellen Brutalität" Stellung nimmt. Diese Briefe sagen viel über Orwells Empfindlichkeiten, seine Ängste, Menschen zu verletzen, und die schwierige Trennung von politischem und privatem Leben. Am 15. April schrieb er Spender:

„Sie fragen, wie es dazu kam, daß ich Sie angriff, ohne Sie persönlich zu kennen, & meine Haltung änderte, nachdem ich Sie getroffen hatte. Ich wüßte nicht, daß ich Sie speziell angegriffen hätte, aber ich habe sicherlich so nebenbei Bemerkungen über 'Salon-Bolschewiken so wie Auden & Spender' gemacht oder Äußerungen in diesem Sinne getan. Ich wollte Sie als Symbol für den Salon-Bolschewiken hinstellen, weil a) Ihre Gedichte, soweit ich sie gelesen habe, mir nicht sehr viel sagen, b) ich Sie als eine dieser modisch erfolgreichen Personen gesehen habe, auch als Kommunisten oder kommunistischen Sympathisanten, & seit ungefähr 1935 bin ich der C.P. gegenüber sehr ablehnend gegenüber eingestellt, & c) und weil ich Sie nicht persönlich kannte, konnte ich Sie als Typ & also auch als Abstraktion sehen. Selbst wenn ich Sie nicht gemocht hätte, als ich Sie kennenlernte, hätte ich trotzdem meine Haltung ändern müssen, denn wenn einem jemand in Fleisch und Blut gegenübersteht, erkennt man sofort, daß er ein menschliches Wesen ist & nicht eine Karikatur, die gewisse Ideen verkörpert. Dies ist einer der Gründe dafür, daß ich mich nicht in literarische Kreise begebe, weil ich aus Erfahrung weiß, daß sobald ich jemanden getroffen & mit ihm gesprochen habe, ich nie wieder in der Lage sein werde, ihm gegenüber irgendeine Form intellektueller Brutalität zu zeigen, sogar wenn ich fühle, daß ich es sollte wie bei den Labour-Abgeordneten, denen Herzöge auf die Schultern klopfen & die für immer verloren sind." (CEJL 1/347f)

Ich denke, daß dieser Brief Aufschluß gibt über den Menschen und den Kritiker Orwell. Orwell war im Umgang mit Menschen ehrlich, er kritisierte auch Freunde wegen ihrer politischen oder literarischen Einstellungen, aber es fiel ihm stets schwer — für einen Kritiker hatte er eine zu dünne Haut.

Am 25. April 1938 wurde *Mein Katalonien* veröffentlicht, und am 13. Juni trat Orwell offiziell in die ILP ein, sicherlich auch unter dem Druck der harschen Rezensionen, die das Buch erhielt. Am 14. Juni erschien im *New Leader*, der Wochenzeitung der ILP, sein Artikel *Warum ich Mitglied der Independent Labour Party wurde.* Er schreibt dort, daß jeder Schriftsteller die Neigung habe, „sich aus der Politik herauszuhalten", um ungestört arbeiten zu können, daß dieses Ideal aber angesichts des notwendigen Kampfes gegen „Rizinusöl, Gummiknüppel und Konzentrationslager" (ILP 31) nicht einlösbar sei. Der Schriftsteller müsse, wie jeder andere Mensch auch, gegen den Faschismus kämpfen: „Und das einzige Regime, das es auf die Dauer wagen wird, die Redefreiheit zu dulden, ist ein sozialistisches Regime. Wenn der Faschismus siegt, bin ich als Schriftsteller erledigt — das heißt, erledigt in meiner einzigen wirksamen Eigenschaft. Das allein wäre schon Grund genug, Mitglied einer sozialistischen Partei zu werden." (ILP 32)

Orwell hebt hervor, daß der Schriftsteller jetzt aktiver Sozialist sein müsse, es genüge nicht mehr, vermittelt über Bücher gegen das kapitalistische System, das zum Faschismus drifte, zu kämpfen. Auf die selbst gestellte Frage, warum er in die ILP eintrete und nicht in die Labour Party, antwortete Orwell, daß er nicht „jeden Glauben an die Labour Party verloren" habe. „Ich hoffe wirklich aufrichtig, daß die Labour Party bei den nächsten allgemeinen Wahlen eine eindeutige Mehrheit gewinnen wird. Aber wir kennen die Geschichte der Labour Party, und wir kennen die schreckliche Versuchung des jetzigen Augenblicks — die Versuchung, jedes Prinzip über Bord zu werfen, um für einen imperialistischen Krieg zu rüsten." (ILP 32f)

Diese Gefahr fürchtet Orwell bei der ILP nicht. Mit dieser Ansicht gehörte er zu dem sicher nicht kleinen Flügel der ILP, der sich als das Gewissen der Labour Party begriff.

Die ILP-Sicht der politischen Lage wird deutlich in Orwells Rezension von Fenner Brockways *Workers Front* (1938). Darin entwarf der Generalsekretär der Partei folgendes Bild: Der Krieg wird kommen und zwar als imperialistischer Krieg; der deutsche und der italienische Faschismus verstellen für die Mehrheit der Bevölkerung mit ihrer Brutalität den Blick auf die Erkenntnis, daß Faschismus und Kapitalismus aus der gleichen Wurzel entspringen und daß auch Großbritannien eine spezifisch britische Form des Faschismus droht, wobei die Popular Front, die Volksfront, einen Schritt in diese Richtung darstellt.

„Deshalb ist die Volksfront eine unheilige Allianz zwischen den Räubern und den Ausgeraubten. In England ist die Volksfront zur Zeit nichts weiter als eine Idee, aber sie hat schon das Übelkeit erregende Schauspiel von Bischöfen, Kommunisten, Kakao-Magnaten, Verlegern, Herzoginnen und Labour-Abgeordneten in Szene gesetzt, die zu den Klängen von 'Rule Britannnia' Arm in Arm marschieren und ihre Muskeln anspannen, um in den bombensicheren Schutzraum zu hasten, wenn ihre Politik Wirkung zeigt. Gegen all diese Tendenzen betont Mr. Brockway, daß der Faschismus nur geschlagen werden kann, wenn man den Kapitalismus sowohl in seinen nicht-faschistischen als auch in seinen faschistischen Erscheinungsformen angreift." (CEJL 1/339)

Der Standpunkt der ILP, den Orwell zu dieser Zeit mit künstlich wirkender Verbalradikalität vertrat, ist oft als pazifistisch bezeichnet worden, was nicht zutrifft. Die ILP war antimilitaristisch in dem Sinne, daß sie eine Unterstützung der eigenen Regierung in einem Krieg zwischen bürgerlichen, imperialistischen Staaten ablehnte. In einem imperialistischen Krieg dürfe die Arbeiterklasse für keine der kriegführenden Seiten Partei nehmen, also auch nicht für die Seite Englands, wenn es von Hitler angegriffen würde. In dieser Frage dachte die ILP streng in der leninistischen Tradition: Ihr Ziel war die Verwandlung des Krieges der großen Mächte in den revolutionären Bürgerkrieg, die Machtergreifung der Arbeiterschaft in Großbritannien als notwendige Voraussetzung, um durch die Mobilisierung aller Energien des Volkes dem Faschismus wirksamen Widerstand entgegensetzen zu können. Der englischen Bourgeoisie wurde eine effektive Abwehr eines Hitlerschen Angriffs nicht zugetraut, vielmehr angenommen, daß sich das britische politische System selber in ein autoritäres, faschistisches Regime verwandeln werde*.

* Vgl. Willi Buschak: Das Londoner Büro — Linkssozialismus in der Zwischenkriegszeit, in: Jürgen Baumgarten (Hrsg.): Linkssozialisten in Europa. Hamburg 1982, S. 206 ff

Diese Position zum Krieg macht Orwell in einer Rezension von General Croziers Buch *The Men I Killed* deutlich. Crozier wurde, nachdem er in früheren Büchern begeistert von seinen soldatischen Leistungen in den britischen Kolonialkriegen gesprochen hatte, später zu einem überzeugten Pazifisten, „wie der geläuterte Dieb bei einer Heilsarmee-Veranstaltung" (CEJL 1/315). In der Auseinandersetzung mit Crozier formuliert Orwell zwei Thesen, die für ihn im Zentrum jeder Anti-Kriegs-Agitation stehen:

„1. Daß ein Krieg gegen eine andere Nation nur dann stattfindet, wenn die besitzenden Klassen meinen, daß sie Profit herausschlagen könnten.

2. Daß jeder Krieg, wenn er kommt, oder bevor er kommt, als ein Akt der Selbstverteidigung gegen einen mordlustigen, verrückten Gegner präsentiert wird (das 'militaristische' Deutschland 1914, das 'faschistische' Deutschland nächstes oder übernächstes Jahr.) ...

Der Test für jeden Pazifisten ist, ob er zwischen einem Krieg zwischen Nationen und einem Bürgerkrieg unterscheidet. Falls er das nicht tut, sagt er letztlich nur, daß Gewalt von den Reichen gegen die Armen angewendet werden darf, aber nicht von den Armen gegen die Reichen." (CEJL 1/316)

Die Kriegstreiber sind für Orwell nicht die einfachen Leute, deren Abneigung gegen den Krieg es für eine wirksame Anti-Kriegsbewegung zu gewinnen gilt, sondern die „Lohnschreiber und Homo-Linken" (CEJL 1/368). Im Sommer 1938 verfaßte Orwell eine Broschüre gegen den Krieg, die aber spurlos verschollen ist. In einem Brief an Jack Common findet sich ein Verweis darauf: „Hast Du Kingsley Martins* ('kritischen') Artikel über die Bedingungen, unter denen die Labour Party in einem Krieg die Regierung unterstützen sollte, im N.S. der letzten Woche gelesen? Als ob die Regierung irgendwelche Konditionen einräumen würde! Der verdammte Narr scheint zu denken, daß Krieg ein Kricket-Spiel ist. Ich wünschte, irgendjemand würde meine Anti-Kriegs-Broschüre drucken ..., aber natürlich wird es niemand tun." (CEJL 1/395)

Mit dem Hitler-Stalin-Pakt von August 1939 veränderte Orwell seine politische Haltung schlagartig. Er vertrat nunmehr einen linken, revolutionären Patriotismus und verließ die ILP, um mit dem linken Labour-Flügel politisch zu sympathisieren. In dem Essay *My Country Right or Left* erklärte er im Herbst 1940 diesen Kurswechsel folgendermaßen:

„Ich weiß nicht mehr genau, in welchem Jahr ich wußte, daß der gegenwärtige Krieg kommen würde. Nach 1936 war die Sache natürlich für jeden offensichtlich, wenn er nicht gerade ein Idiot war. Über mehrere Jahre war der kommende Krieg für mich ein Alptraum, und zeitweise hielt

* linker Schriftsteller und Journalist, Herausgeber des Wochenmagazins *New Statesman &Nation*

ich sogar Reden und schrieb Pamphlete dagegen. Aber in der Nacht vor dem Pakt zwischen Rußland und Deutschland träumte ich, der Krieg hätte begonnen. Es war einer jener Träume, die, welche Freudsche innere Bedeutung sie auch immer haben mögen, einem manchmal den wirklichen Stand der eigenen Gefühle offenbaren. Er lehrte mich zwei Dinge: einmal, daß ich einfach nur erleichtert wäre, wenn der lange befürchtete Krieg begänne, und zweitens, daß ich im Herzen ein Patriot war und nicht gegen meine eigene Seite handeln oder sie sabotieren würde, daß ich den Krieg unterstützen und wenn möglich kämpfen würde. ... Der Krieg kam also, und die Regierung, sogar die Regierung Chamberlain, konnte sich meiner Loyalität sicher sein." (CEJL 1/590f)

Daß Orwell hier einen Traum als Auslöser politischen Handelns anführt, zeigt, daß er sich in seinem Innersten nie wirklich mit der Parteilinie der ILP identifiziert hat, daß deren Klassenkampfpolitik letztlich gegen seine innersten, unbewußten Werte und Vorstellungen verstieß, seiner Haltung gegenüber England nicht entsprach. Es ist wohl richtig, wenn man behauptet, daß Orwell eher durch die harte Kritik und Ablehnung, die ihm nach der Veröffentlichung von *Mein Katalonien* entgegenschlug, in einen Verbalradikalismus getrieben wurde, hinter dem er nicht wirklich stand.

Während des halben Jahres im Sanatorium in Aylesford beschäftigte sich Orwell eingehend mit der Entwicklung des modernen Staates und dem Begriff des Totalitarismus. Er kam dabei zu der Erkenntnis, daß sich die Herrschafts- und Unterdrückungsmechanismen der modernen Staaten trotz ganz unterschiedlicher politischer Systeme und Ideologien gleichen. Sein Gesprächspartner bei diesen Überlegungen war besonders Jack Common, in dessen Büchern sich viele Gedanken wiederfinden, die auch Orwell äußerte.

In der Besprechung von Franz Borkenaus *The Communist International* vom September 1938 stellte Orwell die Verbindung von Faschismus und Kommunismus auf der Basis ihrer Unterdrückungsmethoden her. Auf den ersten Blick etwas abwegig die Art, wie er das tut. Er stellt fest, daß jede kommunistische Partei über einen festen Kader von etwa fünf Prozent der Mitglieder verfügt, daß aber Zehntausende von Mitgliedern über einen kürzeren oder längeren Zeitraum dabei sind und dann wieder austreten. Was sie mitnehmen, ist nach Orwell nicht der Glaube an den Sozialismus, sondern ein Glaube an Gewalt und Lüge als Mittel der politischen Auseinandersetzung sowie die Ablehnung der Demokratie. Deshalb sind sie im kritischen Moment auch dem verfallen, der sich grundsätzlich auf Gewalt und Lüge als Mittel der Politik verläßt, dem Faschismus. Orwells Alternative zu Faschismus und Kommunismus ist eine „wirklich revolutionäre

Bewegung, d.h. eine, die willens ist, drastische Veränderungen herbeizuführen und wenn nötig Gewalt zu gebrauchen, die aber nicht, wie der Kommunismus und der Faschismus, die Verbindung zu den grundlegenden Werten der Demokratie verliert." (CEJL 1/388)

Als Hauptproblem der Politik sieht Orwell, daß „Kraftprotzverehrung ... in mannigfaltiger Verkleidung zur allgemeinen Religion geworden ist" (CEJL 1/413). Der Horror der gegenwärtigen Lage besteht für ihn darin, daß nicht mehr als sicher gelten könne, daß schließlich der Commonsense gegen die Tyrannei siegen werde. „Es mag genauso möglich sein, Menschen zu züchten, die keinen Wunsch nach Freiheit haben, wie es möglich ist, Kühe ohne Hörner zu züchten. Die Inquisition scheiterte, aber die Inquisition hatte nicht die Machtmittel des modernen Staates. Radio, Pressezensur, standardisierte Ausbildung und die Geheimpolizei haben alles verändert. Massensuggestion ist eine Wissenschaft der letzten zwanzig Jahre, und wir wissen nicht, wie erfolgreich sie sein wird." (CEJL 1/419)

In Eugen Lyons' Analyse des Stalinismus *Assignment in Utopia*, die Orwell im Juni 1938 rezensierte, fand er eine Passage, die er nie wieder vergaß. Lyons berichtete dort über den sowjetischen Slogan „Der Fünf-Jahres-Plan in vier Jahren", der in der ganzen UdSSR durch die Zahlensymbole „5-in-4" und „2+2=5" popularisiert wurde. 2+2=5 — das zu glauben, wider besseres Wissen und ohne Fragen zu stellen, das ist es, was der totalitäre Staat von den Untertanen fordert.

Orwells Lunge besserte sich relativ schnell, aber die Ärzte rieten ihm, den Winter in einem warmen Klima zu verbringen. Das wäre aus finanziellen Gründen unmöglich gewesen, wenn ihm nicht der Romancier L.H. Myers über Dorothy Plowman anonym 300 Pfund Sterling hätte zukommen lassen. Orwell akzeptierte das Geld als Leihgabe, und am 2. September fuhren George und Eileen nach Marokko. Sie kamen am 12. in Marrakesch an, und am 29. September schrieb er in einem Brief an Jack Common: „Gott sei Dank habe ich gerade wieder zu arbeiten begonnen und meinen neuen Roman angefangen" (CEJL 1/391).

George und Eileen blieben sechs Monate in Marokko. Das Haus in Wallington und die Pflege der zahlreichen Haustiere hatte in der Zwischenzeit Jack Common übernommen. Landschaftlich fühlte Orwell sich von Marokko nicht angesprochen, und die Ereignisse in Europa konnte er nicht einfach verdrängen. Seinem Bekannten John Sceats klagte er am 24. November 1938 aus Marrakesch: „Es ist schrecklich, wie die Zeit verfliegt. Wegen der Krankheit habe ich mich entschlossen, 1938 als weißes Jahr zu betrachten und es gleichsam aus meinem Kalender zu streichen. Aber mittlerweile ragt das Konzentrationslager vor uns auf, und es gibt noch so viel, was man tun möchte. Ich bin nun an einem Punkt angelangt, an dem ich fühle, daß ich einen guten Roman schreiben könnte, wenn ich fünf Jahre Frieden und Ruhe hätte, aber im Moment könnte man genauso gut um fünf Jahre auf dem Mond bitten." (CEJL 1/398)

Neben der Arbeit an dem Roman *Auftauchen um Luft zu holen*, der thematisch mit Marokko nichts zu tun hat, und zahlreichen Briefen schrieb Orwell in diesen Monaten den Essay *Marrakesch.* Nach einigen Sätzen über die Armut der arabischen Juden und das Erlebnis, wie ihn ein städtischer Arbeiter um das Brot bat, mit dem er gerade eine Gazelle fütterte, kommt er zu einer für das Wesen der Kolonialherrschaft aufschlußreichen Feststellung: Die Weißen sehen die Farbigen, die Eingeborenen nicht als Menschen, sondern als Teil der Landschaft und empfinden deshalb kein Mitleid mit ihnen.

„Alle, die hier von ihrer Hände Arbeit leben, sind so gut wie unsichtbar, ja, je wichtiger ihre Arbeit ist, desto weniger nimmt man sie wahr. Eine weiße Haut fällt jedoch auf. Trifft man zum Beispiel in Nord-Europa einen Bauern, der ein Feld pflügt, so wird man ihm vermutlich wenigstens einen flüchtigen Blick schenken. In einem der heißen Länder irgendwo südlich von Gibraltar und östlich von Suez ist es möglich, daß man einen Bauern überhaupt nicht bemerkt. Ich habe das soundsooft an mir selbst beobachtet. In einer tropischen Landschaft nimmt das Auge alles auf, nur nicht menschliche Wesen. Es nimmt den ausgetrockneten Boden wahr, die Feigenkakteen, die Palmen, die fernen Gebirge — den Bauern, der sein Stück Land mit der Hacke bearbeitet, übersieht es. Er hat die gleiche Farbe wie die Erde und ist viel weniger interessant anzusehen. Einzig und allein aus diesem Grunde sind die Hungergebiete Asiens und Afrikas für Touristen in Mode gekommen. Niemand würde sich einfallen lassen, billige Ferienreisen nach Notstandsgebieten zu organisieren. Wo aber menschliche Wesen von brauner Hautfarbe sind, nimmt man keine Notiz von ihrem Elend." (Mar 88f)

Jeder Weiße spürt die Ausbeutung der Farbigen und stellt sich insgeheim die Frage „Wie lange können wir diese Völker noch an der Nase herumführen?", diese Frage bleibt jedoch das sorgfältig gehütete Geheimnis der Weißen.

Im März 1939, wenige Tage nachdem Hitlers Truppen in Prag einmarschiert waren, kehrten George und Eileen nach England zurück. Im Mai waren sie wieder in Wallington, und im Juni brachte Victor Gollancz, immer noch Verleger von Orwells Romanen, *Coming Up For Air* heraus. Der Verkauf lief gut an und die Kritiken waren positiv, es wurden Vergleiche mit den frühen Romanen von H.G. Wells gezogen.

„Auftauchen um Luft zu holen"

Die Schlußzeilen von *Mein Katalonien*, in denen Orwell das beschauliche ländliche England seiner Kindheit wachruft, das bedroht wird von der Vision herabfallender Bomben, die den „tiefen, tiefen Schlaf Englands" brutal beenden, leiten direkt zu *Auftauchen um Luft zu holen* über. Dieser Roman ist insofern eine zentrale Arbeit Orwells, als er den Übergang von den Themen der dreißiger Jahre — Armut und Arbeitslosigkeit — zu den reifen Essays und politischen Satiren der nächsten Dekade bezeichnet. Es ist nicht nur der letzte von Orwells middle-class-Romanen, sondern auch ein Ausblick auf die kommenden Arbeiten.

In *Coming Up For Air* werden alle Themen angesprochen, die Orwell Zeit seines Lebens interessiert haben, die Kindheit in der ruhigen Themse-Landschaft, das Angeln in Flüssen und Seen, das trostlose Leben des Mittelstands, bis hin zum kommenden Krieg und dem wachsenden Allmachtsanspruch des modernen Industriestaates. John Wain schreibt: „*Auftauchen um Luft zu holen* ist Orwells zentrales Werk. Wenn all seine anderen Bücher spurlos verschwunden wären, wären wir allein aufgrund dieses Buches in der Lage, zu sagen, was für ein Schriftsteller er war, was seine Hauptthemen waren und wie er sie behandelte. Wir hätten auch, um fair zu sein, einen ausreichenden Eindruck von seinen Schwächen gewonnen." (Wa 79)

Der Roman ist durchdrungen von der Atmosphäre der Unsicherheit, die England im Laufe des Jahres vor dem Ausbruch des Zweiten Weltkrieges befallen hatte. Angst vor Hitler, Andeutungen des kommendes Krieges, Ahnungen einer totalitären Gesellschaft, das Erkennen der Perversionen der modernen Zivilisation — all das spiegelt sich in *Auftauchen um Luft zu holen* wider, dennoch ist es kein eigentlich pessimistischer Roman. Das liegt zum großen Teil an der Figur des Helden George Bowling. Bowling ist ein Mann voller Energie und Offenheit, der sich von dem Elend und der Trostlosigkeit seiner Umwelt nicht so einfangen läßt wie Gordon Comstock oder John Flory. Er besitzt ein starkes Selbstbewußtsein, eine innere Ausgeglichenheit, die uns fühlen läßt, daß er nicht untergehen wird, daß er überleben wird trotz seiner bedrückenden kleinbürgerlichen Existenz, seiner ewig nörgelnden Frau und trotz der Bomben, die auf London fallen werden.

Bowling, geboren 1893 als Sohn eines kleinen Sämereihändlers in der Marktstadt Lower Binfield, erinnert sich gern an seine Kindheit, an das sichere und geordnete Leben der Zeit vor dem Ersten Weltkrieg, das so anders war als die moderne Existenz. In seinen Erinnerungen an diese Zeit leben seine Eltern fort, die Sonntagnachmittags in aller Ruhe vor dem Kamin sitzen und die Zeitung lesen, die Gerüche des Hauses, der Pfeifenrauch des Vaters, der Geruch des Kehrichts und die großen blauen Fliegen, die im Sommer überall herumschwirrten — „und es gibt schlimmere Gerüche und Geräusche. Was möchte man lieber hören: Schmeißfliegen oder Bombenflugzeuge?" (71)

Aber all das sind nur Erinnerungen an eine vergangene, glückliche Zeit, die mit dem Ersten Weltkrieg beendet wurde. Der Krieg vermittelte ihm zum ersten Mal das Gefühl der Sinnlosigkeit. Bowling verbrachte einen großen Teil seiner Soldatenzeit als Kommandant eines in Wirklichkeit gar nicht existierenden Nachschublagers in Cornwall — ein Irrtum der Bürokratie, den niemand zur Kenntnis nehmen will. „Es war, als hätte mich eine riesige Maschine gepackt. Man hatte in keiner Weise das Gefühl, freiwillig zu handeln, gleichzeitig unternahm man aber auch keinen Versuch, sich zu widersetzen." (144)

Durch die Kriegserfahrungen gewinnt Bowling eine neue Einsicht in das Wesen der Gesellschaft: „Es wäre eine Übertreibung, zu behaupten, der Krieg habe die Menschen geistig geformt, aber er machte sie damals zu Nihilisten; Menschen, die zu normalen Zeiten ihr Leben gelebt hätten, ohne mehr über sich nachzudenken als über einen Pudding, wurden durch den Krieg zu Bolschewisten. Was wäre ich heute ohne den Krieg? Ich weiß es nicht, aber auf jeden Fall wäre ich etwas anderes. Wen der Krieg nicht umbrachte, den brachte er zum Nachdenken. Nach diesem unsagbar idiotischen Durcheinander konnte man die menschliche Gesellschaft nicht mehr als etwas Ewiges und Unveränderliches betrachten wie etwa eine Pyramide. Man hatte erkannt, daß alles nur noch Chaos war." (158)

Nach dem Krieg wird Bowling Versicherungsvertreter und heiratet schließlich Hilda, Tochter einer anglo-indischen Familie. Die Ehe ist von Beginn an nicht glücklich: „Was Hilda fehlt — ich merkte das schon eine Woche nach der Hochzeit — ist ein wenig Lebensfreude, ein wenig Interesse an allem, rein um des Interesses willen. Daß man irgend etwas tut, weil man Freude daran hat, konnte sie kaum verstehen. Durch Hilda bekam ich zum ersten Mal einen Begriff davon, wie diese absterbenden Familien des

Mittelstandes wirklich sind. Der springende Punkt bei ihnen ist, daß ihre gesamte Vitalität durch Geldsorgen verbraucht wird." (175)

1938 ist Bowling der typische Vertreter der britischen Mittelschicht, dem man den Handelsreisenden schon von weitem ansieht. Er ist ein „dikker, rotgesichtiger Kerl mittleren Alters", er ist aktiv, herzlich, „der Typ, dem die Leute sofort auf den Rücken klopfen oder einen Rippenstoß geben, und fast alle glauben, das gefiele mir." (27) Seine Spitznamen sind Fatty oder Tubby und er wird immer für das belebende Element einer Party gehalten.

Bowling lebt mit Hilda und seinen beiden Söhnen in der Ellsmere Road in einer von Londons Vorstädten. Die Straße besteht aus einer langen Reihe von kleinen Doppelhäusern, und höchstens bei einem von fünfzig ist die Haustür irgendeines antibürgerlichen Bewohners, der vermutlich im Armenhaus enden wird, blau statt grün gestrichen. Die Straße kommt ihm vor wie eine Reihe von Gefängniszellen:

„Eine Reihe zusammengekoppelter Folterkammern, wo die armen Fünf-bis-zehn-Pfund-pro-Woche-Verdiener zittern und beben, jeder von ihnen mit einem Chef, der ihm die Ohren langzieht, einer Frau, die wie ein Nachtmahr auf ihm herumreitet, und Kindern, die wie ein Blutegel saugen. Es wird viel Unsinn über die Leiden der Arbeiter geredet. Mir tun die Proletarier nicht so leid. Hat man je einen Erdarbeiter gesehen, der wegen einer Kündigung nachts nicht schlafen konnte? Der Proletarier leidet körperlich, doch er ist ein freier Mann, wenn er nicht arbeitet. Aber in jedem von diesen kleinen Stuckhäusern wohnt so ein armer Schlucker, der *nie* frei ist, es sei denn, wenn er schläft und träumt, daß er den Chef niedergeschlagen hat und ihn mit einem Berg Kohle zuschaufelt." (18f)

Bowling ist nach fünfzehn Jahren als Ehemann und Vater an einem Punkt angekommen, wo er einmal ausbrechen will aus der Gegenwart, die vor allem von Angst bestimmt wird. „Wir schwimmen in Angst. Sie ist unser Element. Wer nicht davor zittert, seinen Posten zu verlieren, zittert vor dem Krieg, dem Faschismus, dem Kommunismus oder sonst etwas." (24) Die Möglichkeit zum Ausbruch bietet sich ihm, als er bei einer Pferdewette 17 Pfund gewinnt. Er erzählt seiner Familie nichts davon und beschließt, unter dem Vorwand einer Geschäftsreise, an den Ort seiner Kindheit, nach Lower Binfield, in die vermeintlich heile Welt zurückzukehren — wenigstens für einen Moment. Aber enttäuscht muß er feststellen, daß Lower Binfield sich völlig verändert hat, daß nichts mehr so ist wie früher, die moderne Welt hat die alten Lebensformen vollkommen aufgesogen und vernichtet, und die Zukunft wird noch schlimmer sein: „Die üble Zeit wird kommen, und die Männer der neuen Zeit werden kommen. Was danach sein wird, weiß ich nicht, es interessiert mich auch kaum. Ich weiß

Middle-class-Wohnhäuser in Highgate, London

nur: Wenn es etwas gibt, worauf man Wert legt, dann verabschiedet man sich besser schon jetzt davon. Denn alles, was man kannte, wird untergehen, im Schmutz untergehen, und die Maschinengewehre werden unausgesetzt dazu hämmern." (293)

Bowlings Versuch, seinem Leben kurzfristig zu entfliehen, scheitert, aber wir wissen, daß er mit seiner Niederlage fertig werden wird — anders als Gordon Comstock, der immer mit dem Kopf durch die Wand wollte, und anders als John Flory und Dorothy Hare — und daß dieser Ausbruchsversuch nicht sein letzter sein wird. Denn im Unterschied zu den Helden der anderen middle-class-Romane Orwells *lebt* George Bowling und, wichtiger noch, er weiß, wer er ist. Bowlings Revolte ist bedeutungsvoll, weil sie zielgerichtet und echt ist. Anders als John Flory und Gordon Comstock verzweifelt Bowling nicht an der Gesellschaft, in der er lebt, er ist älter, skeptischer, er ist der gereifte Orwellsche Held, mit der Fähigkeit, auch einmal über sich selbst zu lachen.

Bowling paßt in die Umgebung, in der er lebt, aber er ist nicht so nahtlos eingepaßt, daß er ihr gegenüber keinen kritisch reflektierenden Standpunkt einnehmen könnte; auf der anderen Seite ist seine Bindung doch so fest, daß er die Gesellschaft nicht als ganze in den Blick bekommen und ihr keine Alternative gegenüberstellen kann. Durch die Person Bowling als Brennpunkt ist Orwell in der Lage, eine Kritik an der Gesellschaft in den

Roman zu projizieren, die überzeugend ist, weil sie nicht von ideologischen Abstraktionen herrührt, sondern von einem Mann, der in dieser Gesellschaft in seinen Grenzen gefangen ist, auch seinen intellektuellen Grenzen. Bowling kritisiert ohne Arroganz, er verfügt über eine größere Einsicht als die meisten seiner Mitmenschen, aber er steht nicht zu hoch über ihnen. Seine politischen Einsichten ergeben sich aus dem Commonsense, nicht aus Ideologie.

Auftauchen um Luft zu holen ist überzeugender als die anderen middle-class-Romane Orwells. Das Buch ist exakt, stilistisch genau beschrieben und porträtiert in brillanten Bildern das Leben in der modernen Welt, in der die eigentliche Realität des Lebens sich hinter dem Konsum synthetischer Produkte versteckt. Der erste Satz legt den Ton des Romans fest: „Der Gedanke kam mir eigentlich erst an dem Tag, als ich mein künstliches Gebiß erhielt." (9) Der Gedanke, der Bowling hier durch den Kopf schießt, ist die Idee, der durch das künstliche Gebiß symbolisierten Welt der Ersatzprodukte für eine kurze Zeit durch den Besuch seines Geburtsortes zu entfliehen, der Versuch, die Kindheit in der guten alten Welt wieder wachzurufen.

Bowlings Gedanken und seine Sprache wirken echt, es ist Orwell hier zum ersten Mal gelungen, einen wirklich überzeugenden Romancharakter zu entwerfen: „Und es fiel mir auf, daß ich neuerdings am frühen Morgen fast immer verärgert war, obwohl ich doch gut schlief und meine Verdauung in Ordnung war. Aber ich wußte, woher das kam. Es lag an diesen verdammten falschen Zähnen. Man hat so ein morsches Gefühl, wenn man sich seinem Zahnfleisch gegenübersieht, ein widerlich bitteres Gefühl, als hätte man in einen sauren Apfel gebissen. Außerdem, man kann sagen, was man will, ein künstliches Gebiß ist ein Markstein. Wenn man die letzten echten Zähne verliert, dann ist die Zeit endgültig vorbei, wo man sich einbilden konnte, ein Hollywoodstar zu sein. Und ich war dick und fünfundvierzig." (10f)

Im dritten Teil des Romans beschreibt Orwell, wie Bowling einen antifaschistischen Vortrag des Left Book Club besucht. Der Redner wird als „Mr. Soundso, 'der bekannte Antifaschist'", vorgestellt. Er wird als der typische schmale, nervös aussehende Intellektuelle beschrieben und er erinnert Bowling in der Art, wie er Haß schürt, an einen Automaten: „Diese lebenden Sprechautomaten, die Propaganda trommeln, wie es die Stunde verlangt, sind grauenerregend. Immer dieselbe Leier. Haß, Haß, Haß." (193)

Seine Kritik an den Intellektuellen, die Orwell schon in *Der Weg nach Wigan Pier* formulierte, wirkt hier schärfer und überzeugender. Der antifaschistische Redner erscheint als Sprachrohr zur Verbreitung von Haß, aber die Angst vor dem Faschismus, die er artikuliert, ist auch Bowlings Angst, und deshalb kann sich Bowling auch über diejenigen im Publikum lustig machen, die den Vortrag nicht verstehen. Beides, sowohl der Übereifer des Redners als auch die Apathie eines Teils der Zuhörer, sind falsche Verhaltensweisen. Der Widerspruch zeigt sich in der Art, wie Bowling gegenüber dem Publikum fühlt: „Dieses gemischte kleine Häuflein, das an einem Winterabend zusammenkommt, um so einen Vortrag anzuhören, hat also vielleicht tatsächlich eine Bedeutung. Oder jedenfalls die fünf oder sechs, die begreifen können, um was es geht. Sie sind nur die Vorposten einer riesengroßen Armee. Sie sind die weitsichtigen, die ersten Ratten, die den Untergang eines Schiffes ankünden. Schnell, schnell! Die Faschisten kommen! Schraubenschlüssel bereithalten! Schlagt sie zusammen, oder sie hauen euch zu Brei! Wir haben so große Angst vor der Zukunft, daß wir kopfüber in sie hineinspringen wie ein Kaninchen in den Rachen einer Riesenschlange." (194f)

Unmittelbar nach dem Vortrag besucht Bowling seinen Freund, den pensionierten Gymnasiallehrer Porteous. Porteous lebt von der realen Welt zurückgezogen in seinen Büchern und der klassischen Vergangenheit. Es fehlt ihm die Kraft für neue Ideen, er ist gebildet, „aber er bewegt sich nicht mehr von der Stelle. ... Sagt immer dasselbe und denkt ständig über das gleiche nach. ... Geistig tot, innerlich erledigt. ... Die Gedanken des alten Porteous blieben wahrscheinlich zur Zeit des russisch-japanischen Krieges stehen. Und das Entsetzliche ist, daß fast alle anständigen Menschen, jene, die *nicht* den Wunsch haben, anderen mit Schraubenschlüsseln das Gesicht zu zerschlagen, so sind wie er. Sie sind anständig, aber ihr Verstand leistet nichts mehr. ... Sie meinen, England werde sich niemals verändern, und England sei die ganze Welt. ... Und alle anständigen Menschen sind wie gelähmt. Tote Menschen und lebendige Gorillas. Ein Mittelding scheint es nicht zu geben." (207f)

Die Idee, die hier entwickelt wird, scheint paradox: Jene, die sich aus der Welt in intellektuelle oder literarische Elfenbeintürme zurückziehen, werden nicht stärker kritisiert als jene, die sich voll in der Gegenwart engagieren. Als einzig mögliche angemessene Verhaltensweise erscheint schließlich Bowlings Haltung: eine Art Passivität und skeptische Distanz *in* der Welt, Menschen, die in sich ein Gefühl tragen für das, was wertvoll und erhaltenswert ist an der Tradition. Das sind für Orwell nicht die Intellektuellen, sondern die Arbeiter und kleinen Leute. Im Juni 1940 schrieb er in einer Rezension von Jack Hiltons *English Ways* im *Adelphi*: „Hauptsächlich ist das Buch wertvoll wegen seiner Einblicke, die es in das Arbeiterklassenleben des spätkapitalistischen England gibt, das England der Pferdewetten, Hunderennen, des Fußballtotos, Woolworth, des Kinos, Gracie

Fields, Walls Eiscreme, Kartoffelchips, Kunstseidenunterwäsche, Darts, Zigaretten, Tee und Kneipenabende am Samstag. Gott weiß, wieviel von dieser Kultur ... überleben kann, aber es war eine gute Art zu leben, solange sie dauerte, und die Menschen, die so aufwuchsen, werden zumindest ein wenig von ihrer Freundlichkeit und ihrem Anstand in das eiserne Zeitalter, das kommen wird, herüberretten."

Wenn Orwell sich in seinen späteren Essays oft mit der populären Kultur beschäftigt, so hat das immer den Grund, daß er bei den arbeitenden Menschen die Werte des alten England am besten aufgehoben sah. Hatte er sich noch in *Wigan Pier* über die Passivität der Arbeiter gewundert, so erkennt er jetzt in ihrem Sinn für den allgemeinen Anstand das Gegenstück ihrer politischen Zurückhaltung. Dieses positive Urteil findet seinen Niederschlag dann auch in der Art, wie die „Proles" in *Neunzehnhundertvierundachtzig* gezeichnet werden.

Auftauchen um Luft zu holen ist der einzige Roman George Orwells, der in der ersten Person erzählt wird. In einem handschriftlichen Notizbuch schrieb er im März 1949 über diese Erzählform:

„Einen Roman in der ersten Person zu schreiben, ist eigentlich, wie wenn man sich irgendeine stimulierende, aber sehr schädliche & sehr suchterzeugende Droge verabreicht. Die Versuchung, es zu tun, ist sehr groß, aber man weiß die ganze Zeit ganz genau, daß man etwas Falsches & Dummes tut. Es gibt jedoch zwei große Vorteile:

1. In der ersten Person schafft man es immer, das Buch auch wirklich zu schreiben, & das ziemlich schnell, da die Verwendung des 'Ich' die Scheu & das Gefühl der Hilflosigkeit zu beseitigen scheint, die einen oft daran hindern, richtig in Gang zu kommen. ...

2. In der ersten Person kann man *alles* glaubwürdig tönen lassen. Dies ist hauptsächlich deshalb der Fall, weil dem Autor alles, was er schreibt, glaubwürdig erscheint, denn man kann in Tagträumen von *sich selbst* alles tun ... Der Leser wiederum findet alles, was in der ersten Person erzählt wird, glaubwürdig, und zwar entweder, weil er sich selbst mit dem 'Ich' der Geschichte identifiziert, oder weil ein 'Ich' zu ihm spricht, es als wirkliche Person akzeptiert." (HNO 37)

„Alles glaubwürdig tönen zu lassen", gelingt Orwell in *Coming Up For Air* sehr gut. George Bowling lebt eine überzeugend wirkende Konfrontation mit der modernen Welt, und er redet, schimpft und scherzt mit dem Leser, als stünden nicht das gedruckte Wort und der Autor George Orwell dazwischen. Ein Beispiel: In einer Chrom- und Plastik-Milchbar beißt Bowling in ein Würstchen und entdeckt, daß es mit Fisch gefüllt ist. Wir können uns vorstellen, wie er schlagartig, von Ekel geschüttelt, erkennt, daß sich hinter der stromlinienförmigen, glatten Oberfläche der Bar nichts als Falschheit und Schwindel verbirgt:

„Ich kann zwar nicht behaupten, daß ich etwas Gutes erwartet hätte. Ich hatte erwartet, daß es nach nichts schmecken werde, so wie das Brötchen. Aber das — nun, es war ein Erlebnis. Ich will versuchen, es zu beschreiben. Die Frankfurter hatten natürlich eine künstliche Haut, und meine gegenwärtigen Zähne taugen nicht viel. Ich mußte die Haut daher erst vorsichtig ansägen, ehe ich sie durchbeißen konnte. Dann endlich zerplatzte mir das Ding im Mund wie eine faule Birne. Ein schrecklich weiches Zeug floß über meine Zunge. Und dieser Geschmack! Einen Augenblick lang konnte ich es kaum glauben. Dann kostete ich nochmals vorsichtig mit der Zunge. Es war Fisch! Eine Wurst, die sich Frankfurter nannte, mit Fisch gefüllt! Ich stand auf und ging hinaus, ohne meinen Kaffee anzurühren. Weiß der Himmel, wonach der geschmeckt hätte!" (35)

In der ersten Person zu erzählen, schafft zwischen Bowling und dem Leser eine Nähe, in der George Orwell untergeht, so daß die für die früheren Romane typischen Einmischungen des Erzählers hier wegfallen und integraler Teil von Bowlings Charakter werden.

Orwell kennt aber auch den Nachteil der Erzählung in der ersten Person: „Der Erzähler ist nie wirklich vom Autor zu trennen. Man kann unmöglich vermeiden, ihm gelegentlich seine eigenen Gedanken zuzuschreiben &, da selbst in einem Roman der Autor ab und zu Kommentare geben muß, werden unsere eigenen Kommentare zwangsläufig zu denjenigen des Erzählers (was bei einem Roman in der dritten Person nicht der Fall wäre)." (HNO 37f)

Die Frage, die sich letztlich stellt, lautet also, ob George Bowling nicht in Wirklichkeit George Orwell ist. Sicherlich wird er als Charakter vom Autor manipuliert, um dessen politisch-moralische Ansichten zu vertreten, es gelingt Orwell aber zugleich in einem bemerkenswerten Grade, seinem Helden eine eigene Persönlichkeit zu geben. Bowling ist eine komplexe Figur, die eine Mischung aus gelegentlich auch widersprüchlichen Ansichten und Haltungen vertritt. Ich halte es aber für irrig, daraus (wie einige Kritiker das getan haben) eine literarische Schwäche abzuleiten — im Gegenteil, Bowling wirkt, gerade weil er nicht glatt ist, so überzeugend, so lebendig. Er ist keine Abstraktion, nicht 'der Typ'. Orwell erweist sich gerade hier als guter schriftstellerischer Techniker, der es vermag, unterschiedliche Elemente in einem literarischen Prozeß zu verschmelzen und so ein befriedigendes Ganzes zu schaffen, das durchdrungen ist von der geistigen Atmosphäre der dreißiger Jahre und zeitlose Qualitäten in sich birgt, die den Roman auch heute noch außerordentlich lesenswert machen, zumal die Ängste vor Krieg und Zerstörung einer erhaltenswerten Lebensumwelt heute wieder sehr aktuell sind.

In einem Brief an Julian Symons anläßlich der zweiten Auflage von *Coming Up For Air* schrieb Orwell 1948: „Natürlich hast Du vollkommen recht damit, daß mein eigener Charakter in den Erzähler eingeht. Ich bin sowieso kein richtiger Romancier, und diese Gefahr ist jedem in der ersten Person erzählten Roman inhärent, deshalb sollte man es auch nie tun. Ein Problem, das ich nie gelöst habe, besteht darin, daß man über Massen von Erfahrung verfügt, über die man leidenschaftlich gern schreiben wollte, z.B. in dem Buch der Abschnitt über das Angeln, und daß man keine andere Möglichkeit findet, darüber zu schreiben, als einen Roman." (CEJL 4/478)

Orwells Nostalgie für die ländliche Ordnung und Lebensweise, die er als Kind kennengelernt hatte, findet in *Auftauchen um Luft zu holen* ihren Ausdruck. Er erzählt uns hier vermittelt über George Bowling jenen Teil seiner Kindheit, den er in dem Essay *Such, Such Were the Joys* aussparte: den glücklichen Teil. Die lyrischen Beschreibungen des Angelns vermitteln uns nicht nur Orwells Haltung gegenüber der Vergangenheit, sondern weit mehr. Angeln ist ein friedliches Hobby, es ist das Gegenteil zu Krieg:

„Das Angeln ist typisch für jene Zeit, denn sobald man ans Angeln denkt, fallen einem nur noch Sachen ein, die mit der modernen Welt nichts zu tun haben. Schon die Vorstellung, daß einer einen ganzen Tag lang unter einer Weide an einem stillen Teich sitzt — ja, daß er diesen stillen Teich überhaupt findet —, gehört der Zeit vor dem Weltkrieg an, einer Zeit ohne Radio, ohne Flugzeuge, ohne Hitler. Sogar in den Namen der gewöhnlichsten Fische liegt so etwas wie Frieden: Rotauge, Rotflosse, Weißfisch, Silberling, Barbe, Brasse, Gründling, Hecht, Döbel, Karpfen, Schleie. Es sind solide Namen. Die Menschen, die sie geschaffen haben, wußten nichts von Maschinengewehren, sie lebten nicht in der Angst vor der Kündigung und verbrachten ihr Leben nicht mit Aspirinschlucken, sie gingen nicht in Filme und brauchten sich nicht zu überlegen, wie sie dem Konzentrationslager entrinnen könnten." (96)

George Bowling wird klar, daß er niemals wieder in der friedlichen Welt von früher leben wird, als er sieht, daß der Teich nun zerstört ist und als Müllkippe benutzt wird: „Und meinen Teich hatten sie mit Konservenbüchsen aufgefüllt! O mein Gott, rotte sie aus, laß sie verkommen! Mag meine Einstellung dumm oder kindisch oder was immer sein — aber ist es nicht zum Speien, wenn man mitansehen muß, was sie aus England machen — mit ihren Vogelbädern und Gartenzwergen, ihren Elfen und Konservenbüchsen, dort, wo einmal Buchenwälder waren? Sentimental? Antisozial? Man sollte die Bäume nicht den Menschen vorziehen? Ich finde, es kommt darauf an, was für Bäume und was für Menschen es sind. Man kann nur leider nichts dagegen tun — außer ihnen Pest und Cholera zu wünschen. Eines steht fest, dachte ich, während ich den Berg hinabfuhr: ich bin fertig mit der Sehnsucht nach der Vergangenheit. Was hat es für einen Zweck, die Stätten unserer Kindheit wieder aufzusuchen? Sie existieren nicht mehr. Auftauchen, um Luft zu holen! Aber es gibt ja keine Luft mehr." (280f)

In Bowlings Kindheitserinnerungen ist der Fisch etwas beinahe Heiliges, er symbolisiert den Reiz eines spontanen Glücksempfindens. In der modernen Welt ist Fisch nur noch ein Surrogat, 'Ersatz': statt Fleisch benutzt man Fisch als Wurstfüllung. Das dem Fisch kontrastierende Symbol des Romans ist die Bombe, sie steht für die Zukunft:

„Der Zug brauste an einem Damm entlang. Unter uns lagen die Dächer vieler Häuser, kleine, rote Dächer, auf die man Bomben abwerfen würde, und die im Augenblick zart glänzten, weil die Sonne auf sie schien. Seltsam, daß man immer an Bomben denkt. Natürlich besteht kein Zweifel, daß sie bald fallen werden. Man merkt es an all dem optimistischen Gewäsch, das die Zeitungen darüber schreiben. Kürzlich las ich im *News Chronicle* einen Artikel, in dem es hieß, daß Bombenflugzeuge heutzutage keinen Schaden mehr anrichten könnten. Die Abwehrgeschütze seien jetzt so ausgezeichnet, daß die Bomber in einer Höhe von siebentausend Metern bleiben müßten. Der Verfasser glaubte wohl, wenn ein Flugzeug nur hoch genug fliege, würden die Bomben die Erde nicht erreichen. Wahrscheinlich meinte er aber damit, das Woolwich-Arsenal könnten sie auf diese Weise nicht treffen, sondern höchstens eine Straße wie die Ellesmere Road." (30f)

Diese Zukunftsvision wird zur realen Gegenwart, als ein Militärflugzeug aus Versehen eine Bombe auf Lower Binfield fallen läßt. Die moderne Welt, ja die Zukunft dieser Welt, hat Bowling an dem Ort eingeholt, wo er noch einmal die Vergangenheit genießen wollte:

„Ich hatte mich Lower Binfield mit der Frage genähert: was steht uns bevor? Ist das Spiel wirklich aus? Können wir zu unserem früheren Leben zurückkehren, oder ist es damit für immer vorbei? Nun, ich hatte meine Antwort erhalten. Das alte Leben ist vorbei, und es suchen zu wollen ist reine Zeitvergeudung. Es gibt keinen Weg zurück nach Lower Binfield, man kann Jonas nicht mehr in den Wal zurückversetzen. ... All die Jahre war Lower Binfield irgendwo in meiner Erinnerung verborgen gewesen als ein stiller Winkel, in den ich mich flüchten könnte, wenn mir danach zumute wäre. Und als ich ihn nun aufgesucht hatte, mußte ich feststellen, daß es ihn gar nicht gab. In meine Träume hinein war mir eine Ananas auf den Kopf gefallen, und um es noch deutlicher zu machen, hatte die Royal Air Force noch fünfhundert Pfund Tri-Nitrotoluol dazugetan." (291)

Auftauchen um Luft zu holen ist eine apokalyptische Vision, die den nostalgischen Traum der Kindheit zerstört. Bowling hat in einem intensiv gelebten Moment des Dazwischenstehens zwischen der zerstörerischen Zukunft und der verklärten Vergangenheit versucht, der schmerzvollen Realität durch die Flucht in seine idealisierte Kindheit zu entkommen, und er ist gescheitert, er kehrt in sein altes Leben zurück. Seiner Frau kann er diesen Ausflug nur so erklären, daß er sie denken läßt, er sei mit einer anderen weggewesen, die Wahrheit würde sie nicht glauben und nicht verstehen.

Neben seinem kulturellen und politischen Pessimismus hatte Orwell sich schon früher Gedanken über die Zerstörung der Umwelt gemacht. 1934 wurde eines seiner wenigen Gedichte, *On a Ruined Farm near the His Master's Voice Gramophone Factory*, in die Sammlung der besten Gedichte des Jahres aufgenommen. In diesem Stück zeigt sich die Zerrissenheit, mit der er der Industriegesellschaft gegenüberstand. Auf der einen Seite

The factory-towers, white and clear
Like distant, glittering cities seen
From a ship's rail

Auf der anderen Seite die zerstörte Farm und die durch den Rauch aus den Schloten der Fabrik übersäuerten Felder. Der Dichter kann dem Zukunftsversprechen der weißen, sauberen Fabriktürme nicht glauben:

But there, where steel and concrete soar
In dizzy, geometric towers –

There, where the tapering cranes sweep round,
And great wheels turn, and trains roar by
like strong, low-headed brutes of steel –
There ist my world, my home; yet why

So alien still? I can neither
Dwell in that world, nor turn again
To scythe and spade, but only loiter
Among the trees the smoke has slain. (CEJL 1/158f)*

An verschiedenen Punkten in Orwells Leben finden wir Belege für seinen Wunsch, sich von der städtischen Zivilisation abzusetzen und ein ruhiges, einfaches ländliches Leben zu führen. Seine Entscheidung, 1936 von London nach Wallington zu ziehen, ist ein Beispiel dafür. Seine letzten Lebensjahre verbrachte er dann in völliger Abgeschlossenheit von der modernen Lebensweise auf der Hebriden-Insel Jura vor der schottischen Westküste.

Immer wieder finden sich in Orwells Schreiben Bemerkungen über das Leben in der Natur, als Beispiel sei nur der Essay *Some Thoughts On The Common Toad* (Gedanken über die gemeine Kröte) von 1946 genannt. In einer Betrachtung über den nahenden Frühling bekundet Orwell seine Liebe zur Natur. Er wählt die Kröte als Symbol des Wiedererwachens der Natur, weil das Laichen der Kröten „eins der Zeichen des Frühlings ist, die den größten Eindruck auf mich machen. Und weil die Kröte, im Gegensatz zur Lerche und Primel, nie die besondere Beachtung lyrischer Dichter gefunden hat". (CEJL 4/172)

Literarisch wurde Orwell bei seinem Roman *Auftauchen um Luft zu holen* sicher von H.G. Wells' *The History of Mr. Polly* beeinflußt. Es ist interessant, die beiden Romane zu vergleichen, weil sie viel darüber aussagen, wie sich die Einstellung zum Leben zwischen 1910 und 1938 veränderte. Oberflächlich gesehen gibt es zwischen beiden Werken starke Ähnlichkeiten. In beiden Büchern sind die Helden mittleren Alters, unzufrieden mit ihrem Leben und erfüllt von den Erinnerungen an eine glückliche Kindheit; aber während es Mr. Polly gelingt, aus seinem unbefriedigenden Leben auszubrechen und im ländlichen Potwell Inn eine neue Zukunft aufzubauen, ist das für Bowling nicht mehr möglich. Sein Versuch, Sicherheit und Glück der Kindheit wiederzufinden, endet in totaler Desillusionierung, er kehrt in sein altes Leben zurück — das Paradies ist endgültig verloren.

* Die Fabriktürme weiß und klar/Wie ferne glitzernde Städte/Von einer Schiffsreeling aus gesehen
Aber da, wo Stahl und Steinmörtel/In schwindelerregenden geometrischen Türmen aufsteigen —/Dort wo die sich verjüngenden Kräne herumschwenken/Und sich die großen Räder drehen und Züge vorbeidröhnen/wie starke primitive Stahlbestien —/Dort ist meine Welt, mein Zuhause; und doch warum/So fremd? Ich kann weder in dieser Welt leben noch mich wieder/Sense und Spaten zuwenden, sondern nur noch/Unter den vom Rauch getöteten Bäumen herumlungern.

Kapitel 4
Der revolutionäre Patriot (1939-1941)

Die sich ablösenden Generationen werden immer schlechter. Es wird die Zeit kommen, in der sie so böse geworden sind, daß sie die Macht anbeten; Macht wird dann Recht für sie sein, und die Ehrfurcht vor dem Guten wird aufhören. Zuletzt, wenn sich niemand mehr über Untaten empört oder angesichts der Unglücklichen Scham empfindet, wird Zeus auch sie vernichten. Und doch könnte selbst dann noch etwas dagegen getan werden, wenn sich nur das einfache Volk erheben und die Tyrannen stürzen würde, die es unterdrücken.

Griechischer Mythos über das Eiserne Zeitalter

Am 12. Juni 1939 veröffentlichte Gollancz *Auftauchen um Luft zu holen.* Am 24. Juni fuhr Orwell nach Southwold ans Krankenbett seines Vaters, der vier Tage später, im Alter von 82 Jahren, an Krebs starb. Vom 24. bis zum 31. August besuchte er L.H. Myers in dessen Haus in Ringwood, Hampshire.

Mit dem Ausbruch des Krieges am 3. September 1939 begann für Orwell eine Phase der Niedergeschlagenheit und Frustation. In den gut zehn Jahren, die er jetzt noch zu leben hatte, schrieb er neben den beiden Romanen, die ihn wirklich berühmt machten, *Farm der Tiere* und *Neunzehnhundertvierundachtzig*, den Großteil seiner Essays. Sechs von diesen zehn Jahren verbrachte er in einem Land, das den Krieg in vieler Hinsicht als Erlösung und Klärung begriff — England fand im Krieg gegen den Faschismus nach den deprimierenden politischen und wirtschaftlichen Verwicklungen der dreißiger Jahre wieder zu einem neuen nationalen Selbstbewußtsein. Die Kriegserfahrung war für England eine andere als zum Beispiel für die Sowjetunion oder Deutschland. Die Menschenverluste und Zerstörungen hielten sich vergleichsweise in Grenzen, man kämpfte mit einem guten Gewissen, und der Krieg wirkte sich innenpolitisch auf die miteinander ringenden Kräfte der dreißiger Jahre versöhnend und vereinend aus.

Großbritannien, noch immer eine imperialistische Großmacht, spielte zum letzten Mal eine entscheidende historische Rolle. Alles in Europa hing davon ab, ob Großbritannien Hitler Widerstand leisten oder eine Vereinbarung mit ihm suchen würde. Immer mehr Briten erkannten in den Jahren 1938/39 diese Situation. Chamberlain erhielt schließlich die Quittung für seine Annäherungspolitik an Hitler, als Winston Churchill 1940 Premierminister wurde und den Appeasement-Politiker ablöste. Churchills Reden, in denen er seine Landsleute aufforderte, „Blut, Schweiß, Mühsal und Tränen" zu ertragen, stärkten den englischen Widerstandswillen. Eine breite Welle des Patriotismus ging durch das Land, ein Patriotismus, der auch auf einem neuen Bewußtsein für die demokratischen Freiheiten und auf dem Glauben an den sozialen Fortschritt basierte. Die britischen Faschisten hatten endgültig ausgespielt.

Die linke Intelligenz spaltete sich 1938/39 in zwei Gruppen, wobei die Kommunisten und ihre Anhänger die Mehrheit bildeten. Sie versuchten, mit meinungsbildenden Institutionen wie dem Left Book Club und über zahlreiche Zeitungen jede Kritik an Stalins Regime zu unterdrücken, um die Volksfrontpolitik nicht zu gefährden. Ihnen gegenüber stand eine Minderheit von linken Schriftstellern und Verlegern, die dagegen hielten, daß es absolut notwendig sei, dem britischen Volk die Wahrheit über Stalins Despotie und die Folgen der kommunistischen Politik in Spanien zu sagen. Für Orwell war mit dem Hitler-Stalin-Pakt alles geklärt. Plötzlich standen Hitler und Stalin auf einer Seite, die Totalitarismus-Theorie schien erhärtet. Jetzt ging es ums Ganze, um die Verteidigung der Demokratie und Englands.

Zu Beginn des Krieges trat er aus der ILP aus und nahm jetzt die Position eines revolutionären Patrioten ein. In einem Anfang 1940 datierten Artikel vertrat er seinen Standpunkt gegenüber der „seichten Selbstgerechtigkeit der linken Intelligenz", die sich in jeder Hinsicht weigerte, die Regierung zu unterstützen. „Es ist eine Gefühlsregung des middle-class-Angehörigen, der, in der militärischen Tradition erzogen, im Augenblick der Krise erkennt, daß er trotz allem ein Patriot ist. Es ist ja ganz schön, 'fortschrittlich' und 'aufgeklärt' zu sein, sich über die Kommißfritzen lustig zu machen und die eigene Emanzipation von allen traditionellen Bindungen zu verkünden, aber es wird eine Zeit kommen, da der Sand der Wüste rot getränkt ist, und was habe ich dann für Dich getan, England, mein England?" (CEJL 1/587)

In dieser ironischen Anspielung auf chauvinistische Dichter wie Henry Newbolt und W.E. Henley umriß Orwell seinen neuen politischen Standort. Er sympathisierte unter den obwaltenden Umständen mit dem Patriotismus, wobei er aber zugleich die Hoffnung hegte, daß der Krieg zu einer sozialen Umwälzung in England führen könnte, die es den einfachen Leuten ermöglichte, einen entscheidenden Einfluß auf die politische Macht zu erlangen.

Orwell versuchte mehrfach, sich als Freiwilliger zum Militärdienst zu melden, wurde aber stets aus medizinischen Gründen abgelehnt. Sein Freund Anthony Powell kommentierte: „Daß seine schlechte Gesundheit ihn davon abhielt, aktiv am Krieg teilzunehmen, bedeutete für Orwell einen schweren Schlag. Er sah sich selbst als Mann der Tat und vertrat leidenschaftlich die Positionen, für die das Land kämpfte." (Pow 65)

Orwell schrieb jetzt nur wenig, fünf kurze Rezensionen in den ersten vier Kriegsmonaten. Seit 1938 hatte er geplant, einen Roman in Form einer Trilogie zu schreiben — nur der letzte Teil, das Buch, das wir unter dem Titel *Neunzehnhundertvierundachtzig* kennen, wurde realisiert —, aber er fühlte sich unfähig zu irgendeiner Art schöpferischer Tätigkeit. In seinem *Wartime Diary* vermerkte er unter dem Datum des 9. August 1940:

„Die finanzielle Situation wird völlig unerträglich. ... Schrieb einen langen Brief an das Finanzamt und führte aus, daß der Krieg meinen Lebensunterhalt praktisch vernichtet hat, während sich die Regierung gleichzeitig weigerte, mir irgendeinen Job zu geben. Die Tatsache, die für die Stellung eines Schriftstellers wirklich relevant ist, nämlich die Unmöglichkeit, während dieser Alptraum abläuft, Bücher zu schreiben, hat offiziell kein Gewicht." (CEJL 2/414) Finanzielle Sorgen, die ihre Ursache darin hatten, daß ein Großteil der kleinen Magazine, für die er regelmäßig schrieb, mit Kriegsausbruch ihr Erscheinen hatten einstellen müssen; die Enttäuschung, als untauglich ausgemustert zu sein, keinen Job zu finden, überhaupt die ganze Kriegssituation führten dazu, daß Orwell nicht die Ruhe und Muße für längere Arbeiten fand.

Er begann sich nun verstärkt dem politischen Journalismus und dem Essay zu widmen. Hier entwickelte er seinen Stil zur Meisterschaft und schrieb scharfsinnige, geschliffen formulierte literarisch-politische Analysen. In der Zwischenzeit hatte Eileen eine Stelle bei der Zensurbehörde in London angetreten. Sie wohnte im Haus ihres Bruders Lawrence O'Shaughnessy, der ins Royal Army Medical Corps eingezogen worden war. So konnte Eileen zum einen ihrer Schwägerin Gwen zur Seite stehen, zum anderen durch ihren Job das magere Familieneinkommen der Blairs aufbessern. Nur an den Wochenenden kam sie nach Wallington, wo George mit den Hühnern und Enten, der Ziege Muriel und seinem Hund Marx lebte. Gegen die Hungersnot, die er kommen sah, baute er Kartoffeln an. Während dieser Zeit, vom 9. März 1938 bis zum 29. April 1940, führte er kein politisches oder persönliches Tagebuch, sondern eine Art Haushaltsbuch, in das er kurze Bemerkungen zu Naturvorgängen, Rezepte und die Eierproduktion der Hühner eintrug. In diesem Tagebuch ist nicht einmal der Ausbruch des Krieges vermerkt. In ihm spiegelt sich der Privatmann Blair, in den späteren *Wartime Diaries* der Bürger Orwell. Wieder haben wir hier die Trennung in zwei Lebenssphären, der öffentliche und der private Mann. Letztlich ist sein revolutionärer Patriotismus eine Verschmelzung dieser beiden Teilpersönlichkeiten.

Im Frühjahr 1939 hatte er mit der Arbeit an einem Essayband *Inside the Wale – Im Innern des Wals* begonnen, den er im Dezember fertigstellte und der am 11. März 1940 von Gollancz herausgebracht wurde. Der Band enthielt drei Essays: *Inside the Whale, Charles Dickens* und *Boys' Weeklies.*

Charles Dickens

Charles Dickens ist der längste von Orwells Essays. In einer autobiographischen Notiz vom April 1940 sagte er, daß Dickens einer jener Schriftsteller sei, die zu lesen er nie müde werde. In dem Essay spricht Orwell viele Probleme im Werk von Dickens an, die später von Literaturwissenschaftlern aufgegriffen wurden: seine Einstellung zur Gesellschaft, zu Klasse, Geld, Sex, die Art, wie Dickens durch Karikatur Charaktere entwirft. Orwell schont Dickens nicht. Er analysiert seine distanzierte Haltung gegenüber der Arbeiterklasse, sein Desinteresse an der Frage, womit Menschen ihren Lebensunterhalt verdienen, seine Angst vor der Revolution und dem Proletariat.

Orwell war in zahlreichen Gesichtspunkten dem Dickens-Verständnis seiner Zeitgenossen voraus. Aber auch zum Verständnis seiner eigenen Person ist dieser Essay von Bedeutung. Was Orwell besonders interessiert, ist Dickens' Weltsicht. Im Zentrum steht dabei die Diskussion zweier philosophischer oder lebensprogrammatischer Standpunkte. Auf der einen Seite der Revolutionär, der argumentiert, daß es keine Verbesserung der menschlichen Lebensbedingungen geben kann, solange nicht das System als ganzes radikal verändert wird; auf der anderen Seite der Moralist, der behauptet, daß sich zunächst die Menschen selbst ändern müssen, bevor gesellschaftliche Verbesserungen möglich werden. Für Orwell ist letztlich der Revolutionär der Konservative, denn „die meisten Revolutionäre sind potentielle Tories, weil sie glauben, daß alles durch eine Veränderung der Gesellschafts*form* in Ordnung gebracht werden könnte. Sobald dieser Wechsel stattgefunden hat, sehen sie nicht mehr die Notwendigkeit zu irgendwelchen weiteren Veränderungen." (CD 502)

Dickens ist in Orwells Augen ein typischer Schriftsteller der englischsprachigen Kultur, der in der Lage ist, auch die einfachen Leute zu erreichen. Dickens war Moralist, deshalb werden seine Arbeiten auch heute noch gelesen, sie sind von einer fundamentalen menschlichen Anständigkeit inspiriert und nicht von dem Glauben an eine politische Ideologie. „Sein Radikalismus ist nur sehr unbestimmt, und doch weiß man immer, daß er da ist. Eben dies macht den Unterschied zwischen einem Moralisten und einem Politiker aus. Er hat keine konstruktiven Vorschläge, verfügt nicht einmal über ein klares Verständnis der Gesellschaft, die er angreift, nur die Empfindung, daß irgendetwas nicht in Ordnung ist." (CD 501)

Genau dies könnte man auch über die frühen Romane George Orwells sagen. Der Essay ist implizit auch ein Vergleich, den Orwell zwischen sich und Dickens zieht. Das wird deutlich, wenn er sich mit der Frage beschäftigt, inwieweit ein Roman eine politische Idee befördern und trotzdem ein Kunstwerk bleiben kann. „Was Dickens zu einer Kunstform trieb, die ihm nicht eigentlich angemessen war, und gleichzeitig dazu führte, daß wir uns an ihn erinnern, war einfach die Tatsache, daß er ein Moralist war, das Bewußtsein, 'etwas zu sagen zu haben'. Er hält immer eine moralische Predigt, und das ist letztlich das Geheimnis seines erzählerischen Erfindungsreichtums, denn man kann nur schaffen, wenn man sich auch *kümmert, sorgt.* ... Ein Witz, über den es sich zu lachen lohnt, hat immer eine Idee hinter sich, und für gewöhnlich ist es eine subversive Idee. Dickens kann fortfahren, lustig zu sein, weil er gegen die Autorität revoltiert." (CD 501)

Orwell beginnt den Essay mit der Frage , wem Dickens denn eigentlich gehöre, dem konservativen Bourgeois oder dem Marxisten? Die Antwort lautet, daß wir Dickens heute noch lesen, gerade weil er nicht Anhänger einer politischen Partei oder Ideologie war, sondern Ideen mit allgemeingültigem Anspruch vertrat: Anstand, Freiheit, Gleichheit, die Idee menschlicher Brüderschaft — das ist der Kodex, den Dickens in seinen Werken immer wieder zur Sprache brachte. „Wogegen er zu Felde zog, war nicht diese oder jene Institution, sondern, wie Chesterton es ausdrückte, 'ein Ausdruck auf dem menschlichen Gesicht'." (CD 502) Orwell beendet die Abhandlung mit einem Versuch, sich Dickens' Gesicht vorzustellen:

„Wenn man ein stark individuell geprägtes Stück Literatur liest, hat man den Eindruck, irgendwo hinter der Seite ein Gesicht zu sehen. Es ist nicht notwendigerweise das tatsächliche Gesicht des Schriftstellers. ... Man sieht das Gesicht, daß der Schriftsteller haben *sollte.* Im Falle Dickens sehe ich ein Gesicht, das nicht ganz seinem Aussehen auf Photos gleicht, obwohl es ihm ähnelt. ... Es ist das Gesicht eines Mannes, der auf eine noble Art zornig ist — mit anderen Worten, das Gesicht eines Liberalen aus dem 19. Jahrhundert, einer freien Intelligenz, eines Typus, der gleichermaßen gehaßt wird von all den muffigen kleinen Orthodoxien, die jetzt um unsere Seelen kämpfen." (CD 504)

Boys' Weeklies – Wochenmagazine für Jungen

Boys' Weeklies ist der Beginn einer Kategorie von kulturpolitischer Diskussion, die Orwell stark faszinierte. In Essays wie diesem oder *Good Bad Books, Raffles and Miss Blandish, The Art of Donald McGill, The Decline of the English Murder*, um nur einige zu nennen, behandelt er Themen, die bis dahin nur von wenigen Intellektuellen beachtet worden waren. Heute gibt es gerade im englischen Sprachraum eine sehr breite soziologische Beschäftigung mit populärer Kultur, wobei Orwell sicherlich einen entscheidenden Anstoß gab.

Boys' Weeklies untersucht den Einfluß, den die wöchentlich erscheinenden Magazine für Jungen haben. Er erkannte, daß Jungengeschichten, Witzpostkarten und billige Heftchen ein Objekt ernsthafter soziologischer Untersuchung sein können: „In den ärmeren Vierteln irgendeiner großen Stadt braucht man nie weit zu gehen, bis man auf einen kleinen Zeitungsladen stößt. ... Möglicherweise ist die Auslage dieser Läden der beste Hinweis darauf, was die Masse der Engländer wirklich fühlt und denkt. Mit Sicherheit existiert nichts halb so Enthüllendes in dokumentarischer Form." (BW 505) So beginnt die Einleitung zu einer detaillierten Untersuchung zweier Magazine für Jungen, *Magnet* und *Gem*. In diesen Heften werden die Abenteuer von Jungen reicher Eltern, die teure Privatschulen besuchen, erzählt. Die Geschichten werden jedoch von Jungen gelesen, deren Eltern es sich eben nicht leisten können, sie auf diese Schulen zu schicken.

Orwell analysiert die Magazine im Hinblick auf ihre Sprache, ihr Verhältnis zur Lebenswirklichkeit und die sozialen und politischen Werte, die sie vermitteln. Er arbeitet heraus, daß die Geschichten in einer Kunstwelt spielen, in der jegliches Verhalten durch die Schuljungen-Ethik von Richtig und Falsch, Gut und Böse bestimmt wird, wobei der Snobismus das tragende Element der Lebensanschauung bildet. Er kritisiert *Magnet* und *Gem*, weil sie an der naiven Mentalität der Zeit vor dem Ersten Weltkrieg festhalten, führt die Kritik aber mit einer gewissen Sympathie für die alte Welt, die er ja selbst kurz zuvor in *Auftauchen um Luft zu holen* nostalgisch verklärt hatte. „Natürlich ist die von 'Gem' und 'Magnet' vertretene Politik konservativ, aber in einem Vorkriegsstil, ohne faschistische Züge. In Wirklichkeit liegen ihr zwei politische Annahmen zugrunde: Nichts verändert sich jemals, und: Fremde sind merkwürdig." (BW 516)

Orwell war fest davon überzeugt, daß die Bücher, die man in seiner Kindheit und Jugend liest, den tiefsten Eindruck hinterlassen, und hier sah er die Gefahr von *Boys' Weeklies*: Sie fütterten die Jungen mit einer Diät aus Reichtumsphantasien, die ihnen später einmal den Blick auf die Notwendigkeit linker Politik verstellen würden. Orwell sah die Funktion der Jungenmagazine darin, die gegenwärtige Klassenstruktur, die soziale Ungleichheit aufrecht zu erhalten. Frank Richards, der mehr als dreißig Jahre diese Geschichten verfaßt hatte, antwortete auf die Kritik mit einer humorvollen Entgegenung, in der er Orwells Analyse indirekt bestätigte. Richards meinte, man solle die Jungen nicht zu früh mit den bitteren Realitäten des Lebens behelligen, die würden sie schon noch früh genug erfahren.

Im Innern des Wals

Im Herbst 1939, als der Zweite Weltkrieg ausbrach, arbeitete Orwell an dem Essay *Inside the Whale*, in dem er sich vordergründig mit dem damals in Paris lebenden amerikanischen Schriftsteller Henry Miller beschäftigt. Der Titel spielt darauf an, daß es nach seiner Überzeugung zwei Schulen des Denkens in der Literatur des 20. Jahrhunderts gibt. Miller, so schreibt er, kümmere sich nicht um das, was in der Welt vorgeht, obwohl die gesamte westliche Welt bedroht sei. Der Spanische Bürgerkrieg, der Abessinienkrieg und der Faschismus seien ihm völlig gleichgültig. Er habe sich in das 'Innere eines Wals' zurückgezogen, es sich dort bequem gemacht und fühle sich, von der Außenwelt abgeschirmt, wohl. Er beschäftige sich mit seinen eigenen Problemen und verspüre keinerlei Verpflichtung, die Welt in eine bestimmte Richtung — rückwärts oder vorwärts — bewegen zu helfen. Diese Haltung der völligen Passivität gegenüber der Außenwelt ist „praktisch ein Bekenntnis zur Verantwortungslosigkeit" (IdW 136). Orwell ist von dieser Haltung fasziniert, obwohl er sie nicht billigen kann. „Natürlich ist ein Romancier nicht verpflichtet, über zeitgeschichtliche Ereignisse zu berichten, aber ein Romancier, der sie übersieht, hat gewöhnlich entweder die Füße nicht auf dem Boden, oder er ist einfach ein Idiot." (IdW 96)

Die Miller entgegengesetzte Position wird von jenen Schriftstellern vertreten, die sich nicht ins 'Innere des Wals' zurückziehen, sondern aktiv in die Weltgeschehnisse einzugreifen versuchen, wie auch Orwell es tat. Trotz dieser Gegensätze mochte er Millers Art zu schreiben. „Es ist, als hörte man eine Stimme, die zu einem spricht, eine freundliche, amerikanische Stimme, ohne zu faseln, ohne zu moralisieren, in der stillschweigenden Annahme, daß wir alle gleich sind. Einen Augenblick ist man allen Lügen und Versimpelungen, den schablonenhaften Marionetten der gewöhnlichen Roman-Literatur, selbst der einigermaßen guten, entronnen und hat mit vertrauten Erlebnissen menschlicher Wesen zu tun." (IdW 98)

Orwell bewundert an Henry Miller, daß er es versteht, die wirklichen Triebkräfte menschlichen Denkens und Handelns bloßzulegen, die Erfahrungen des durchschnittlichen Menschen im Roman darzustellen. „Miller hat es verstanden, aus einem eher begrenzten Material das meiste herauszuholen, weil er den Mut hatte, sich damit zu identifizieren. Der einfache Mensch, der 'durchschnittliche, sinnliche Mensch', hat durch Miller eine Stimme bekommen" (IdW 108). Miller schreibt in seinen Romanen eine lebendige englische Sprache, „eine fließende, wogende Prosa, die Rhythmus hat, etwas gänzlich anderes als die flachen vorsichtigen Aussagen und das Snack-Bar-Geplapper, das im Moment modern ist." (IdW 101)

Orwell stellt fest, daß Miller das Leben bejaht, aber in einer Ära der Furcht, der Tyrannei und der Einschränkung der Freiheit bedeutet ein Ja zum Leben auch ein Ja zu „Konzentrationslagern, Gummiknüppeln, zu Hitler und Stalin, Bomben, Flugzeugen, Konserven, Maschinengewehren, Putschen, Säuberungen, Slogans, Gasmasken, Unterseebooten, Spionen, Provokateuren, Pressezensur, Bedaux-Gürteln, geheimen Gefängnissen, Aspirin, Hollywood-Filmen und politischen Morden. Natürlich nicht *nur* zu alldem, aber zu alldem unter anderem. Und im großen und ganzen ist das Henry Millers Einstellung." (IdW 104f)

Die Welt, in der wir leben, ist eine schrumpfende Welt, sagt Orwell, „die 'demokratischen Ausblicke' haben ihr Ende hinter Stacheldraht gefunden" (IdW 105). Die Zivilisation bejahen heißt auch den Verfall bejahen, die allgemeine Einstellung ist passiv geworden. Miller betrachtet die Welt als unveränderbar, er sieht aus dem 'Innern des Wals' passiv zu, aber gerade deshalb, so Orwell, „ist er zugleich fähig, dem einfachen Mann näherzukommen, als es den meisten engagierten Schreibern gelingt". Denn auch der einfache Mann ist passiv. „Innerhalb eines kleinen Kreises (Familienleben und vielleicht noch die Gewerkschaft oder Kommunalpolitik) fühlt er sich als Herr seines Geschicks, aber größeren Ereignissen gegenüber ist er ebenso hilflos wie gegenüber Naturgewalten. Weit entfernt von jeder Anstrengung, Einfluß auf die Zukunft zu nehmen, läßt er sich fallen und alles über sich ergehen.

Im Lauf der letzten zehn Jahre hat sich die Literatur in immer stärkerem Maße der Politik zugewandt, mit der Folge, daß heute für den einfachen Mann weniger Raum bleibt als je in den letzten zweihundert Jahren. Man kann die Veränderung in der vorherrschenden literarischen Haltung deutlich feststellen. Wenn man die Bücher, die den Spanischen Bürgerkrieg behandeln, mit den Büchern über den Ersten Weltkrieg vergleicht, so fällt bei ersteren, wenigstens bei den englischsprachigen, auf, wie entsetzlich langweilig und schlecht sie sind. Noch bezeichnender ist, daß sie fast alle, ob von rechts oder von links, von einem politischen Standpunkt aus geschrieben sind, von selbstsicheren Parteigängern, die einem erklären,

was man zu denken hat, während die Bücher über den Ersten Weltkrieg von gemeinen Soldaten oder jüngeren Offizieren stammen, die nicht einmal vorgaben zu verstehen, was das Ganze zu bedeuten hatte." (IdW 106)

Liest man, was Orwell über Henry Miller schreibt, erinnert man sich unwillkürlich an George Bowling, den Helden von *Auftauchen um Luft zu holen.* Miller erscheint als eine Art Bowling auf höherer intellektueller Stufe, aber beide, Miller wie Bowling, sehen klar den „nahenden Ruin der westlichen Zivilisation", ohne aktiv etwas dagegen zu unternehmen. Miller „geigt, während Rom brennt, aber im Gegensatz zu der erdrückenden Mehrheit, die das gleiche tut, wendet er das Gesicht den Flammen zu." (IdW 137)

In *Inside the Whale* setzt sich Orwell auch mit anderen wichtigen Schriftstellern der Zwischenkriegszeit auseinander, mit Housman und der Joyce-Eliot-Schule der zwanziger Jahre und der Auden-Spender-Schule der dreißiger. Die Schriftsteller der zwanziger Jahre zogen sich aus der Welt zurück und drückten so ihre Desillusionierung durch den Krieg aus. Sie nahmen einen L'art-pour-l'art-Standpunkt ein. Es kam ihnen weniger auf die Inhalte als auf die Form ihrer Werke an. Dann die dreißiger Jahre: „Mit einem Schlag sind wir aus dem Zwielicht der Götterdämmerung herausgetreten und in eine Pfadfinderatmosphäre mit nackten Knien und gemeinschaftlichem Singen geraten. Der typische Literat ist nicht mehr ein kultivierter Emigrant mit einem Hang zur Kirche, sondern ein fleißiger Schüler mit kommunistischen Neigungen." (IdW 121)

Der Grundton der zwanziger Jahre, 'das tragische Lebensgefühl', ist jetzt der 'ernsten Zielsetzung' gewichen. „Auden und Spender & Co.", alles Angehörige der Mittelklasse, haben den Anspruch der 'reinen Kunst' über Bord geworfen, um sich 'den Massen' zu nähern. Dabei bewegten sie sich „auf eine ziemlich schlecht definierte Angelegenheit namens Kommunismus zu. Bereits 1934 oder 1935 wurde es in literarischen Kreisen als exzentrisch angesehen, wenn jemand nicht mehr oder weniger 'links' stand. ... Jeden Tag konnte man hören, daß Soundso 'eingetreten' sei, so wie wenige Jahre vorher, als der Katholizismus in Mode stand, zu hören war, daß Soundso 'aufgenommen' worden sei." (IdW 124f)

Was versteht Orwell unter dem Kommunismus? Er führt aus, daß die kommunistische Bewegung in Westeuropa als eine Bewegung zum Umsturz des Kapitalismus angefangen habe und innerhalb weniger Jahre zum Instrument der russischen Außenpolitik degeneriert sei. Die Kontrolleure der kommunistischen Bewegung in England dienten geistig den Russen und hätten kein wirkliches Ziel außer der Manipulation der britischen Außenpolitik im russischen Interesse. Da dies nicht offen zugegeben werden könne, müßten sie nach außen hin als internationale Kommunisten auftreten. Das gehe in normalen Zeiten gut, in Krisen träten jedoch Schwierigkeiten auf, da die UdSSR in ihrer Außenpolitik ebensowenig Skrupel kenne wie jede andere Macht auch. Jedesmal wenn Stalin die Bündnispartner tausche, müsse der 'Marxismus' in eine neue Form 'gehämmert' werden, was auch der tiefere Grund für Änderungen der Parteilinie, Säuberungen, Denunziationen etc. sei. Daher müsse jeder Kommunist bereit sein, von einem Augenblick zum anderen seine Meinung zu wechseln oder die Partei zu verlassen. Deshalb gäbe es in den westlichen kommunistischen Parteien auch nur eine kleine Führungsschicht von Intellektuellen mit längerdauernder Mitgliedschaft, die sich mit der russischen Bürokratie identifiziert habe und die Partei kontrolliere. Diese Gruppe komme aus der Mittelschicht. Darunter existiere eine größere Gruppe von Mitgliedern, die sich aus der Arbeiterklasse rekrutiere und ein Gefühl von Loyalität gegenüber der Sowjetunion entwickelt habe, ohne jedoch notwendigerweise deren Politik zu verstehen. Im übrigen gäbe es nur eine mit den jeweiligen Linienänderungen wechselnde Mitgliedschaft.

Die Gründe, weshalb ausgerechnet Intellektuelle und besonders Schriftsteller sich zum Kommunismus — einer Form des Sozialismus, die „geistige Ehrlichkeit unmöglich macht" (IdW 127) — hingezogen fühlen, sieht Orwell darin, „daß es um 1930 keine Tätigkeit gab, an die ein denkender Mensch hätte glauben können, ausgenommen vielleicht wissenschaftliche Forschung, Kunst und linke Politik" (IdW 128). Dazu sei noch eine Art geistiges Vakuum gekommen. Die alten Werte wie Patriotismus, Religion, Empire, Familie, Ehre, Disziplin, Erziehung wurden nicht mehr akzeptiert. Aber, so Orwell, jeder braucht etwas, woran er glauben kann — und die kommunistische Partei war etwas, woran man glauben konnte: „Hier war eine Kirche, eine Armee, eine Glaubenslehre, eine Disziplin. Hier war ein Vaterland und — jedenfalls seit ungefähr 1935 — ein Führer. Treue und Aberglauben, von der Intelligenz scheinbar verbannt, kamen rauschend zurück, und zwar unter der durchsichtigsten Tarnung. Patriotismus, Religion, Empire, militärischer Ruhm — in einem Wort: Rußland; Vater, König, Führer, Held, Ritter — alles in einem: Stalin. Gott — Stalin. Der Teufel — Hitler. Himmel — Moskau. Hölle — Berlin. Alle Lücken waren wieder aufgefüllt. Auf diese Weise ist der 'Kommunismus' der englischen Intellektuellen schließlich leicht zu erklären. Es ist der Patriotismus der Entwurzelten." (IdW 129)

Da die junge Schriftstellergeneration den Ersten Weltkrieg nicht mitgemacht hat — ihre Erfahrungen beschränken sich auf Schule, Universität, ein paar Reisen und London —, können sie nicht erfassen, was Verhaftungen ohne Gerichtsverfahren, Massenerschießungen, Geheimpolizei, all die Schrecken des modernen Totalitarismus bedeuten. Sie haben nur den Liberalismus, die britische Demokratie kennengelernt. Für Orwell steht jeder Schriftsteller, der sich einer Parteidisziplin oder, wie er es bezeichnet: einer Orthodoxie auch nur teilweise unterwirft — Art und Inhalt der Orthodoxie sind dabei völlig gleichgültig — früher oder später vor der Entscheidung, sich entweder dieser Disziplin vollständig zu unterwerfen oder zu schweigen. Wählt er die erste Möglichkeit, ist er als Schriftsteller erledigt, denn „gute Romane stammen nicht aus der Feder von Gesinnungsschnüfflern oder Leuten, die fortwährend in der Angst leben, nicht linientreu zu sein. Gute Romane werden von Leuten geschrieben, die *keine Angst* haben. Und damit bin ich wieder bei Henry Miller." (IdW 134f)

Als Beispiel für die ahnungslose Distanz von der Realität, die Schriftsteller wie Wystan Hugh Auden und Stephen Spender auszeichnet, untersucht Orwell Audens Gedicht „Spanien". Er stößt sich vor allem an der Formulierung „notwendiger Mord"*, die nach seiner Ansicht nur jemand

* siehe den Text des Gedichts und seine Übersetzung auf der folgenden Seite

verwenden kann, für den Mord nichts als ein Wort ist. „Ich persönlich würde nicht so leichtfertig von Mord sprechen. Ich habe nämlich die Leichen vieler ermordeter Männer gesehen — ich meine nicht, im Kampf gefallen, ich meine ermordet. … Für mich bedeutet Mord etwas, das es nicht geben dürfte. Das gilt für jeden normalen Menschen. Die Hitler und Stalin halten den Mord für notwendig. Aber sie plakatieren ihre Rohheit nicht und bezeichnen sie nicht als Mord, sondern als 'Liquidierung', 'Eliminierung' oder dergleichen. Der Amoralismus Audenscher Prägung ist nur bei jemand möglich, der immer gerade abwesend ist, wenn abgedrückt wird. In der linken Literatur wird viel mit dem Feuer gespielt, von Leuten, die nicht einmal wissen, daß Feuer brennt." (IdW 130 f)

Inside the Whale ist mit Sicherheit einer der besten von Orwells Essays. Die Verbindung von literarischer mit politischer Kritik wird hier deutlich. Orwell kann Henry Miller nicht diskutieren, ohne auf seine passive Weltsicht einzugehen, und er kann nicht über Auden oder Spender schreiben, ohne über die Hinwendung der jungen Intellektuellen zum Marxismus nachzudenken.

* Tomorrow for the young, the poets exploding like bombs,
The walks by the lake, the weeks of perfect communion;
Tomorrow the bicycle races
Through the suburbs on summer evenings. But today the struggle.
Today the deliberate increase in the chances of death,
The conscious acceptance of guilt in the necessary murder;
Today the expending of powers
On the flat ephemeral pamphlet and the boring meeting.

(Morgen für die Jungen, die Dichter wie Bomben explodierend, / die Spaziergänge am See, die Wochen vollkommener Harmonie; / Morgen Radrennen durch die Vororte an Sommerabenden. Aber heute der Kampf. / Heute die absichtliche Suche nach mehr Todeschancen, / die bewußte Anerkennung von Schuld beim notwendigen Mord; / heute die Kraftverschwendung / bei platten vergänglichen Flugblättern und langweiligen Versammlungen.)

The Lion and the Unicorn

Am 11. März 1940 erschien *Inside the Whale*, und am 13. kehrte George Orwell, nachdem er sechs Wochen, an einer schweren Grippe erkrankt, bei Eileen in London verbracht hatte, nach Wallington zurück.

Inside the Whale wurde von der Kritik gut aufgenommen. Max Plowman schrieb im *Adelphi* von „three first-class literary essays", Arthur Calder-Marshall erging sich in *Time and Tide* in dem Lob: „Muß man lesen. Drei Essays, Dickens, Boys' Weeklies, Henry Miller. Brillanter Schriftsteller. Superb." (9.3.1940, S. 257f) Das angesehene *Times Literary Supplement* schrieb am 20. April 1940: „Auch hier ist man wieder von Mr. Orwells Bemühen um Klarheit und seinem hartnäckigen Streben nach intellektueller Aufrichtigkeit beeindruckt." Queenie Leavis sah in Orwell einen Literaturkritiker von Rang heranreifen: „Möglicherweise wäre es das Beste für ihn und uns, ihn ins Ausland zu exportieren, damit er dort, statt der Ja-Sager, die im allgemeinen auf den Englisch-Lehrstühlen sitzen, für die Studenten englische Literatur interpretiert. ... Aber vor allem spricht eines für ihn: Falls die Revolution, die er wünscht und prophezeit, hier tatsächlich passieren sollte, ... wäre er der einzige unserer Schriftsteller, von dem man sich vorstellen kann, daß er die Flut gelassen überlebt." *(Scrutiny*, Sept. 1940, S. 176)

Orwell selbst schrieb in einem Brief vom 3. April 1940 an Geoffrey Gorer, daß ihm die Art von „semi-soziologischer Literaturkritik", wie wir sie in *Inside the Whale* finden, sehr gefallen habe, „aber unglücklicherweise kann man damit kein Geld verdienen. Alles was Gollancz mir im Voraus für das Buch geben wollte, waren 20 Pfund!" (CEJL 1/579)

Die Blairs lebten von dem kleinen Gehalt, das Eileen bei der Zensurbehörde bekam. In dem selben Brief an Gorer beklagt sich Orwell auch, daß er noch immer keine Arbeit gefunden habe, mit der er sich für England nützlich machen könne, und berichtet, daß er sich um einen Platz in einem Government Training Centre bemühe, um dort Technischer Zeichner zu lernen. Er war zu dieser Zeit von wachsender Unruhe und Unzufriedenheit erfaßt, und selbst im ländlichen Wallington konnte er sich nicht aufs Schreiben konzentrieren.

Die Kriegsereignisse beunruhigten ihn sehr: der Rückzug der britischen Truppen aus Frankreich, die Erklärung Mussolinis vom 18. März, mit der er seine Bereitschaft erklärte, an der Seite Deutschlands in den Krieg einzutreten, die Besetzung Dänemarks und Norwegens durch deutsche Truppen, die Erwartung deutscher Bombenangriffe auf London — Orwell hielt es auf dem Lande nicht mehr aus. Im Mai verließ er Wallington, behielt The Stores jedoch bis 1947 als Wochenend- und Sommerhaus. Er wollte in der Zeit der Krise, als es schien, als ob Hitler den Krieg gewinnen könne, wenigstens im Zentrum des Geschehens sein, wenn er schon nicht kämpfen durfte. Ohne Aussichten auf einen Job ging er nach London, wo er mit Eileen zunächst in einer schäbigen kleinen Zweizimmerwohnung in 18, Dorset Chambers, Chagford Street, in der Nähe von Regent's Park wohnte.

Mit gelegentlichen Rezensionen und Artikeln hielt sich Orwell über Wasser. Am 29. März erschien, als Beginn einer späteren fruchtbaren Zusammenarbeit, sein erster Beitrag für die linke Wochenzeitung *Tribune*, und ebenfalls im März rezensierte er für *New English Weekly* Hitlers *Mein Kampf.* Er ließ es sich nicht nehmen, auf die Fehleinschätzung des Nationalsozialismus sowohl durch die britische Rechte als auch die Linke hinzuweisen, und ordnete die englische Ausgabe von *Mein Kampf* in den politischen Kontext der Zeit ein: „Daß Hurst und Blacketts ungekürzte Ausgabe von 'Mein Kampf', die erst vor einem Jahr veröffentlicht wurde, von einem pro-Hitler'schen Standpunkt herausgegeben wurde, ist ein Zeichen der Geschwindigkeit, mit welcher die Ereignisse aufeinanderfolgen. Das Vorwort und die Anmerkungen des Übersetzers dienen offensichtlich dem Zweck, die Grausamkeit des Buches zu mildern und Hitler in einem möglichst günstigen Licht erscheinen zu lassen, denn zu jenem Zeitpunkt war Hitler noch ehrbar. Er hatte die deutsche Arbeiterbewegung niedergeworfen, und dafür waren die besitzenden Klassen bereit, ihm fast alles zu verzeihen." (Hit 240)

Er bemerkt die Starrheit in Hitlers Weltanschauung, die er als „fixe Vision eines Monomanen" bezeichnet, die kaum von den „zeitgenössischen Manövern der Machtpolitik" beeinflußt wird. „Der in 'Mein Kampf' niedergelegte Plan war, zuerst Rußland zu vernichten, mit der Absicht, nachher England zu vernichten. Nun hat sich aber herausgestellt, daß England zuerst erledigt werden muß, weil Rußland das Bestechlichere der beiden war. Aber Rußland wird an die Reihe kommen, sobald England nicht mehr aktuell ist — so, zweifellos, sieht es Hitler." (Hit 241)

Orwell durchschaute die politische Situation und ließ sich nicht von momentanen politischen Schwenks irritieren. Er verstand auch die irrationale Anziehungskraft, die Hitler auf die deutschen Massen ausübte: „Auch hat er die Falschheit der hedonistischen Lebenseinstellung erfaßt. Beinahe das gesamte westliche Denken seit dem letzten Krieg, sicherlich das ganze 'progressive' Denken, beruht auf der stillschweigenden Annahme, daß der Mensch nichts weiter wünscht als Bequemlichkeit, Sicherheit und die Vermeidung von Schmerz. In einer solchen Lebensauffassung ist beispielsweise kein Platz für Patriotismus und die militärischen Tugenden. ... Hitler weiß, weil er es in seiner eigenen freudlosen Seele mit außergewöhnlicher Stärke spürt, daß menschliche Wesen *nicht* nur Bequemlichkeit, Sicherheit, kurze Arbeitszeiten, Hygiene, Geburtenkontrolle und im allgemeinen einen gesunden Menschenverstand wollen; sie wollen, wenigstens ab und zu, auch Kampf und Aufopferung, von Trommeln, Fahnen und Treue-Paraden ganz zu schweigen. Der Faschismus und der Nationalsozialismus sind, wie auch immer sie als Wirtschaftstheorien sein mögen, psychologisch bei weitem gesünder als jede hedonistische Lebensanschauung. Dasselbe gilt wahrscheinlich für Stalins militarisierte Version des Sozialismus. Alle drei großen Diktatoren haben ihre Macht vergrößert, indem sie ihrem Volk unerträgliche Lasten auferlegt haben. Während der Sozialismus — und sogar der Kapitalismus, wenn auch mit etwas mehr Widerwillen — den Leuten gesagt haben: 'Ich biete euch ein schönes Leben', hat ihnen Hitler gesagt: 'Ich biete euch Kampf, Gefahr und Tod', und die Folge ist, daß sich eine ganze Nation ihm zu Füßen wirft." (Hit 243)

Als am 28. Mai die Nachricht von der Kapitulation Belgiens bekannt wurde und die britischen Truppen begannen, sich auf Dünkirchen zurückzuziehen, eröffnete Orwell sein erstes „Kriegstagebuch". Unter dem Datum des 1. Juni vermerkte er: „Letzte Nacht nach Waterloo und Victoria (Londoner Bahnhöfe, L.B.), um zu sehen, ob ich irgendetwas über Eric (Lawrence O'Shaughnessy) rauskriegen könnte. Natürlich vollkommen unmöglich." (CEJL 2/388) Am 8. Juni kam schließlich die Nachricht, daß Eileens Bruder in Dünkirchen gefallen war, für Eileen ein schwerer Schlag, sie hatte sehr an ihrem Bruder gehangen. Elisaveta Fen, ihre Freundin, schreibt: „Ich bin fest davon überzeugt, daß Eileens Lebenswille, der nie sehr stark gewesen war, durch den Tod ihres Bruders noch schwächer wurde. Sie erzählte mir mehr als einmal, daß ihr Bruder der einzige Mensch war, auf den sie sich voll verlassen konnte, wann immer sie in Schwierigkeiten war. 'Wenn wir an den entgegengesetzten Enden der Welt wären und ich ihm ein Telegramm mit der Nachricht 'Komm sofort' schickte, würde er kommen', sagte sie. 'George würde das nicht tun. Für ihn kommt seine Arbeit vor jeder Person.' Das war zweifellos richtig. Für Orwell war seine Arbeit wichtiger als jede persönliche Beziehung, und ich glaube, daß er sich um sich selbst nur Sorgen machte, soweit es seine Arbeit betraf." (Fe 122)

Am 12. Juni trat George Orwell den Local Defence Volunteers bei, endlich hatte er eine Möglichkeit gefunden, seinen Patriotismus auch in Handlungen umsetzen zu können. Die Defence Volunteers, die später in Home Guard umbenannt wurden, waren eine Art Bürgerwehr, die England im Falle einer deutschen Invasion verteidigen sollte. Die Einheit war am 10. Mai gebildet worden, dem ersten Radioaufruf folgten innerhalb von vierundzwanzig Stunden mehr als eine Viertelmillion Freiwilliger. Orwell trat in die C-Kompanie des 5th County of London Home Guard Battalion in St. John's Wood ein. Aufgrund seiner militärischen Erfahrungen wurde er sofort zum Feldwebel ernannt. In derselben Abteilung diente auch sein Verleger Frederic Warburg als Gefreiter. Warburg erinnert sich besonders an den leidenschaftlichen Eifer, mit dem sein Autor den Dienst in der Home Guard anging. Dabei lehnte Orwell Drill und militärisches Gehabe ab, er haßte die pensionierten Offiziere aus der Mittelschicht, die die Freiwilligen herumkommandierten.

Er sah die Home Guard in erster Linie als Organisation zur potentiellen Veränderung der britischen Gesellschaft. Sie erinnerte ihn an die Freiwilligen, die die Spanische Republik verteidigt hatten. Er schätzte die Home Guard, weil sie keine Berufsarmee, antifaschistisch und sehr patriotisch war. Für kurze Zeit glaubte und hoffte Orwell, es könne in ihr ein revolutionärer Geist ähnlich wie bei den Milizionären in Spanien entstehen. In einem Leserbrief an *Time and Tide* meinte er am 22. Juni 1940, daß der Slogan jetzt „Arm the People" — Bewaffnet das Volk heißen müsse. Da er die Handgranate für die wichtigste Waffe im Straßenkampf hielt, forderte er, unter Verweis auf seine Erfahrungen im Spanischen Bürgerkrieg, die Ausrüstung der Home Guard mit möglichst vielen Handgranaten. Er war überzeugter Anhänger des Guerillakampfes und nahm an entsprechenden Übungen teil, die unter der Leitung des ehemaligen Spanienkämpfers Tom Wintringham in der Osterley Park School for Small-Scale Infantry Tactics abgehalten wurden.

Connolly erinnert sich an den Orwell dieser Zeit als jemand, der „in den Krieg hineinschlüpfte wie in ein altes Tweed-Jackett, ... um seinen Traum Wahrheit werden zu sehen — einen Krieg des Volkes (a People's War). Er hatte es in Spanien beinahe erlebt, nun schien es unvermeidlich. Diesmal mußte sich das Spiel entscheiden, Revolution oder Katastrophe. Eine Reihe von Niederlagen würde die herrschende Klasse Großbritanniens zum Wanken bringen; im richtigen Augenblick würde das Volk sie stürzen und die Kontrolle übernehmen, im letzten Moment den Sieg erringen, wie es im revolutionären Frankreich geschehen war. Churchill muß gehen, ... Rote Garden im Ritz! Lang lebe die Volksarmee und die sozialistische Home Guard!" (Con 383)

Im Dezember 1940 appellierte Orwell in *Tribune* an die Linken Englands, die Home Guard nicht als eine reaktionäre Organisation zu betrachten, sondern ihr als Freiwillige beizutreten, um sie in eine Volksarmee zu verwandeln. Die Kommunistische Partei forderte zu dieser Zeit die Arbeiter noch auf, den imperialistischen Krieg auf keinen Fall durch ihren Eintritt in die Bürgerwehr zu unterstützen. Orwell war jetzt ganz der revolutionäre Patriot, und die Home Guard erschien als eine einmalige Gelegenheit, Arbeiter und Linke zu bewaffnen. Er war überzeugt, daß der Beginn einer Revolution in Großbritannien in der Luft liege mit der Home Guard als ihrer Miliz. Der Patriotismus in seiner traditionellen Form genügte jetzt nicht mehr, es mußten die politischen Kriegsziele des Volkes formuliert werden.

Dieser Meinung war auch der Verleger Frederic Warburg, der Orwell im Januar 1940 mit Tosco R. Fyvel zusammenbrachte. Fyvel, der 1907 in Wien als Sohn eines führenden Zionisten geboren worden war, war in den dreißiger Jahren nach Palästina gegangen und hatte dort auf jüdischer Seite an den Guerillakämpfen teilgenommen. Dort hatte er Orde Wingate, einen stark pro-zionistischen britischen Offizier, kennengelernt. Wingate war ein viel bewunderter Militär, der während des Zweiten Weltkrieges General wurde. Er drängte Fyvel, nach London zurückzukehren und dort die möglichen britischen Kriegsziele zu formulieren, das Primat der Politik über das Militärische zu betonen. Warburg veröffentlichte 1938 Fyvels Buch *No Ease in Zion*, das den Palästina-Konflikt völlig neu betrachtete: Er nahm nicht den pro-britischen Standpunkt des Palästina-Mandats ein, sondern analysierte das Problem insgesamt vor dem Hintergrund der nahöstlichen Region.

Im Januar 1940 brachte Warburg ihn mit Sebastian Haffner, der als deutscher Emigrant in London lebte und später Deutschland-Korrespondent des *Observer* wurde, und George Orwell zusammen. Das Treffen fand in der Londoner Wohnung von Hans Lothar statt, der vor Hitlers Machtergreifung Mitherausgeber des führenden liberalen Blattes in Deutschland, der *Frankfurter Zeitung*, gewesen war. Fyvel erinnert sich, wie er Orwell, dessen *Homage to Catalonia* er bewunderte, zum ersten Mal traf:

„Während des Gesprächs betrachtete ich ihn voller Neugier, seine äußere Erscheinung überraschte mich wirklich: sie war so anders, als ich sie mir vorgestellt hatte. Er war ein sehr großer, hagerer Mann mit einem langen, schmalen, abgezehrten Gesicht, mit tiefsitzenden blauen Augen, schlechter Haut, einem dünnen, schmalen Oberlippenbart und tief eingefurchten Falten, die seine Wangen herabliefen. ... Er trug ein schäbiges Sportjackett mit abgeriebenen Lederaufnähern auf den Ellbogen und abgetragene Kordhosen. Trotz seiner offensichtlichen äußeren Nachlässigkeit erinnerte er mich an britische Kolonialbeamte, wie ich sie im Nahen Osten gesehen hatte. (John Beavan, der Sohn eines Bergarbeiters aus dem Norden, der als Nachrichtenredakteur des 'Observer' Orwell wenig später kennenlernte, sagte mir, daß er in seinen Arbeiterklassen-Augen erschien wie 'ein heruntergekommener Offizier des Ersten Weltkrieges, der an der Tür Versicherungen verkauft — es gab da etwas irgendwie Militärisches an ihm.')" (Fyv 99)

Die vier Männer, Warburg, Fyvel, Haffner und Orwell, bildeten eine kleine 'War-Aims Group', deren Ziel es war, in einer Phase des Stillstands in der britischen Politik die Ereignisse zu diskutieren und politische Zielsetzungen herauszuarbeiten und zu publizieren. Im Sommer 1940 trafen sich die vier des öfteren entweder in Warburgs Londoner Garten oder auf Fyvels Farm in Twyford. Während am blauen Sommerhimmel über ihnen die britischen Spitfire- und Hurricane-Jäger in der Luftschlacht um England gegen die deutschen Bomber flogen, diskutierten sie, wie Großbritannien in eine zeitgemäße sozialistische Gemeinschaft, beispielhaft für die Welt, umgeformt werden könne. So wurde schließlich die Idee geboren, eine Reihe von kurzen Büchern herauszubringen, die unter dem Titel „Searchlight Books" (Searchlight = (Such-)Scheinwerfer) die britischen Kriegsziele im Hinblick auf eine bessere Zukunft formulieren sollten.

Die Idee kam von Fyvel, Warburg griff sie begeistert auf, während Orwell, der das erste Buch schreiben sollte, zunächst keine Lust hatte. „Er wollte nicht schreiben, sondern in die Streitkräfte eintreten, sagte er. Falls das nicht ginge, könne er auch in Wallington Kartoffeln pflanzen." (Fyv 107) Schließlich willigte er aber doch ein, zusammen mit Fyvel als Herausgeber der Searchlight-Reihe aufzutreten. Von zunächst vorgesehenen siebzehn Titeln wurden während der nächsten beiden Jahre zehn realisiert.

Nach den entspannenden Tagen auf Fyvels Farm — Orwell ließ sich von Pamela Warburg malen und spielte gern mit Fyvels kleiner Tochter — begann er im August mit der Arbeit an dem ersten Buch der Searchlight-Reihe *The Lion and the Unicorn: Socialism and the English Genius* (Der Löwe und das Einhorn: Sozialismus und die englische Seele), das er Ende November abschloß.

Warburg kündigte die Reihe folgendermaßen an: „Wir können Deutschland nicht besiegen, bevor wir uns nicht von unseren eigenen Schwächen befreit haben. Es ist das Ziel der SEARCHLIGHT-BOOKS, alles in ihrer Macht Stehende zu tun, um das zu kritisieren und abzutöten, was an der westlichen Zivilisation verrottet ist, und konstruktive Ideen für die schwierige Zeitspanne, die vor uns liegt, zur Verfügung zu stellen. … Die Bücher werden in einfacher Sprache ohne den nichtssagenden politischen Jargon der Vergangenheit verfaßt werden. Sie werden bestrebt sein, die neue

„The English People", Ausgabe von 1947

Generation anzusprechen, die, ob auf den Schlachtfeldern oder in den Fabriken, diesen Krieg kämpft, sowie all jene, die den Geist der neuen Betrachtung der Welt, die sich vor uns auftut, erkennen können." (zit. nach Cr 402)

The Lion and the Unicorn — Löwe und Einhorn sind die britischen Wappentiere — ist eines der zu Unrecht am meisten vernachlässigten Bücher Orwells, eine deutsche Übersetzung liegt leider nicht vor. Dabei ist gerade die Kenntnis dieses Buches notwendig, um *Farm der Tiere* und *Neunzehnhundertvierundachtzig*, die beiden Bücher, die Orwell einer breiten Leserschaft in aller Welt bekannt machten, richtig einzuordnen und zu verstehen. Wenn man *Lion and the Unicorn* gelesen hat, kann man *Farm der Tiere* nicht mehr als antisozialistisch betrachten, und *Neunzehnhundertvierundachtzig* erscheint dann nicht so absolut, sondern als das negative Gegenstück zu *Lion and the Unicorn.*

Nur wenige Kritiker erkannten den Stellenwert dieses Buches, einer von ihnen war Arthur Koestler, der am 29.Januar 1950 im *Observer* schrieb: „Unter all den Pamphleten, Traktaten und Ermunterungen, die der Krieg hervorrief, ist kaum etwas der Mühe wert, es heute noch einmal zu lesen, außer vielleicht E.M.Forsters *What I Believe*, einige Abschnitte aus Churchills Reden und vor allem Orwells *The Lion and the Unicorn.*" In *The Lion and the Unicorn*, das aus den drei Essays *England, Your England, Shopkeepers at War* und *The English Revolution* besteht, diskutiert Orwell den englischen Nationalcharakter und versucht die Aussichten für eine radikale soziale Veränderung zu bestimmen. Als Frederic Warburg das Manuskript erhielt, war er begeistert. Orwell gelingt es in *Lion and the Unicorn*, einen wichtigen Augenblick der britischen Geschichte einzufangen, jenen Moment, als Großbritannien nach den ersten schmerzhaften Niederlagen gegen Hitlers Truppen begann, neuen Mut zu schöpfen, jenen Moment, der geprägt war von dem Gedanken an ein patriotisches, sozialistisches England der Zukunft.

„Während ich dies hier schreibe, fliegen über mir hochzivilisierte Menschen, die mich töten wollen." (LIU 74) Mit diesem schockierenden Satz beginnt *The Lion and the Unicorn.* Er tut die deutschen Bomberpiloten nicht einfach als 'die Barbaren' ab, sondern bezeichnet sie als 'hochzivilisierte Menschen', ein Hinweis darauf, wohin uns moderne Industriegesellschaft und Machtpolitik gebracht haben. Die Feinde, betont Orwell, haben nichts gegen ihn persönlich. Sie „tun nur ihre Pflicht", sie dienen ihrem Land, angetrieben vom Nationalismus, der stärksten politischen Kraft. Dieser Gedanke leitet über zum englischen Patriotismus als Gegenkraft zu den Bombern. Orwell unternimmt im folgenden den Versuch, zu bestimmen, was die englische Lebensart und politische Kultur ausmacht. Als typisch englische Eigenschaften sieht er die Liebenswürdigkeit der Briten, ihre Abneigung gegen abstraktes Denken, gegen den Militarismus, ihren Respekt vor dem Gesetz, Individualismus, Patriotismus, Höflichkeit und die Vorliebe für Anachronismen.

In jeder Zeile zeigt sich Orwells tiefe emotionale Hinwendung zu seinem England: „Und vor allem ist es *deine* Kultur, bist *du* es. Wie stark du es auch hassen oder darüber lachen magst, du wirst nie glücklich sein, wenn du, für welchen Zeitraum auch immer, nicht dort sein kannst. Die Talg-Puddings und die roten Briefkästen sind in deine Seele eingedrungen. Gut oder schlecht, es ist dein, du gehörst dazu, und auf dieser Seite des Grabes wirst du nie die Prägung ablegen, die es dir gegeben hat." (76)

Orwell stellt fest, daß die Engländer kein Bedürfnis nach einer Philosophie haben, die ihnen eine systematisierte Weltsicht vermittelt, sie sind Individualisten mit der Neigung zu ganz privaten Hobbies. „Wir sind eine Nation von Blumenliebhabern, Briefmarkensammlern, Taubenzüchtern, Hobbybastlern, Gutscheinschnipplern, Dart-Spielern und Kreuzworträtselfans. Englische Kultur im wahren Sinne hat mit Dingen zu tun, die, selbst wenn man sie gemeinsam mit anderen ausübt, nichts Förmliches an sich haben — der Pub, das Fußballspiel, der Garten hinterm Haus, der offene Kamin und eine 'gute Tasse Tee'." (78)

Der britische Patriotismus ist stärker als der Klassenhaß und immer stärker als der Internationalismus. Obwohl England nach Orwells Meinung vom Lebensstandard her gesehen aus zwei, wenn nicht drei oder vier „Nationen" besteht, ist es doch so, „daß die überwiegende Mehrheit des Volkes sich einer einzigen Nation zugehörig *fühlt*" (84). Es ist dieses Gefühl der Zusammengehörigkeit, welches die Engländer in Krisenzeiten immer übereinstimmend fühlen und zusammenhalten läßt.

Der britischen Demokratie steht Orwell kritisch gegenüber, obwohl er meint, sie sei nicht ein ganz so großer Schwindel, wie es manchmal scheine. Richtig sei, daß in keinem anderen Land die Klassenzugehörigkeit so entscheidend ist wie in England. Er vergleicht es mit einer spießigen viktorianischen Familie, „in der die jüngere Generation im allgemeinen nicht beachtet wird und in der die Macht hauptsächlich von verantwortungslosen Onkeln und ans Bett gefesselten Tanten ausgeübt wird. Trotzdem ist es eine Familie. Sie hat ihre private Sprache und ihre gemeinsamen Erinnerungen, beim Herannahen eines Feindes schließt sie ihre Reihen. Eine Familie, in der die falschen Leute das Kommando haben — das ist wahrscheinlich die Beschreibung, mit der man England in einem Satz am besten fassen kann." (88)

Als dominanten Aspekt des englischen politischen Lebens bezeichnet Orwell den sich beschleunigenden Verfall der Fähigkeiten der herrschenden Klasse. Der Verfall zeige sich in der Innen- wie auch in der Außenpolitik, in Slums und Arbeitslosigkeit ebenso wie in der verfehlten Annäherungspolitik gegenüber Hitler, Mussolini und Franco. Die herrschende Klasse wisse keine Antworten mehr auf die Herausforderungen der Zeit. Dennoch hatte ihr Funktionsverlust nicht wie in anderen Ländern zu Revolution, Faschismus oder Korruption geführt.

„Natürlich konnte die britische herrschende Klasse sich nicht eingestehen, daß ihre Zweckmäßigkeit erschöpft war. Hätten sie dies getan, hätten sie auf all ihre Rechte verzichten müssen. Denn es kam für sie nicht in Frage, sich in reine Banditen zu verwandeln, wie die amerikanischen Millionäre, die sich wissentlich an ungerechte Privilegien klammern und die Opposition durch Bestechung und Tränengasbomben niederhalten. Letztlich gehörten sie zu einer Klasse mit bestimmten Traditionen, sie haben public schools besucht, in denen die Pflicht, für sein Land zu sterben, falls es nötig sein sollte, als das erste und wichtigste aller Gebote vermittelt wird. Sie mußten sich als Patrioten fühlen, sogar während sie ihre Landsleute ausnahmen. Offensichtlich gab es für sie nur einen Ausweg — in den Stumpfsinn. Sie konnten die Gesellschaft in ihrer bestehenden Form nur erhalten, indem sie sich als *unfähig* erwiesen, zu begreifen, daß irgendein Fortschritt möglich war. So schwierig das auch war, es gelang ihnen, hauptsächlich indem sie ihren Blick auf die Vergangenheit fixierten und sich weigerten, die Veränderungen, die um sie herum vorgingen, zur Kenntnis zu nehmen." (90)

Orwell betrachtet diese Flucht vor der Realität als Beginn einer Handlungskette, die England im Krieg gegen Hitler-Deutschland an den Rand der Katastrophe gebracht hat. Aber der Krieg enthält in seinen Augen auch die Chance für England, endlich aufzuwachen und sich zu verändern, ohne sich selbst untreu zu werden. Die Intellektuellen, die sich ein russifiziertes oder germanisiertes England erhofften, würden eine Enttäuschung erleben, davon war er überzeugt. Die britische Intelligenz konnte den Patriotismus nicht begreifen, weil er, als ein Gefühl, intellektuell nicht faßbar ist, und sie fiel aus diesem Glauben an England heraus: „Zumindest von ihren Intentionen her ist die britische Intelligenz europäisiert. Sie holen sich ihre Kochrezepte aus Paris und ihre Gedanken aus Moskau. In dem allgemein verbreiteten Patriotismus des Landes bilden sie eine Insel dissidenten Denkens. England ist wahrscheinlich die einzige große Nation, deren Intellektuelle sich ihres Landes schämen." (95)

Im zweiten Teil von *The Lion and the Unicorn: Shopkeepers at War*, argumentiert Orwell gegen den Kapitalismus für eine sozialistische Gesellschaftsordnung. Der Krieg habe erwiesen, daß das System des privaten Kapitalismus, „das heißt ein ökonomisches System, in dem sich Land,

Fabriken, Bergwerke und Transportmittel in Privateigentum befinden, *nicht funktioniert*" (99). Orwell verlangt eine sozialistische Gesellschaft als Alternative, und er definiert genauer, was er darunter versteht. „In den letzten Jahren ist ausreichend klar geworden, daß 'gemeinsamer Besitz der Produktionsmittel' noch keine hinreichende Bestimmung des Sozialismus ist. Man muß folgendes hinzufügen: ungefähre Gleichheit der Einkommen, … politische Demokratie und Abschaffung aller vererbten Privilegien, besonders in der Erziehung. Dies sind einfach die notwendigen Sicherheitsvorkehrungen gegen die Wiedereinführung eines Klassensystems. Kollektiver Besitz hat, solange die Masse der Bevölkerung nicht auf einem Niveau lebt und Kontrolle über die Regierung ausüben kann, nur sehr wenig Bedeutung. Denn 'der Staat' muß nicht mehr bedeuten als eine selbsternannte politische Partei. Oligarchie und Privilegien können, statt auf der Basis von Geld, auf der Basis von Macht wiederkehren." (101)

Im dritten Kapitel, *The English Revolution*, formuliert Orwell die Positionen, die die 'einfachen Leute' als ihre Kriegsziele durchsetzen sollten. Dieses Aktionsprogramm schließt die Verstaatlichung von Land, Banken, Bergwerken, Eisenbahnen und Schlüsselindustrien ebenso ein wie eine Begrenzung der Höchsteinkommen, eine Reform des Bildungswesens, demokratische Beteiligung der Kolonialvölker an der Verwaltung ihrer Territorien und ein Bündnis mit allen Nationen, die Opfer des Faschismus geworden sind.

In diesem Abschnitt wird eine neue Interpretation des englischen Patriotismus gegeben: „Patriotismus hat nichts mit Konservatismus zu tun. Er ist tatsächlich das Gegenteil des Konservatismus, denn er ist die Hingabe an etwas, das sich ständig in Veränderung befindet und auf geheimnisvolle Weise doch immer als dasselbe empfunden wird. Er ist die Brücke zwischen der Zukunft und der Vergangenheit. Kein echter Revolutionär ist jemals Internationalist gewesen." (127) Aus dieser Interpretation des Patriotismus leitet Orwell seine Vorstellung einer britischen Revolution ab, einer Revolution, die von vornherein auf festen Werten und Traditionen gründet: „Nur durch eine Revolution kann die ursprüngliche Seele des englischen Volkes freigesetzt werden. Revolution bedeutet nicht rote Fahnen und Straßenkampf, sie bedeutet eine grundlegende Verschiebung der Macht. … Notwendig ist eine offene, bewußte Revolte der kleinen Leute gegen Ineffizienz, Klassenprivilegien und die Herrschaft des Alten." (117)

The Lion and the Unicorn endet mit den Sätzen: „Durch die Revolution werden wir mehr wir selbst, nicht weniger. … Wir müssen unserem Erbe etwas hinzufügen oder es verlieren, … wir müssen vorwärts oder rückwärts gehen. Ich glaube an England, und ich glaube daran, daß wir voranschreiten werden." (133f) Eine ganz andere Stimmung als acht Jahre später in dem Roman *Neunzehnhundertvierundachtzig. Lion and the Unicorn* zeigt den patriotischen, optimistischen, *Neunzehnhundertvierundachtzig* den pessimistischen Orwell, der keine Möglichkeiten mehr sieht, die Werte des geliebten alten England zu erhalten, denn letztlich ist *The Lion and the Unicorn* eine Vision, die einen großen Teil ihrer Substanz aus seinen nostalgischen Kindheitserinnerungen bezieht.

The Lion and the Unicorn wurde im Februar 1941 auf dem Höhepunkt der deutschen Bombenangriffe auf London veröffentlicht. Die ersten beiden Auflagen mit über 10.000 Exemplaren waren schnell vergriffen. Mit seiner Definition des englischen Nationalcharakters und dem Werben für strukturelle Veränderungen im typisch britischen Rahmen traf Orwell die Stimmung der Zeit und machte auf die Kritik und die Intelligenz großen Eindruck.

Die anderen *Searchlight Books*, die noch folgten, waren *Offensive Against Germany*, Sebastian Haffners Versuch, die Unterschiede zwischen Deutschland und dem Nationalsozialismus herauszuarbeiten; *The English at War* von dem bekannten Fleet-Street-Journalisten William Connor; *The End of the Old School Tie*, T.C. Worsleys Analyse des britischen Schulsystems. In *The Lessons of London* schrieb Ritchie Calder über die spontane Kameradschaft und Verbundenheit der Londoner Bevölkerung angesichts der deutschen Bombenangriffe. Arturo Barea räsonierte in *Struggle for the Spanish Soul* über ein Spanien nach Franco. Joyce Cary erörterte in seinem *The Case for African Freedom* die zukünftigen Probleme der afrikanischen Staaten in der nachkolonialen Phase. Die Searchlight Books wurden viel diskutiert, aber Ende des Jahres 1941 war die optimistische Phase des Krieges, der die Reihe entsprungen war, vorbei. Die War-Aims Group zerfiel, und Orwell wurde, was er nie hatte werden wollen: ein professioneller Kriegspropagandist bei der BBC.

Kapitel 5
Als Propagandist bei der BBC (1941-1943)

Wie oft erscheint es einem als eine ausdrückliche Pflicht, die Fakten zu verheimlichen oder zu färben! Und trotzdem kann ein echter Fortschritt nur durch vermehrte Aufklärung stattfinden, was soviel bedeutet wie die fortwährende Zerstörung von Mythen.

George Orwell

Am 3. Januar 1941 verfaßte Orwell den ersten von fünfzehn *London Letters*, die er über die nächsten fünf Jahre, in Abständen von jeweils ungefähr vier Monaten, an die New Yorker *Partisan Review*, ein linkes, aber sehr moskaukritisches Magazin für Politik und Kultur, schickte. Liest man diese Briefe, spürt man sofort, wie sehr ihm die lockere, unkonventionelle Briefform entgegenkam. Ohne bestimmte Themenstellung und ohne formale Fesselung konnte er über alles berichten, was ihm wichtig erschien. Hauptsächlich behandelte er die literarische und politische Situation in England und versuchte, die allgemeine Stimmung zu schildern.

In seinem ersten Brief äußerte er sich zur Lage der moskauorientierten britischen Intellektuellen zu Beginn des Jahres 1941: „Kürzlich geriet ich in ernste Schwierigkeiten, weil ich gedruckt hatte verlauten lassen, daß jene, die in der Zeit von 1935-39 die größten 'Antifaschisten' waren, jetzt die stärksten Defätisten sind. Dennoch glaube ich, daß meine Behauptung weitestgehend zutrifft und nicht nur für die Stalinisten gilt. Es ist nun einmal eine Tatsache, daß, als der Krieg ausbrach, das Feuer des orthodoxen 'Antifaschismus' erlosch." (CEJL 2/70) Die britischen Intellektuellen haben nach Orwells Meinung das Besondere des Zweiten Weltkriegs nicht erkannt: „Den Spanischen Bürgerkrieg sahen die linken Intellektuellen als 'ihren' Krieg an und meinten, daß sie zu einem gewissen Grad die Ereignisse beeinflußten. Soweit sie einen Krieg gegen Deutschland erwarteten, stellten sie sich vor, daß er eine Art größere Ausführung des Krieges in

Spanien werden würde, ein Krieg für die Linke, in dem Dichter und Schriftsteller bedeutende Figuren sein könnten. Natürlich ist er nichts von alledem. Er ist in jeder Hinsicht ein moderner Krieg, der größtenteils von technischen Experten (Flieger etc.) ausgefochten und von Leuten geführt wird, die nach ihrem Verstand zwar patriotisch, in ihren Zielsetzungen aber ausschließlich reaktionär sind. Zur Zeit gibt es für Intellektuelle in diesem Krieg keine Funktion." (CEJL 2/71)

Die *London Letters* reflektieren sehr gut die Veränderungen, die Orwells Denken während des Krieges durchmachte. Sind die ersten Briefe noch voller Hoffnung auf eine soziale Revolution, wie er sie in *The Lion and the Unicorn* beschworen hatte, so ist der Brief vom 3. Januar 1943 ein Dokument seiner Desillusionierung. „Nun gut, die Krise ist vorüber, und die reaktionären Kräfte haben mit vor der Brust verschränkten Armen gewonnen. ... Der in der Zwischenzeit gewachsene Verdacht, daß wir alle wohl die Stärke des Kapitalismus unterschätzt haben und daß die Rechte womöglich in der Lage sein wird, den Krieg auf eigene Faust, ohne auf radikale Veränderungen zurückzugreifen, zu gewinnen, ist schon sehr deprimierend für jeden denkenden Menschen. Zynismus bezüglich 'nach dem Krieg' ist weit verbreitet, und das Gefühl 'wir stecken alle zusammen drin' von 1940 ist geschwunden." (CEJL 2/317f)

Orwell wird bedrückt von dem Gedanken an die Welt nach dem Krieg: „Die herrschende Klasse Großbritanniens hat niemals ihre wahren Kriegsziele, die allerdings auch immer unaussprechlich sind, genannt, und solange die Dinge schlecht liefen, wurde Großbritannien sogar ein wenig auf dem Weg in Richtung revolutionärer Strategien vorangetrieben. Es hat also immer die Möglichkeit gegeben, den Krieg zu demokratisieren, ohne ihn deswegen zu verlieren. Jetzt allerdings wendet sich das Blatt, und schon beginnt die trostlose Welt Gestalt anzunehmen, wie sie uns die amerikanischen Millionäre und ihre britischen Anhänger aufzwingen wollen." (CEJL 2/323)

Im Mai 1941 hatten die deutschen Bombenangriffe auf London nachgelassen, im Juni fiel Hitler in die Sowjetunion ein. Von Churchill als Bündnispartner begrüßt, war die UdSSR jetzt gezwungenermaßen ein kriegführendes Land. Im Dezember 1941 flogen die Japaner den Angriff auf Pearl Harbour, und die Vereinigten Staaten traten in den Krieg ein. Anfang 1942 zeichnete sich schon recht deutlich ab, daß Hitler und seine italienischen und japanischen Verbündeten am Ende unterliegen würden, aber nicht — wie Orwell gehofft und wie die „Searchlight"-Reihe es postuliert hatte — aufgrund der Macht und der Inspiration neuer Ideen, sondern durch die Truppen- und Materialüberlegenheit der neuen west-östlichen Allianz. Die Intellektuellen spielten nur eine untergeordnete Rolle. Unter

Im Sendesaal der BBC, Oktober 1943 (Photo: BBC)

Churchill, Roosevelt und Stalin wurde der Krieg von Militärs und Technokraten gewonnen. Obwohl es 1942 mit den Kriegserfolgen der Japaner im Fernen Osten und Rommels Siegen in Nordafrika noch einmal kritische Momente gab, war spätestens Ende des Jahres klar, daß Churchill den Krieg ohne radikale Veränderungen in der sozialen und ökonomischen Struktur Großbritanniens würde gewinnen können.

Die *London Letters* waren auf ein amerikanisches Lesepublikum ausgerichtet. Sie erklären deshalb die Verhältnisse in England sehr ausführlich, Orwell setzte bei seinen Lesern nichts voraus. Oft lieferten die Briefe auch die Antwort auf Fragen von Lesern der *Partisan Review.* In dem Brief vom 15. April 1941 äußerte er sich zu den demokratischen Freiheiten während des Krieges: „In England ist es so, daß man sehr großen Respekt vor dem Recht auf freie Meinungsäußerung hat, jedoch nur sehr wenig vor dem Recht auf Pressefreiheit. In den letzten zwanzig Jahren hat es viele Manipulationen im Bereich der Pressefreiheit gegeben, direkte und indirekte, aber nie haben sie den leisesten Protest der Öffentlichkeit hervorrufen können. Dies ist ein geistig anspruchsloses Land, und man meint, daß das gedruckte Wort nicht viel besagt und daß Schriftsteller und ähnliche Leute keine große Sympathie verdienen. Auf der anderen Seite ist jene Atmosphäre, in der aus Angst vor den Ohren der Gestapo niemand wagt, über Politik zu sprechen, in England undenkbar. Jeglicher Versuch, eine solche Atmosphäre zu schaffen, würde in England scheitern, weniger an bewußtem Widerstand als vielmehr an dem Unvermögen der einfachen Leute, zu verstehen, was von ihnen verlangt wird." (CEJL 2/144)

Immer wieder wird in den Briefen Orwells ambivalente Haltung gegenüber England deutlich. Er ist ein guter Kommentator, weil sein Urteil nicht durch Dogmen oder vorgefaßte Meinungen beeinflußt wird. Er wagt Voraussagen der politischen Entwicklung, ist jedoch jederzeit bereit, seine Prognose zu widerrufen, wenn es neue Informationen gibt. Ein gutes Beispiel ist seine sich über mehrere *London Letters* hinziehende Beschreibung des Wachstums der Common Wealth Party, einer Partei von middle-class-Linken, die in den letzten Kriegsjahren aktiv wurde und drei Nachwahlen zum Unterhaus gewann. Jedesmal wenn Orwell über die Partei berichtet, hat sich ihr Bild verändert, hat sich die öffentliche Meinung gewandelt, haben sich neue politische Faktoren herausgebildet, und ebenso befindet sich Orwells Haltung gegenüber der Common Wealth Party in stetiger Veränderung und seine Voraussagen über ihre politische Zukunft modifizieren sich. Entscheidend für sein Verhältnis zum Leser ist, daß er immer klar macht, wie sich sowohl die politische Situation als auch seine eigene Meinung gewandelt hat.

Weil Orwell, abgesehen von der kurzen ILP-Zeit, als er im weitesten Sinne eine Parteilinie vertrat, die er für seine eigene hielt, keine Dogmen hat, keine Theorien, an denen er sich festhalten kann, sind seine Arbeiten immer Ausdruck einer spezifischen historischen Konstellation und geben Zeugnis, wie die jeweilige Situation auf ihn einwirkte. So müssen dann auch Arbeiten wie *Farm der Tiere* und *Neunzehnhundertvierundachtzig* betrachtet werden.

Am 3. März veröffentlichte Victor Gollancz die Anthologie *The Betrayal of the Left: An Examination and Refutation of Communist Policy* (Der Verrat an der Linken: Eine Überprüfung und Widerlegung kommunistischer Politik), bei der Gollancz selbst als Herausgeber auftrat. Dieses Buch stellt einen Wendepunkt in der Geschichte der britischen Linken dar, indem sich hier erstmals linke Leitfiguren wie Strachey, Gollancz und Harold Laski offen von der KP distanzierten.

Betrayal of the Left ist ein Dokument der Enttäuschung und Desillusionierung kommunistischer „fellow-travellers" über ihre Partei. Für Orwell, der diese mit der KP verbundenen Illusionen nie teilte, muß es eine Genugtuung gewesen sein, mit zwei Kapiteln zu einem Buch beizutragen, dessen Autoren ihn drei Jahre zuvor wegen seiner ehrlichen Darstellung des Spanischen Bürgerkrieges scharf angegriffen und gemieden hatten. Nun waren sie auf seine Position eingeschwenkt und attackierten ihren alten Verbündeten Harry Pollitt. John Strachey, der mit seinen Büchern *The Coming Struggle for Power* und *The Theory and Practice of Socialism* Sprache und Bild der KP in den dreißiger Jahren entscheidend geprägt hatte, griff jetzt den Leninismus an und vertrat nunmehr die Totalitarismustheorie, die Parallelen zwischen Faschismus und Stalinismus zog, wie sie vorher schon Silone, Borkenau, Koestler, Malraux und Orwell vertreten hatten.

Victor Gollancz griff in seinem Beitrag die Machenschaften der kommunistisch beeinflußten Presse an, die unter Linientreue oft das Verfälschen von Nachrichten verstand, ein Problem, auf das Orwell schon 1938 in *Mein Katalonien* hingewiesen hatte. Es war das erste Mal, daß die britische KP von bedeutenden Linken so hart attackiert wurde. Das Buch hätte sicherlich einen noch größeren Einfluß gewonnen, wenn nicht mit dem Kriegseintritt Rußlands im Juni viele enttäuschte Anhänger der Partei ihre Kritik an Stalin wieder vergessen hätten.

Orwell bereitet in seinen beiden Kapiteln „Fascism and Democracy" und „Patriots and Revolutionaries" in etwas anderer Form die in *The Lion and the Unicorn* geführte Argumentation wieder auf. Er betont von neuem seine Anschauung, daß es in diesem Krieg für England nur die Alternative Sozialismus oder Niederlage gäbe, und skizziert noch einmal seine Vorstellung des Sozialismus, in die sein Glaube an die Demokratie, sein Respekt vor der Tradition, seine Abneigung gegen jede Form von Orthodoxie und sein Vertrauen in die Kraft der einfachen Leute, wie er sie in Spanien erlebt hatte, einfließen: „Wenn die eigentliche englische sozialistische Bewegung auf den Plan tritt — und sie muß erscheinen, wenn wir nicht geschlagen werden wollen, ihre Basis ist schon in den Gesprächen, die in einer Million Kneipen und Luftschutzkellern geführt werden, vorhanden —, wird sie die bestehenden Parteiengrenzen aufsprengen. Sie wird beides sein, reaktionär und demokratisch*. Sie wird auf grundlegende Veränderungen zielen und absolut bereit sein, Gewalt zu gebrauchen, falls es sich als notwendig erweisen sollte. Aber sie wird auch erkennen, daß nicht alle Kulturen gleich sind, daß nationale Mentalitäten und Traditionen respektiert werden müssen, wenn Revolutionen nicht mißlingen sollen, daß England nicht Rußland ist oder China oder Indien. Sie wird erkennen, daß die britische Demokratie *nicht* nur Schwindel ist, *nicht* einfach 'Überbau', daß sie im Gegenteil etwas extrem Wertvolles ist, das erhalten und ausgeweitet werden muß und vor allem nicht beschimpft werden darf." (Gol 208)

* Im englischen Original steht tatsächlich „reactionary". Wenn es sich nicht um einen Druckfehler handelt (fälschlich für „revolutionär"), ist der Begriff wohl im Sinne von „bewahrend" zu verstehen.

Am 18. August 1941 begann Orwell für ein Gehalt von 640 Pfund jährlich in der Indien-Abteilung der BBC zunächst als Sendeassistent und später als verantwortlicher Redakteur für die Indien-Programme des Senders zu arbeiten. Anfang April zogen George und Eileen, die wegen ihrer schlechten Gesundheit die Stelle bei der Zensurbehörde aufgegeben hatte, in eine Wohnung in 111 Langford Court, Abbey Road, St. John's Wood, um.

Orwell besuchte zunächst einen sechswöchigen Kurs an der 'Liar's School', der 'Lügenschule' der BBC in Bedford College im Regent's Park, wo die neuen Redakteure, hauptsächlich Intellektuelle ohne jede Rundfunkerfahrung, auf ihre Tätigkeit vorbereitet wurden. Dort lernte er den Dichter William Empson kennen. Empson erinnert sich besonders daran, daß Orwell der einzige war, der sich über jene Leute lustig machte, die ihrer Freude über den Eintritt Rußlands als Verbündeter in den Krieg offen Ausdruck gaben (Emp 97). Er fand es 'widerlich', daß die reichen Bourgeois und die sowjetischen Bürokraten zusammengingen, er konnte der Anti-Hitler-Koalition nichts Positives abgewinnen — nur unter militärischen Erwägungen bot sie Vorteile.

Die Zielgruppe, für die Orwell seine Sendungen konzipierte: die indischen Studenten und Intellektuellen, waren eine kleine, England feindlich gesinnte Zuhörerschaft, die jede Form britischer Propaganda von vornherein ablehnte. Er legte in seinen Sendungen immer besonderen Wert auf die Darstellung und Diskussion literarischer Themen, zu denen er Größen wie T. S. Eliot, Herbert Read, Stephen Spender und Edmund Blunden ins Studio holte. Das Verhältnis von Radio und Literatur untersuchte Orwell in dem Essay *Poetry and the Microphone* (1943). Eingangs stellt er die These auf, daß die einfachen Leute Gedichte hassen: Poesie wird abgelehnt, weil sie mit Unverständlichkeit, intellektueller Anmaßung und dem allgemeinen Gefühl von Sonntag-an-einem-Werktag verbunden wird (CEJL 2/379). Sodann geht er der Frage nach, wie die Leute zum Rundfunk stehen, und kommt zu dem Schluß, daß eigentlich niemand erwarte, im Radio etwas anderes als 'Schund' zu hören:

„Tatsächlich ruft schon das Wort 'Rundfunk' das Bild eines brüllenden Diktators oder von affektiert heiseren Stimmen wach, die bekanntgeben, daß es dreien unserer Flugzeuge nicht gelungen ist, zurückzukehren. Gedichte über Rundfunk klingen wie die Musen in gestreiften Hosen. Trotzdem sollte man nicht die Möglichkeiten eines Instrumentes mit der Verwendung, die von ihm dann tatsächlich gemacht wird, verwechseln. Der Rundfunk ist so, wie er ist, nicht weil der ganze Apparat von Mikrophon und Sender etwas inhärent Vulgäres, Dummes oder Unredliches an sich hätte, sondern weil er in der ganzen Welt unter der Kontrolle der Regie-

Besprechung in der Indien-Redaktion der BBC. Von links nach rechts stehend: George Woodcock, Mulk Raj Anand, George Orwell und William Empson; sitzend: Herbert Read und Edmund Blunden

rungen oder großer Monopolgesellschaften steht, die aktiv daran interessiert sind, daß der Status Quo erhalten bleibt, und somit die einfachen Bürger daran hindern wollen, zu schlau zu werden. Etwas ähnliches ist dem Kino passiert, das ebenso wie das Radio in der Monopolphase des Kapitalismus seinen Anfang nahm und ungeheuer teuer zu betreiben ist. In allen Künsten ist die Tendenz ähnlich. Mehr und mehr Produktionskanäle geraten unter die Kontrolle von Bürokraten, deren Ziel es ist, den Künstler zu zerstören oder wenigstens zu kastrieren." (CEJL 2/380).

Laurence Brander, der bei der BBC mit Orwell zusammenarbeitete, empfand ihn als angenehmen, „unschätzbaren" Kollegen, der sehr sorgfältig arbeitete und einen angenehmen Humor besaß. Nur seine Stimme sei ein Handicap gewesen: „Dünn und flach, kam sie beim Kurzwellenempfang nicht gut durch." (Bra 9) Die dünne Stimme war eine Folge der in Spanien erlittenen Verletzung.

Während der Jahre 1942 und 1943 schrieb Orwell neben seiner Arbeit bei der BBC zahlreiche Essays, Artikel und Rezensionen für so unterschiedliche Zeitungen und Magazine wie *Horizon* (von Cyril Connolly herausgegeben), *Partisan Review, Tribune, New Statesman and Nation,* die New Yorker *Nation, Poetry London, Listener* und *New Road.* Daneben ging er seinen Pflichten in der Home Guard und als Luftschutzhelfer und Feuerbeobachter nach. Im April begann Eileen wieder zu arbeiten. Obwohl sie gesundheitlich noch angeschlagen war, nahm sie eine Tätigkeit im Ernährungsministerium an, wo sie die „Kitchen Front" (Küchenfront)-Rundfunksendungen betreute, Rezepte erdachte und Sendeskripts schrieb.

George, dessen Hoffnungen auf einen sozialistischen Durchbruch jetzt immer mehr schwanden, begann zu dieser Zeit mit der Arbeit an *Animal Farm* (Farm der Tiere). Elisaveta Fen berichtet, daß George und Eileen die Idee zu *Animal Farm* oft diskutierten, und zwar wenn sie sich in ihrer eiskalten Wohnung ins Bett verkrochen. Orwell sagte einmal im Spaß zu der gebürtigen Russin: „Ich werde dich bitten, es ins Russische zu übersetzen" (Fe 123), nicht ahnend, daß das Buch in fast alle lebenden Sprachen übersetzt werden sollte. Elisaveta Fen hält denn auch Eileens Anteil an dem Entstehen von *Farm der Tiere* für sehr bedeutsam und sieht in einigen Episoden deutlich ihren Humor durchschimmern.

Im März lieferte Orwell seine erste Arbeit für den *Observer,* einen von zahlreichen Artikeln und Rezensionen, die er bis zum Februar 1949 für diese liberale Zeitung schrieb. Am 15. Februar veröffentlichte der Verlag Routledge das Buch *Victory or Vested Interest?* (Sieg oder erworbenes Recht?), das Orwells Vortrag *Culture and Democracy* enthielt, den er am 22. November 1941 vor der Fabian Society gehalten hatte. Den Inhalt dieses Vortrages faßte er, knapp und klar formuliert, unter dem Titel *Literature and the Left* (Literatur und die Linke) noch einmal für einen Artikel in der *Tribune* vom 4. Juni 1943 zusammen:

„Die Literaturkritik des linken Flügels hatte keineswegs unrecht, auf die Bedeutung des Themas, des Sujets, Gewicht zu legen. Vielleicht hatte sie nicht einmal unrecht, in Anbetracht des Zeitalters, in dem wir leben, zu fordern, daß Literatur zu allererst Propaganda sein sollte. Sie hat aber insofern unrecht gehabt, als sie offenbar literarische Urteile für politische Zwecke gefällt hat. Um ein krasses Beispiel zu nennen: Welcher Kommunist würde es wagen, in der Öffentlichkeit zuzugeben, daß Trotzki ein besserer Schriftsteller ist als Stalin — was er natürlich ist? Zu sagen 'X ist ein begabter Schriftsteller, aber er ist ein politischer Feind, und ich werde mein Möglichstes tun, um ihn zum Schweigen zu bringen', ist durchaus harmlos. Selbst wenn man ihn mit einer Maschinenpistole zum Schweigen bringt, sündigt man jedenfalls nicht gegen den Intellekt. Die Todsünde besteht darin, zu sagen 'X ist ein politischer Feind, deshalb ist er ein schlechter Schriftsteller'. Und wenn irgend jemand behauptet, daß so etwas nicht vorkommt, so antworte ich lediglich: Schlag' die Literaturseiten der linken Presse, vom 'New Chronicle' zum 'Labour Monthly', auf und schau, was du findest." (CEJL 2/335f)

Im Sommer zogen die Blairs wieder um und nahmen eine Wohnung in 10a Mortimer Crescent, Maida Vale. Ende Juni verbrachte George einen vierzehntägigen Angelurlaub in Callow End, Worcestershire. Seine Mutter und seine Schwester Avril zogen 1942 in eine Wohnung in der Alexandra Road, eine an Mortimer Crescent angrenzende Straße. Ida Blair arbeitete in dem Kaufhaus Selfridge's, Avril in einer Blechfabrik in King's Cross.

Am 19. März 1943 starb Ida Blair siebenundsechzigjährig an einem Herzinfarkt, auf dem Nachttisch lag ein Exemplar von *Down and Out in Paris and London.* Obwohl sie die literarischen Aktivitäten ihres Sohnes immer unterstützte, hatte sie erst in ihrer letzten Zeit angefangen, seine Arbeiten zu lesen; Avril nahm erst nach Erics Tod seine Bücher in die Hand. Die Sterbeurkunde verzeichnet, daß Eric Blair beim Tod seiner Mutter anwesend war.

Am 18. November veröffentlichte der Verlag Allen & Unwin *Talking to India: A Selection of English Language Broadcasts to India* mit einer Einleitung und herausgegeben von George Orwell. Am 23. November trat er aus der Home Guard aus, angeblich aus gesundheitlichen Gründen, in Wirklichkeit wohl eher aus Enttäuschung darüber, was aus ihr geworden war, nämlich „Papis Armee". Am 24. November gab er seinen Posten als Talks Producer bei der Indian Section des BBC Eastern Service auf. Ihm sei bewußt geworden, daß er seine Zeit für eine Arbeit verschwendet habe, die keine wirklichen Ergebnisse brachte. Seine Unzufriedenheit mit der Propagandaarbeit spricht auch aus den letzten Passagen des Essays *Poetry and the Microphone*:

„Die britische Regierung begann den derzeitigen Krieg mit der mehr oder weniger offen erklärten Absicht, die Intelligenz außen vor zu lassen. Allerdings war nach drei Kriegsjahren beinahe jeder Schriftsteller, wie wenig erwünscht seine politische Vergangenheit oder seine Ansichten auch immer sein mochten, von diversen Ministerien oder der BBC aufgesogen worden, und sogar jene, die in die Armee eintraten, fanden sich meistens nach einer Weile in der Public Relation oder ähnlichen im wesentlichen literarischen Berufen wieder. Die Regierung hat diese Leute allerdings widerwillig und nur deshalb vereinnahmt, weil sie sich selbst als unfähig erwies, ohne sie zurechtzukommen. ... Niemand, der mit Regierungspamphleten, ... Dokumentarfilmen oder Rundfunksendungen in die besetzten Länder ... befaßt war, glaubt, daß unsere Regierenden solche Sachen unterstützen würden, wenn sie anders könnten." (CEJL 2/381).

Kapitel 6
„Tribune" und der Weg zu „Animal Farm" (1943-1945)

Der Schriftsteller ist kein Parteigänger und er freut sich nicht mit den Siegern. Er ist ein Mann, allein, oft in der traurigen Lage der Kassandra unter den Trojanern, er ahnt immer, wo die ewige Bastille steht und wie sie sich tarnt, und seine bloße, seine unzeitgemäße, seine ungesicherte, seine täglich erkämpfte vogelfreie Existenz zersetzt doch allmählich jede Mauer.

Wolfgang Koeppen

Als Orwell die Stellung bei der BBC aufgab, hatte er noch keine neue Beschäftigung in Aussicht. Überraschend wurde ihm jedoch die Stelle des Literaturredakteurs der *Tribune* angeboten — Orwell griff zu.

Tribune, ein erfolgreiches linkes Magazin, wurde 1937 von Sir Stafford Cripps, einem reichen und kurze Zeit radikal linken Labour-Führer gegründet, um seine Idee der Einheitsfront von Labour Party, Liberalen und Kommunisten zu popularisieren. Für eine kurze Phase um 1940 sah es so aus, als könne Cripps zum Führer einer sozialistischen Bewegung in so aus, als könne Cripps zum Führer einer sozialistischen Bewegung in Großbritannien werden, aber dann gelang es Churchill, ihn in die offizielle Politik einzubeziehen, indem er ihn zum britischen Botschafter in Moskau ernannte. Cripps wollte die *Tribune* einstellen, aber in letzter Minute wurde sie von dem immer quirligen und enthusiastischen Victor Gollancz übernommen. Auch diese Lösung hielt nur einige Zeit, denn unter dem Einfluß des Krieges verschob sich Gollancz' Enthusiasmus von linker Politik zum Christentum. In einer zweiten Rettungsaktion im letzten Augenblick wurde *Tribune* dann gemeinsam von dem bekannten Labour-Abgeordneten George Strauss und dem jüdischen Industriellen Israel Sieff übernommen, hauptsächlich mit dem Ziel, eine politische Plattform für ihren gemeinsamen Freund, den neuen Star der Labour Party, den ungestümen Aneurin Bevan zu schaffen, der direkt aus den walisischen Bergbaugebieten in die Politik gekommen war (vgl. Fyl 112f).

Der Labour-Linke Bevan machte aus der *Tribune* eine lebendige, vielgelesene Zeitung. Unter seiner Leitung war sie pro-sowjetisch, aber zugleich liberal und kritisch. Für die Nachkriegszeit schlug *Tribune* eine sozialistische Regierungsform vor, die eher dem von Orwell in *The Lion and the Unicorn* entworfenen Konzept entsprach als dem sowjetischen. Die *Tribune* war, als sowohl Labour- wie auch konservative Minister in Churchills Kriegskabinett saßen, die einzige Fleet Street-Zeitung, die es wagte, die Politik des Premierministers anzugreifen. Geschäftsführer war Jon Kimche, mit dem Orwell während seiner Zeit als Buchhändler in Booklover's Corner in Hampstead zusammengearbeitet hatte.

Noch Ende der dreißiger Jahre hätte Orwell nie für *Tribune* geschrieben, aber schon Ende 1940 stand er mit seinen Ansichten nicht mehr isoliert da. Wie kam er aber mit der pro-sowjetischen Linie Bevans aus, mit einer Position, die er ja nie teilte? Fyvel schildert die wöchentlichen Redaktionskonferenzen: „Laut Jon Kimche liefen sie beinahe wie ein Bühnenstück von Pinter ab: Die Teilnehmer sprachen nur in Monologen. Zum Beispiel hielt Nye Bevan einen leidenschaftlichen Vortrag über die Verstaatlichung der Kohleindustrie, das war dann sein Leitartikel für die Woche. Danach führte George (gekleidet wie ein typisch linker Intellektueller, der er aber nicht war) aus, wie deprimierend es sei, Hitler loszuwerden, wenn man weiterhin einer Welt ausgesetzt sei, die von Stalin, amerikanischen Millionären und einigen 'billigen' Diktatoren wie de Gaulle beherrscht werde — das war dann *sein* Thema für die wöchentliche 'As I Please'-Kolumne. Dennoch kam als Ergebnis dieser Art von mißglückten Dialogen eine spannende ... Zeitschrift in Kriegszeiten heraus." (Fyl 113)

Bevan ließ Orwell also freie Hand, so daß im Feuilletonteil gerade zu den Themen Rußland und Sozialismus Artikel erschienen, die kontrovers zu jenen auf den politischen Seiten der Zeitung standen. Das Resultat war nicht verkaufsfördernd, wie Michael Foot, der nach Bevan Herausgeber der *Tribune* wurde, später wissen ließ: „Wie viele Leser er vor den Kopf stieß, kann niemand genau sagen (die Vertriebsleiterin machte jede Woche ihre ungefähren Schätzungen)." (CEJL 3/462)

Mit der Arbeit bei *Tribune* war Orwell sehr zufrieden, die offene Atmosphäre dort kam ihm und seinen Eigenheiten sehr entgegen. 1947 schrieb er zu ihrem zehnjährigen Bestehen: „Die 'Tribune' ist nicht perfekt, wie ich es wissen sollte, nachdem ich sie von innen gesehen habe. Aber ich bin davon überzeugt, daß sie die einzige Wochenzeitung ist, die wirklich versucht, progressiv und human zugleich zu sein — das heißt, radikale sozialistische Politik mit dem Respekt vor der freien Meinungsäußerung zu verbinden und eine zivilisierte Haltung gegenüber der Literatur und den Künsten einzunehmen." (CEJL 4/323)

Orwells Artikel für *Tribune* sind unaufhörliche Monologe der Kritik und des Protestes. Seine Buchbesprechungen sind mehr als übliche Rezensionen, sie sind eingesponnen in ein Netz sozialer Bezüge. Literatur steht bei Orwell stets im Zusammenhang mit Lebenserfahrung. Sprache und Politik, Sprache und Moral wurden während seiner Zeit bei *Tribune* immer mehr zu einem Ganzen verschmolzen.

As I Please

Am 3. Dezember 1943 erschien zum ersten Mal *As I Please*, die Kolumne, die er bis zum 16. Februar 1945 jede Woche und danach bis April 1947 unregelmäßig schrieb. Die Kolumne, die im Mittelteil der Zeitung, an der Nahtstelle zwischen Politik und Feuilleton erschien, stellte für Orwell ein ideales Feld zur Verwirklichung seiner Fähigkeiten und Interessen dar. *As I Please*, das sehr viele begeisterte Anhänger fand und auch heute noch ausgesprochen lesenswert ist, gab dem literarischen Teil der *Tribune* sein Gepräge, wie Aneurin Bevans Artikel den politischen Teil prägten. George Woodcock berichtet, daß Orwell seine Texte oft direkt in die Maschine tippte.

Julian Symons gibt eine ausgezeichnete Beschreibung der Kolumne: „Er diskutierte Hunderte von Themen, von den beträchtlichen Summen, die er auf Bücher und Zigaretten verwandte, bis zu Klagen über den Niedergang des englischen Mordes seit der Zeit Crippens, von einem zufälligen Tod im Krieg bis zum Laichen der Kröten im Frühling. Einiges hiervon war ernsthaft durchdacht, anderes war Gelegenheitsjournalismus, aber alles wies eine persönliche Freiheit auf, die Dinge niederzuschreiben, die ihn interessierten, oft sogar mit einem zuvor nicht vermuteten Humor. Eine seiner sympathischsten Eigenschaften war eine kindliche Einfachheit, die in den grauen puritanischen Arbeiten, die er vor dem Krieg verfaßte, nur selten aufblitzt, jetzt aber voll zum Tragen kam. Die Liebe zum Fischen und zu Spaziergängen auf dem Lande, die er vorher ziemlich umständlich in seine Romane einzuarbeiten versucht hatte, kommt jetzt, da er in der ersten Person spricht, klar und einfühlsam zum Ausdruck. Der Puritanismus blieb ein wesentliches Element in seinen Schriften, aber in der 'Tribune' konnte er ohne besondere Verschämtheit sein Gefallen darüber ausdrücken, daß er einen Turmfalken über die Gaswerke von Deptford fliegen sieht oder eine Krähe in der Euston Road hört, und er konnte die Ansicht mißbilligen, daß dies Sentimentalität sei. Jenen, die sein Mißtrauen gegenüber der Technisierung angriffen, antwortete er: Indem man seine Kindheitsliebe zu Dingen wie Bäumen, Fischen, Schmetterlingen bewahrt, macht man eine friedliche und anständige Zukunft etwas wahrscheinlicher. Indem man jedoch den Grundsatz verkündet, daß nichts so zu bewundern sei wie Stahl und Beton, macht man es nur noch gewisser, daß die Menschen keinen anderen Ausweg für ihre überschüssigen Energien finden werden als Krieg und Führerkult." (Sym 329)

As I Please offenbart Orwells außergewöhnlich sensiblen und toleranten Geist. Die Kolumne ist stets im Stil der persönlichen Reportage abgefaßt, im Stil des Schriftstellers (nicht eines Journalisten), der zum Reporter wird und an den Ereignissen, die er beschreibt, lebhaften Anteil hat. Erstaunlich ist, daß Orwell diese Schreibweise über Jahre durchhielt, sie nicht nur, wie Hemingway oder heute Norman Mailer, punktuell einsetzte. Er lieferte einundsiebzig *As I Please*-Kolumnen und diskutierte in ihnen weit über zweihundert unterschiedliche Themen. Immer spiegelt sich in den Texten seine moralische Ernsthaftigkeit und sein hintergründiger Humor, aber auch der Pessimismus, der ihn während des Krieges befallen hatte und nicht mehr losließ.

Die redaktionelle Arbeit bei der Tribune lag ihm überhaupt nicht. Er war oft viel zu weich, was das Zurückweisen von Manuskripten anging, und steckte dauernd in dem Dilemma, zu entscheiden, was Priorität erhalten sollte: seine eigenen hohen Ansprüche an die englische Sprache oder der Wunsch, einem armen, unbekannten Schriftsteller zu helfen, für den das Honorar der Tribune den Unterschied zwischen Hunger und Sattsein bedeuten konnte (vgl. Fyl 114). Er selbst beurteilte seine Tätigkeit als Redakteur so:

„Es war interessant, aber es war keine Zeit, auf die ich mit Stolz zurückschaue. Tatsache ist, daß ich nicht gut in der Redaktionsarbeit bin. Ich hasse es, im voraus zu planen, und ich bin psychisch und sogar physisch unfähig, Briefe zu beantworten. Meine deutlichste Erinnerung an diese Zeit ist das Aufziehen und eilige wieder Schließen dieser und jener Schublade, wobei jede vollgestopft war mit Briefen und Manuskripten, die schon Wochen zuvor hätten beantwortet sein sollen. Ebenso neige ich in fataler Weise dazu, Manuskripte zu akzeptieren, von denen ich genau weiß, daß sie zu schlecht sind, um sie drucken zu lassen. Es ist fragwürdig, ob jemand, der lange Erfahrungen als freischreibender Journalist sammeln konnte, Redakteur werden sollte. Es ist fast so, als nähme man einen Sträfling aus seiner Zelle und machte ihn zum Gefängnisdirektor. Dennoch, es ist alles eine Erfahrungssache, wie man so sagt, und ich erinnere mich gerne an mein kleines vollgestopftes, auf den Hinterhof hinausgehendes Büro, und wie wir drei, die es sich teilten, uns in die Ecke kauerten, wenn die V-1 über uns dröhnten, und an das friedlich wieder beginnende Klick-Klick der Schreibmaschinen, sobald die Bombe explodiert war." (CEJL 4/321f)

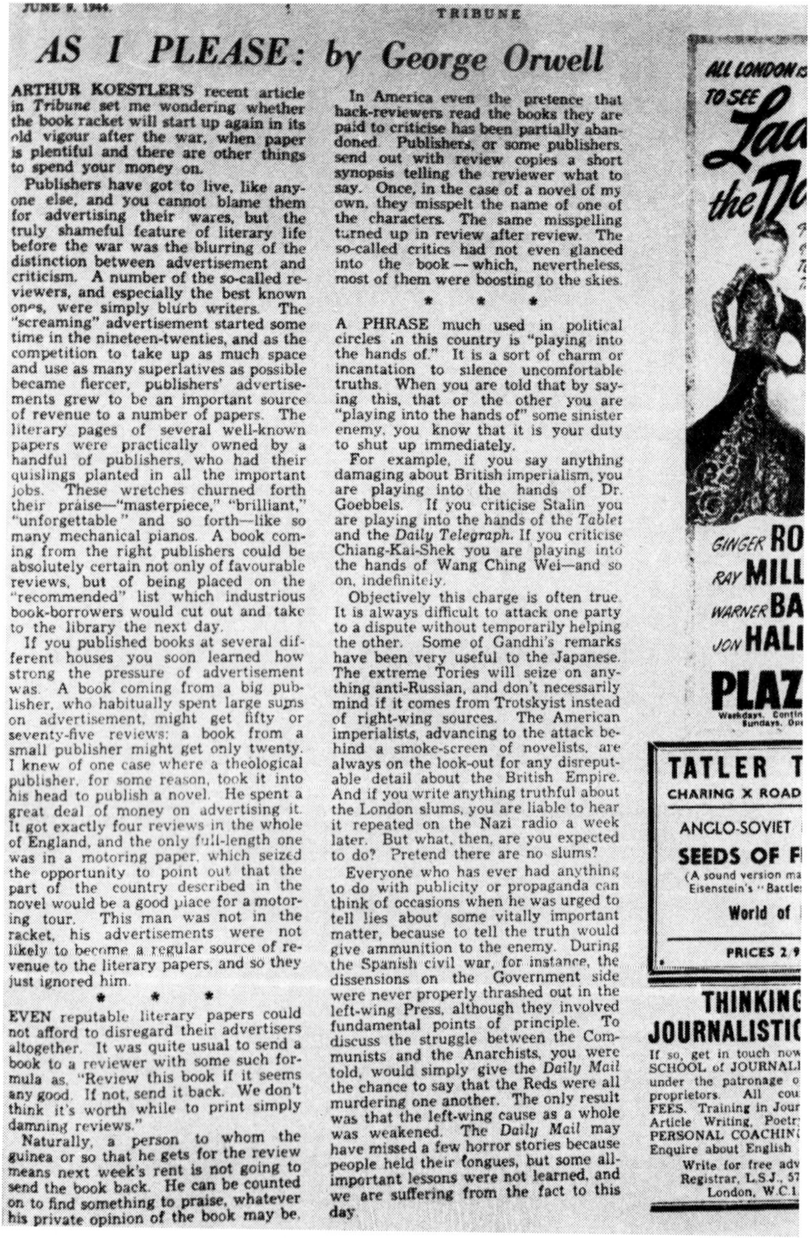

JUNE 9, 1944. TRIBUNE

AS I PLEASE: by George Orwell

ARTHUR KOESTLER'S recent article in *Tribune* set me wondering whether the book racket will start up again in its old vigour after the war, when paper is plentiful and there are other things to spend your money on.

Publishers have got to live, like anyone else, and you cannot blame them for advertising their wares, but the truly shameful feature of literary life before the war was the blurring of the distinction between advertisement and criticism. A number of the so-called reviewers, and especially the best known ones, were simply blurb writers. The "screaming" advertisement started some time in the nineteen-twenties, and as the competition to take up as much space and use as many superlatives as possible became fiercer, publishers' advertisements grew to be an important source of revenue to a number of papers. The literary pages of several well-known papers were practically owned by a handful of publishers, who had their quislings planted in all the important jobs. These wretches churned forth their praise—"masterpiece," "brilliant," "unforgettable" and so forth—like so many mechanical pianos. A book coming from the right publishers could be absolutely certain not only of favourable reviews, but of being placed on the "recommended" list which industrious book-borrowers would cut out and take to the library the next day.

If you published books at several different houses you soon learned how strong the pressure of advertisement was. A book coming from a big publisher, who habitually spent large sums on advertisement, might get fifty or seventy-five reviews: a book from a small publisher might get only twenty. I knew of one case where a theological publisher, for some reason, took it into his head to publish a novel. He spent a great deal of money on advertising it. It got exactly four reviews in the whole of England, and the only full-length one was in a motoring paper, which seized the opportunity to point out that the part of the country described in the novel would be a good place for a motoring tour. This man was not in the racket, his advertisements were not likely to become a regular source of revenue to the literary papers, and so they just ignored him.

* * *

EVEN reputable literary papers could not afford to disregard their advertisers altogether. It was quite usual to send a book to a reviewer with some such formula as, "Review this book if it seems any good. If not, send it back. We don't think it's worth while to print simply damning reviews."

Naturally, a person to whom the guinea or so that he gets for the review means next week's rent is not going to send the book back. He can be counted on to find something to praise, whatever his private opinion of the book may be.

In America even the pretence that hack-reviewers read the books they are paid to criticise has been partially abandoned. Publishers, or some publishers, send out with review copies a short synopsis telling the reviewer what to say. Once, in the case of a novel of my own, they misspelt the name of one of the characters. The same misspelling turned up in review after review. The so-called critics had not even glanced into the book—which, nevertheless, most of them were boosting to the skies.

* * *

A PHRASE much used in political circles in this country is "playing into the hands of." It is a sort of charm or incantation to silence uncomfortable truths. When you are told that by saying this, that or the other you are "playing into the hands of" some sinister enemy, you know that it is your duty to shut up immediately.

For example, if you say anything damaging about British imperialism, you are playing into the hands of Dr. Goebbels. If you criticise Stalin you are playing into the hands of the *Tablet* and the *Daily Telegraph*. If you criticise Chiang-Kai-Shek you are playing into the hands of Wang Ching Wei—and so on, indefinitely.

Objectively this charge is often true. It is always difficult to attack one party to a dispute without temporarily helping the other. Some of Gandhi's remarks have been very useful to the Japanese. The extreme Tories will seize on anything anti-Russian, and don't necessarily mind if it comes from Trotskyist instead of right-wing sources. The American imperialists, advancing to the attack behind a smoke-screen of novelists, are always on the look-out for any disreputable detail about the British Empire. And if you write anything truthful about the London slums, you are liable to hear it repeated on the Nazi radio a week later. But what, then, are you expected to do? Pretend there are no slums?

Everyone who has ever had anything to do with publicity or propaganda can think of occasions when he was urged to tell lies about some vitally important matter, because to tell the truth would give ammunition to the enemy. During the Spanish civil war, for instance, the dissensions on the Government side were never properly thrashed out in the left-wing Press, although they involved fundamental points of principle. To discuss the struggle between the Communists and the Anarchists, you were told, would simply give the *Daily Mail* the chance to say that the Reds were all murdering one another. The only result was that the left-wing cause as a whole was weakened. The *Daily Mail* may have missed a few horror stories because people held their tongues, but some all-important lessons were not learned, and we are suffering from the fact to this day.

George Orwells Kolumne „As I Please" in der „Tribune" vom 9.6.1944

Die unerledigten Manuskriptstapel fand dann Tosco Fyvel vor, als er 1945 Orwells Nachfolge als Feuilletonredakteur antrat.

Am 9. Dezember 1943 begann Orwell eine Reihe von Rezensionen für die *Manchester Evening News*, die jeden zweiten Donnerstag bis zum 21. November 1946 unter der Überschrift *Life ... People ... and Books* erschien. Im Dezember entwickelten sich auch die gelegentlichen Rezensionen für den *Observer* zu einer Serie, die vierzehntäglich bis zum 5. Mai 1946 publiziert wurde.

Im Februar 1944 schloß er *Animal Farm* ab, mit dessen Niederschrift er im November 1943 begonnen hatte. Sofort stürzte er sich in die Arbeit an *The English People* (Die Engländer), eine Auftragsarbeit für den Verlag Collins; aber obwohl Orwell damit im Laufe des Mai fertig wurde, erschien das Buch erst im August 1947. *The English People* ist ein Essay, der im wesentlichen eine Überarbeitung und Ausweitung des ersten Teils von *The Lion and the Unicorn*, „England, Your England", darstellt und hier unberücksichtigt bleiben kann.

Anfang Juni 1944 gab Eileen ihre Stelle im Ernährungsministerium auf, um mit George ein Baby, das am 14. Mai geboren worden war, adoptieren zu können. Sie gaben dem kleinen Jungen den Namen Richard Horatio Blair. George, der keine Kinder zeugen konnte, hatte schon früher ein Baby adoptieren wollen, doch Eileen war stets dagegen gewesen, einmal weil es ihr schon seit längerem gesundheitlich nicht gut ging — eine Tatsache, die George in ihrer Tragweite offenbar nie richtig einschätzte —, zum anderen, weil sie nicht sicher war, wie sich ihre Gefühle gegenüber dem Kind entwickeln würden.

George war jedenfalls begeistert, als Richard ins Haus kam, und Eileen wurde von seiner Begeisterung angesteckt. Im Juni war London verstärkt mit V-1- und V-2-Flugbomben beschossen worden, am 28. wurde die Wohnung der Blairs in Mortimer Crescent getroffen. Glücklicherweise konnten sie ihre Einrichtung und auch Georges Papiere retten. Eileen, die bei Bombenangriffen sonst die Ruhe selbst gewesen war, wurde nach diesem Vorfall immer nervöser und unruhiger.

Die Blairs zogen zunächst in die leerstehende Wohnung der befreundeten Schriftstellerin Inez Holden ein, bis sie im Oktober wieder eine eigene Wohnung in 27b Canonbury Square, Islington, fanden. Die Wohnung lag im obersten Geschoß eines dreistöckigen Hauses, und Eileen war mittlerweile so schwach, daß sie es kaum noch schaffte, den kleinen Richard die Treppen hochzutragen. Sie begab sich in ärztliche Behandlung, ohne daß ihr Zustand sich grundlegend besserte.

In jenem Winter in Canonbury Square führten die Blairs ein glückliches Familienleben, George widmete sich seinem Hobby, dem Tischlern, wobei er jedoch nie eine besondere Meisterschaft erreichte. Freunde berichteten, daß beide, Eileen und George, müde und krank aussahen. Sie hatten oft Besuch, George liebte es, den Gastgeber zu spielen. Ein häufiger Gast war der Dichter Paul Potts, der die Stimmung im Hause beschreibt:

„Nichts war schöner anzusehen als sein Wohnzimmer in Canonbury Square früh an einem Winterabend zur Teezeit. Ein riesiges Feuer, ein Tisch überladen mit herrlichen Dingen, Gentlemen's Relish und diversen Marmeladen, Bücklingen, Teekuchen und Toast. Und stets Gentlemen's Relish in dem einzigartigen flachen Becher mit der lateinischen Aufschrift auf dem Etikett. Daneben stand gewöhnlich Coopers Oxford-Marmeladentopf. Er dachte an Tee wie an einen guten Wein und hatte dieselbe Art zu babbeln und zu kreischen wie die Franzosen angesichts eines Camembert. Ich könnte schwören, daß er Tee und Roastbeef größeren Wert beimaß als dem Nobelpreis. Dann die Unterhaltung und die Gesellschaft, seine erste Frau, einige Familienangehörige von ihr, irgendein radikaler Flüchtling oder ein englischer Schriftsteller. Ihn umgab etwas Unschuldiges und schrecklich Einfaches. Er war kein guter Menschenkenner, jedoch ein Kenner von Roastbeef. Er genoß es, Gastgeber zu sein, wie es nur ein zivilisierter Mann genießen kann, der einmal sehr arm war. Er hatte nichts Bohemienhaftes an sich. ... Er tolerierte bei anderen Fehler, die er selbst nicht hatte." (Pot 72f)

George und Eileen planten, sobald der Krieg zu Ende war, London zu verlassen und aufs Land zu ziehen. Orwell kümmerte sich schon darum und wurde von Bekannten mit Margaret Fletcher bekannt gemacht, die auf der Insel Jura ein altes Farmhaus, „Barnhill", zu vermieten hatte. Daß die Idee, auf die Hebriden zu ziehen, schon sehr früh vorhanden war, belegt ein Eintrag in seinem „Kriegstagebuch" vom 20. Juni 1940: „Ich denke immer an meine Insel in den Hebriden, obwohl ich weiß, daß ich sie wohl nie besitzen oder sehen werde. Comptom Mackenzie sagt, daß sogar heute noch die meisten Inseln nicht bewohnt sind (es gibt 500, nur zehn Prozent davon sind zu normalen Zeiten bewohnt), und die meisten haben Wasser und etwas kultivierbares Land, auf dem Ziegen leben können. Nach R.H. (Rayner Heppenstall) mietete eine Frau eine Insel in den Hebriden, um den Luftangriffen aus dem Weg zu gehen, und genau sie war das erste Bombenopfer des Krieges, die RAF ließ versehentlich eine Bombe fallen. Gut, falls es wahr ist." (CEJL 2/400)

Im Herbst begann Orwell eine Anthologie unter dem Titel *Critical Essays*, deren Manuskript er am 22. Januar 1945 an seinen Agenten Leonard Moore schickte und die 1946 erschien. Sie enthielt die Aufsätze über Dickens und die Wochenhefte für Jungen aus *Inside the Whale*, das mittlerweile vergriffen war, darüber hinaus seine besten *Horizon*-Essays über

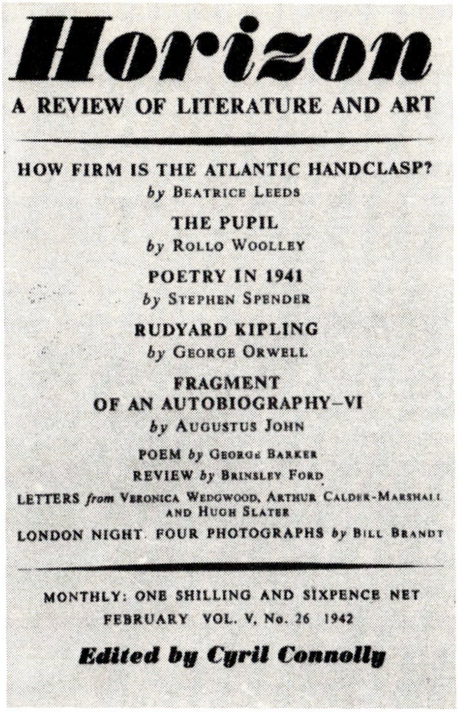
Horizon
A REVIEW OF LITERATURE AND ART

HOW FIRM IS THE ATLANTIC HANDCLASP?
by BEATRICE LEEDS

THE PUPIL
by ROLLO WOOLLEY

POETRY IN 1941
by STEPHEN SPENDER

RUDYARD KIPLING
by GEORGE ORWELL

FRAGMENT
OF AN AUTOBIOGRAPHY–VI
by AUGUSTUS JOHN

POEM *by* GEORGE BARKER
REVIEW *by* BRINSLEY FORD
LETTERS *from* VERONICA WEDGWOOD, ARTHUR CALDER-MARSHALL AND HUGH SLATER
LONDON NIGHT FOUR PHOTOGRAPHS *by* BILL BRANDT

MONTHLY: ONE SHILLING AND SIXPENCE NET
FEBRUARY VOL. V, No. 26 1942

Edited by Cyril Connolly

komische Postkarten, Wells, Kipling, Dali, Koestler, Gewalt im Kriminalroman und den Schriftsteller P.G.Wodehouse. Während des Jahres 1944 war Orwell überaus produktiv. Er schrieb mehr als einhundert längere Artikel, Essays und Rezensionen für die *Manchester Evening News, Tribune* und den *Observer*, Beiträge für kleinere Blätter nicht mitgezählt.

Am 15.März 1945 zog es ihn weg aus dem ruhigen London ins Zentrum der Ereignisse der letzten Phase des Krieges. In der Offiziersuniform eines Kriegskorrespondenten fuhr er zunächst nach Paris, wo er sich im Hotel Scribe einquartierte. Er wollte um jeden Preis so schnell wie möglich nach der Kapitulation Deutschland besuchen, um einen totalitären Staat von innen zu erleben, bevor er endgültig verschwand. Was er vorfand, entsprach nicht seinen Erwartungen. Die Strukturen des Nationalsozialismus hatten sich gleichsam über Nacht aufgelöst, so als seien sie nie vorhanden gewesen.

In Paris staunte Orwell, wie bekannt die *Tribune* war. Obwohl es sie in der ganzen Stadt nicht zu kaufen gab und nur zehn Exemplare in der britischen Botschaft auslagen, schienen alle französischen Journalisten die *Tribune* zu kennen und wußten, daß sie als einzige Zeitung in England weder die Regierung unkritisch unterstützt noch den russischen Mythos vertreten hatte. Der Grund lag darin, daß es vor der Befreiung und auch Anfang 1945 eine Zeitung mit dem Namen *Libertés* gab, die in gewissem Sinne als Gegenstück zur *Tribune* gelten konnte und heimlich auf denselben Maschinen produziert worden war wie die *Pariser Zeitung*, das Blatt der deutschen Besatzer.

„Ein oder zwei Tage nach meiner Ankunft in Paris nahm man mich mit zu einem halb öffentlichen Treffen von Anhängern der 'Libertés'. ... Ein großer Arbeiter in schwarzen Kordhosen kam auf mich zu und rief: 'Ah, Sie sind George Orwell', dabei drückte er meine Hand fast zu Brei. Er hatte von mir gehört, weil 'Libertés' es sich zur Regel gemacht hatte, Auszüge aus der 'Tribune' zu übersetzen. Ich glaube, daß einer der Herausgeber regelmäßig einmal pro Woche in die englische Botschaft ging, um sich eine Ausgabe zeigen zu lassen. Es berührte mich irgendwie, daß man, ohne es zu wissen, eine Öffentlichkeit bei diesen Leuten erreichen konnte, wohingegen ich unter dem riesigen Volk amerikanischer Journalisten im Hotel Scribe mit ihren glitzernden Uniformen und ihrem gewaltigen Einkommen nicht einen getroffen habe, der je von der 'Tribune' gehört hatte." (CEJL 4/322)

Orwell konnte die amerikanischen Kriegskorrespondenten bis auf einen, Ernest Hemingway, nicht leiden. Paul Potts erinnert sich an Orwells Erzählung, wie er mit Hemingway zusammentraf: „Er hatte ihn nie zuvor gesehen. Er ging zu seinem Zimmer hinauf und klopfte. 'Ich bin Eric Blair', sagte er in der Tür. Hemingway, auf der anderen Seite des Bettes, auf dem zwei Koffer lagen, war gerade beim Packen, und was er sah, war ein weiterer Kriegsberichterstatter, noch dazu ein britischer, und so bellte er: 'Was zum Teufel willst du?' Orwell erwiderte schüchtern: 'Ich bin George Orwell'. Hemingway schob die Koffer ans Bettende, bückte sich, holte eine Flasche Scotch hervor und rief, noch immer bellend: 'Warum zum Teufel hast du das nicht gleich gesagt? Trink einen. Nimm einen Doppelten. Pur oder mit Wasser, es gibt kein Soda.'" (Pot 82)

In der letzten Märzwoche fuhr Orwell nach Köln, wo er krank wurde. Hier erreichte ihn durch ein Telegramm des *Observer*, für den er offiziell als Korrespondent arbeitete, die Nachricht von einem Schicksalsschlag, den er nie richtig verwand. Am 29. März starb Eileen. Sie hatte sich seit Anfang März im Hause ihrer Schwägerin Gwen O'Shaughnessy in Stockton-on-Tees, County Durham, aufgehalten. Gwens Kinder lebten dort unter der Aufsicht einer Erzieherin, die sich auch um Richard kümmerte, so daß Eileen sich ausruhen und Kräfte für eine bevorstehende Operation sammeln konnte. Am 29. starb sie im Alter von neununddreißig Jahren an Herzversagen, als die Narkose gegeben wurde. George verließ sofort das

Eileen O'Shaughnessy, 1941

Kölner Krankenhaus und traf am 30. März in Stockton ein. Dort fand er einen unvollendeten Brief Eileens:

„Fernwood House
Clayton Road
Newcastle-on-Tyne, 29.3.45

Liebster, ich stehe kurz vor der Operation, habe schon einen Einlauf bekommen, ebenso eine Spritze (mit Morphium in den *rechten* Arm, was lästig ist), bin gewaschen und eingepackt in Baumwolle und Bandagen wie ein kostbares Gemälde. Wenn alles vorüber ist, füge ich hier noch eine Notiz hinzu, und dann kann er schnell abgeschickt werden. Wie meine Leidensgenossen sagen, wird es eine *kurze* Notiz. Sie haben ihre Operationen schon hinter sich — ärgerlich, ich werde wohl nie die Gelegenheit haben, mich überlegen zu fühlen. Ich habe Harvey Evers (den Chirurgen; L.B.) seit seiner Ankunft nicht gesehen, offensichtlich hat Gwen nicht mit ihm gesprochen, und keiner weiß, was für eine Operation ich haben werde. Sie glauben nicht, daß Harvey Evers es wirklich mir überlassen wird, zu entscheiden, denn er tut immer, ‘was er für das Beste hält’. Er wird es natürlich tun. Aber ich muß sagen, daß ich mich irritiert fühle, da man mich als ‘Modell’-Patienten ansieht. Sie meinen, ich sei wunderbar, so gelassen und glücklich, wie sie sagen. Ich bin es in der Tat, da ich mich jemandem überlassen kann, der sich auskennt. Dies ist ein hübsches Zimmer — ziemlich niedrig, so daß ich den Garten sehen kann. Nicht viel drin außer Narzissen und einigen Krokussen, aber ein schöner kleiner Rasen. Mein Bett steht zwar nicht am Fenster, aber es weist in die Richtung. Ich sehe auch das Feuer, die Uhr" (OA).

Eileen konnte nicht einmal mehr die kurze Notiz schreiben.

Bekannten teilte Orwell mit stoischer, fast unheimlich wirkender Ruhe, ja Kälte Eileens Tod mit, aber seine Freunde Geoffrey Gorer und Paul Potts wußten besser, was wirklich in ihm vorging, ihnen gegenüber ließ er seinen Tränen freien Lauf. In der Woche nach Eileens Tod hörte Potts ihn mehrfach andere Frauen mit dem Namen Eileen ansprechen. Über die Ehe der Blairs schreibt Potts: „Es war wirklich eine Ehe, nicht vollkommen, aber nichts außer dem Tod, der so plötzlich und zu früh kam, hätte sie auflösen können." (Pot 75)

Am 1. April schrieb George Orwell in Stockton auf Eileens Schreibmaschine einen Brief an ihre Freundin Elisaveta Fen: „Ich weiß nicht, ob Du von jemand anders die schlechten Neuigkeiten gehört hast. Eileen ist tot. Wie Du weißt, war sie schon seit einiger Zeit krank, und es wurde schließlich festgestellt, daß sie ein Geschwür hatte, das entfernt werden sollte. Man nahm nicht an, daß die Operation schwer werden würde, aber sie scheint gestorben zu sein, sobald die Narkose eingesetzt hat, offensichtlich in Folge der Narkose … Es war ein schrecklicher Schock und eine grausame Sache, weil sie sich so zu Richard hingezogen fühlte und sich so darauf gefreut hatte, wieder ein normales Leben auf dem Lande zu führen, sobald der Krieg vorüber sei. Der einzige Trost ist, daß ich glaube, sie mußte nicht leiden, weil sie sich der Operation unterzog und offensichtlich nicht erwartete, daß irgend etwas schief gehen würde; sie hat das Bewußtsein nicht mehr wiedererlangt." (zit. nach Cr 475)

Eileen hatte ihm nicht gesagt, daß sie wahrscheinlich an Gebärmutterkrebs litt, um ihn nicht zu beunruhigen, bevor er nach Deutschland ging, und um nicht die Adoption Richards zu gefährden. Die Umstände ihres Todes beleuchten schlagartig die Beziehung zwischen George und Eileen, sie opferte sich während der ganzen Zeit ihres Zusammenseins für ihn auf. Ein Brief von Eileen an ihren Mann vom 23. März 1945 spricht für sich:

„Gut, daß, wenn Du zurückkommst, ich endlich wieder genesen sein werde und Du nicht den Krankenhausalptraum haben wirst, den Du so sehr verabscheust. Du müßtest mich sonst mehr oder weniger besuchen, und jemanden auf Station zu besuchen ist ein Alptraum, sogar für mich mit meiner Schwäche für Krankenhäuser — und besonders, wenn er schwer krank ist, wie ich es sicherlich zu Anfang sein werde. Ich wünschte nur, ich könnte Deine Zustimmung haben, aber das ist wohl hysterisch. Natürlich kann ich nicht einfach so weitermachen mit einem Tumor oder mit mehreren schnell wachsenden Tumoren. Ich habe das unbestimmte Gefühl, daß man diese Sache irgendwo anders hätte billiger machen lassen können, aber wenn Du Dich an Miss Kennys Gebühren für ein Ätzmittel erinnerst, so würde sie hierfür mindestens fünfzig Guineas verlangen. Gwens Mann hätte die Sache der alten Zeiten wegen billiger ausgeführt, aber er ist so schlecht und hätte mich sicherlich schon Wochen vorher im Krankenhaus haben wollen — und ich bin sicher, daß ich auch danach noch für Wochen dagewesen wäre. Harvey Evers hat einen guten Ruf, George Mason hält viel von ihm und sagt, Eric würde dasselbe tun, und ich bin sicher, daß er mit mir so schnell fertig werden wird wie nur irgend jemand sonst in England und den Job gründlich machen wird — vielleicht wird es auf diese Weise sogar billiger. Ich hätte lieber vorher mit Dir darüber gesprochen, bevor Du weggefahren bist. Ich wußte, daß ich eine Wucherung hatte. Aber ich wollte, daß Du in Frieden gehen konntest, und ich wollte Harvey Evers nicht aufsuchen, bevor die Adoption klar war, für den Fall, daß es sich um Krebs handelte. Ich dachte, der Richter würde möglicherweise einige Erkundigungen über unsere Gesundheit einholen, da wir für eine Elternschaft alt sind, und es wäre auch eine seltsame Sache, sich selbst als ideales Elternteil darzustellen, wenn man vierzehn Tage zuvor erfahren hat, daß man nicht länger als sechs Monate oder dergleichen zu leben hätte." (OA)

Am 8. April, nachdem er Richard versorgt hatte, kehrte Orwell nach Paris zurück und fuhr von dort nach Nürnberg und Stuttgart. Mitte Mai hielt er sich in Österreich auf. Er schrieb Artikel für die *Manchester Evening News* und den *Observer.* Sie spiegeln, anders als etwa die Kolumne *As I Please*, nur wenig von seiner Persönlichkeit wider, sie sind nicht typisch Orwell. Während des Aufenthaltes auf dem Festland schrieb er kaum Briefe, er mußte den Schicksalsschlag verwinden, und dazu waren die Wochen im Ausland sicherlich am besten geeignet. Er kehrte gerade rechtzeitig nach England zurück, um im Juni und Juli 1945 für den *Observer* über die Parlamentswahlen berichten zu können.

Im August übernahm er die Funktion des 2. Vorsitzenden des Freedom Defence Committee, das im Frühjahr 1945 gegründet worden war, um Fälle von Verstößen gegen die bürgerlichen Freiheitsrechte zu untersuchen. Vorsitzender war Herbert Read, unterstützt wurde die Arbeit des Komitees von E. M. Forster, Bertrand Russell, Cyril Connolly, Benjamin Britten, Michael Tippett, Henry Moore, Osbert Sitwell und George Woodcock. Orwell unterstützte das Freedom Defence Committee bis zu dessen Auflösung Anfang 1949.

Am 17. August erschien endlich, nachdem es von mehreren Verlegern abgelehnt worden war, *Animal Farm* im Verlag Secker & Warburg. Vom 10. bis 22. September besuchte er zum ersten Mal die Hebriden-Insel Jura, wo er die letzten Jahre seines Lebens verbringen sollte. Nach London zurückgekehrt, zog er sich, sicherlich auch wegen Richard, vom journalistischen Tagesgeschehen zurück. Seine Freunde hatten erwartet, daß er Richard nach dem Tod Eileens wieder abgeben werde, aber das Gegenteil trat ein, er klammerte sich geradezu an seinen Sohn. Bei Mary Fyvel, die mit kleinen Kindern arbeitete, holte er sich Rat, wie er mit Richard umzugehen habe. Als sie ihn lobte, meinte er lächelnd: „Ja, weißt du, ich bin immer gut mit Tieren ausgekommen." (Fyv 148) Im Sommer engagierte er als Haushälterin Susan Watson, eine junge Frau, die selbst ein kleines Kind hatte.

Weihnachten 1945 verbrachten George und Richard mit Arthur und Mamaine Koestler auf deren Farm in Nordwales. Von London aus fuhr er zusammen mit Mamaines Zwillingsschwester Celia mit dem Zug nach Wales. Sie erzählte Tosco Fyvel später, wie Orwell beim ersten Treffen auf sie wirkte: „Eine große, hagere Gestalt stand eingemummt in einen extra langen, schäbigen Militärmantel wartend in der winterlichen Düsternis von Euston Station mit Richard unter dem Arm und einem abgestoßenen alten Koffer in der anderen Hand. Seine Haltung ... drückte beides aus, seine Einsamkeit und die Liebe für seinen Adoptivsohn." (Fyv 146)

Die Anthologie, die Orwell aus seinen Essays zusammengestellt hatte, erschien am 14. Februar bei Secker & Warburg und am 29. April unter dem

Titel *Dickens, Dali and Others* in New York. Ab Mitte April gab er für sechs Monate jede journalistische Arbeit auf und gönnte sich bis zum Juli eine absolute Schreibpause.

Während der Jahre 1945 bis 1947, als sich Orwell ein wenig aus dem Alltagsjournalismus zurückzog, behielt er gleichwohl Kontakt zur linken literarischen Szene. Er besuchte des öfteren Tosco Fyvel und ging häufig mit anderen Schriftstellern essen, mit Anthony Powell, Malcolm Muggeridge und Julian Symons. Muggeridge hat in seinen amüsant zu lesenden Erinnerungen beschrieben, wie extrem lustig Orwell wirken konnte, wenn er in seine Art verfiel, seine Vorurteile mit Überzeugung kundzutun: „Er kam zum Beispiel mit der Behauptung: 'Alle Tabakwarenhändler sind Faschisten!', als wäre dies etwas so Offensichtliches, daß niemand seine Aussage auch nur hinterfragen könnte. Man war augenblicklich mitgerissen. Ja, da war etwas dran, jene kleinen Männer in ihrem Kiosk, die den ganzen Tag über Glimmstengel und Tabak aushändigen — wären sie nicht einem Hitler oder Mussolini gefolgt, wenn einer aufgetaucht wäre? Dann wurde einem die schiere Verrücktheit dieser Behauptung bewußt, und man begann unwillkürlich zu lachen, bis — so stark war seine Überzeugungskraft — man während des Lachens dachte: Immerhin, diese Tabakhändler sind schon reichlich komische Vögel." (Fyv 145)

Am 3. Mai 1946 starb Orwells Schwester Marjorie an Nierenversagen. Im Anschluß an ihr Begräbnis besuchte er seinen alten Freund aus dem Spanischen Bürgerkrieg, Georges Kopp, der mit seiner Frau in Biggar in der Nähe von Edinburgh lebte. Am 23. Mai reiste er wiederum nach Jura und wohnte diesmal im Haus Barnhill, das er gemietet hatte. Am 31. Mai kam Avril, um ihm zu helfen, und früh im Juli fuhr er nach London, um Richard und Susan Watson zu holen, die jedoch nicht lange blieb, weil sie mit Avril nicht zurechtkam. Von nun an führte ihm die Schwester den Haushalt und kümmerte sich um Richard. Am 26. August erschien *Animal Farm* in den USA — in einer Ausgabe des American Book of the Month Club, die sich mehr als eine halbe Million Mal verkaufte — seine finanziellen Sorgen waren damit endgültig beseitigt. Mit Richard und Avril kehrte er am 13. Oktober nach London zurück. Er beendete seine Arbeit für die *Manchester Evening News* und den *Observer*, lieferte aber bis zum 4. April 1947 noch Beiträge für die *Tribune*. Am 29. Dezember fuhr er erneut nach Barnhill, um Obstbäume und Rosen zu pflanzen, war aber schon am 8. Januar des neuen Jahres in London zurück. Der endgültige Umzug nach Jura erfolgte am 11. April 1947. Orwell schrieb dort *Neunzehnhundertvierundachtzig* zu Ende, das er im August begonnen hatte, abgeschieden von der Welt, die ihn so sehr bedrückte.

„Farm der Tiere”

Nach vier Jahren journalistischer und essayistischer Tätigkeit war *Animal Farm* Orwells erster Versuch seit *Auftauchen um Luft zu holen*, wieder einen fiktionalen Text zu verfassen. *Animal Farm* — ein kurzes Buch mit im Original weniger als einhundert Seiten — wurde in der Zeit vom November 1943 bis Februar 1944 geschrieben. Den Gedanken zu einer Fabel hatte Orwell schon 1937:

„Bei meiner Rückkehr aus Spanien dachte ich daran, den sowjetischen Mythos in einer Geschichte zu entlarven, die von beinahe jedermann leicht verstanden und leicht in andere Sprachen übersetzt werden könnte. Die eigentlichen Details der Geschichte jedoch wollten mir ziemlich lange nicht in den Sinn kommen, bis ich eines Tages (damals lebte ich in einem kleinen Dorf) einen Jungen sah, vielleicht zehn Jahre alt, der ein riesiges Zugpferd einen schmalen Pfad entlang lenkte und es, jedesmal wenn es sich abzuwenden versuchte, peitschte. Es kam mir zum Bewußtsein, daß, wenn solche Tiere sich ihrer Kraft nur bewußt würden, wir keine Macht über sie hätten und daß die Menschen die Tiere in ziemlich derselben Weise ausbeuten wie die Reichen das Proletariat.” (Vor 13f)

Obwohl er die Idee schon lange mit sich herumtrug und das Manuskript in vier Monaten herunterschrieb, gab er gegenüber Laurence Brander zu, daß es sein einziges Werk gewesen sei, über das er wirklich „ins Schwitzen” geriet (Bra 170).

Als Orwell das Buch 1944, wie vertraglich festgelegt, Victor Gollancz anbot, war Rußland noch britischer Alliierter und die westlichen Politiker hielten Arrangements mit der Sowjetunion für die Zeit nach dem Sieg für denkbar. *Animal Farm* stand mit seiner Kritik am Stalinismus quer zu dieser politischen Konstellation. Gollancz lehnte ab und ging anschließend in London herum, um überall zu erzählen, das Buch solle am besten nicht veröffentlicht werden, da es die anglo-sowjetischen Beziehungen gefährden könne (vgl. Fyv 130). Nach Gollancz lehnten auch die Verlagshäuser Faber und Cape das Manuskript ab, Faber, weil es „trotzkistisch” sei. Cape, der sich zunächst sehr interessiert zeigte, fragte beim Ministry of Information an, ob es opportun sei, *Animal Farm* herauszubringen, und verzichtete nach Erhalt der Antwort. Dieser Vorgang inspirierte Orwell zu einer besonders bissigen Attacke in seinem *As I Please* vom 7. Juli 1945:

„Heutzutage dehnt sich diese Art von verdeckter Zensur sogar schon auf Bücher aus. Das M.O.I. (Ministry of Information) gibt natürlich keine Parteilinie vor oder einen *index expurgatoris* heraus. Es 'berät' lediglich. Verleger reichen ihre Manuskripte ein, und das M.O.I. deutet an, daß dieses oder jenes nicht wünschenswert oder voreilig sei oder es 'keinem guten Zweck dienen' würde. Und obwohl es keine festgelegten Verbote gibt, keine klare Aussage, daß dieses oder jenes nicht gedruckt werden darf, wird die offizielle Politik nie mißachtet. Zirkushunde springen, wenn der Dompteur mit der Peitsche knallt, aber der wirklich gute Hund ist der, der seinen Salto auch ohne Peitsche schlägt. Und das ist der Zustand, den wir in diesem Land dank dreihundert Jahren des Zusammenlebens ohne Bürgerkrieg erreicht haben." (CEJL 3/212)

Mitte Juli 1944 war Orwell soweit, daß er überlegte, das Buch im Selbstverlag herauszubringen. In einem Brief vom 18. Juli teilte er seinem Agenten Leonard Moore mit: „Warburg hat wieder gesagt, daß er es sehen möchte & es veröffentlichen würde, falls er das nötige Papier bekommen kann, aber das ist ein großes 'falls'. Falls es nicht klappt, werde ich es keinem weiteren Verleger anbieten, das kostet nur Zeit & führt wahrscheinlich zu nichts, sondern werde es selbst als eine Zwei-Schilling-Broschüre veröffentlichen. Ich habe das schon zur Hälfte arrangiert & verfüge über die notwendige finanzielle Unterstützung." Im August fiel dann jedoch die Entscheidung, als Secker & Warburg das Manuskript zur Veröffentlichung annahmen. Aufgrund verschiedener Faktoren — Rechtsunsicherheit, weil Orwell vertraglich noch an Gollancz gebunden war, und Papierknappheit — erschien das Buch erst am 17. August 1945.

Die politische Stimmung hatte sich mittlerweile stark verändert. Nach der Kapitulation Deutschlands wich die pro-sowjetische Stimmung in Großbritannien angesichts der Machtpolitik der UdSSR im Osten schnell einer ablehnenden Haltung, und plötzlich traf *Animal Farm* den Nerv der Zeit. Aus Zufall fiel seine Veröffentlichung mitten in den Beginn eines politischen Trendwechsels, und es war das erste Buch, das diesem neuen Trend entsprach. Die erste Auflage von 4.500 Exemplaren war in wenigen Tagen ausverkauft. *Animal Farm* machte Orwell in der ganzen Welt bekannt und wurde in zahlreiche Sprachen übersetzt. Heute sind weit mehr als zehn Millionen Exemplare verkauft. Es war das erste Buch, das Orwell wirklich Geld brachte.

Die Handlung der Fabel beginnt damit, daß Old Major, ein alter Keiler, kurz vor seinem Tode alle Tiere der „Herren-Farm", die dem jähzornigen

Trinker Jones gehört, in der Scheune versammelt, um ihnen die Ergebnisse seines lebenslangen Nachdenkens über das Verhältnis von Tier und Mensch mitzuteilen.

„Ist es also nicht glaskar, Genossen, daß alle Übel dieses unseres Lebens der Tyrannei der Menschen entspringen? Werdet nur erst den Menschen los, und die Produkte unserer Arbeit gehören uns. ... Das ist meine Botschaft an euch, Genossen: Rebellion! ... Und vor allem, gebt diese meine Botschaft jenen weiter, die nach euch kommen, damit zukünftige Generationen den Kampf bis zum siegreichen Ende weiterführen.

Und vergeßt nicht, Genossen, nie darf eure Entschlußkraft ins Wanken geraten. Kein Argument darf euch irreleiten. Hört nie auf jene, die euch erzählen, der Mensch und die Tiere hätten ein gemeinsames Interesse, der Wohlstand des einen bedinge den Wohlstand der anderen. Lauter Lügen. Der Mensch dient einzig und allein seinem eigenen Interesse. Und unter uns Tieren soll vollkommene Eintracht, vollkommene Genossenschaft im Kampf herrschen. ... Alles was auf zwei Beinen einhergeht, ist ein Feind. Alles was auf vier Beinen einhergeht oder Flügel hat, ist ein Freund. Und denkt auch daran, daß wir in unserem Kampf gegen den Menschen ihm nie gleich werden dürfen. Auch wenn ihr ihn besiegt habt, verfallt nicht in seine Laster. Kein Tier darf je in einem Haus wohnen, oder in einem Bett schlafen, oder Kleider tragen, oder Alkohol trinken, oder Tabak rauchen, oder Geld anrühren, oder Geschäfte machen. ... Und vor allem darf ein Tier nie seinesgleichen unterdrücken. Schwach oder stark, schlau oder schlicht, wir alle sind Brüder. Kein Tier darf je ein anderes töten. Alle Tiere sind gleich." (12f)

Wenn es den Tieren eines Tages gelingen sollte, ihren Ausbeuter, den Menschen, zu stürzen, wird, so Old Major, eine goldene Zukunft auf sie warten.

„Tiere Englands, Tiere Irlands,
Tiere, ihr, von fern und weit,
Höret meine frohe Botschaft
Von der gold'nen Zukunftszeit.

Seid gewiß, der Tag wird kommen,
Wo der Tyrann Mensch muß geh'n,
Und auf Englands satten Fluren
Werden nur noch Tiere steh'n.

Leuchten werden Englands Felder,
Lauterer sein Wasser rinnt,
Lieblicher die Lüfte wehen,
Wenn der Freiheit Tag beginnt."

Drei Tage später stirbt Old Major, aber mit der Hymne „Tiere Englands" hat er den Gedanken an die Rebellion fest in den Tieren der Farm verankert. Der Umsturz kommt dann schneller als erwartet. Jones wird samt seiner Frau und den Knechten vertrieben, die Instrumente der Unterdrükkung: Peitschen, Kastrationsmesser, Zügel und Halfter, werden von den Tieren vernichtet. Es scheint, als sei Old Majors Vision Wirklichkeit geworden. „Ja, es gehörte ihnen — alles was sie erblicken konnten, gehörte ihnen! In ihrem Begeisterungstaumel tollten sie umher und vollführten wahre Luftsprünge vor Aufregung. Sie kullerten sich im Tau, sie rissen das leckere Sommergras büschelweise aus, sie scharrten Klumpen schwarzer Erde auf und schnupperten ihren würzigen Geruch. Dann unternahmen sie einen Inspektionsgang über die ganze Farm und musterten mit sprachloser Bewunderung das Ackerland, die Wiese, den Obstgarten, den Teich, das Buschwerk. Es war, als hätten sie all diese Dinge nie zuvor gesehen, und selbst jetzt konnten sie es kaum glauben, daß das alles ihnen gehörte." (22f)

Nach dem Tode Old Majors war die Führung der Tiere auf die anderen Schweine übergegangen, wobei sich drei von ihnen besonders hervortun: Napoleon, „kein großer Redner, aber bekannt dafür, sich durchsetzen zu können" (17); Schneeball, redegewandter und einfallsreicher als Napoleon, es wurde ihm „aber nicht die gleiche Charaktertiefe zugesprochen"; und Schwatzwutz, ein fettes Schwein mit „kugelrunden Backen, Zwinkeräuglein, flinken Bewegungen und einer schrillen Stimme" (17). Unter den anderen Tieren treten besonders die beiden Zugpferde Boxer und Kleeblatt hervor. „Diesen beiden fiel das selbständige Denken schwer, doch da sie nun einmal die Schweine als Lehrer akzeptiert hatten, nahmen sie alles auf, was man ihnen erzählte und gaben es mit einfachen Argumenten an die anderen Tiere weiter." (19) Benjamin, der Esel, ist der einzige Zyniker unter den Tieren. Er weiß, daß das Leben nie einfach gewesen ist, und bleibt skeptisch gegenüber allen Versprechungen eines besseren Lebens. Moses, der Rabe, steht ebenso wie Mollie, die weiße Stute, die jetzt nicht mehr mit bunten Bändern geschmückt wird, nicht hinter der Rebellion. Moses erzählt den anderen Tieren ständig von einem geheimnisvollen Land mit dem Namen Kandiszuckerberg, das irgendwo über den Wolken liegt. „In Kandiszuckerberg war alle Tage Sonntag, der Klee grünte immerfort und an den Hecken wuchsen Würfelzucker und Ölkuchen." (19)

Die Tiere geben sich selbst sieben Gebote, nach denen sie miteinander leben wollen:

1. Alles was auf zwei Beinen geht, ist ein Feind.
2. Alles was auf vier Beinen geht oder Flügel hat, ist ein Freund.
3. Kein Tier soll Kleider tragen.

4. Kein Tier soll in einem Bett schlafen.
5. Kein Tier soll Alkohol trinken.
6. Kein Tier soll ein anderes Tier töten.
7. Alle Tiere sind gleich. (25)

Die Schweine lernen lesen und schreiben und bilden schon bald eine Machtelite. Es kommt zu Rivalitäten zwischen Schneeball und Napoleon, aber noch hält die Tiere die Angst vor der Rückkehr der Menschen zusammen. Napoleon hält die Anschaffung von Feuerwaffen für die beste Möglichkeit der Verteidigung, während Schneeball Tauben aussenden will, um den Gedanken der Revolution auch den Tieren auf den angrenzenden Farmen zu vermitteln. Nachdem es gelungen ist, einen Angriff von Jones abzuschlagen, der versuchte, seine Farm wiederzuerobern, werden die Konflikte zwischen Napoleon und Schneeball immer stärker. Der Streit geht zunächst um den Bau einer Windmühle, den Schneeball plant und der von Napoleon abgelehnt wird. Napoleon schafft sich durch die Aufzucht einiger Welpen eine ihm treu ergebene Leibgarde zur Durchsetzung seiner Interessen. Schneeball wird schließlich von der Farm vertrieben, und plötzlich ist auch Napoleon zum Erstaunen der anderen Tiere für den Bau einer Windmühle.

Napoleon verändert jetzt ständig die sieben Gebote und läßt ihm kritisch gegenüberstehende Tiere von seinen Hunden umbringen. Er bildet eine Art Personenkult heraus: „Von Napoleon sprach man jetzt nie mehr einfach als 'Napoleon'. Man sprach von ihm immer in formellem Stil als 'unser Führer, Genosse Napoleon', und die Schweine erfanden gern solche Titel für ihn wie 'Vater aller Tiere', 'Schrecken der Menschheit', 'Schirmherr der Schafhürden', 'Entleins Freund' und dergleichen. In seinen Reden sprach Schwatzwutz mit tränenüberströmten Backen von Napoleons Weisheit, seiner Herzensgüte und der tiefempfundenen Liebe, die er für alle Tiere allerorten hege, auch und ganz besonders für jene bedauernswerten Geschöpfe, die auf den anderen Farmen noch immer in Unwissenheit und Sklaverei lebten. Es war zur lieben Gewohnheit geworden, jede erfolgreiche Leistung und jeden Glückstreffer Napoleon als Verdienst anzurechnen. Man konnte oft ein Huhn zum anderen sagen hören: 'Unter der Leitung unseres Führers, des Genossen Napoleon, habe ich in sechs Tagen fünf Eier gelegt'; oder zwei Kühe, die sich am Teich ein Schlückchen gönnten, riefen aus: 'Wie ausgezeichnet mundet doch, dank der Führerschaft Genosse Napoleons, dieses Wasser!'" (79)

Die alte Hymne „Tiere Englands" wird verboten und durch eine neue Hymne zur Verehrung Napoleons ersetzt. Die anderen Tiere werden jetzt von den Schweinen immer stärker ausgebeutet, und Napoleon nimmt Kontakt zu den beiden Nachbarfarmern Pilkington und Frederick auf. Die

Hühner müssen wie früher Eier für den Verkauf auf dem Markt legen, und der unermüdliche Boxer wird, als seine Arbeitskraft erschöpft ist, dem Abdecker übergeben. Am Ende besteht die Gemeinschaft der Tiere nur noch aus Lügen und Terror. Napoleon lernt auf zwei Beinen zu gehen und spielt mit Pilkington und Frederick Karten. Die Schweine betrinken sich genauso, wie Jones es früher tat, und die Farm der Tiere wird wieder in „Herren-Farm" umbenannt, nur daß jetzt nicht Menschen, sondern die Schweine die Herren sind. Das siebte Gebot „Alle Tiere sind gleich" ist von Napoleon zu „Alle Tiere sind gleich, aber manche sind gleicher" umgewandelt worden, die Revolution ist verraten.

Am Ende sind alle Schweine Unterdrücker geworden, die von den Menschen nicht mehr zu unterscheiden sind: Alle Unterdrücker sind gleich. „Aus dem Farmhaus drang lautes Stimmengebrüll. Die Tiere eilten zurück und sahen wieder durch das Fenster. Ja, es war ein heftiger Streit im Gange. Es gab Geschrei, Fäuste krachten auf den Tisch, scharfe Mißtrauensblicke flogen, wütende Leugnungen ertönten. Die Ursache des Ärgers lag sichtlich darin, daß Napoleon und Mr. Pilkington beide gleichzeitig ein Pik-As ausgespielt hatten. Zwölf Stimmen schrien zornig, und alle klangen sie gleich. Und jetzt stand außer Frage, was mit den Gesichtern der Schweine passiert war. Die Tiere draußen blickten von Schwein zu Mensch und von Mensch zu Schwein, und dann wieder von Schwein zu Mensch; doch es war bereits unmöglich zu sagen, wer was war." (118 f)

Es ist möglich, *Animal Farm* als verschlüsselte Darstellung der sowjetischen Geschichte zwischen 1917 und 1945 zu lesen. Tut man das, so schlüsseln sich die fiktionalen Figuren wie folgt auf:

Mr. Jones, der Farmer	Zar Nikolaus II.
Old Major	Karl Marx
Boxer/Kleeblatt	das Proletariat
Napoleon	Stalin
Schneeball	Trotzki
Schwatzwutz	die „Prawda"
die Schweine	die Bolschewiki
Moses	die russisch-orthodoxe Kirche
Mollie	die Weißrussen
Pilkington	Großbritannien
Frederick	Deutschland
das Farmhaus	der Kreml
die Rebellion	die russische Revolution
die Schlacht am Kuhstall	die Invasion von 1918-19
der Bau der Windmühle	die Fünfjahrespläne
die Schlacht an der Windmühle	die deutsche Invasion von 1941

Animal Farm sollte aber nicht wie ein Kreuzworträtsel gelesen werden. Man wird dann feststellen, daß es in der Fabel keine Figur für Lenin gibt und daß sich nicht für alle Tiere eine historische Entsprechung finden läßt. Das war sicherlich auch nicht Orwells Absicht. Nicht umsonst heißt Napoleon so, und die russische Revolution ist nicht die einzige, die in einer Diktatur endete. *Farm der Tiere* kann ohne geschichtliches Hintergrundwissen gelesen und verstanden werden: Der Totalitarismus in jeder Form ist der Feind, den Orwell kennen und verabscheuen gelernt hatte und gegen den er diese Fabel richtete.

Es ist bedeutsam, daß Orwell sich entschied, seine Botschaft in Form einer Tierfabel zu verbreiten, einer Literaturgattung, die sich bis zu den Fabeln des Äsop ins sechste Jahrhundert vor Christus zurückverfolgen läßt, und nicht in der Form des konventionellen Romans. *Animal Farm* hat als Fabel einen hohen literarischen Wert, da Orwell die ihr innewohnenden formalen Probleme meisterhaft löst. Bei der Fabel muß die Absurdität überwunden werden, Tiere wie Menschen reden und handeln zu lassen. Dies kann nur dann befriedigend gelöst werden, wenn es dem Autor gelingt, sein Anliegen in einfachen Begriffen darzustellen und seine Bilder und Beschreibungen aus Tatsachen tierischen Verhaltens abzuleiten. Wenn die Tierfabel erfolgreich sein soll, muß sie zudem fröhlich und unbeschwert sein, mindestens Elemente der Komik enthalten.

Die Vorteile der Tierfabel bestehen darin, daß sie es ermöglicht, eine einfache Botschaft ohne die für einen Roman notwendige Vielschichtigkeit von psychologischer Charakterbildung und Handlungsablauf weiterzugeben. Sie erlaubt die Präsentation eines vereinfachten, von der Komplexität menschlicher Persönlichkeiten abgelösten Bildes.

Man merkt der Fabel an, daß Orwell Tiere liebte. Was das Buch zu so guter Literatur macht, ist der Umstand, daß er die Tiere nicht lediglich als Symbol für etwas stehen läßt, sondern auch ihre spezifischen Eigenschaften zeichnet, daß es ihm gelingt, aus dem Verhalten der Tiere Hinweise auf menschliches Handeln abzuleiten, ohne damit die möglichen Verhaltensmuster von Tieren zu sprengen:

„Die beiden Pferde hatten sich eben niedergelegt, da schnürte eine Schar von Entlein, die ihre Mutter verloren hatte, kläglich piepsend in die Scheune und watschelte hin und her, um einen Platz zu finden, wo man nicht auf sie treten würde. Kleeblatt legte mit ihrem langen Vorderbein eine Art Mauer um sie, und die Entlein kuschelten sich ein und waren auf der Stelle eingeschlafen. Im letzten Augenblick kam Mollie, die törichte, hübsche Schimmelstute, die Mr. Jones' offenen Zweisitzer zog, geziert hereingetrippelt und malmte ein Stück Zucker. Sie wählte sich einen Platz weit vorne und begann kokett ihre weiße Mähne zu schütteln, in der Hoff-

Penguin Modern Classics
George Orwell
Animal Farm
JOUR

nung, damit auf die roten Bänder aufmerksam zu machen, mit der sie durchflochten war. Zuallerletzt erschien die Katze, die wie üblich Ausschau nach dem wärmsten Plätzchen hielt und sich schließlich zwischen Boxer und Kleeblatt drängte; dort schnurrte sie Majors ganze Rede über zufrieden, ohne auch nur auf ein Wort von dem zu hören, was er sagte." (9)

„Schneeball beschäftigte sich auch damit, die anderen Tiere in sogenannten 'Tierkomitees' zu organisieren. Hierin war er unermüdlich. Er schuf das 'Eierproduktions-Komitee' für die Hennen, die 'Sauberschwanz-Liga' für die Kühe, das 'Reedukationskomitee für Wilde Genossen' (dessen Ziel es war, die Ratten und Kaninchen zu zähmen), die 'Weißere-Wolle-Bewegung' für die Schafe, sowie verschiedene andere, und richtete nebenher noch Klassen ein, in denen Lesen und Schreiben gelehrt wurde. Im ganzen waren diese Projekte eine Riesenpleite. Der Versuch, die wilden Tiere zu zähmen, brach zum Beispiel beinahe augenblicklich wieder zusammen. Sie benahmen sich weiterhin wie zuvor, und behandelte man sie mit Großmut, so nutzten sie diese schlicht und einfach nur aus. Die Katze trat dem 'Reedukationkomitee' bei und war darin einige Tage lang sehr aktiv. Man sah sie eines Tages auf dem Dach sitzen und zu einigen Sperlingen sprechen, die sich außerhalb ihrer Krallenweite befanden. Sie erzählte ihnen, daß alle Tiere jetzt Genossen seien und daß sich jeder Sperling, der nur Lust dazu verspüre, auf ihrer Pfote niederlassen könne; doch die Sperlinge blieben auf Abstand." (30f)

Die Sprache der Fabel ist einfach, die Sätze sind kurz. Es gelingt Orwell, Distanz zu den Tieren zu halten, sie nicht zu vermenschlichen, auf der anderen Seite können wir sehr gut zum Beispiel Kleeblatts Trauer nach der Hinrichtung der Napoleon kritisch gegenüberstehenden Tiere nachfühlen:

„Als Kleeblatt die Hügelflanke hinunterblickte, traten ihr Tränen in die Augen. Hätte sie ihre Gedanken aussprechen können, würde sie gesagt haben, daß es dies nicht war, was sie erstrebt hatten, als sie vor Jahren darangegangen waren, den Sturz der menschlichen Rasse zu betreiben. ... Wenn sie selbst je ein eigenes Bild von der Zukunft gehabt hatte, so war es das einer von Hunger und Peitsche befreiten Gemeinschaft von Tieren gewesen, wo alle gleich waren, jeder nach seinem Vermögen arbeitete, und wo der Starke den Schwachen beschützte, so wie sie, in der Nacht von Majors Rede, mit ihrem Vorderlauf die Brut Entlein beschützt hatte. Statt dessen — warum, wußte sie nicht — hatten sie es zu einer Zeit gebracht, wo niemand es wagte, seine Meinung zu sagen, wo überall wilde, knurrende Hunde herumstöberten, und wo man mitansehen mußte, wie die eigenen Genossen in Stücke gerissen wurden, nachdem sie empörende Verbrechen gebeichtet hatten. Sie hegte keinen Gedanken an Ungehorsam oder Revolte. ... Was auch geschehen mochte, sie würde die Treue halten, hart arbeiten, die ihr erteilten Befehle ausführen und Napoleons Führerschaft anerkennen. Trotzdem aber war dies nicht, worauf sie und mit ihr all die übrigen Tiere gehofft und wofür sie sich geschunden hatten." (75 f)

In Passagen wie dieser zeigt sich Orwells Meisterschaft im Umgang mit der Fabel. Pferde gelten als nicht sonderlich intelligent, deshalb kann Kleeblatt ihre Gedanken nicht in Worte fassen, aber sie erscheint trotz dieser gattungsspezifischen Eigenart als Persönlichkeit. Er selbst sagte über *Animal Farm*: Es „war das erste Buch, in dem ich in vollem Bewußtsein dessen, was ich tat, versuchte, das Politische und das Künstlerische zu einem Ganzen zu verschmelzen." (WIS 16) Von Kritikern wurde das Buch sofort mit berühmten Fabeln wie Jonathan Swifts *Gullivers Reisen* verglichen.

Wie zu erwarten war die Reaktion auf *Animal Farm* gemischt. Der Kommunistischen Partei nahestehende Kritiker verdammten es, während die Aufnahme ansonsten positiv war, wenn auch auf der konservativen Seite sehr einseitig. Dort wurde *Animal Farm* allein auf die Sowjetunion bezogen. Überraschend war die zustimmende Reaktion des ansonsten sowjetfreundlichen *New Statesman*-Herausgebers Kingsley Martin, der am 8. September 1945 in *New Statesman and Nation* schrieb: „Weil er ein integrer Mann ist, sucht er sich für seine Angriffe wirkliche Übel aus. Seine letzte Satire ist wunderbar geschrieben und, wenn man sie nicht zu ernst nimmt, ein faires Gegenmittel gegen einen Großteil der dummen Verehrung für die Sowjetunion."

Nachkriegspositionen

Schon zu Beginn des Jahres 1941 sah Orwell den Kalten Krieg kommen. Es war seine Überzeugung, daß die Welt sich nach dem Krieg in zwei oder drei große, einander feindlich gegenüberstehende Blöcke aufteilen werde. Bei diesem Gedanken war er sicherlich von James Burnhams 1941 erschienenem Buch *The Managerial Revolution: What is Happening in the World* (Das Regime der Manager) beeinflußt. Burnhams Thesen lauten, daß der Kapitalismus kurz vor seinem Zusammenbruch steht, aber der Sozialismus nicht an seine Stelle treten wird. Ein neuer Gesellschaftstyp ist im Entstehen, die aufsteigende Klasse, die sich in den Besitz der Macht bringen wird, bilden die Manager. Grundlage der wirtschaftlichen Struktur dieser Managergesellschaft sind staatliches Eigentum und staatliche Kontrolle über die wichtigsten Produktionsmittel. Es wird zu einer Bürokratisierung der Herrschaft, zur Herrschaft einer Elite kommen. In Nazi-Deutschland und der UdSSR sah Burnham die Vorläufer der manageriellen Gesellschaft.

Obwohl Orwell Burnhams Theorien ablehnte, war er doch von ihnen fasziniert. Er kritisierte Burnham, weil sein Buch „voller apokalyptischer Visionen" stecke und er durchdrungen sei von „dem Instinkt, sich vor dem momentanen Sieger zu erniedrigen und den gerade existierenden Trend als unwiderruflich anzusehen" (CEJL 4/207). Was Burnham nach Orwells Meinung vernachlässigte, war die Kraft der Demokratie, ihre Macht der Kritik. Orwell gab letztlich nie den Gedanken an positive Veränderung auf, obwohl auch er mit *Neunzehnhundertvierundachtzig* eine ‘schwarze Utopie' schuf.

Seine Kritik an Burnham, dessen Theorien damals auf fruchtbaren Boden fielen, läuft auf den Vorwurf hinaus: „Man wird an jedem Punkt sehen, daß Burnham eine Fortsetzung dessen, was gerade passiert, voraussagt. Nun ist diese Tendenz nicht nur einfach eine schlechte Angewohnheit, wie Ungenauigkeit oder Übertreibung, die man durch Nachdenken korrigieren kann, es ist eine schwere geistige Krankheit, ihre Wurzeln liegen teilweise in der Feigheit und teilweise in der Verehrung der Macht, was von der Feigheit nicht ganz zu trennen ist." (CEJL 4/207)

Auch Orwell litt unter den Realitäten, die Burnham zu seiner Theorie der managerielllen Revolution führten, daß nämlich der Mensch von der technischen und militärischen Macht überrollt werden könnte. Er reagiert darauf jedoch nicht mit einer Verehrung der Macht der technokratischen Elite, sondern mit der Suche nach Gegenmitteln, indem er eine „moralische Anstrengung" fordert, den für das Individuum bedrohlichen Tendenzen entgegenzutreten.

Das Ende des Krieges brachte für England eine Überraschung, als Labour die Parlamentswahlen gewann, ohne jedoch zu versuchen, eine sozialistische Entwicklung der Gesellschaft in Gang zu setzen. Die alten Ungleichheiten bestanden fort beziehungsweise lebten wieder auf. Ein Jahr nach dem Krieg schrieb Orwell in einer seiner *As I Please*-Kolumnen, in der er sich Gedanken darüber macht, daß die Titelseite seiner Morgenzeitung von schlechten Nachrichten nur so strotzt: „Und doch müssen genau in dem Augenblick, wo genug von allem für alle da ist oder da sein könnte, unsere Energien von dem Versuch in Anspruch genommen werden, uns gegenseitig Territorien, Märkte und Rohstoffe streitig zu machen. Genau in dem Moment, wo der Reichtum so allgemein verteilt werden könnte, daß keine Regierung einen ernsthaften Widerstand befürchten müßte, wird erklärt, daß politische Freiheit unmöglich sei, und Geheimpolizeien beherrschen die halbe Welt. Genau in dem Moment, wo der Aberglaube zerbröckelt und eine rationale Haltung dem Universum gegenüber möglich wird, wird einem das Recht, seine eigenen Gedanken zu denken, wie noch nie zuvor verweigert. Tatsache ist, daß die Menschen erst anfingen, sich gegenseitig ernsthaft zu bekämpfen, als es nichts mehr gab, worum sie hätten kämpfen können." (CEJL 4/289).

Diese Passage fängt Orwells Nachkriegsstimmung sehr gut ein. In einem *London Letter* an die *Partisan Review* vom Dezember 1944 hatte er begonnen, bewußt seine Nachkriegsposition zu klären und die Fehler der ersten Kriegsjahre zu untersuchen. Als seinen schwersten Irrtum erkennt er, daß er in „die Falle geriet, daß Krieg und Revolution untrennbar seien" (CEJL 3/336). Er macht keinen Versuch, seine politischen Fehleinschätzungen nachträglich zu beschönigen, sondern bemüht sich herauszufinden, wie sie überhaupt entstehen konnten. „Soweit ich sehen kann, ist das gesamte politische Denken der letzten Jahre auf die gleiche Art und Weise verdorben worden. Die Menschen können nur dann die Zukunft vorhersehen, wenn sie mit ihren eigenen Wünschen übereinstimmt, und die offensichtlichsten Tatsachen können ignoriert werden, wenn sie unerwünscht sind. … Ich glaube, daß es möglich ist, objektiver zu sein, als es die meisten von uns sind, aber dies setzt eine moralische Anstrengung voraus. Man kann sich von den eigenen subjektiven Gefühlen nicht lösen, man kann sich ihrer jedoch zumindest bewußt sein und für sie einen gewissen Freiraum schaffen. Ich habe Versuche unternommen, dies zu tun." (CEJL 3/339 ff)

Seine Enttäuschung über den Zustand der Nachkriegswelt war groß. Die internationale Situation verschärfte sich mehr und mehr. Politik schien einzig von reinem Machtstreben bestimmt zu werden. Die Euphorie der ersten Kriegsjahre, das Gefühl des Aufbruchs in eine neue Welt war endgültig zerstört. In Orwells Schriften stößt man zu dieser Zeit immer häufiger auf Bemerkungen wie die folgende: „Keine nachdenkliche Person, die ich kenne, hat ein hoffnungsvolles Bild der Zukunft vor Augen. Die Ahnung, daß ein Krieg zwischen Rußland und Amerika innerhalb der nächsten Jahrzehnte unvermeidbar wird, und daß Großbritannien in seiner ungünstigen geographischen Lage durch Atombomben total zerfetzt werden kann, wird mit einer Art unklarer Resignation hingenommen, gerade so wie die Leute die Aussage akzeptieren, daß sich früher oder später die Sonne abkühlen wird und wir alle erfrieren werden." (CEJL 4/322)

Politik schien nicht länger in rationalen, analysierbaren Geleisen zu verlaufen: „Ich möchte behaupten, daß wir nirgendwo hinkommen, wenn wir nicht einzusehen beginnen, daß politisches Verhalten hauptsächlich nicht rational ist, daß die Welt an irgendeiner Art von Geisteskrankheit leidet, die diagnostiziert werden muß, bevor sie geheilt werden kann." (CEJL 4/289)

Viele Sozialisten zogen sich, wie zum Beispiel Arthur Koestler, aus dem politischen Geschehen in eine Beobachterrolle zurück. Orwell beschrieb das Dilemma der Sozialisten angesichts der politischen Situation mit einem treffenden Vergleich: „Ein Sozialist ist heutzutage in der gleichen Lage wie ein Arzt, der einen beinahe hoffnungslosen Fall behandelt. Als Arzt ist es seine Pflicht, den Patienten am Leben zu erhalten und daher davon auszugehen, daß der Patient mindestens eine Aussicht auf Genesung hat. Als Wissenschaftler ist es seine Pflicht, sich mit den Tatsachen abzufinden und daher zuzugeben, daß der Patient wahrscheinlich sterben wird. Unsere Aktivitäten als Sozialisten haben nur dann einen Sinn, wenn wir annehmen, daß der Sozialismus errichtet werden *kann*, doch wenn wir innehalten, um zu überlegen, was wahrscheinlich passieren *wird*, dann müssen wir meiner Ansicht nach zugeben, daß die Umstände gegen uns sind." (CEJL 4/423)

Kapitel 7
Die Essays

Der Dichter steht auf einer höhern Warte, als auf den Zinnen der Partei.

Ferdinand Freiligrath

Trotz seiner Klagen während der ersten Kriegsjahre, daß es nicht möglich sei, unter den herrschenden Umständen zu schreiben („Nur die geistig Toten sind in der Lage, sich hinzusetzen und Romane zu schreiben, während dieser Alptraum andauert"; CEJL 2/72), gelang ihm eine große Zahl wichtiger Arbeiten. Die literarische Form der vierziger Jahre ist für Orwell der Essay, der ihm die Möglichkeit gab, offen mit eigener Stimme zu reden.

Der Ton seiner Werke in den vierziger Jahren ist anders als in den dreißigern, Orwell ist jetzt, das spürt man, reifer geworden, sowohl stilistisch als auch inhaltlich. Die Dokumentationen hatten ihn gezwungen, das Leben, das sich direkt vor seinen Augen abspielte, zu schildern. Jetzt löst er sich von den Reportageformen und hat mit dem Essay die Möglichkeit, auch über die Vergangenheit zu räsonieren und über die Zukunft zu spekulieren. Der Essay ermöglichte ihm eine größere gedankliche Freiheit als der Roman oder die Reportage.

Nach Orwells Meinung erfüllten die linken Intellektuellen ihre Aufgabe, die Welt zu interpretieren, nicht. Sie waren in ihren Orthodoxien gefangen. Eine 'freie Intelligenz', unbeeinflußt von ideologischen Bindungen, fehlte. Hier fühlte Orwell eine Mission, die er zu erfüllen hatte — eine unabhängige linke Stimme im Spektrum der Meinungen zu erheben. Magazine wie *Horizon*, *Polemic* und *Partisan Review* gaben ihm die Möglichkeit dazu. Liest man heute die vier Bände der *Collected Essays, Journalism and Letters*, so fallen einige Themen auf, zu denen Orwell wieder und wieder zurückkehrte, selbst in Essays, die zunächst nichts mit ihnen zu tun zu haben scheinen. Diese Themen sind das Verhältnis von Literatur und Politik, populäre Kultur und die Bedrohung der Menschen durch den Totalitarismus.

In zahlreichen Essays geht er den Gründen modernen Machtstrebens nach. Die Texte, in denen dieses Problem eine wichtige Rolle einnimmt, beschäftigen sich mit den unterschiedlichsten Gegenständen: *Raffles and Miss Blandish* mit Detektivromanen, *Wells, Hitler und der Weltstaat* und *Lear, Tolstoi und der Narr* mit großen Schriftstellern, *James Burnham and the Managerial Revolution* mit der Analyse politischer Ideen, *Such, Such Were the Joys* mit seiner Schulzeit. Diese wiederholte Rückkehr zu bestimmten Fragestellungen ist ein Kennzeichen seiner Essays.

In gewissem Sinne haben alle Essays ihren Ursprung in Orwells Auseinandersetzung mit doktrinärem Denken. Immer wieder sind dogmatische Prinzipien Ziel seiner Angriffe, und sicherlich lassen sich seine Aufsätze über populäre Kultur auch damit erklären, daß er sowohl die bürgerlichen als auch die marxistischen Mythen über das Leben der Arbeiterklasse zerstören wollte.

Seine Herangehensweise ist als Resultat seiner Ablehnung dogmatischer Denkweisen stark induktiv. Er schließt nicht von einer Theorie auf das Einzelne, sondern arbeitet sich von den Besonderheiten zu allgemeinen Ideen vor.

Macht

Macht hat Reichtum als Hauptobjekt des Strebens in der modernen Welt abgelöst, alle Politik wird im wesentlichen durch Machtstreben bestimmt. Orwell glaubte nicht — daraus resultiert auch ein Großteil seiner Auseinandersetzungen mit Vertretern pazifistischer Anschauungen wie Alex Comfort —, daß die Trennung zwischen Gewalt und Gewaltlosigkeit der entscheidende Punkt sei, Gewalt war für ihn nur Ausdruck eines ungebremsten Machtstrebens, dessen Keim er auch in der geistigen Intoleranz von Pazifisten und Anarchisten aufspürte. In seinem Essay über Tolstoi *Lear, Tolstoi und der Narr* (1947), in dem er sich mit Tolstois Ablehnung von Shakespeare beschäftigt, arbeitet er die Folgen solcher geistiger Intoleranz heraus:

„Es gibt Familien, in denen der Vater zu seinem Sohn sagt: 'Wenn du das noch einmal machst, kriegst du eins hinter die Ohren!' während die Mutter mit Tränen in den Augen das Kind in die Arme nimmt und liebevoll flüstert: 'Sag selbst, Liebling, konntest du das Mama zuliebe nicht unterlassen?' Wer wollte bestreiten, daß die zweite Methode die weniger tyrannische ist? Der Unterschied, auf den es wirklich ankommt, ist nicht der zwischen Gewalt und Gewaltlosigkeit, sondern zwischen der Neigung zur Machtausübung und der Abneigung dagegen. Es gibt Leute, die sowohl von der Verwerflichkeit der Armee wie der Polizei überzeugt und dabei viel intoleranter und inquisitorischer in ihren Anschauungen sind als Normalmenschen, die glauben, daß es unter bestimmten Umständen notwendig ist, Gewalt anzuwenden. Sie werden nie zu jemandem sagen: 'Tu dies und das oder du kommst ins Gefängnis', aber sie werden sich, wenn sie können, seines Gehirns bemächtigen und ihm bis in die kleinsten Einzelheiten vorschreiben, wie er zu denken hat. Glaubenslehren wie Pazifismus und Anarchismus, die oberflächlich betrachtet den Verzicht auf Gewalt einzuschließen scheinen, begünstigen das Gegenteil. Tritt man nämlich einer Bewegung bei, die frei vom gewöhnlichen Schmutz der Politik zu sein scheint — einem Glauben also, von dem man für sich selbst keinerlei materielle Vorteile erwarten kann —, so ist das sicherlich ein Beweis dafür, daß man recht hat. Und je fester man davon überzeugt ist, im Recht zu sein, um so natürlicher ist der Wunsch, jeden anderen mit allen Mitteln dahin zu bringen, ebenso zu denken." (LTN 156 f) Jemand anders zu etwas bringen zu wollen, darauf weist Orwell hin, ist schon der erste Schritt zur Akzeptanz von Grausamkeit und Gewalt.

Unter diesem Aspekt greift er in dem Essay *Wells, Hitler und der Weltstaat* (1941) den Schriftsteller H. G. Wells, ein Idol seiner Jugend, an. Orwell wirft ihm vor, daß er geistig stehengeblieben sei, daß er immer noch das Heil der Menschheit im Fortschritt der Technik sehe und von der Annahme ausgehe, daß Menschen vernünftig handeln. „Die Kraft, die in Wirklichkeit die Welt formt, entspringt Emotionen — Rassenstolz, Führerverehrung, religiösem Glauben, Kriegsliebe —, die liberale Intellektuelle mechanisch als Anachronismen abschreiben und gewöhnlich so total in sich selbst ausgerottet haben, daß sie überhaupt nicht mehr handlungsfähig sind." (WHW 178 f)

Wells sieht die Geschichte als eine Serie von Siegen, die der wissenschaftliche über den romantischen Menschen erringt, weil er nicht begriffen hat, daß die technischen Erfindungen der modernen Wissenschaft als Instrumente gegen die Rationalität verwendet werden können. „Das Flugzeug, ursprünglich als zivilisierender Faktor angesehen, aber in der Praxis kaum zu etwas anderem als zum Bombenwerfen benutzt, ist das Symbol für diese Tatsache. Das moderne Deutschland ist viel wissenschaftlicher eingerichtet als England — und viel barbarischer. Vieles von dem, was Wells sich vorgestellt und wofür er gearbeitet hat, ist im Nazi-Deutschland verkörpert. Die Ordnung, die Planung, die staatliche Förderung der Wissenschaft, der Stahl, der Beton, die Flugzeuge — alles ist da, aber alles im Dienst von Ideen, die der Steinzeit angemessen sind. Die Wissenschaft kämpft auf der Seite des Aberglaubens." (WHW 181)

Orwell spürt das Machtstreben, die Lust an der Machtausübung auch in anderen Bereichen, sogar im Detektivroman, auf. In seinem Essay *Raffles and Miss Blandish* (1944) stellt er die Kriminalromane von E. W. Hornung, einem Schwager des Sherlock Holmes-Schöpfers Arthur Conan Doyle, dem Roman *No Orchids for Miss Blandish* von James Hadley Chase gegenüber. Der Held von Hornungs Romanen ist der Amateur-Einbrecher Raffles, ein englischer Gentleman, der Cricket spielt, Mitglied eines ehrenwerten Klubs ist und der britischen Oberklasse entstammt. Er stiehlt, akzeptiert jedoch ansonsten den Verhaltenskodex der Gesellschaft. Die Raffles-Geschichten kommen ohne Leichen, Blut, Sadismus oder andere Perversionen aus. Orwell hält die Raffles-Erzählungen und *No Orchids* unter soziologischen Aspekten für vergleichbar. „*No Orchids* liefert die Version von 1939, Raffles jene von 1900, und mir geht es hier um die

ungeheuer verschiedene moralische Atmosphäre der beiden Bücher und um den Wandel der allgemeinen Haltung, der sich möglicherweise darin verrät." (RAF 53)

Als Grundmotiv von *No Orchids* arbeitet Orwell die Jagd nach Macht heraus: „die geistige Atmosphäre dieser Bücher ist immer dieselbe. Ihr einziges Thema ist der Kampf um Macht und der Triumph des Stärkeren über den Schwächeren." (RAF 61) Mit *No Orchids* flieht man nicht mehr wie mit den Raffles-Erzählungen in eine Welt des Abenteuers, sondern ins Verbrechen und in die sexuelle Perversion. Vergewaltigungen, Folterungen, Machtvergötterung — das ist die Atmosphäre dieses Kriminalromans und vieler ähnlicher Bücher dieses Genres. „Es ist wichtig zu sehen, daß der Kult um die Macht mit einer Liebe zur Grausamkeit und Bosheit *um ihrer selbst willen* verquickt zu sein scheint." (RAF 67)

Orwell betont, daß besonders Intellektuelle zur Machtvergötterung neigen. Die modernen Detektivromane erscheinen ihm als Symptom der Zeit, als „ein dem totalitären Zeitalter angemessener Tagtraum". Mit seiner imaginären Gangsterwelt stellt Chase „sozusagen einen Extrakt der modernen politischen Szene dar, in der Dinge wie die Massenbombardements von Zivilisten, Geiselnahme, Geständniserpressung durch Folterung, Geheimgefängnisse, Exekution ohne Prozeß, Auspeitschen mit Gummiknüppeln, Ertränken in Abwassergruben, systematische Fälschung von Unterlagen und Statistiken, Verrat, Bestechung und Volksverräterei an der

Tagesordnung und moralisch neutral, ja sogar bewundernswert sind, wenn sie nur im großen Maßstab und kühn genug ausgeführt werden." (RAF 69)

Der Gentleman-Einbrecher Raffles erkannte noch moralische Werte an und akzeptierte den gesellschaftlichen Rahmen — warum ist das heute nicht mehr so, warum neigen die modernen Menschen zur Anbetung der Macht? Orwell gibt darauf seine Antwort: „Es bestehen kaum Zweifel, daß der moderne Kult der Machtanbetung eng mit dem Gefühl des modernen Menschen verknüpft ist, daß das Leben hier und jetzt das einzige Leben ist, das es gibt. Wenn der Tod allem ein Ende setzt, wird es viel schwieriger zu glauben, daß man auch dann im Recht sein kann, wenn man besiegt worden ist. Staatsmänner, Nationen, Theorien, Aktionen werden fast zwangsläufig nach ihrem materiellen Erfolg beurteilt. Angenommen, man könnte die beiden Phänomene trennen, so würde ich sagen, daß der Verfall des Glaubens an die persönliche Unsterblichkeit ebenso wichtig gewesen ist wie der Aufstieg der Maschinenzivilisation." (CEJL 3/126)

Sozialismus

Diesen Verlust eines religiös begründeten Wertesystems konnte nach Orwells Meinung als einzige Denkrichtung der Sozialismus ausgleichen. Angesichts der Diesseitigkeit der Menschen in der industriellen Gesellschaft war die sozialistische Bewegung in seiner Auffassung zumindest der Möglichkeit nach imstande, eine neue Moral, ein eigenes System von Werten, fußend auf den Gedanken der Solidarität und der freien und gleichen Gemeinschaft der Menschen, anzubieten, das über den politischen Kampf hinaus Orientierung und Halt geben konnte. Sein Sozialismus hatte allerdings nicht viel mit dem Gedankensystem des Marxismus und mit Ideologien zu tun. In *Writers and Leviathan* (Die Schriftsteller und der Leviathan) schreibt er: „Die ganze linke Ideologie, wissenschaftlich und utopisch, ist von Leuten entwickelt worden, die keine unmittelbare Aussicht hatten, an die Macht zu kommen. Es war deshalb eine extremistische Lehre, die nur äußerste Verachtung für Könige, Regierungen, Gesetze, Gefängnisse, Polizei, Heere, Fahnen, Grenzen, Patriotismus, Religion, konventionelle Moral, mit einem Wort, die gesamte bestehende Gesellschaftsordnung übrig hatte. So weit man zurückdenken kann, kämpften die linken Kräfte in allen Ländern gegen eine scheinbar unbesiegbare Tyrannei, wobei die Annahme nahe lag, daß, wenn erst *diese* besondere Form der Tyrannei — der Kapitalismus — gestürzt werden könnte, der Sozialismus folgen würde. Zudem hatte die Linke vom Liberalismus bestimmte, äußerst fragwürdige Anschauungen übernommen wie die, daß die Wahrheit immer den Sieg davontragen müsse und Verfolgung und Unterdrükkung von selbst zugrunde gehen würden, oder daß der Mensch von Natur gut sei und nur durch die ihm aufgezwungenen Verhältnisse verdorben werde. Diese perfektionistische Lehre haben wir fast alle nicht vergessen, in ihrem Namen protestieren wir, wenn (zum Beispiel) eine Labour-Regierung der Tochter des Königs eine große Apanage bewilligt oder sich nicht entschließen kann, die Stahlindustrie zu verstaatlichen. Aber wir haben in unsern Köpfen noch eine ganze Reihe uneingestandener Widersprüche als Folge wiederholter Enttäuschungen gespeichert." (WAL 174 f)

Während der ersten Kriegsjahre, als England auf die deutsche Invasion wartete und die Sowjetunion noch nicht in den Krieg eingetreten war, hatte Orwell geglaubt, der Sozialismus habe eine Chance, aber nur dann, wenn er seinen internationalistischen Anspruch aufgäbe und patriotisch würde. Daß es in Europa bisher keine sozialistischen Revolutionen gab, sah er weniger in der Stärke der Gegner als in der Schwäche des Sozialismus begründet.

In dem Aufsatz *Toward European Unity* (Auf eine europäische Einheit zu) (1947) untersucht Orwell die Lage der Welt im Zeitalter der Bedrohung durch die Atombombe. Er hält es für sicher, daß die Vernichtung der Welt oder ihre Aufteilung in zwei oder drei riesige Superstaaten mit hierarchisch totalitärer Struktur nur dann zu verhindern sei, wenn es gelinge, irgendwo in größerem Umfang „eine Gemeinschaft zur Schau zu stellen, in der die Leute relativ frei und glücklich sind und in der das Hauptmotiv im Leben nicht das Streben nach Geld oder Macht ist. Mit anderen Worten, es muß erreicht werden, daß der demokratische Sozialismus in einem großen Gebiet durchweg funktioniert." (EUR 179f) Dies scheint ihm nur in Westeuropa möglich zu sein. Ein solcher Staatenbund hätte dann ungefähr 250 Millionen Einwohner, darunter die Hälfte der qualifizierten Industriearbeiter der Welt samt ihren Erfahrungen mit der modernen Produktion. Der Verwirklichung dieser Perspektive steht jedoch eine Reihe von Hindernissen entgegen. Die größte Barriere ist für Orwell die Apathie und der Konservatismus der Menschen, ihre Unfähigkeit, sich etwas Neues vorzustellen, geschweige denn sich auf den Versuch seiner Praktizierung einzulassen; zudem vier weitere Hindernisse:

„1. Russische Feindseligkeit. Die Russen können nicht umhin, feindselig gegenüber jedem europäischen Staatenbund zu sein, über den sie nicht die Kontrolle haben. ... Vor allem besteht die Gefahr, daß die breite Masse Europas an den russischen Mythos zu glauben fortfährt. Solange sie an ihn glauben, wird die Idee eines sozialistischen Europa nicht anziehend genug sein, um die nötige Anstrengung hervorzurufen.

2. Amerikanische Feindseligkeit. Wenn die Vereinigten Staaten kapitalistisch bleiben und besonders, wenn sie Exportmärkte brauchen, können sie ein sozialistisches Europa nicht mit Wohlwollen betrachten. ...

3. Imperialismus. Die europäischen Völker, und besonders das britische Volk, verdankten lange Zeit ihren hohen Lebensstandard der direkten oder indirekten Ausbeutung der farbigen Völker. Diese Beziehung ist nie von der offiziellen sozialistischen Propaganda klar gemacht worden, und man hat den britischen Arbeiter gelehrt, sich für einen überarbeiteten, unterdrückten Sklaven zu halten, statt ihm zu sagen, daß er, gemessen an internationalen Normen, über seinem Einkommen lebt. Überall auf der Welt ist

'Sozialismus' für die breite Masse gleichbedeutend oder wird zumindest assoziiert mit höheren Löhnen, kürzeren Arbeitszeiten, besseren Wohnungen, einer umfassenden Sozialversicherung usw. Aber es ist keineswegs sicher, daß wir uns diese Dinge leisten können, wenn wir die Vorteile preisgeben, die wir aus der kolonialen Ausbeutung ziehen. ...

4. Die katholische Kirche. ... Das Gefährliche an der Kirche ist, daß sie *nicht* reaktionär im üblichen Sinne ist. Sie ist nicht dem *Laisser faire*-Kapitalismus oder dem bestehenden Klassensystem verpflichtet und wird nicht unbedingt mit ihnen zugrunde gehen. Sie ist vollkommen imstande, die Bedingungen des Sozialismus anzunehmen oder sich den Anschein zu geben, vorausgesetzt, daß ihre eigene Stellung gesichert ist. Wenn sie aber als mächtige Organisation weiterleben darf, wird sie die Errichtung des wahren Sozialismus unmöglich machen, weil sie immer gegen die Meinungs- und Redefreiheit, gegen menschliche Gleichberechtigung und gegen jede Gesellschaftsform, die dazu neigt, irdisches Glück zu fördern, wirkt und wirken wird." (EUR 181 ff)

Wenn George Orwell vom Sozialismus spricht, ist immer eine leidenschaftliche Betroffenheit zu spüren. Er hielt ihn stets für die langfristig einzig vernünftige und humane Form menschlichen Zusammenlebens. Nach dem Zusammenbruch seiner revolutionären Hoffnungen für Großbritannien versuchte er seine Vision den europäischen Nachkriegsverhältnissen anzupassen; daß all seine Hoffnungen auf reiner Spekulation beruhten, betonte er selbst immer wieder.

Kommunismus

Wenn Orwell von Kommunismus sprach, meinte er immer das sowjetische System und die Moskauer Parteilinie. Er war der erste in England, der es wagte, die Brutalität und den Zynismus des stalinistischen Regimes öffentlich anzuprangern. Er stellte die Abkehr Stalins von den Idealen der Revolution dar, vertrat aber die Meinung — und setzte sich damit der Kritik auch der dissidenten Kommunisten aus —, daß die Revolution auf jeden Fall verraten worden wäre, auch von Lenin oder Trotzki. Orwell führte diese Kritik, ohne vor den Angriffen der Linken in der rechten Ecke Schutz zu suchen.

1947 äußerte er in einem Brief an Victor Gollancz über Rußland: „Seit nunmehr fünfzehn Jahren habe ich das Regime mit nacktem Entsetzen betrachtet ..." (CEJL 4/355) Also schon seit 1932. Aber erst 1937, nach der bitteren Enttäuschung in Spanien, trat Orwell öffentlich gegen die kommunistische Politik auf. Seine Kriegserklärung an den Kommunismus beziehungsweise die britischen Apologeten Stalins war *Spilling the Spanish Beans* im Juli 1937 (siehe im Kapitel 3). Im Juli 1938 stellte er in einer Besprechung von Eugene Lyons' *Assignment in Utopia* die wahnwitzige Realität der Moskauer Prozesse in einer ihrem Irrsinn angemessenen Form dar:

„Mr. Winston Churchill, nun in Portugal im Exil, plant das britische Empire zu stürzen und in England den Kommunismus einzuführen. Unter Zuhilfenahme unbegrenzter russischer Geldzuwendungen ist es ihm gelungen, eine riesige Churchistische Organisation aufzubauen, die Parlamentsmitglieder, Manager, römisch-katholische Bischöfe und fast die gesamte Primrose League einschließt. Fast jeden Tag wird ein verabscheuungswürdiger Sabotageakt aufgedeckt — manchmal ein Versuch, das Oberhaus in die Luft zu jagen, manchmal ein Ausbruch von Maul- und Klauenseuche in den königlichen Pferdeställen. Achtzig Prozent der Wächter des Tower sind als Agenten der Komintern entlarvt worden. Ein hoher Angestellter der Post hat schamlos zugegeben, Postanweisungen im Wert von fünf Millionen Pfund veruntreut zu haben und darüber hinaus Majestätsbeleidigung begangen zu haben, indem er Bärte auf Briefmarken malte." (CEJL 1/369)

Dies wurde, man darf es nie vergessen, in einer Zeit geschrieben, als sich die linken Intellektuellen in Westeuropa noch drehten und wanden, um Erklärungen und Entschuldigungen für den Terror in der Sowjetunion zu produzieren. Zwei Jahre später erst erschien Arthur Koestlers *Darkness at Noon*, seine Abrechnung mit den Moskauer Prozessen.

1938 waren Orwells Anschauungen über den Kommunismus geprägt. In einer Besprechung von Borkenaus *Communist International* faßt er knapp die Stalinsche Außenpolitik zusammen — im wesentlichen für die damalige Zeit bemerkenswert richtig. Er beschreibt die Degeneration der Komintern von einer revolutionären Bewegung zu einem Kontrollinstrument sowjetischer Außenpolitik, bis hin zu Stalins antirevolutionärer Volksfrontpolitik.

Am 15. Februar machte er in einer Besprechung von John Plamenatz' *What is Communism?* im *Observer* endgültig klar, daß er das kommunistische Experiment als gescheitert, als verlorene Revolution betrachtete. „In ihrer Situation entwickelten sich die russischen Kommunisten notwendigerweise in eine dauerhafte Herrscherkaste oder Oligarchie ... Weil sie ein Anwachsen der Opposition nicht dulden konnten, konnten sie keine wirkliche Kritik riskieren, und weil sie die Kritik unterdrückten, machten sie oft vermeidbare Fehler; denn weil sie nicht zugeben konnten, daß es ihre eigenen Fehler waren, mußten sie Sündenböcke finden, manchmal in monströsem Ausmaß."

Aber Orwells schärfste Kritik richtete sich gegen das Unvermögen des Kommunismus, die Motive menschlichen Handelns zu erkennen. Die Kommunisten schrieben Religion, Moral, Patriotismus und ähnliche Werte als 'Überbau' der ökonomischen Interessen ab — sie fragten nie, wozu der 'Überbau' sonst noch diente, welchen Halt er Menschen gab, in welchem Grade er zu ihrer Identität beitrug. Durch Einengung des Menschen auf ein nur klassenmäßig definiertes Wesen kamen die Kommunisten mit nicht-politischen Denkweisen und Verhaltensformen nie zurecht. Sie überließen dieses Feld anderen Strömungen und Ideologien, und gerade die gefährlichste, die faschistische, setzte hier ihre Demagogie an.

Faschismus

Orwell sah die Anziehungskraft des Faschismus darin, daß er den Menschen — anders als der Sozialismus, der auf Rationalität beruht — auch emotional etwas bot: Aufopferung, Trommeln, Fahnen, Paraden — Identifikationsmöglichkeiten, die Hygiene, Fortschritt, Stahl und Geburtenkontrolle nicht bieten konnten. Orwell gibt zu, daß Hitler für ihn etwas zutiefst Ansprechendes an sich hatte:

„Ich möchte schriftlich festhalten, daß ich nie imstande gewesen bin, gegen Hitler eine Abneigung zu empfinden. Seit er an die Macht kam — bis dahin war ich, wie fast jedermann, zum Glauben verleitet worden, daß er nicht zählte —, habe ich mir überlegt, daß ich ihn sicherlich töten würde, wenn ich in seine Nähe gelangen könnte, daß ich aber keinen persönlichen Groll gegen ihn hegen könnte. ... Es ist ein rührendes, hundeähnliches Gesicht, das Gesicht eines Mannes, der unter unsagbarem Unrecht leidet. ... Er wäre imstande, eine Maus zu töten und uns glauben zu machen, daß er einen Drachen erledigt hat. Man spürt wie bei Napoleon, daß er gegen das Schicksal kämpft, daß er nicht gewinnen *kann* und es dennoch eigentlich verdiente. Die Anziehungskraft einer solchen Pose ist natürlich enorm; bei der Hälfte aller Filme, die man sieht, geht es um ein solches Thema." (Hit 242f)

Während der dreißiger Jahre waren die Sozialisten immer sorgfältig darauf bedacht, zwischen Faschismus und Kommunismus sauber zu trennen. Obwohl vom Erscheinungsbild her Ähnlichkeiten der Systeme nicht zu übersehen waren, galt es doch nicht als opportun, sie zu vergleichen, da sie ja auf einer unterschiedlichen ökonomischen Basis gründeten und divergierende Zielsetzungen propagierten. Orwell war einer der ersten Linken, der sich auf diese Differenzierung nicht mehr einließ, sondern die Ähnlichkeiten der Systeme unter dem Begriff des Totalitarismus zusammenfaßte; zum Verwechseln ähnlich waren in seinen Augen vor allen Dingen die psychologischen Mechanismen der Machtabsicherung.

„Vom Totalitarismus kann man weniger ein Zeitalter des Glaubens als ein Zeitalter der Schizophrenie erwarten. Eine Gesellschaft wird immer dann totalitär, wenn ihre Struktur offenkundig künstlich wird, das heißt, wenn die herrschende Klasse ihre eigentliche Funktion verliert und sich nur noch durch Gewalt oder Betrug an die Macht klammert. Eine solche Gesellschaft, gleichgültig, wie lange sie besteht, kann sich nicht leisten, tolerant oder geistig stabil zu sein. Sie kann weder wahrheitsgemäße Aufzeichnung von Tatsachen zulassen noch die Aufrichtigkeit der Gefühle, welche eine Voraussetzung der Literatur ist. Um vom Totalitarismus korrumpiert zu werden, braucht man nicht in einem totalitären Lande zu leben. Die bloße Vorherrschaft bestimmter Ideen verbreitet eine Art von Gifthauch.

Totalitarismus benötigt eine unausgesetzte Abänderung der Vergangenheit und führt auf die Dauer zur Skepsis an einer objektiven Wahrheit. Freunde des Totalitarismus in diesem Lande benutzen gern das Argument, daß absolute Wahrheit doch unerreichbar sei und eine große Lüge daher nicht ärger sei als eine kleine. Weiter heißt es, daß alle Geschichtsschreibung unklar und ungenau sei, und die moderne Physik habe bewiesen, daß, was uns als reale Welt erscheine, eine Illusion und also das Vertrauen auf unsere sinnlichen Wahrnehmungen nichts als gewöhnliches Philistertum sei. Eine totalitäre Gesellschaft, die sich lange Zeit behaupten könnte, würde vermutlich in geistiger Schizophrenie enden, bei der die Gesetze des gesunden Menschenverstandes im praktischen Leben und in bestimmten exakten Wissenschaften ihre Gültigkeit behalten, vom Politiker, Historiker, Soziologen aber mißachtet werden dürften. Heute schon gibt es viele Leute, die die Verfälschung eines wissenschaftlichen Werkes für einen Skandal halten, in der Verfälschung einer historischen Tatsache dagegen nichts Böses sehen." (POL 84, 88f)

Der Fehler der Sozialisten bestand für Orwell darin, daß sie den Faschismus als eine lediglich ökonomisch orientierte Politik auffaßten, als den letzten verzweifelten Rückzugskampf des Kapitalismus. Da per definitionem der Kapitalismus scheitern mußte und der Faschismus eine Form des Kapitalismus ist, brauchte man nur darauf zu warten, bis er an seinen inneren Widersprüchen scheiterte. Diese Sichtweise, betont Orwell, läßt die psychologische Stärke des Faschismus völlig außer acht, seine Funktion für all jene Menschen, die vor der Unüberschaubarkeit der modernen Welt in seine Ideologie flüchten. Orwell war überzeugt, daß der Faschismus gerade für einen Teil der jüngeren Intellektuellen eine große Anziehungskraft ausübte, die sie während des Krieges natürlich nicht zugeben konnten.

1945 reiste er als Kriegskorrespondent nach Deutschland. In einem Artikel an die *Tribune*, *Revenge is Sour* (Rache ist sauer), beschreibt er seinen Besuch eines Kriegsgefangenenlagers, in dem hohe SS-Offiziere festgehalten wurden, dort sah er den Unsinn von Rache und Vergeltung ein: „So schrumpfte der Nazi-Folterknecht unserer Vorstellungen, das Ungeheuer in Menschengestalt, gegen das wir so viele Jahre gekämpft hatten, zu diesem erbärmlichen kleinen Wicht zusammen, der offensichtlich nicht so sehr einer Bestrafung als vielmehr einer psychiatrischen Behandlung bedurfte. ... Diese Szene und vieles andere, was ich in Deutschland sah, haben mir eindringlich vor Augen geführt, daß die ganze Vorstellung von Vergeltung und Bestrafung eine kindische Traumvorstellung ist. Strenggenommen gibt es so etwas wie Vergeltung oder Rache gar nicht. Rache ist eine Handlung, die man begehen möchte, wenn und weil man machtlos ist: sobald aber dieses Gefühl des Unvermögens beseitigt wird, schwindet auch der Wunsch nach Rache." (RAS 73f)

Popular Culture

Boys' Weeklies, seinem ersten Essay in „popular culture", ließ Orwell eine Reihe weiterer folgen, über Themen wie komische Postkarten, Teekochen, das Leben der Engländer, das Schminken und viele andere Themen mehr. Mit diesen Essays entwickelte er selbst ein Genre: „the criticism of popular culture", das gerade in England viele Nachfolger fand. Vorhergehende Arbeiten wie Q.D.Leavis' *Fiction and the Reading Public* (1932) und F.R.Leavis'/Dennys Thompsons *Culture and Environment* (1933) betrachteten die populäre Kultur jeweils von einem intellektuellen Standpunkt, von oben herab, während Orwell zugab, daß er sie mochte.

Im Mai 1936 schrieb er Geoffrey Gorer: „Was Du in bezug auf den Versuch, unsere eigenen Verhaltensweisen von einem anthropologischen Gesichtspunkt her zu studieren, sagst, eröffnet ein großes Feld neuer Gedanken, aber eine Sache, die wir an uns selbst feststellen müssen, ist, daß die Verhaltensweisen der Menschen nicht nur durch ihre Sozialisation usw., sondern sehr stark auch durch Bücher beeinflußt werden. Ich habe schon oft gedacht, daß es sehr interessant sein müßte, die Konventionen in *Büchern* unter einem anthropologischen Gesichtspunkt zu studieren. ... Es wäre interessant & ich glaube die Mühe wert, die Überzeugungen & den allgemeinen Hintergrund eines Schriftstellers wie Edgar Wallace herauszuarbeiten. Aber natürlich ist das eine Sache, die niemand jemals drucken wird." (CEJL 1/251)

Sein Interesse für popular culture war also schon früh geweckt. Im Dezember 1940 fand in der BBC eine Radiodiskussion zwischen Desmond Hawkins und George Orwell unter dem Titel „The Proletarian Writer" statt, dessen Transkription sich im Orwell-Archiv befindet:

„Hawkins: ... und Grabinschriften, Limericks, Wortreime in der Werbung, die sich einfach an die Poesie halten — ist dies nicht die besondere Literatur des Proletariats?

Orwell: Ja, und nicht zu vergessen die Witze auf den komischen Farbpostkarten, insbesondere denen von Donald McGill. Von denen fühle ich mich besonders angezogen. Und die Signalhornrufe und Militärmärsche —

das ist die wirklich populäre Dichtung unserer Zeit wie die Balladen im Mittelalter. Es ist schade, daß sie nie abdruckbar sind."

1941 schrieb er den Essay *The Art of Donald McGill* (Die Kunst des Donald McGill). „Wer kennt sie nicht, die 'comics' in den Fenstern der kleinen Schreibwarengeschäfte, die farbigen Ein- oder Zwei-Penny-Postkarten mit ihrer endlosen Folge von fetten Frauen in engen Badeanzügen, ihren geschmacklosen Zeichnungen und den unerträglichen Farben ..." (CEJL 2/183) Diese lustigen Postkarten gibt es überall zu kaufen, aber man bemerkt sie meist nur bei einem Badeurlaub an der See. Sie bilden ein eigenes Genre, und für Orwell verbinden sie sich unwillkürlich mit dem Namen Donald McGill, „weil er nicht nur der produktivste, sondern auch bei weitem der beste derzeitige Postkartenkünstler ist, und auch der typischste, der am stärksten in der Tradition stehende." (CEJL 2/184)

Jeder Mensch besteht laut Orwell aus zwei Teilen, aus einem dicklichen, bequemen Sancho Pansa und einem asketischen, hageren Don Quichote. Die Karten McGills sprechen den Sancho Pansa in uns an, den Teil, der schmutzige Witze und Bier liebt: „Ein schmutziger Witz ist natürlich kein ernster Angriff auf die Moral, aber er ist eine Art von geistiger Auflehnung, der momentane Wunsch, daß die Dinge anders wären. So ist es auch mit allen anderen Witzen, die immer um Feigheit, Faulheit oder Unehrlichkeit kreisen oder um eine andere Verhaltensweise, deren Förderung sich die Gesellschaft nicht leisten kann. Die Gesellschaft verlangt von den Menschen stets etwas mehr, als sie tatsächlich bekommen kann." (CEJL 2/193)

Das Hervorstechende an den Postkarten ist ihre Obszönität, die sich jedoch immer an bestimmten Stereotypen orientiert. So gibt es Witze über Ehe, Nacktheit, uneheliche Kinder, alte Jungfern und jungverheiratete Paare. Nie jedoch haben diese Witze einen perversen Anstrich oder eine Verbindung mit Gewalt. Sie sind in Anbetracht der Zensur nur möglich, weil sie sich hinter Doppeldeutigkeiten verstecken: „Ein einziges Beispiel reicht aus, um zu zeigen, wie man das macht. Auf einer Postkarte mit dem Titel 'Sie glaubten es ihr nicht' demonstriert eine junge Frau mit auseinandergehaltenen Händen einigen mit offenem Mund dasitzenden Bekannten etwas von ungefähr zwei Fuß Länge. Hinter ihr an der Wand hängt in einem Glaskasten ein präparierter Fisch und daneben das Photo eines fast nackten Athleten. Offenbar bezieht sich die Frau nicht auf den Fisch, doch das könnte nie bewiesen werden." (CEJL 2/190)

Orwell wendet sich vor allem gegen die Verbindung von Pornographie mit Gewalt. Er kommt zu der Einsicht, daß die Menschen im Großen und Ganzen gut sein wollen, aber nicht allzu gut und nicht zu jeder Zeit. Menschsein heißt nicht Heiligsein, und Heiligen wie Tolstoi oder Gandhi sollte man seiner Ansicht immer mißtrauisch gegenüberstehen: „Das

Wesentliche des Menschseins liegt darin, nicht Vollkommenheit anzustreben, sondern bereit zu sein, um der Treue zu einem Menschen willen auch eine Sünde zu begehen, das Asketentum nicht so weit zu treiben, daß jede freundschaftliche Verbundenheit unmöglich wird, und sich darauf gefaßt zu machen, am Ende besiegt und mit leeren Händen dazustehen." (ROG 165).

Sprache

George Orwell war stets äußerst sprachbewußt. Edward Thomas gibt die Anekdote wieder, daß Orwell auf die Behauptung, unter dem Sozialismus würde es nicht mehr das Gefühl geben, von der Gnade unbeeinflußbarer und unberechenbarer Kräfte abhängig zu sein, entgegnete: „Mir fällt auf, daß die Leute immer sagen 'unter dem Sozialismus'." (Tho 100) Er sah eine enge Verbindung zwischen Sprache und Politik: „Nun, es ist klar, daß der Niedergang der Sprache letztlich politische und ökonomische Gründe haben muß: er ist nicht einfach auf den schlechten Einfluß dieses oder jenes individuellen Schriftstellers zurückzuführen. Aber ein Effekt kann zur Ursache werden, wenn er die Grundursache verstärkt und denselben Effekt in verschärfter Form produziert und immer so weiter." (CEJL 4/156)

Die Ursache für den Verfall der englischen Sprache sieht er in dem anachronistischen britischen Klassensystem, das eine Auffrischung des 'gebildeten' Englisch von unten her verhindert. Denn die Leute, die am ehesten eine anschauliche Sprache sprechen und auf Metaphern kommen, die ein echtes Bild hervorrufen, sind jene Leute, die mit den Dingen wirklich in Berührung kommen.

Orwell wetterte gegen Verschwommenheit, die Verlockung schmückender Adjektive, das Überhandnehmen von Latein und Griechisch und vor allem gegen abgegriffene Phrasen und tote Metaphern, die er als Charakteristika der modernen englischen Prosa und des politischen Schreibens herausarbeitet. „Prosa besteht immer weniger aus *Worten*, die ihrer Bedeutung wegen ausgewählt werden, als vielmehr aus *Phrasen*, die wie die Einzelteile eines vorfabrizierten Hühnerhauses aneinandergefügt werden." (CEJL 4/159) Solche Sprachformen zeigen nach seiner Meinung, daß nicht nachgedacht worden ist. Politische Sprache und politisches Schreiben sind für ihn meist gleichbedeutend mit schlechter Sprache und schlechtem Stil. „Wo das nicht zutrifft, wird man im allgemeinen herausfinden, daß der Schriftsteller irgendeine Art von Rebell ist, der seine privaten Meinungen und nicht eine 'Parteilinie' vertritt. Orthodoxie, gleich welcher Farbe, scheint einen leblosen, nachahmenden Stil zu verlangen." (CEJL 4/165)

Er behauptet, daß politische Sprache heute hauptsächlich dazu dient, Probleme zu verschleiern und Dinge zu rechtfertigen, die nicht zu rechtfertigen sind. Politische Sprache arbeitet deshalb zu einem großen Teil mit Euphemismen: „Wehrlose Dörfer werden aus der Luft bombardiert, die Bewohner vertrieben, das Vieh mit Maschinengewehren niedergemäht, die Hütten in Brand geschossen: dies wird *Pazifizierung* genannt. Millionen von Bauern werden ihrer Höfe beraubt und mit nicht mehr als dem, was sie tragen können, auf die Straßen geschickt: das heißt *Bevölkerungstransfer* oder *Grenzkorrektur*." (CEJL 4/166) In Reaktion auf diesen Niedergang der Sprache schlägt er einige Regeln für einen guten Ausdruck vor, die auch für ihn selbst bestimmend sind:

„I. Benutze nie eine Metapher, einen Vergleich oder irgendeine andere Sprachfigur, die dir vom Lesen her bekannt vorkommt. II. Benutze nie ein langes Wort, wo ein kurzes ausreicht. III. Wenn es möglich ist, ein Wort wegzulassen, laß es immer weg. IV. Benutze nie das Passiv, wo du auch das Aktiv benutzen kannst. V. Benutze nie ein Fremdwort, ein Fachwort oder ein Jargon-Wort, wenn dir ein gleichwertiges Wort aus dem alltäglichen Englisch einfällt. VI. Brich jede dieser Regeln, bevor du etwas Barbarisches sagst." (CEJL 4/169)

Bis zu welcher Perversion und Entmenschlichung die absolute Unterordnung der Sprache unter politische Interessen getrieben werden kann, führt uns Orwell dann in *Neunzehnhundertvierundachtzig* vor.

Kapitel 8
Jura und „Neunzehnhundertvierundachtzig" (1946-1950)

Es gibt ein Bild von Klee, das Angelus Novus heißt. Ein Engel ist darauf dargestellt, der aussieht, als wäre er im Begriff, sich von etwas zu entfernen, worauf er starrt. Seine Augen sind aufgerissen, sein Mund steht offen, und seine Flügel sind ausgespannt. Der Engel der Geschichte muß so aussehen. Er hat das Antlitz der Vergangenheit zugewendet. Wo eine Kette von Begebenheiten vor uns erscheint, da sieht er eine einzige Katastrophe, die unablässig Trümmer auf Trümmer häuft und sie ihm vor die Füße schleudert. Er möchte wohl verweilen, die Toten wecken und das Zerschlagene zusammenfügen. Aber ein Sturm weht vom Paradiese her, der sich in seinen Flügeln verfangen hat und so stark ist, daß der Engel sie nicht mehr schließen kann. Dieser Sturm treibt ihn unaufhaltsam in die Zukunft, der er den Rücken kehrt, während der Trümmerhaufen vor ihm zum Himmel wächst. Das, was wir den Fortschritt nennen, ist dieser Sturm.

Walter Benjamin

Die Insel Jura vor der schottischen Westküste gehört zu den Inneren Hebriden. Trotz der nördlichen Lage ist das Klima auf Jura durch den Golfstrom recht gemäßigt. Auf Jura hatte Orwell das Haus „Barnhill" gemietet, einen einsamen verlassenen Bauernhof nahe der Nordspitze der Insel. Barnhill lag am Ende einer unbefestigten und für Fahrzeuge oft unpassierbaren Straße, die es mit dem fünf Meilen entfernten Ardlussa, wo es auch das nächste Telefon gab, verband. Craighouse, der Hafen von Jura, mit Arzt, Geschäften und Hotel war fünfundzwanzig Meilen entfernt.

Oft wird gefragt, warum Orwell in diese Einsamkeit zog, ob die Ursache vielleicht eine unterschwellige Todessehnsucht gewesen sei oder Angst vor der Atombombe. Aber Antworten auf diese Fragen zu suchen scheint müßig, denn wir wissen ja, daß Orwell schon 1940 von den Hebriden als

Wohnsitz träumte. Daß er mit dem Londoner Leben zu dieser Zeit nicht mehr zurechtkam, mag richtig sein, jedenfalls machte er in kürzester Zeit mindestens fünf Frauen Heiratsanträge, jeweils mit der Bemerkung, er sei keine gute Partie und habe nur noch eine kurze Lebenserwartung, aber seine Frau hätte als Witwe aus den Tantiemen einen guten Unterhalt, und Richard brauche unbedingt eine Mutter.

Barnhill

Im Sommer 1946 verbrachte Orwell zum ersten Mal fünf Monate auf der Insel. Der Aufenthalt war als Urlaub gedacht und zahlreiche Gäste kamen zu Besuch, unter anderem auch Paul Potts, der jedoch von Avril Blair, die nach dem Tod der Mutter in George einen neuen Pflegefall gefunden hatte, gar nicht gern gesehen wurde. Potts war von Orwell und von Barnhill begeistert. Er berichtet eine typische Begebenheit: „Eines Tages ... mußten wir einige Möbel vom nächsten Ort bis zu seinem Haus transportieren, eine Entfernung von ungefähr sieben Meilen. ... Einige sehr reiche Leute, Freunde Orwells, die ein Jagdhaus auf der anderen Seite der Insel besaßen, hatten eine ganze Garage voller Wagen und Jeeps — fünf, glaube ich. Trotzdem weigerte er sich, einen davon auch nur für wenige Stunden zu leihen. Wir mußten die Stühle und den Tisch auf unseren Rücken sieben Meilen durch eine der schönsten Landschaften Europas schleppen." (Pot 72)

Den Winter verbrachte Orwell in London, um dann am 11. April wieder nach Barnhill zurückzukehren. Noch in London trennte er sich von seinem bisherigen Verleger Gollancz. Er stand bei ihm unter Vertrag, bat ihn aber, diese Verbindung in Hinblick auf ihre politischen Differenzen zu lösen. Gollancz willigte ein. Vor der Abfahrt nach Jura hatte Orwell eine schwere Krankheit durchgemacht, und bis Mitte Mai ging es ihm noch so schlecht, daß er sich kaum außerhalb des Hauses aufhalten konnte. In London hatte er eine Beziehung zu Sonia Brownell, einer Redaktionsassistentin des *Horizon*, begonnen. Sofort nach der Ankunft auf Jura lud er sie zu einem Besuch ein, wobei die Einladung mit der Beschreibung der umständlichen Anreise sich allerdings eher entmutigend las:

„Du brauchst einen Regenmantel & wenn möglich feste Stiefel oder Schuhe — Gummistiefel, falls Du welche hast. Wir haben vielleicht noch ein paar Gummistiefel übrig, mal sehen. Wir sind ziemlich gut mit Regenjacken & solchen Sachen ausgestattet. Es wäre gut, wenn Du Deine erste Wochenration mitbrächtest, weil sie hier nicht so schnell Rationen für Neuankömmlinge bekommen, & ein bißchen Mehl & Tee. Ich fürchte, das

Haus Barnhill auf der Isle of Jura

klingt alles sehr abschreckend, doch es ist wirklich einfach & das Haus ist recht gemütlich. Dein Zimmer wird recht klein sein, aber es geht aufs Meer hinaus. Ich möchte Dich so gern hier haben. Bis dahin, so hoffe ich, werden wir einen Motor für das Boot haben & bei gutem Wetter können wir zu den vollkommen unbewohnten Buchten an der Westseite der Insel fahren, wo es schönen weißen Sandstrand gibt & klares Wasser, in dem die Seehunde herumschwimmen. Bei einer der Buchten ist eine Höhle, in der man Schutz suchen kann, wenn es regnet & bei einer anderen ist eine Schäferhütte, die nicht mehr benutzt wird, aber noch bewohnbar ist, man könnte dort sogar für ein oder zwei Tage picknicken. Wie auch immer, komm & komm wann immer Du willst, nur versuch es mich vorher wissen zu lassen. In der Zwischenzeit paß gut auf Dich auf & sei glücklich." (CEJL 4/376 f)

Ab April 1947 zog Orwell sich bis auf gelegentliche Rezensionen vom Journalismus vollkommen zurück. Er schrieb nur noch Einzelbeiträge und Buchbesprechungen für gutzahlende amerikanische Magazine wie den *New Yorker* oder die *New York Times Book Review* und für kleine Zeitschriften wie *Politics and Letters*, die nach seiner Einschätzung Unterstützung verdienten.

Am 31. Mai berichtete er Frederic Warburg über das Buch, an dem er gerade arbeitete: das spätere *Neunzehnhundertvierundachtzig:* „Ich habe einen guten Start gehabt und glaube, ich habe schon fast ein Drittel des

Rohentwurfs geschrieben. Ich bin so weit gekommen, wie ich es erhofft hatte, da ich mich schon das ganze Jahr über in einem miserablen Zustand (wie üblich meine Lunge) befinde und auch nicht davon loskommen kann. Ich arbeite jedoch tüchtig und hoffe, wenn ich hier im Oktober losfahre, habe ich entweder den Rohentwurf oder zumindest den Löwenanteil. Natürlich ist eine Erstfassung immer ein fürchterliches Durcheinander und hat stets wenig mit dem endgültigen Resultat zu tun, aber es ist trotzdem die Hauptarbeit. Wenn ich also den ersten Entwurf bis Oktober fertig habe, könnte ich das Buch Anfang 1948 beenden, Krankheiten einmal ausgeschlossen. Ich spreche nicht gern über Bücher, bevor sie fertig sind, aber ich kann Dir sagen, daß es ein Roman über die Zukunft ist — das heißt in gewissem Sinne eine Utopie, der Form nach aber ein naturalistischer Roman. Das macht die Sache so schwierig" (CEJL 4/377f). Mit demselben Brief übersandte er Warburg auch das Manuskript des Essays *Such, Such Were the Joys*, den wir am Anfang dieses Buches kennengelernt haben.

Auch im Sommer 1947 kamen viele Besucher. Gwen O'Shaughnessy kam für eine Woche mit den Kindern, ebenfalls die schon erwachsenen Kinder von Orwells verstorbener Schwester Marjorie, dazu noch Richard Rees, der von Juli bis September blieb. Rees traf dann auch ein Arrangement, daß William Dunn, ein junger Schotte, den Hof Barnhill für Orwell bewirtschaftete. In diesem Sommer kam es während eines Bootsausfluges zu einem Unfall, der sogar Eingang in die Spalten des *Daily Express* fand. Wohl aufgrund eines Fehlers bei der Gezeitenberechnung gerieten George, Richard und sein Neffe Henry sowie die beiden Nichten Lucy und Jane mit ihrem Boot in den Corrievreckan, Europas zweitgrößten Wirbelstrom, vor der Küste Juras. Der Motor wurde abgerissen, und nur mit Mühe gelang es ihnen, sich auf eine unbewohnte kleine Felseninsel zu retten, wo sie schließlich von einem Hummerfischer entdeckt wurden.

Gegen Ende des Sommers ging es mit Orwells Gesundheit weiter bergab. In einem Brief vom 9. August an George Woodcock klagte er über Schwierigkeiten mit seinem Romanprojekt, und am 8. September schrieb er an Anthony Powell: „Man scheint heute nur noch eine begrenzte Arbeitskapazität zu haben, und man muß damit haushalten." (CEJL 4/433) Im September und Oktober litt Orwell unter verstärkter Lungenentzündung und Atembeschwerden. Aber noch im Oktober bereitete er *Auftauchen um Luft zu holen* als ersten Band einer neuen Ausgabe seiner Werke bei Secker & Warburg vor. Obwohl er die Zeit im Bett verbringen mußte, war Ende des Monats die erste Fassung von *Neunzehnhundertvierundachtzig* fertig. Orwell ließ sich dann von einem Lungenspezialisten untersuchen, und fünf Tage vor Weihnachten wurde er in das Hairmyres Hospital, East

Kilbride, in der Nähe von Glasgow eingeliefert. Am 31. Dezember teilte er Tosco Fyvel mit: „Ich bin nur ungefähr zehn Tage im Krankenhaus gewesen, aber zwei bis drei Monate lang war ich todkrank & das ganze Jahr über ging es mir nicht gut. Natürlich hatte ich diese Krankheit schon vorher, aber nicht so ernstlich. Letztes Jahr ging es mir sehr gut & ich denke, daß diese Sache durch die Kälte des letzten Winters ausgelöst worden ist. Zu Beginn dieses Jahres wurde mir bewußt, daß ich ernsthaft krank bin & ich dachte, daß ich möglicherweise TB hätte. Aber idiotischerweise entschloß ich mich, nicht zum Arzt zu gehen, da ich wußte, daß ich dann ans Bett gefesselt sein würde & ich wollte doch mit dem Buch vorankommen. Nun, ich habe es jetzt halb geschrieben, was für mich so viel bedeutet, wie es gar nicht angefangen zu haben. Allerdings schienen sie sehr zuversichtlich zu sein, mich wieder zusammenflicken zu können, so daß ich wohl 1948 wieder in der Lage sein werde, ernsthaft zu arbeiten." (CEJL 4/440f)

Sieben Monate mußte Orwell im Hairmyres-Sanatorium bleiben. Da ihm die Ärzte die Schreibmaschine weggenommen hatten, war es seine Hauptsorge, stets mit den zu dieser Zeit noch sehr seltenen Kugelschreibern versorgt zu werden, mit denen er im Bett besser arbeiten konnte als mit Tinte. In einem Brief an Gwen O'Shaughnessy schildert er die ärztliche Behandlung:

„Liebe Gwen,

ich dachte, Du würdest vielleicht gern hören, wie es mir geht. Ich glaube, Mr. Dick (der behandelnde Arzt; L.B.) hat Dir eine Nachricht bezüglich meines Falles geschickt. Nachdem er mich abgehorcht hatte, erklärte er, daß ich ein ziemlich großes Loch in der linken Lunge hätte & auch einen kleinen Fleck oben auf der anderen Lunge — das ist, glaube ich, der alte, den ich schon vorher hatte. Er sagte, das Röntgenbild würde dies bestätigen. Ich bin hier nun schon seit fast vierzehn Tagen & die Behandlung, die sie mir geben, soll die linke Lunge für ungefähr sechs Monate außer Betrieb setzen: man nimmt an, daß sie so größere Heilungschancen hat. Zuerst unterbrachen sie den Zwerchfellnerv, der, wie ich annehme, die Lunge sich ausdehnen & zusammenziehen läßt & dann pumpten sie Luft in das Zwerchfell, um, wie ich es verstanden habe, die Lunge in eine andere Position zu bringen & sie daran zu hindern, sich automatisch zu bewegen. Ich muß alle paar Tage Luftfüllungen in das Zwerchfell bekommen, aber ich denke, daß es später auf einmal die Woche oder weniger kommen wird. Im übrigen bin ich noch immer sehr krank & schwach & als ich hierherkam, stellte ich fest, daß ich eineinhalb Stone an Gewicht verloren habe, doch seit ich hier bin, fühle ich mich besser, schwitze nachts nicht mehr so stark & habe mehr Appetit. Sie zwingen mich, unheimlich viel zu essen. Zur Zeit darf ich das Bett nicht verlassen, weil man sich offenbar erst an die zusätzliche Luft im Körper gewöhnen muß. Es ist ein schönes Krankenhaus & jeder hier ist sehr nett zu mir. Ich habe ein Zimmer für mich allein, weiß aber nicht, ob das auf Dauer so bleiben wird. Ich habe natürlich seit zwei bis drei Monaten nicht mehr gearbeitet, aber bald werde ich wieder leichte Arbeiten erledigen können & ich plane ein paar Buchbesprechungen." (CEJL 4/445)

Immer wieder der Wunsch, ja der Zwang zu schreiben. Im Krankenhaus verfaßte er im März *Writers and Leviathan*, im April korrigierte er die Fahnen für eine neue Ausgabe von *Tage in Burma* und begann im Mai neben der Arbeit an weiteren Artikeln mit der zweiten Fassung von *Neunzehnhundertvierundachtzig*.

In Hairmyres wurde er mit einem in Großbritannien zu der Zeit noch nicht erhältlichen Medikament namens Streptomycin behandelt, das ihm sein Freund David Astor, Herausgeber des *Observer*, aus den USA besorgte. Zunächst schlug das Medikament auch gut an, dann jedoch kam es zu unerwarteten Nebenwirkungen, so daß es abgesetzt werden mußte. In seinem letzten Notizbuch beschreibt er diese Nebenwirkungen mit der gewohnten Präzision und Sachlichkeit:

„24.3.49. Bevor ich sie vergesse, sind die Nebenwirkungen von Streptomycin, mit dem ich letztes Jahr behandelt wurde, es wert, aufgeschrieben zu werden. Streptomycin war damals ein fast neues Medikament & in dem Krankenhaus vorher noch nicht angewendet worden. ... Zu Beginn gab es noch keine Nebenwirkungen, während das Streptomycin meine Gesundheit sofort zu verbessern schien, außer daß eine Verfärbung an der Wurzel meiner Finger&Zehennägel auftrat. Dann wurde mein Gesicht deutlich röter & die Haut zeigte eine Tendenz abzuschuppen & ein Ausschlag bildete sich am ganzen Körper, besonders am Rücken. Es war kein Jucken damit verbunden. Nach ungefähr drei Wochen bekam ich schlimme Halsschmerzen, die nicht weggingen & durch Penicillin nicht beeinflußt wurden. Das Schlucken war sehr schmerzhaft & ich mußte für einige Wochen eine Spezialdiät bekommen. Mein Hals war jetzt vereitert, mit Bläschen, genauso wie die Wangen & Blut kam aus kleinen Bläschen auf meinen Lippen. Nachts platzten sie auf & bluteten ziemlich stark, so daß meine Lippen morgens immer blutverklebt waren & ich sie naßmachen mußte, um den Mund aufzukriegen. Mittlerweile hatten sich meine Nägel an den Wurzeln aufgelöst ... Mein Haar begann auszufallen & ein oder zwei völlig weiße Strähnen erschienen am Hinterkopf." (OA)

Am 28. Juli konnte er endlich nach Barnhill zurückkehren. Vor dem Haus baute er sich ein großes Armeezelt auf, in dem er den Sommer über schlief, um so viel frische Luft wie irgend möglich zu bekommen. In diesem Jahr kam nur Richard Rees als Gast, alle anderen Besucher wurden ab-

gewiesen. Orwell wollte endlich mit seinem Buch fertig werden. Zwischen Avril und dem Hausverwalter William Dunn hatte sich mittlerweile eine feste Beziehung entwickelt, mit der Orwell erst umgehen lernen mußte. Im September ging es ihm gesundheitlich wieder schlechter. Im Oktober war das Manuskript fertig, aber es mußte noch einmal abgetippt werden. Am 29. Oktober schrieb er an Julian Symons: „Ich kann das MS nicht wegschicken, weil es zu durcheinander ist, um lesbar zu sein, wenn ich nicht dabei bin, um es zu erklären. Das Ärgerliche ist, daß es heute nicht leicht ist, für einen kurzen Zeitraum Schreibkräfte zu bekommen, zumindest gute, und einige mögen die Reise scheuen. Es ist nur eine Zwei-Stunden-Überfahrt, aber wie ich sehr wohl weiß, kann man in zwei Stunden sehr seekrank sein." (CEJL 4/509)

Trotz aller Bemühungen Warburgs und Leonard Moores gelang es nicht, eine Schreibkraft zu finden. So setzte sich der schwer lungenkranke Mann den ganzen November über, in der Luft eines defekten Paraffinofens, an die Maschine, eine Zigarette nach der anderen rauchend, um sein Manuskript noch einmal sauber abzuschreiben. Die letzten Wochen tippte er, schwach wie er war, nur noch im Bett. Trotz der Krankheit hatte er im Herbst auch noch den Essay *Reflections on Gandhi* geschrieben. Im November und Dezember ging es ihm dann so schlecht, daß er das Haus nicht mehr verlassen konnte. Am 21. Dezember teilte er Frederic Warburg mit: „Mir geht es wirklich sehr mies & ich habe vor, Anfang Januar in ein Sanatorium zu gehen. ... Es freut mich, daß Dir das Buch gefallen hat. Ich glaube nicht, daß es sich sehr gut verkaufen wird, aber ich denke, von 10.000 Exemplaren kann man sicher ausgehen." (CEJL 4/518 f)

Am 6. Januar 1948 begab sich Orwell endlich, schwer an Tuberkulose erkrankt, ins Cotswold-Sanatorium in Cranham, Gloucestershire. Bei seiner Abreise zeigte die Insel Jura noch einmal ihre Tücken. Als William Dunn und Avril ihn mit dem Auto zum Hafen bringen wollten, blieben sie im Morast stecken und mußten vier Meilen zu Fuß gehen, um einen Lastwagen zu holen und das Auto aus dem Matsch herauszuziehen. Genau hier lag die Gefahr Juras für die Gesundheit George Orwells. Nicht daß ihm das Klima schlecht bekommen wäre, aber Jura lag einfach zu weit entfernt von guter ärztlicher Versorgung. Die Reisen zum Krankenhaus waren für einen so geschwächten Mann eine ungeheure Anstrengung.

Im März korrigierte Orwell die Druckfahnen von *Neunzehnhundertvierundachtzig* und zwar in doppelter Ausführung, parallel für die amerikanische und die britische Ausgabe. Das Leben im Cotswold-Sanatorium beschrieb er wie folgt:

„21. März 1949

Der Ablauf hier ist ganz anders als im Hairmyres-Krankenhaus. Obwohl in Hairmyres jeder sehr nett & rücksichtsvoll war — erstaunlich in der Tat —, kann man doch nicht umhin, in jedem Augenblick die Andersartigkeit der *Beschaffenheit* des Lebens zu fühlen, wenn man für seinen eigenen Unterhalt zahlt. Der auffälligste Unterschied ist, daß es hier viel ruhiger ist als in einem Krankenhaus & daß hier alles mit mehr Muße ausgeführt wird. Ich wohne in einem sogenannten Chalet, in einer Reihe von Holzhütten mit Glastüren. Jedes Chalet mißt ungefähr 15 mal 12 Fuß. Es gibt fließend warmes Wasser, ein Waschbecken, eine Kommode & einen Kleiderschrank, außerdem die üblichen Nachtschränkchen etc. Draußen ist noch eine glasüberdachte Veranda. Alles wird per Hand gebracht, es gibt keinen von diesen ratternden Teewagen, die in einem Krankenhaus nie außer Hörweite sind. Auch nicht viel Radiolärm — alle Patienten haben Kopfhörer. Das anhaltendste Geräusch ist der Gesang der Vögel." (CEJL 4/576)

Am 9. April schickte er eine Rezension von Winston Churchills *Their Finest Hour* an den New Yorker *New Leader*. Das war der letzte Artikel, den er fertigstellte, er erschien am 14. Mai 1949. Im April plante er einen Roman, der im Jahre 1945 spielen sollte, aber er fühlte sich nie stark genug, um ihn zu beginnen. Im Laufe des Jahres schrieb er noch eine knappe Skizze zu einer Kurzgeschichte mit dem Titel „A Smoking Room Story" und begann mit Notizen zu einem Essay über Joseph Conrad, konnte aber beides nicht weiterführen. Zu Ostern vermerkte er in seinem Notizbuch:

„17. April 1949
Seltsamer Eindruck hier im Sanatorium am Ostersonntag, wenn die Leute in diesem (dem teuersten) Chaletblock Besucher haben und man eine Menge englischer upper-class-Stimmen hört. Ich hatte sie zwei Jahre lang kaum gehört, höchstens eine oder zwei zur selben Zeit, während meine Ohren sich mehr & mehr an schottische Arbeiter- oder lower-middle-class-Stimmen gewöhnt hatten. In Hairmyres-Hospital hatte ich wirklich nie einen 'kultivierten' Akzent gehört, es sei denn, ich hatte Besuch. Mir ist, als hörte ich diese Stimmen zum ersten Mal. Und was für Stimmen! Eine Art von Überfüttertheit, eine einfältige Selbstzufriedenheit, ein ununterbrochenes Ha-Ha-Gelächter über nichts, & über allem eine Schwerfälligkeit und Fülle, kombiniert mit einer grundlegend negativen Einstellung — Leute, die, das fühlt man instinktiv, auch ohne sie zu sehen, allem Intelligenten, Gefühlsmäßigen oder Schönen feind sind. Kein Wunder, daß uns jeder so haßt." (CEJL 4/578)

Orwell war ungeduldig, hatte aber die Schwere seiner Krankheit jetzt voll erfaßt. Er bekam viel Besuch, auch Sonia Brownell kam oft. Am 16. Mai schrieb er seinem Verleger:

„Lieber Fred,

Vielen Dank für Deinen Brief. Wie sie Dir vielleicht erzählt hat, mußte ich Sonia Brownell fortschicken. Mir geht es besonders schlecht und das schon seit einigen Wochen. Es sollte ein weiteres Röntgenbild angefertigt werden, aber schon seit zwei Tagen bin ich zu fiebrig und schwach, um in den Röntgenraum hinüberzugehen und mich vor den Bildschirm zu stellen. Wenn die Aufnahme gemacht ist, fürchte ich, daß sie gewiß zeigen wird, daß sich beide Lungenflügel arg verschlechtert haben. Neulich habe ich die Ärztin gefragt, ob ich das überleben würde. Sie hat nicht mehr gesagt, als daß sie es nicht wisse. Falls die 'Prognose' nach diesem Photo schlecht ist, will ich ein zweites Gutachten haben. Kannst Du mir den Namen des Spezialisten mitteilen, den Du neulich erwähntest? Dann werde ich entweder ihn oder Dr. Morlock vorschlagen, einen anderen Spezialisten, den ich schon vor dem Krieg einmal konsultiert hatte. Sie können nichts *tun*, da ich kein Fall für eine Operation bin, aber ich würde gern die Meinung eines Experten hören, wie lange ich wohl noch am Leben sein werde. Ich hoffe, daß die Leute mich jetzt nicht in die Schweiz jagen wollen, der man magische Qualitäten zuschreibt. Ich glaube nicht, daß es einen Unterschied macht, wo man sich befindet, und für mich wäre eine Reise der Tod. Die einzige Chance, mit der ich mir vorstellen kann zu überleben, ist, ruhig zu bleiben. Denk nicht, daß ich entschlossen sei, draufzugehen. Ganz im Gegenteil, ich habe allen Grund, am Leben bleiben zu wollen, aber ich will

Klarheit, *wie lange* ich noch zu leben habe, und ich möchte von den Ärzten nicht wie üblich scheinheilig vertröstet werden." (CEJL 4/562f)

Im Juni erschien *Neunzehnhundertvierundachtzig* gleichzeitig bei Secker & Warburg in Großbritannien und bei Harcourt, Brace in den USA. Im Juli wurde es für den American Book of the Month Club ausgewählt. Warburg hatte das Buch in einer Auflage von 25.000 gestartet. Ein Jahr nach der Veröffentlichung waren in England 50.000 und in den Vereinigten Staaten 360.000 Exemplare verkauft.

„Neunzehnhundertvierundachtzig"

Weil *Neunzehnhundertvierundachtzig* Orwells letzter Roman ist, haben sich viele Kritiker verleiten lassen, ihn als sein Testament aufzufassen – sicherlich ein Fehler. Nach Vollendung des Buches plante Orwell weiter. Als er das Manuskript schrieb, war er schwer krank, und die Krankheit hatte sicher auch einen Einfluß auf die Gestaltung. So benötigte er zu *Tage in Burma* ein Jahr, zu *Eine Pfarrerstochter* zehn Monate, zu *Neunzehnhundertvierundachtzig* aber zwei Jahre. Am Ende glaubte er, die Krankheit habe das Buch verdorben. Einige Briefe belegen dieses Urteil.

„Das Buch gefällt mir nicht vollständig, aber ich bin nicht absolut unzufrieden. ... Ich denke, daß es eine gute Idee ist, aber die Ausführung wäre besser gewesen, wenn ich es nicht unter dem Einfluß der TB geschrieben hätte. Ich habe mich noch nicht endgültig auf einen Titel festgelegt, ich schwanke zwischen 'Nineteen Eighty-Four' und 'The Last Man in Europe'." (An Frederic Warburg, 22.10.1948) (CEJL 4/507)

„Es ist fürchterlich, daran zu denken, daß ich mich mit diesem Buch seit dem Juni 1947 herumschlage und daß es nun ein fürchterliches Durcheinander ist, eine gute Idee, die ruiniert ist, aber natürlich war ich sieben oder acht Monate der Zeit ernsthaft krank." (An Anthony Powell, 15.11.1948) (CEJL 4/513)

„Mein neues Buch ist eine Utopie in der Form eines Romans. Ich habe es ziemlich zusammengehauen, teilweise weil ich so krank war, als ich es schrieb, doch ich denke, einige Ideen darin könnten Dich interessieren." (An Julian Symons, 4.2.1949) (CEJL 4/536)

Richtig ist wohl, daß *Neunzehnhundertvierundachtzig* für Orwell der Abschluß einer schriftstellerischen Periode sein sollte. Es tauchen zahlreiche Motive früherer Romane auf. Die Frau, die einen Abfluß zu reinigen versucht, aus *The Road to Wigan Pier*, der Bombenangriff und die Landschaft aus *Coming Up for Air*, die Verführungsszene auf dem Lande aus *Keep the Aspidistra Flying* und viele ähnliche Motive. Orwell zitiert sich selbst, er zitiert seine Vergangenheit als Warnung vor der Zukunft, und die Warnung vor der Zukunft ist zugleich eine Kritik an der Gegenwart. Dies geht aus einem Brief an Francis A. Henson von der amerikanischen Automobilarbeitergewerkschaft hervor, der ihm Fragen zur Einordnung von *Neunzehnhundertvierundachtzig* gestellt hatte:

„Mein letzter Roman ist nicht als Angriff auf den Sozialismus oder auf die britische Labour Party (die ich unterstütze) zu verstehen, sondern als Demonstration der Perversionen, derer eine zentralisierte Wirtschaft fähig ist und die schon teilweise im Kommunismus und im Faschismus Wirklichkeit geworden sind. Ich glaube nicht, daß die Art von Gesellschaft, die ich beschreibe, notwendigerweise kommen *wird*, aber ich glaube (immer natürlich unter Hinweis darauf, daß das Buch eine Satire ist), daß etwas ähnliches eintreten *könnte*. Ich bin auch davon überzeugt, daß totalitäre Ideen in den Köpfen von Intellektuellen überall Wurzeln geschlagen haben, und ich habe versucht, diese Gedanken bis zu ihrer logischen Konsequenz zu führen. Das Buch handelt in Großbritannien, um zu betonen, daß die englischsprechenden Völker nicht von Natur aus besser sind als andere und daß der Totalitarismus, *wenn er nicht bekämpft wird*, überall triumphieren könnte." (CEJL 4/564)

Aus den 1943 verfertigten ersten Notizen über das schon damals geplante spätere *Neunzehnhundertvierundachtzig*, die im Londoner Orwell-Archiv in einem Notizbuch unter der Überschrift „The Last Man in Europe" zu finden sind, wird die Zielrichtung des Projekts klar. Es geht Orwell hier nicht um die Sowjetunion oder den Kommunismus, sondern um den Kampf gegen „das System der organisierten Lüge, auf das sich die Gesellschaft gründet". Als Beispiel für Verfolgung und Unterdrückung nennt er in diesen Vorarbeiten den Antisemitismus.

Der Roman besteht aus drei ungefähr gleich langen Teilen. Teil Eins beschreibt die Lebensumstände der Hauptperson Winston Smith in der bedrückenden Welt des totalitären Staates Ozeanien, im heruntergekommenen London, in dem alle Güter des täglichen Bedarfs rationiert und die Dienstleistungen zusammengebrochen sind. Der zweite Teil erzählt die subversive Liebesaffäre zwischen Winston und Julia. Der dritte Abschnitt enthält die Gefangennahme der beiden, Winstons Folter durch die Gedankenpolizei und den Zusammenbruch seiner intellektuellen und moralischen Integrität.

„Es war ein strahlend-kalter Apriltag, und die Uhren schlugen dreizehn. Winston Smith, das Kinn an die Brust gezogen, um dem scheußlichen Wind zu entgehen, schlüpfte rasch durch die Glastüren der Victory Mietskaserne, doch nicht rasch genug, um zu verhindern, daß mit ihm auch ein grießiger Staubwirbel hereinwehte. Der Flur roch nach Kohlsuppe und Flickenteppichen. An einem Ende hatte man ein Farbplakat an die Wand gepinnt, das für drinnen eigentlich zu groß war. Es zeigte nichts weiter als ein riesiges, über einen Meter breites Gesicht: das Gesicht eines etwa fünfundvierzigjährigen Mannes mit wuchtigem schwarzen Schnurrbart und kernig-ansprechenden Zügen. Winston steuerte auf die Treppe zu. Es mit dem Lift zu probieren war zwecklos. Selbst zu günstigen Zeiten funktionierte er selten, und momentan wurde der Strom tagsüber abgestellt. Dies war Teil der Sparsamkeitskampagne zur Vorbereitung der Haßwoche." (7)

Die Welt, die mit diesen Eingängssätzen eröffnet wird, ähnelt zunächst einer Szene aus dem England der vierziger Jahre, aber dann kommt das verstörende Wort „Haßwoche". Im folgenden wird dem Leser klar, daß es sich um eine ihm unbekannte Welt handeln muß: „Die Wohnung lag im siebenten Stock, und Winston, der neununddreißig war und über dem rechten Fußknöchel ein Krampfadergeschwür hatte, ging langsam und verschnaufte unterwegs mehrmals. Auf jedem Treppenabsatz starrte dem Liftschacht gegenüber das Plakat mit dem riesigen Gesicht von der Wand. Es war eines jener Bilder, die einem mit dem Blick überallhin zu folgen scheinen. DER GROSSE BRUDER SIEHT DICH, lautete die Textzeile darunter." (7)

Winston ist Mitglied der Äußeren Partei, was sich darin zeigt, daß er deren Einheitskleidung, den blauen Overall, trägt. Er lebt in London auf Landefeld Eins, einer Provinz des Staates Ozeanien. Die Welt ist aufgeteilt in drei Superstaaten, Ozeanien, Eurasien und Ostasien, die in wechselnden Bündnissen ständig Krieg führen. Diese Umgruppierungen werden jedoch nicht zugegeben: „Ozeanien führte Krieg gegen Eurasien: also hatte Ozeanien immer gegen Eurasien Krieg geführt. Der augenblickliche Feind repräsentierte stets die Inkarnation des Bösen, und daraus folgte, daß jede Übereinkunft mit ihm, ob in der Vergangenheit oder in der Zukunft, ausgeschlossen war." (38)

Das von der Partei propagierte Ideal und die Realität des Lebens fallen weit auseinander: „Ihm wurde plötzlich klar, daß das wirklich Charakteristische am modernen Leben nicht dessen Grausamkeit und Unsicherheit war, sondern schlicht und einfach seine Dürftigkeit, Schäbigkeit und Freudlosigkeit. ... Große Bereiche des Lebens waren selbst für ein Parteimitglied eine neutrale und unpolitische Angelegenheit und erschöpften sich darin, sich mit öden Jobs abzumühen, sich einen Platz in der U-Bahn zu erkämpfen, einen löcherigen Strumpf zu stopfen, eine Süßstofftablette zu schnorren, einen Zigarettenstummel aufzuheben. Das von der Partei aufgerichtete Ideal war etwas Gewaltiges, Furchtbares und Gleißendes — eine Welt aus Stahl und Beton, mit monströsen Maschinen und fürchterlichen Waffen —, eine Nation von Kriegern und Fanatikern, die im perfekten Gleichschritt vorwärts marschierten, alle die gleichen Gedanken dachten und die gleichen Parolen brüllten, unablässig arbeiteten, kämpften, siegten, drangsa-

George Orwell mit seinem Adoptivsohn Richard

lierten — dreihundert Millionen Menschen mit dem ewig gleichen Gesicht. Die Realität aber war dies: verfallende, schäbige Städte, in denen unternährte Menschen in undichten Schuhen durch zusammengeflickte Häuser aus dem neunzehnten Jahrhundert schlurften, wo es ständig nach Kohl und schadhaften Klosetts roch. Er schien eine Vision von London zu sehen, riesig und ruinös, Stadt der Millionen Mülltonnen, und hineinverwoben ein Bild von Mrs. Parsons, einer Frau mit zerfurchtem Gesicht und strähnigem Haar, die hilflos an einem verstopften Ausgußrohr hantierte." (77f)

Die Partei hat das gesellschaftliche Leben lückenlos im Griff. Zahlreiche Organisationen sorgen für eine gegenseitige soziale Kontrolle, die Teilnahme an öffentlichen Veranstaltungen ist Pflicht, Kinder und Jugendliche spionieren ihren Eltern nach und liefern sie bei den leisesten Anzeichen eines Gedankendeliktes der Gedankenpolizei aus.

In jedem Wohn- und Arbeitsraum eines jeden Bürgers ist ein Teleschirm angebracht, Sender und Empfänger zugleich, der sich nicht abschalten läßt. Jeder kann ständig überwacht werden, eine Privatsphäre gibt es nicht mehr. Das Stadtbild Londons wird beherrscht von den vier Ministerien, unter die der gesamte Regierungsapparat aufgeteilt ist: „Das Ministerium für Wahrheit, das sich mit dem Nachrichten-, Unterhaltungs- und Erziehungswesen sowie mit den schönen Künsten beschäftigte; das Ministerium für Frieden, das sich mit dem Krieg befaßte; das Ministerium für Liebe, das Gesetz und Ordnung aufrechterhielt. Und das Ministerium für Überfülle, das für Wirtschaftsbelange zuständig war. Ihre Namen in Neusprech: Miniwahr, Minipax, Minilieb und Minifüll." (10)

Ozeanien wird von der Elite der Inneren Partei (etwa zwei Prozent der Bevölkerung) auf der ideologischen Basis von „Engsoz", einer pervertierten Form des alten englischen Sozialismus, regiert. Die drei Slogans der Partei, die zusammen mit dem Bild des Großen Bruders überall auftauchen, lauten: „Krieg ist Frieden, Freiheit ist Sklaverei, Unwissenheit ist Stärke". Die unterste Schicht der Gesellschaft, 85 Prozent der Bevölkerung, stellen die Proles dar, die einfachen Arbeiter. Zentrale Doktrin des Engsoz ist die Veränderbarkeit der Vergangenheit, genauer gesagt: Es gibt keine Vergangenheit mehr, sondern lediglich eine fortlaufende Umdeutung der Vergangenheit. Sie wird ständig umgeschrieben und den wechselnden momentanen Interessen der Partei angepaßt. Wer daran beteiligt ist, Erinnerungen zu verändern oder Dokumente zu fälschen, muß vergessen, daß er daran beteiligt war. Diese Form der Realitätskontrolle wird in „Neusprech", der konstruierten Sprache der Partei, „Doppeldenk" genannt. Neusprech soll den Gedankenspielraum so einengen, daß es unmöglich wird, anders zu denken und zu sprechen, als die Partei es will. Der Doppeldenker ist dann das ideale Mitglied einer Gesellschaft, in der es keine

Freunde, sondern nur noch Genossen gibt, in der Liebesbeziehungen als Verbrechen behandelt werden.

Die beiden Pole der Gesellschaft werden bezeichnet vom allmächtigen, allwissenden und allgegenwärtigen Großen Bruder auf der einen und dem Volksfeind Emmanuel Goldstein, dem Autor des Buches „Theorie und Praxis des oligarchischen Kollektivismus", auf der anderen Seite.

Winston Smith arbeitet im Wahrheitsministerium, wo es seine Aufgabe ist, die Vergangenheit den Erfordernissen der Gegenwart anzupassen: „Dieser dauernde Umwandlungsprozeß erstreckte sich nicht nur auf Zeitungen, sondern auch auf Bücher, Illustrierte, Broschüren, Plakate, Flugblätter, Filme, Tonspuren, Cartoons, Photos — auf jede Art von Literatur oder Dokumentation, die eventuell von politischer oder ideologischer Bedeutung sein konnte. Tagtäglich und fast minütlich wurde die Vergangenheit aktualisiert. So ließ sich die Richtigkeit jeder von der Partei gemachten Prognose dokumentieren; natürlich durfte auch keine Nachrichtenmeldung oder Meinungsäußerung schriftlich fixiert bleiben, die mit den Augenblicksinteressen in Konflikt geriet. ... Nach vollbrachter Tat wäre es in keinem Fall möglich gewesen, eine Fälschung nachzuweisen. Die größte Sektion der Dokumentations-Abteilung, viel größer als die, in der Winston arbeitete, bestand nur aus Leuten, deren Aufgabe es war, alle Ausgaben von Büchern, Zeitungen und anderen Dokumenten aufzuspüren und zusammenzutragen, die ungültig geworden waren und vernichtet werden sollten." (44)

Smith ist gefangen in der Welt des Großen Bruders: „Immer die Augen, die einen beobachteten, die Stimme, die einen umgab. Im Wachen oder im Schlaf, bei der Arbeit oder beim Essen, drinnen oder draußen, im Bad oder im Bett — es gab kein Entrinnen. Nichts gehörte einem, bis auf die paar Kubikzentimeter im eigenen Schädel." (31) Es wird sich herausstellen, daß auch die ihm nicht gehören.

Smith rebelliert. Heimlich besorgt er sich ein altes Tagebuchheft und beginnt darin seine eigene Identität festzuhalten. Er versucht, sich an früher zu erinnern, an seine Eltern, die einer der ersten großen Säuberungswellen der fünfziger Jahre zum Opfer fielen: „Winston begriff mit einemmal, daß der Tod seiner Mutter vor fast dreißig Jahren auf eine heute nicht mehr mögliche Weise tragisch und beklagenswert gewesen war. Tragik, so erkannte er, gehörte in die alte Zeit, in eine Zeit, als es noch Privatsphäre, Liebe und Freundschaft gab und die Mitglieder einer Familie einander beistanden, ohne erst lange nach dem Grund zu fragen." (34)

Winston glaubt schließlich, Beweise dafür zu haben, daß unter dem Namen Bruderschaft eine Geheimorganisation besteht, die gegen den Großen Bruder und die Partei kämpft. Als zweiten Schritt seiner Rebellion beginnt er eine Liebesaffäre mit Julia, einer schönen jungen Frau, die ebenfalls im Wahrheitsministerium arbeitet. Julia war es, die den ersten Schritt unternahm. Sie ist der Meinung, daß es am sichersten sei, immer mit den Wölfen zu heulen. „Nach Julias Auffassung war das Leben ganz einfach. Man wollte sich amüsieren; 'sie' (das heißt die Partei) wollten einen daran hindern; man brach die Regeln, so gut es eben ging. Es erschien ihr ebenso natürlich, daß 'sie' einem das Vergnügen rauben wollten, wie daß man sich selbst nicht erwischen lassen wollte. Sie haßte die Partei und äußerte das auch in den derbsten Worten, doch sie übte keine grundsätzliche Kritik an ihr." (133) Die beiden können sich nur selten und unter großen Schwierigkeiten heimlich treffen. Ihre Liebe ist bereits ein Akt der Rebellion.

Aufgrund eines kurzen Blickkontakts mit O'Brien, einem Mitglied der Inneren Partei, während einer Haßsendung glaubt Winston einen Hinweis erhalten zu haben, daß O'Brien ein Führer der oppositionellen Bruderschaft sei. O'Brien nimmt Kontakt zu Winston auf und lädt ihn mit Julia in seine Wohnung ein. Er bestätigt ihnen die Existenz Goldsteins und der Bruderschaft, aber: „Es besteht keinerlei Aussicht, daß zu unseren Lebzeiten eine merkliche Veränderung eintreten wird. Wir sind Tote." (177) O'Brien gibt Winston Goldsteins Buch zu lesen. Einige Zeit später wird er mit Julia in einem Zimmer im Proles-Viertel der Stadt, das sie sich heimlich gemietet haben, von der Gedankenpolizei verhaftet. Winston wird gefoltert, bis er schließlich alles gesteht, was man von ihm hören will.

Das Verhör wird dirigiert von O'Brien, der für Winston zum Peiniger, Beschützer, Inquisitor und Freund wird. O'Brien macht ihm klar, daß die Opfer im Liebesministerium nicht bestraft, sondern geheilt werden: „Sie wollten den Akt der Unterwerfung nicht vollziehen, der der Preis für geistige Gesundheit ist. Sie zogen es vor, ein Wahnsinniger, eine Einpersonenminderheit zu sein. Nur der disziplinierte Geist erkennt die Realität, Winston. Sie halten die Realität für etwas Objektives, Äußeres, das seinen eigenen Bestand hat. ... Aber ich sage Ihnen, Winston, daß Realität nichts Äußeres ist. Die Realität existiert im menschlichen Geist und sonst nirgends. Nicht im Geist des Einzelnen, der irren kann und ohnehin bald untergeht: nur im Geist der Partei, die kollektiv und unsterblich ist. Was immer die Partei für Wahrheit erachtet, *ist* Wahrheit. Die Realität läßt sich ausschließlich durch die Augen der Partei erkennen. Diese Tatsache müssen Sie wieder neu lernen, Winston. Es erfordert einen Akt der Selbstvernichtung, eine Willensanstrengung. Sie müssen sich erst demütigen, ehe sie geistig gesund werden können." (252)

O'Brien erzählt ihm von der Vollkommenheit der Veränderung, die mit ihm vorgehen wird. Winston ist ein Makel, der das Gesamtbild stört, deshalb muß dieser Makel ausgemerzt werden, aber es wird durch ihn selbst geschehen, durch seine Aufhebung als abweichend denkendes, überhaupt als denkendes Individuum.

„‚Wir vernichten den Ketzer nicht, weil er uns Widerstand leistet: solange er uns Widerstand leistet, vernichten wir ihn nie. Wir bekehren ihn, wir ergründen sein Innerstes, wir formen ihn um. Wir brennen ihm alles Böse und jede Illusion aus; wir bringen ihn auf unsere Seite, nicht dem Anschein nach, sondern aufrichtig, mit Herz und Seele. Wir machen ihn zu einem von uns, bevor wir ihn töten. Es ist uns unerträglich, daß irgendwo auf der Welt ein irriger Gedanke existiert, wie geheim und kraftlos er auch sein mag. Sogar im Augenblick des Todes dürfen wir keine Abweichung dulden. Früher stieg der Ketzer noch immer als Ketzer auf den Scheiterhaufen, verkündete seine Ketzerei und jauchzte über sie. Sogar das Opfer der russischen Säuberungswelle konnte auf dem Weg zur Erschießung noch die Rebellion im Schädel tragen. Aber wir machen das Gehirn zuerst vollkommen, bevor wir es ausblasen.' ...

Seine Stimme hatte zuletzt fast träumerisch geklungen. Die leidenschaftliche Erregung, die an Wahnsinn grenzende Verzückung stand noch in seinem Gesicht. Er spielt mir nichts vor, dachte Winston; er ist kein Heuchler; er glaubt jedes Wort, das er sagt. Am meisten bedrückte ihn das Bewußtsein der eigenen intellektuellen Unterlegenheit. ... Es gab keine Idee, die er, Winston, jemals gehabt hatte oder haben konnte, die O'Brien nicht schon längst gekannt, geprüft und verworfen hätte. Sein Geist *enthielt* Winstons Geist. Aber wie konnte O'Brien dann verrückt sein? Er, Winston, mußte es ein, der verrückt war. ... O'Brien blieb stehen und sah auf ihn herab. Seine Stimme klang wieder streng.

‚Glauben Sie ja nicht, daß Sie sich retten können, Winston, wie vollkommen Sie sich uns auch ergeben. ... Was hier mit Ihnen geschieht, ist endgültig. ... Wir werden Sie so niederwerfen, daß Sie nie wieder aufstehen. ... Sie werden nie mehr normaler menschlicher Empfindungen fähig sein. Alles in Ihnen wird tot sein. Sie werden nie mehr Liebe, Freundschaft, Lebensfreude, Lachen, Neugier, Mut oder Integrität kennen, Sie werden hohl sein. Wir werden Sie ausquetschen und dann mit unserem Denken füllen'." (258 f)

Frei sein heißt, wie der Partei-Slogan „Freiheit ist Sklaverei" beinhaltet, machtlos sein. Die Partei existiert nur um der Macht willen. Anders als vorangegangene totalitäre Systeme gibt sie nicht mehr vor, die Menschen in eine bessere Zukunft führen zu wollen. „Macht ist kein Mittel, sondern ein Endzweck." (266) Macht bedeutet, Schmerz und Demütigung zufügen zu können. „Macht bedeutet, den menschlichen Geist zerpflücken und dann nach eigenem Gutdünken in neuer Gestalt wieder zusammensetzen zu können. Sehen Sie jetzt allmählich, was für eine Art von Welt wir erschaffen? … Eine Welt der Furcht, des Verrats und der Folter, eine Welt des Tretens und Getretenwerdens, eine Welt, die mit fortschreitender Höherentwicklung nicht weniger gnadenlos, sondern immer *noch* gnadenloser werden wird. … In unserer Welt wird es keine Gefühle geben außer Angst, Wut, Triumph und Selbsterniedrigung. Alles andere werden wir zerstören — alles. Wir rotten bereits die Denkweisen aus, die noch aus der Zeit vor der Revolution überlebt haben. Wir haben die Bande zwischen Kind und Eltern, zwischen Mensch und Mensch, zwischen Mann und Frau durchtrennt. Keiner traut mehr einer Ehefrau, einem Kind oder einem Freund. Doch in Zukunft wird es keine Ehefrauen und Freunde mehr geben. Die Kinder werden ihren Müttern gleich bei der Geburt weggenommen werden, so wie man einer Henne die Eier wegnimmt. Der Sexualtrieb wird ausgerottet." (269)

O'Brien wird, obwohl er ihn quält, immer mehr zu Winstons Freund und Vertrautem. Winston möchte, daß O'Brien ihn versteht. Er lernt, daß die Partei immer recht haben muß, daß zwei und zwei fünf sind; einmal jedoch erwacht er aus einem Traum und ruft nach Julia: Er hat nur vom Intellekt her nachgegeben, sein innerstes Gefühl ist immer noch mit privaten Dingen besetzt. Tief im Innersten lebt noch immer sein Haß auf den Großen Bruder, der, wie er irrtümlich glaubt, sich entladen wird, wenn sie ihn erschießen. „Zehn Sekunden würden genügen. In dieser Zeit konnte sich seine Innenwelt umstülpen. Und ganz plötzlich, wortlos, ohne im Schritt zu stocken, ohne daß sich eine Miene verzog — plötzlich würde die Tarnung fallen, und krach! würden sich die Batterien seines Hasses entladen. Haß würde wie eine ungeheure tosende Flamme in ihm lodern. Und fast im gleichen Moment krach! die Kugel, zu spät oder zu früh. Sie würden ihm das Gehirn in Stücke geschossen haben, bevor sie es sich zurückholen konnten. Der ketzerische Gedanke würde ihnen ungesühnt, unbereut auf ewig entzogen bleiben. Sie hätten ein Loch in ihre eigene Perfektion geschossen. Voller Haß auf sie zu sterben, das bedeutete Freiheit." (283)

Die letzte Behandlung für diesen Rückfall wird im Zimmer 101 vorgenommen. Dort wartet auf jeden das, was er am meisten fürchtet — in Winstons Fall Ratten. Als die Bestien nur noch wenige Zentimeter von seinem Gesicht entfernt sind, verrät auch er sein Innerstes: „Er hatte plötzlich begriffen, daß es auf der ganzen Welt nur *eine* Person gab, auf die er seine Strafe abwälzen — nur *einen* Körper, den er zwischen sich und die Ratten werfen konnte. Und wie rasend brüllte er immerzu: 'Macht es mit Julia! Macht es mit Julia! Macht mit ihr, was ihr wollt, es ist mir egal. Zieht ihr die Haut vom Gesicht, schneidet ihr das Fleisch von den Knochen. Macht das nicht mit mir! Mit Julia! Nicht mit mir!'" (288)

'Geheilt' wird er entlassen, er bekommt einen besser bezahlten Job, als er vorher hatte. Er trifft Julia wieder, aber sie haben sich nichts mehr zu sagen, sie haben sich gegenseitig verraten. Über den Teleschirm hört er von einem Sieg der Ozeanischen Armee und ist begeistert wie nie zuvor. Sein Blick fällt auf ein Plakat des Großen Bruders:

„Er blickte zu dem gewaltigen Gesicht empor. Vierzig Jahre hatte er gebraucht, um herauszufinden, was für ein Lächeln sich unter dem dunklen Schnurrbart verbarg. O grausames, unnötiges Mißverständnis! O störrische, eigensinnige Verbannung von der liebenden Brust! ... Aber jetzt war es gut, es war alles in Ordnung, der Kampf war zu Ende. Er hatte sich selbst überwunden. Er liebte den Großen Bruder." (299)

Orwell zeichnet Winston, als ob er in seinem Innersten stecke. In dem ganzen Buch gibt es keine Szene, die wir nicht durch und mit Winston erleben. Winston ist sowohl eigenständiger Charakter als auch Repräsentant einer Idee. Nicht umsonst sollte der Roman zunächst „Der letzte Mensch in Europa" heißen. Winston ist in der Gesellschaft von 1984 ein Anachronismus: Sein Geist und seine Persönlichkeit sind nicht von der Partei geformt. Er ist der literarische Held, soweit es ihn in der Welt von 1984 noch geben kann. Was die Partei in Winston schließlich zerstört, ist sein Bedürfnis, menschliche Empfindungen und eine eigene Persönlichkeit zu haben.

Als Grundlage seiner Welt von 1984 hat Orwell das Großbritannien der Kriegsjahre genommen und es, versehen mit seinen spanischen Erfahrungen, in die Zukunft verlängert. Besonders fürchtete er die Vernichtung der Vergangenheit, die Unüberprüfbarkeit jeglichen Geschehens. Als das wirklich Erschreckende am Totalitarismus betrachtete er nicht dessen Greueltaten, sondern daß der totalitäre Staat das Konzept der objektiven Wahrheit zu vernichten versucht — er erhebt den Anspruch, sowohl die Vergangenheit als auch die Zukunft zu bestimmen. Das ist der Partei in *Neunzehnhundertvierundachtzig* gelungen. Deshalb beginnt Winstons Revolte mit dem Versuch, durch Tagebuchschreiben seine eigene Vergangenheit zu bauen und Spuren der kollektiven Historie aufzufinden, sie zu sichern gegen die ständigen Uminterpretationen der Partei. Als O'Brien Winston gegenüber noch vorgibt, der Bruderschaft anzugehören und sie zusammen Wein trinken, schlägt O'Brien als Trinkspruch „Auf die Zukunft" vor. Winston antwortet ohne zu zögern: „Auf die Vergangenheit". Jede Veränderung, an die er sich erinnern kann, bedeutete eine Verschlechterung — wie sollte er auf die Zukunft trinken?

Als Symbol für eine Vergangenheit, in der man sich geborgen fühlen konnte, steht der Briefbeschwerer, den Winston bei einem Trödler kauft: „Es war ein schwerer Glasklumpen, auf der einen Seite gewölbt, auf der anderen flach, fast wie eine Halbkugel. Sowohl die Farbe als auch die

Beschaffenheit des Glases besaßen eine eigentümliche, regenwassergleiche Weichheit. In seinem Kern steckte, vergrößert durch die gewölbte Oberfläche, ein seltsames, rosafarbenes, zusammengerolltes Gebilde, das an eine Rose oder Seeanemone erinnerte." (98) Der Briefbeschwerer ist für Winston im Grunde nutzlos, er hat keine Briefe, auf die er ihn legen könnte. Briefe gibt es nicht mehr. Sein einziger Wert besteht darin, daß er an eine vergangene Welt erinnert. Winston kann sich die Glaskugel — und das ist das verbotene Lustvolle — als eine Welt vorstellen, in die er, wie die Koralle, eingeschlossen ist, eine sichere Gegenwelt zu 1984:

„Das immer wieder Interessante war nicht das Stück Koralle, sondern das Glasinnere selbst. Es besaß eine solche Tiefe und war doch fast so transparent wie Luft. Es schien, als sei die Oberfläche des Glases die Himmelskuppel, die eine winzige Welt mit ihrer Atmosphäre einschloß. Er hatte das Gefühl, hineingehen zu können, ja, sich eigentlich schon darin zu befinden ... Der Briefbeschwerer war das Zimmer, in dem er sich befand, und die Koralle war Julias Leben und sein eigenes, eingebettet in eine Art Ewigkeit im Herzen des Kristalls." (148) Als die Gedankenpolizei Winstons und Julias Zimmer stürmt, zerschmettert sie als erstes diesen Briefbeschwerer.

1946 hatte Orwell James Burnham vorgeworfen, daß er nicht an die Kraft der Demokratie glaube, daß bei Burnham immer jene Seite gewonnen habe, die sich gerade an der Macht befinde. In *Neunzehnhundertvierundachtzig* entwirft Orwell dann jedoch selbst eine statische Gesellschaft, in der es keinerlei Möglichkeit zur Veränderung zu geben scheint. Viele Kritiker begriffen das Buch deshalb als seine letztliche Abkehr vom Sozialismus, für den der Gedanke der konstruktiven Veränderbarkeit bestimmend ist. Betrachtet man jedoch einige Abschnitte über die Proles, so fällt auf, daß sie stets in einem satirischen Ton gehalten sind. Und die Partei lehrt, „daß die Proles von Natur aus Menschen zweiter Klasse waren, die mittels Anwendung von ein paar simplen Regeln in Abhängigkeit gehalten werden mußten. In Wahrheit wußte man nur sehr wenig über die Proles." (74) Man weiß wenig über die Proles, obwohl sie die überwältigende Mehrheit der Bevölkerung Ozeaniens bilden. Hier liegt ein Potential zur Veränderung, auch wenn es nicht explizit benannt wird.

Großartig gelungen ist Orwell die Konstruktion der Sprache von 1984 — Neusprech —, einer Kunstsprache, die er aus den im englischen Sprachgebrauch sich abzeichnenden Tendenzen weiterentwickelte. Neusprech ist die zu Ende gedachte Instrumentalisierung der Sprache zu Herrschaftszwecken. In Neusprech erreicht die Satire ihren Höhepunkt, und dort ist sie am beißendsten.

Neunzehnhundertvierundachtzig ist ein Stück anti-utopischer Literatur.

Der Schrecken dieses Genres rührt nicht aus der Vorstellung einer möglichen Zukunft her, sondern aus dem Vergleich mit dem, was in der Gegenwart für die Zukunft angelegt ist. Die Anti-Utopie ist mit der Krise des naturwissenschaftlichen Weltbildes im 20. Jahrhundert möglich geworden, mit der Erkenntnis, daß die Zukunft noch schlimmer sein kann, als die Vergangenheit es jemals war, schlimmer aufgrund der Technik, die zur Machtausübung eingesetzt wird. Orwell bemerkte einmal, daß Zeitalter, in denen die vorherrschende Waffe teuer oder schwierig herzustellen ist, zum Despotismus neigen, während das einfache Volk dann eine Chance hat, wenn die vorherrschende Waffe sich billig und einfach herstellen läßt. Die Atombombe ist für ihn die Waffe des Totalitarismus, der Beginn der Wiedereinführung der Sklaverei.

Das Schema der Anti-Utopien besteht darin, daß ein oder zwei Personen, gleichsam als Reiseführer, 'anders' sind, sie weichen von der erwünschten Norm ab und werden dann in einem Durchlauf durch die Institutionen angepaßt. Das Konzept des Individuums, das für uns Grundlage jeder Existenz geworden ist, wird in den Anti-Utopien als lediglich kulturelle Idee hingestellt. 'Menschliche Natur' wird nicht mehr nur manipuliert, sie wird konstruiert und fabriziert.

Als Orwell *Neunzehnhundertvierundachtzig* schrieb, kannte er Zamyatins *Wir* (1923) und Aldous Huxleys *Brave New World* (Schöne neue Welt) (1932). Am 4. Januar 1946 hatte er *Wir* in der *Tribune* sehr positiv rezensiert. *Wir* spielt im Jahre 2600. Die Bewohner des „Vereinigten Staates" tragen Uniformen, leben in Glashäusern und tragen Nummern. D-503, ein Mathematiker, leidet unter abweichenden Gedanken, geht eine Liebesbeziehung ein und wird schließlich durch eine Art 'Lobotomie' 'geheilt'.

Es gibt eine Reihe von Parallelen zwischen den Arbeiten Zamyatins, Huxleys und Orwells, als ihr gemeinsamer Ursprung muß jedoch H. G. Wells' *When the Sleeper Wakes* (Wenn der Schläfer erwacht) gesehen werden. Orwell hatte es am 12. Juli 1940 in der *Tribune* besprochen. „Jedêr, der einmal 'Der Schläfer erwacht' gelesen hat, erinnert sich daran. Es ist die Vision einer glitzernden, unheilvollen Welt, in der die Gesellschaft sich zu einem Kastensystem verhärtet hat und in der die Arbeiter permanent versklavt werden. Es ist zudem eine Welt ohne Ziel, in der die oberen Kasten, für die die Arbeiter sich abmühen, völlig weich, zynisch und ohne Glauben sind." (CEJL 2/46)

Neunzehnhundertvierundachtzig ist, wie gesagt, von vielen Kritikern fälschlicherweise als Orwells Testament begriffen worden, daraus leiteten sie ab, daß es „der Orwell" überhaupt sei — eine unzulässige Verabsolutierung. Es war sein letztes Buch, aber nicht sein Vermächtnis.

Die letzten Tage

Am 3. September 1949 wurde Orwell ins University College Hospital in der Londoner Gower Street verlegt. Im August plante er, wie er Warburg am 22. des Monats mitteilte, einen weiteren Essayband, gleichzeitig eröffnete er ihm: „Wie ich Dich schon warnte, daß ich es tun könnte: habe vor, wieder zu heiraten (Sonia), sobald ich wieder im Land der Lebenden bin, falls ich es jemals sein werde. Ich denke, alle werden geschockt sein, aber von anderen Überlegungen abgesehen, glaube ich wirklich, ich würde länger leben, wenn ich verheiratet wäre." (CEJL 4/568)

Sein zweiter Heiratsantrag an Sonia Brownell war erfolgreich gewesen. Mit dem behandelnden Arzt hatte er verabredet, daß er im Januar in die Schweiz reisen sollte, um dort in ein Sanatorium zu gehen. Ob Orwell wußte, daß er im Sterben lag oder ob er den optimistischen Diagnosen der Ärzte glaubte, wissen wir nicht. Jedenfalls ließ er keinerlei Anzeichen von Angst oder Bitterkeit erkennen, im Gegenteil, er war sehr geduldig und ausgeglichen. Am 13. Oktober fand im Krankenhaus die Hochzeit statt. Orwell war sechsundvierzig Jahre alt, Sonia einunddreißig. Das Hochzeitsessen gab es im „Ritz", Orwell bekam das Menü ans Bett serviert.

Gegen Ende seines Lebens wurden noch einmal Jugenderinnerungen wach, als ihm Jacintha Buddicom schrieb, die aus Zufall erfahren hatte, daß George Orwell ihr ehemaliger Spielkamerad und Freund Eric Blair war. Einer der letzten Briefe, die ihn erreichten, kam von Desmond McCarthy, dem Doyen der britischen Kritiker: „Sie haben schon jetzt einen unauslöschlichen Eindruck in der englischen Literatur hinterlassen." (29.12.1949, OA) Fyvel berichtet, daß Orwell sich in seinen letzten Tagen unter anderem darum Sorgen machte, ob er in dem Schweizer Sanatorium wohl auch seinen gewohnten dunklen, starken indischen Tee bekommen werde. Einer der letzten Freunde, die Orwell lebend sahen, war Paul Potts: „Kurz bevor er in die Schweiz ging, kam ich wie viele seiner Freunde noch einmal vorbei, um Auf Wiedersehen zu sagen. In die Tür seines Krankenzimmers war ein kleines Fenster eingelassen. Man konnte hindurchschauen und ihn sehen, bevor man klopfte. An jenem Nachmittag sah ich, daß er

Sonia Brownell in der Redaktion des „Horizon", Oktober 1949

eingeschlafen war. Er brauchte dringend Schlaf und fand ihn nur schwer. Ich ging wieder, ohne ihn zu wecken, und ließ ein Päckchen Tee draußen vor der Tür. Schließlich würde er in ein paar Monaten munter wieder zurück sein." (Pot 82)

In der Nacht des 21. Januar 1950 traten Lungenblutungen ein. George starb, bevor Sonia gefunden werden konnte. Am Morgen des 21. erfuhr die Welt in den BBC-Nachrichten: „Im Alter von sechsundvierzig Jahren ist heute in London der Schriftsteller Mr. George Orwell verstorben. Er war seit langem krank gewesen. George Orwell wurde in Eton erzogen und diente später in der burmesischen Polizei. Er kämpfte im Spanischen Bürgerkrieg auf der Republikanischen Seite und wurde verwundet. Man wird sich seiner wahrscheinlich am besten durch 'Animal Farm', eine Satire auf das Leben in der Sowjetunion, erinnern und wegen seines kürzlich veröffentlichten 'Neunzehnhundertvierundachtzig', dem bitteren Phantasiebild eines totalitären Großbritannien ungefähr dreißig Jahre in der Zukunft, das von Kritikern auf beiden Seiten des Atlantik hoch gelobt wurde." (OA)

George Orwell hatte den überraschenden Wunsch geäußert, auf einem ländlichen Friedhof begraben zu werden, überraschend, da er Zeit seines Lebens keine Verbindung zu irgendeiner Konfession hatte. Er wurde auf dem Friedhof von All Saints, Sutton Courtenay, zur letzten Ruhe gebettet.

* * *

Nachdem nun so viel über Eric Arthur Blair / George Orwell geschrieben worden ist, soll er zum Schluß noch einmal selbst zu Wort kommen. Am Ende seines Essays *Die Schriftsteller und der Leviathan* findet sich eine Passage, die sein Dilemma als Schriftsteller und die Lösungsmöglichkeit, wie er sie sah, eindringlich zum Ausdruck bringt:

„Sich in einen elfenbeinernen Turm einzuschließen, ist unmöglich und nicht wünschenswert. Sich unterwerfen, nicht nur einem Parteiapparat, sondern schon der Ideologie einer Gruppe, bedeutet, sich als Schriftsteller aufgeben. Wir alle wissen, daß dieses Dilemma schmerzlich ist, weil wir die Notwendigkeit des politischen Engagements einsehen und gleichzeitig erfahren haben, was für ein schmutziges, degradierendes Geschäft das ist. Die meisten von uns hegen immer noch den heimlichen Wunsch und Glauben, daß es nur darum geht, auch politisch zwischen Gut und Böse zu wählen, und daß alles, was notwendig ist, auch richtig ist. Wir sollten, meine ich, uns von diesem Glauben trennen, der zu den Ammenmärchen gehört. In der Politik kann man nie mehr tun, als sich zwischen zwei Übeln für das kleinere zu entscheiden, und es gibt Situationen, denen man nur entkommen kann, wenn man wie der Teufel oder der Verrückte handelt. Krieg zum Beispiel mag notwendig sein, aber er ist weder richtig noch normal. Auch allgemeine Wahlen sind nicht gerade ein vergnügliches oder erbauliches Schauspiel. Wenn man an solchen Dingen teilnehmen muß, und jeder hat diese Pflicht — es sei denn, er wäre durch Alter, Dummheit oder Heuchelei dagegen geschützt —, muß man auch einen Teil des eigenen Ichs als unverletzlich heraushalten können. Für die meisten stellt sich das Problem in dieser Form nicht, weil ihr Leben bereits gespalten ist. Sie sind nur in ihren Mußestunden wirklich am Leben, und zwischen ihrer Arbeit und ihrer politischen Betätigung besteht gefühlsmäßig kein Zusammenhang. Von ihnen wird auch nicht verlangt, im Namen einer politischen Bindung sich in ihrer Arbeit zu erniedrigen. Genau das wird aber vom Künstler verlangt, besonders vom Schriftsteller, ja, es ist das einzige, das Politiker je von ihm verlangen. Weigert er sich, so bedeutet das nicht, daß er zur Untätigkeit verurteilt wird. Ein Teil von ihm, der in gewissem Sinne sein ganzes Wesen ausmacht, kann so entschlossen, notfalls sogar so rücksichtslos handeln, wie nur irgendeiner. Aber das, was er schreibt, soweit es überhaupt einen Wert hat, wird immer das Produkt seines besseren Ichs sein, welches abseits steht, die Geschehnisse registriert und ihre Notwendigkeit einsieht, aber ablehnt, sich über ihre wahre Natur täuschen zu lassen."

Literaturverzeichnis

Primärliteratur

AF	Animal Farm/Farm der Tiere. Zürich 1982. Neue Übersetzung
Auf	Coming Up For Air/Auftauchen um Luft zu holen. Zürich 1981
Aut	Autobiographical Note/Autobiographisches; in: Rache ist sauer. Ausgewählte Essays II. Zürich 1975 (Im folgenden Ess II) bzw. CEJL 2
BW	Boys' Weeklies; in: CEJL 1
BUR	Burmese Days/Tage in Burma. Zürich 1982
CD	Charles Dickens; in: CEJL 1
CDA	A Clergyman's Daughter/Eine Pfarrerstochter. Zürich 1983
CEJL 1-4	The Collected Essays, Journalism and Letters of George Orwell. Vol. 1: 1920-1940; Vol. 2: 1940-1943; Vol. 3: 1943-1945; Vol. 4: 1945-1950. Herausgegeben von Sonia Orwell und Ian Angus. Harmondsworth 1970
DPL	Down and Out in Paris and London/Erledigt in Paris und London. Zürich 1978
EUR	Towards European Unity/Auf eine europäische Einheit zu; in GOL bzw. CEJL 4
GOL	Das George Orwell Lesebuch. Zürich 1981 (Im folgenden GOL)
Hang	A Hanging/Einen Mann hängen; in: Im Innern des Wals. Ausgewählte Essays I. Zürich 1979 (Im folgenden Ess I) bzw. CEJL 1
Hit	Rezension von Adolf Hitlers 'Mein Kampf'; in: GOL bzw. CEJL 2
HNO	Auszüge aus einem handschriftlichen Notizbuch; in: GOL bzw. CEJL 4
HOP	Hop-Picking/Hopfenpflücken; in: Ess I
HOW	How the Poor Die/Wie die Armen sterben; in: CEJL 4 bzw. GOL
IdW	Im Innern des Wals; in: Ess I bzw. CEJL 1
ILP	Warum ich Mitglied der Independent Labour Party wurde; in: GOL bzw. CEJL 1
KAF	Keep the Aspidistra Flying/Die Wonnen der Aspidistra. Zürich 1983
Kat	Homage to Catalonia/Mein Katalonien. Zürich 1975
LIU	The Lion and the Unicorn; in: CEJL 2
LTN	Lear, Tolstoy and the Fool/Lear, Tolstoi und der Narr; in: Ess II bzw. CEJL 2
Mar	Marrakesch; in: Ess I bzw. CEJL 2
Notes	Notes on the Spanish Militias; in: CEJL 1
POL	The Prevention of Literature/Zur Verhinderung von Literatur; in: Ess II bzw. CEJL 4
PVL	Politics versus Literature: An Examination of Gulliver's Travels/ Politik contra Literatur: Eine Untersuchung von Gullivers Reisen; in: Ess II bzw. CEJL 4

RAS	Revenge is Sour/Rache ist sauer; in: Ess II bzw. CEJL 4
RAF	Raffles and Miss Blandish; in: CEJL 3 bzw. Ess II
ROG	Reflections on Ghandi/Gedanken über Ghandi; in: Ess II bzw. CEJL 4
RSK	Looking Back on the Spanish War/Rückblick auf den spanischen Krieg; in: Ess II bzw. CEJL 2
RWP	The Road to Wigan Pier/Der Weg nach Wigan Pier. Zürich 1982
RWP-Tag	Auszüge aus dem Tagebuch zu „The Road to Wigan Pier"; in: GOL bzw. CEJL 1
Shoot	Shooting an Elephant/Einen Elefanten erschießen; in: Ess I bzw. CEJL 1
Such	Such, Such Were the Joys; in: CEJL 4
Vor	Vorwort zur ukrainischen Ausgabe von „Farm der Tiere"; in: GOL bzw. CEJL 4
WAL	Writers and Leviathan/Die Schriftsteller und der Leviathan; in: Ess II bzw. CEJL 4
WHW	Wells, Hitler and the World State/Wells, Hitler und der Weltstaat; in: Ess I bzw. CEJL 2
WIS	Why I Write/Warum ich schreibe; in: Ess I bzw. CEJL 1
1984	Zitiert nach der neuen Übersetzung von Michael Walter. Frankfurt/Main — Berlin 1984

Sekundärliteratur

All	Alldritt, Keith: The Making of George Orwell. London 1969
Bea	Beadon, Roger: With George Orwell in Burma; in: Listener, 29. Mai 1969
Bör	Börner, K.H.: Begegnungen mit Asien — Orwell, Kipling, Conrad, Forster. Duisburger Hochschulbeiträge 6. 1976
Br	Brandt, Willi: Draußen. Schriften während der Emigration. München 1966
Bra	Brander, Laurence: George Orwell, London 1954
Bud	Buddicom, Jacintha: Eric and Us. A Remembrance of George Orwell. London 1974
Cal	Calder, Jenni: Chronicles of Conscience. London 1968
Car	Carr, Raymond (Hg.): Orwell and the Spanish Civil War; in: Miriam Gross (Hg.): The World of George Orwell. London 1971
Carr	Carr, Raymond (Hg.): The Republic and the Civil War in Spain. London 1971
Co	Connolly, Cyril: Enemies of Promise. London 1938
Con	Connolly, Cyril: The Evening Colonnade. London 1973
Cr	Crick, Bernard: George Orwell: A Life, Harmondsworth 1980
Du	Avril Dunn in einer BBC-Sendung vom 20. August 1960: „George Orwell: A Programme of Recorded Reminiscences" von Rayner Heppenstall. Kopie im Orwell-Archiv
Dunn	Dunn, Avril: My Brother, George Orwell; in: Twentieth Century, März 1961, S. 255-261
Emp	Empson, William: Orwell at the BBC; in: Miriam Gross (Hg): The World of George Orwell. London 1971

Fe	Fen, Elisaveta: George Orwell's First Wife; in: Twentieth Century, August 1960, S. 115-126
Fy	Fyvel, Tosco: George Orwell and Eric Blair: Glimpses of a Dual Life; in: Encounter, Juli 1959, S. 60-65
Fyl	Fyvel, Tosco: The Years at Tribune; in: Miriam Gross (Hg.): The World of George Orwell. London 1971
Fyv	Fyvel, Tosco: George Orwell: A personal memoir. London 1982
Go	Vorwort von Victor Gollancz zur Ersten Ausgabe von „The Road to Wigan Pier", London 1937, S. xi-xxiv
Gol	Gollancz, Victor (Hg.): The Betrayal of the Left. London 1941
Gor	Geoffrey Gorer in Melvyn Braggs BBC/TV-Beitrag über George Orwell: „The Road to the Left". Orwell-Archiv
Ho	Hollis, Christopher: A Study of George Orwell. London 1956
Ker	Kermode, Frank: Romantic Image. London 1956
Kip	Kipling, Rudyard: Something of Myself. London 1958
Lon	London, Jack: The People of the Abyss. New York 1962
Ken	Joe Kennan in Melvyn Braggs BBC/TV-Beitrag über George Orwell: „The Road to the Left". Orwell-Archiv
McN	McNair, John: George Orwell: The Man I Knew. Typoskript vom März 1965. Kopie im Orwell-Archiv
Mau	Maung Htin Aung: George Orwell and Burma; in: Miriam Gross (Hg.): The World of George Orwell. London 1971
OA	Orwell-Archiv, University College London, Gower Street, London, WC1
Pet	Peters, R.S.: Through the Eyes of a Boy: An Impression of George Orwell. Script für BBC-Rundfunksendung vom 9. Sept. 1955. BBC-Archiv
Pot	Potts, Paul: Dante Called You Beatrice. London 1962
Pow	Powell, Anthony: George Orwell: A Memoir; in: Atlantic Monthly, Oktober 1967, S. 62-68
Re	Richard Rees in Melvyn Braggs BBC/TV-Beitrag über George Orwell: „The Road to the Left". Orwell-Archiv
Reg	Regler, Gustav: The Owl of Minerva. New York 1967
Sta	Stansky, Peter/Abrahams, William: The Unknown Orwell. London 1972
Sym	Symons, Julian: An Appreciation. Nachwort zu der Ausgabe der Heron Books, London 1971, von „Nineteen-Eighty-Four"
Th	Thornton, A. P.: The Imperial Idea and its Enemies. London 1959
Tho	Thomas, Edward: Orwell. London 1965
Wa	Wain, John: The Last of George Orwell; in: Twentieth Century, Januar 1954, S. 71-78
Wai	Wain, John: Here Lies Lower Binfield; in: Encounter, Oktober 1961, S. 70-83
Zw	Zwerdling, Alex: Orwell and the Left. London 1974

Anmerkung zu den Übersetzungen

Zur Übersetzung der im vorliegenden Buch verwendeten Zitate aus den Schriften George Orwells ist anzumerken, daß ich mich, soweit sie auf deutsch publiziert wurden, der Ausgabe des Diogenes Verlages, Zürich, bedient habe. Da diese Bände aber nicht den Charakter einer autorisierten Übersetzung oder kritischen Werkausgabe tragen, nahm ich an einigen Stellen Veränderungen vor, wo es mir aufgrund eines Vergleichs mit dem englischen Original sinnvoll erschien, um in Wortwahl und Nuancen der Aussage Orwells noch näher zu kommen.

Die Zitate aus dem Roman *Neunzehnhundertvierundachtzig* stammen aus der neuen Übersetzung von Michael Walter, die in diesem Jahr im Ullstein Verlag, Frankfurt/Main — Berlin, erschien.

Die übrigen Textstellen sind meine eigene Übertragung.

Allgemein ist zu sagen, daß — bei aller Berücksichtigung der Schwierigkeit des Übersetzens — Orwells Bemühen um „Prosa wie eine Fensterscheibe" in den deutschen Ausgaben nicht immer volle Gerechtigkeit zuteil geworden ist.

Danksagung

Allen, die mir bei der Arbeit an dieser Biographie geholfen haben, möchte ich an dieser Stelle meinen Dank sagen, besonders den Mitarbeiterinnen und Mitarbeitern des George-Orwell-Archivs in London. Ebenso danke ich dem Archiv und der BBC London für die Genehmigung zur Verwendung ihres Bildmaterials.

L. B.

„1984"

Ein Photo-Essay von Martin Storz/Graffiti

Idee: Rose Gauger/Martin Storz

Einer Zukunft oder einer Vergangenheit, in der Gedankenfreiheit herrscht, in der die Menschen von einander verschieden sind und nicht jeder für sich lebt — einer Zeit, in der es Wahrheit gibt und das Geschehene nicht ungeschehen gemacht werden kann, schicke ich diesen Gruß aus einem Zeitalter der Gleichmachung und der Vereinsamung, dem Zeitalter des Großen Bruders, dem Zeitalter des Zwiegedankens.

Es bestand natürlich keine Möglichkeit, festzustellen, ob man in einem gegebenen Augenblick gerade überwacht wurde. Wie oft und nach welchem System die Gedankenpolizei sich in einen Privatapparat einschaltete, blieb der Mutmaßung überlassen. Es war sogar möglich, daß jeder einzelne ständig überwacht wurde. Auf alle Fälle aber konnte sie sich, wenn sie es wollte, jederzeit in einen Apparat einschalten. Man mußte in der Annahme leben — und man stellte sich tatsächlich instinktiv darauf ein —, daß jedes Geräusch, das man machte, abgehört und — außer in der Dunkelheit — jede Bewegung beobachtet wurde!

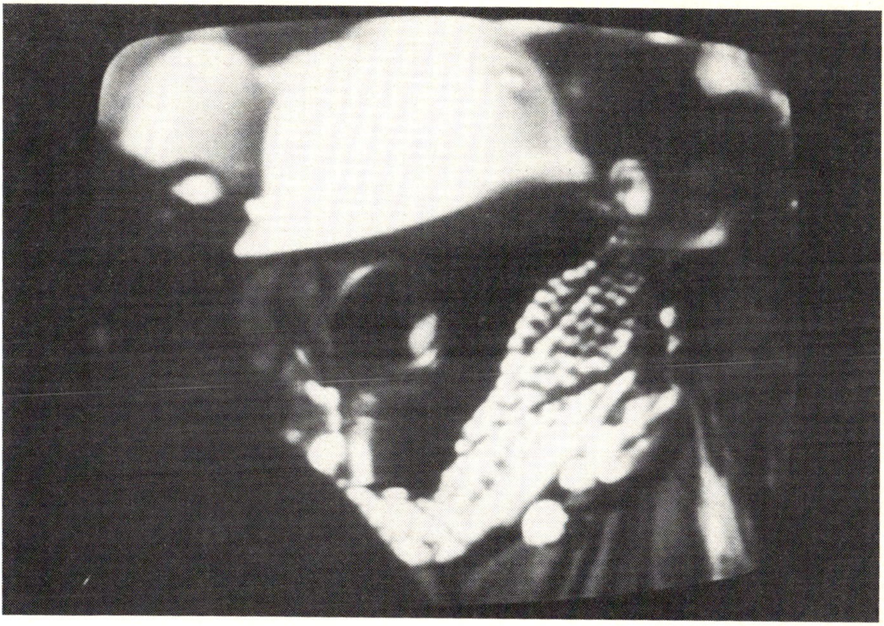

KRIEG BEDEUTET FRIEDEN!
FREIHEIT IST SKLAVEREI!
UNWISSENHEIT IST STÄRKE!

Das Schreckliche an der Zwei-Minuten-Haß-Sendung war nicht, daß man gezwungen wurde mitzumachen, sondern im Gegenteil, daß es unmöglich war, sich ihrer Wirkung zu entziehen. Eine schreckliche Ekstase der Angst und der Rachsucht, das Verlangen zu töten, zu foltern, Gesichter mit dem Vorschlaghammer zu zertrümmern, schien die ganze Versammlung wie ein elektrischer Strom zu durchfluten, so daß man gegen seinen Willen in einen Grimassen schneidenden, schreienden Verrückten verwandelt wurde. Und doch war der Zorn, den man empfand, eine abstrakte, ziellose Regung, die wie der Schein der Blendlaterne von einem Gegenstand auf den anderen gerichtet werden konnte.

Die Sonne war weitergerückt, und die unzähligen Fenster des Wahrheitsministeriums, auf die ihre Strahlen nicht mehr fielen, sahen grimmig wie die Schießscharten einer Festung aus. Winstons Herz verzagte angesichts dieser riesig sich hochtürmenden Pyramide. Sie war zu unerschütterlich, um erstürmt zu werden, tausend Raketenbomben vermochten nicht, sie zu zertrümmern.

Seine Gefühle durch nichts zu verraten, war für jedermann zu einer Instinkthandlung geworden.

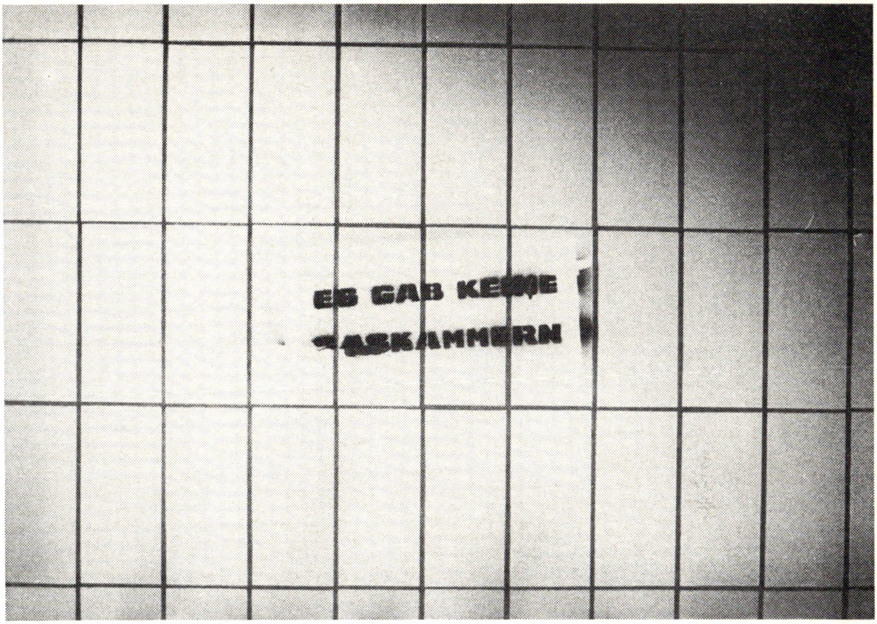

Bist du dir bewußt, daß die Vergangenheit, vom gestrigen Tag angefangen, tatsächlich ausgelöscht ist? Wenn sie noch irgendwo fortbesteht, so nur in ein paar leblosen Gegenständen, die den Mund nicht auftun können, wie dieses Stück Glas dort. Buchstäblich wissen wir bereits so gut wie nichts von der Revolution und den Jahren vor der Revolution. Jede Aufzeichnung wurde vernichtet oder verfälscht, jedes Buch überholt, jedes Bild übermalt, jedes Denkmal, jede Straße und jedes Gebäude umbenannt, jedes Datum geändert. Und dieses Verfahren geht von Tag zu Tag und von Minute zu Minute weiter. Die geschichtliche Entwicklung hat aufgehört. Es gibt nur noch eine unabsehbare Gegenwart, in der die Partei immer recht behält.

Du nimmst wahrscheinlich an, neue Worte zu erfinden. Ganz im Gegenteil!
Wir merzen jeden Tag Worte aus — massenhaft, zu Hunderten.
Wir vereinfachen die Sprache auf ihr nacktes Gerüst ... Siehst du denn nicht,
daß die Neusprache kein anderes Ziel hat, als die Reichweite des
Gedankens zu verkürzen?

Alle für unsere Zeit charakteristischen Überzeugungen, Gewohnheiten, Geschmacksrichtungen, Meinungen, geistige Einstellungen sind in Wirklichkeit dazu bestimmt, das Mystische der Partei aufrechtzuerhalten und zu verhindern, daß die wahre Natur der heutigen Gesellschaftsordnung erkannt wird.

In gewisser Weise ließen sich diejenigen am leichtesten von der Parteidoktrin überzeugen, die ganz außerstande waren, sie zu verstehen. Diese Menschen konnte man leicht dazu bringen, die offenkundigsten Vergewaltigungen der Wirklichkeit hinzunehmen, da sie nie ganz die Ungeheuerlichkeit des von ihnen Geforderten begriffen und überhaupt nicht genügend an politischen Fragen interessiert waren, um zu merken, was gespielt wurde. Sie schluckten einfach alles, und das Geschluckte schadete ihnen nichts weiter und ließ nichts zurück, genau wie ein Getreidekorn unverdaut durch den Magen eines Vogels hindurchgeht.

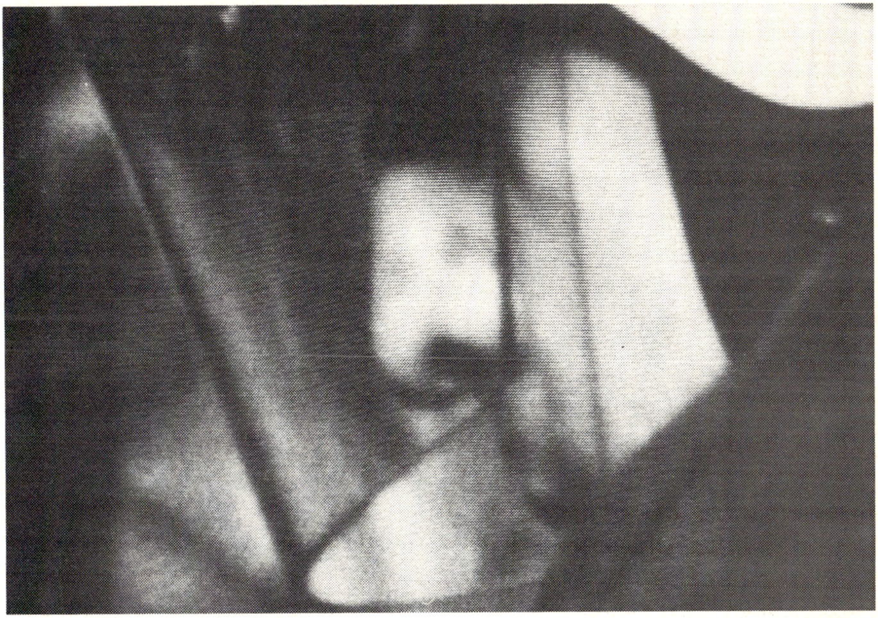

Sie konnten einen Tag und Nacht bespitzeln, aber wenn man auf seiner Hut war, konnte man sie überlisten. Bei all ihrer Schlauheit hatten sie doch nicht das Geheimnis gelöst, die Gedanken eines anderen aufzuspüren. Vielleicht war es anders, wenn man ihnen tatsächlich in die Hände gefallen war. Man wußte nicht, was innerhalb des Liebesministeriums vor sich ging, aber man konnte es erraten: Folterungen, Drohungen, hochempfindliche Apparate, um die Reaktion der Nerven zu registrieren, langsames Mürbemachen durch Schlafentzug, Einzelhaft und Dauerverhöre. Tatsachen jedenfalls konnte man nicht geheimhalten. Sie konnten durch Nachforschungen festgestellt, konnten durch Foltern aus einem herausgepreßt werden. Wenn es aber darum ging, nicht etwa am Leben, sondern ein Mensch zu bleiben, welchen Unterschied machte das dann letzten Endes aus?

Aber heutzutage gab es so etwas wie reine Liebe oder reine Kunst überhaupt nicht mehr. Keine Gefühlsregung war ungebrochen, denn alles war mit Angst und Haß durchsetzt. Ihre Umarmung war ein Kampf gewesen, der Höhepunkt ein Sieg. Ein politischer Akt.

Personenregister